앞으로 3년
**부동산에
미 쳐 라**

앞으로 3년
부동산에
미 쳐 라

지은이 | 남덕현

1판 1쇄 인쇄 | 2022년 5월 18일
1판 1쇄 발행 | 2022년 5월 25일

펴낸이 | 김중현
편집 | 손은영
등록번호 | 제313-2007-000148호
등록일자 | 2007. 7. 10

(04032) 서울특별시 마포구 양화로 133, 1702호(서교동, 서교타워)
전화 | 02) 323-1410
팩스 | 02) 6499-1411
홈페이지 | knomad.co.kr
이메일 | knomad@knomad.co.kr

값 19,000원

ISBN 979-11-92248-03-5 13320

부동산 공부 3년만 하면 인생이 달라진다

앞으로 3년 부동산에 미쳐라

남덕현 지음

집값에 절망하는 청년들에게 희망을 주는
진짜 부동산 공부

nomad
지식노마드

앞으로 3년
부동산 공부에 미쳐라

"나는 20억짜리 건물주가 될 거야!!"

아마도 2015년이었을 것이다. 절친한 고등학교 동창 3명과 오랜만에 모여 삼겹살을 구워 먹으며 내가 외친 말이다. 친구들은 내게 진심 어린 걱정과 함께 정신 차리라고 말했다. 32세 늦은 나이에 초봉 2,000만 원의 직장을 다니기 시작한 녀석이 대기업으로 경력 이직을 했다고 해서 축하해주려 모인 자리였다. 그런데 고작 3,000만 원의 저축액이 전부인 친구가 "몇 년 뒤에 나는 20억짜리 건물주가 될 거야!"라고 진지하게 외친다면, 누구라도 저 녀석이 제정신인가 하고 생각했을 것이다.

7년이 지난 지금 3,000만 원의 자산은 어떻게 변해 있을까? 2016년 착한 공무원 아내와 결혼해서 행복한 삶을 시작했으며, 2020년 13억 원이 넘는 서울 아파트에 터전을 잡았고, 투자용 빌라와 주식 등의 자산을 가지고 있다. 솔로였다면 아마도 7년 전의 선언처럼 20억 다가구 주택에서 건물주로 목표를 달성했겠지만, 결혼을 했기에 가족과 자녀의 생활까지 고려하여 지금은 실거주용 아파트, 투자용 빌라, 주식 등으로 자산을 분산해 운영해나가고 있다.

그러나 2015년과 2022년은 상황과 여건이 분명히 다르다. 나를 포함하여 운 좋게 부동산이나 주식 대세 상승기에 올라타서 돈을 번 자칭, 타칭 전문가라는 사람들이 유튜브에 널려 있다. 만약 지금 여러분이 순진하게도 이들의 말만 믿고 무리한 투자(부동산, 주식, 비트코인, 원자재 등)를 했다가는 몇 년 뒤에 신용불량자로 피눈물 흘리면서 남은 인생을 빚의 노예로 불행하게 살 가능성이 매우 높다.

지난 몇 년간은 미국의 경제호황과 저금리, 통제 가능한 수준의 유동성, 국내 부동산 수급 불균형 등 예측 가능한 범주에서의 자산시장 대세 상승기였다. 그러나 지금은 2020년에 발생한 코로나 사태로 인하여 판세가 완전히 뒤바뀌어버렸다. 현재의 부동산, 주식, 비트코인, 원자재, 금·은 등의 자산 상승은 역사상 경험해보지 않은 세계 각국의 돈 풀기 경쟁으로 인해 발생한 것이다. 한마디로 예측 가능하지 않은 범주의 상승이다. 즉 경제가 좋아서 집값이 오르고 기업 상황이 좋아서 주가가 오른 것이 아니라, 코로나로 인한 경제 공황을 막아보고자 전 세계 국가가(대한민국을 포함하여) 유례없을 정도로 마구 돈을 찍어내면서 발생한 집값 상승과 주가 상승이라는 것이다. 물론 대한민국의 경우 서울 주택공급 부족까지 겹친 부분도 크다.

그 결과 청년세대들은 휴지조각으로 변해가는 노동소득과 수년간 치솟은 집값으로 인해 상대적 박탈감에 시달리고, 미래 희망에 대한 상실과 분노로 힘들어하고 있다.

그러나 기회는 아직 남아 있다. 이 책 후반부에서 자세히 설명하겠지만, 대한민국 부동산 시장의 마지막 불꽃은 2028~2040년 사이에 진행될 서울 재개발/재건축 시대다.

2028~2040 서울 재개발/재건축 시대가 온다

분명한 사실은, 앞으로 다가올 기회와 위험에 대비할 수 있는 지식과 멘털의 단련이 절실하다는 것이다. 2028~2040년 서울 재개발/재건축 시대에 참여해 부자가 될 수 있는 지식과 경험, 자본을 축적해야 한다. 이제 막 대학교를 졸업해서 학자금 대출을 갚고 있는 처지라 하더라도, 여러분에게는 미래의 큰 기회가 기다리고 있다. 돈이 없다면 지금부터 10년간 부지런히 모으면서 내집마련의 기회를 잡으면 된다. 경제나 부동산에 대한 지식도 쌓아나가면 된다.

돈과 지식보다 훨씬 중요한 것은 바로 '경험', '체험', '체득'이다.

재개발/재건축이 이루어지며 지역이 천지개벽하는 걸 내 눈으로 직접 본 경험. 그런 천지개벽의 과정에서 집값이 두세 배 급상승하고, 온갖 인간군상들의 이권다툼과 갈등, 중재, 해결과정들을 어깨너머로 본 경험. 이렇게 집값이 폭등할 때 수억 원의 수익을 안정적으로 얻어나가며 인생이 계속해서 업그레이드 되는 사람과 무리한 투자와 욕심으로 파산하는 무모한 투자자와의 차이를 직접 보고 느낄 수 있는 경험.

이런 경험이 유튜브나 책을 통해서 배울 수 없는 진짜 '지식'이다. 그리고 이런 진짜 '경험'은 앞으로 3년간 드라마틱하게 전국에서 아파트, 빌라, 주택, 상가를 가리지 않고 일어날 것이다. 지금은 그런 대격변의 시기이다. 남일 구경하듯이 앞으로 3년을 흘려보내는 게 아니라, 돈은 없지만 도대체 무슨 일들이 부동산, 경제 시장에서 일어나는지, 어떤 사람들이 돈을 벌고 어떤 사람들이 실패하는지를 제대로 지켜본다면, 여러분이 앞으로 5년, 10년 뒤 돈을 어느 정도 저축해서 내집마련 투자에 뛰어들 때, 그 어떤 지식보다 성공적인 부동산 투자의 길잡이가 되어줄 것이다.

윤석열 대통령이 당선되면서, 문재인 정부와는 정반대의 시장친화적인 부동산 정책을 펼칠 가능성이 높아졌다. 이렇게 정반대의 부동산 정책이 펼쳐질 때 일어나는 시장의 반응을 지켜볼 수 있는 시기는 많지 않다. 단언하건대, 3년간 기본적인 경제, 부동산 공부를 하면서 대한민국 곳곳에서 일어나는 부동산 대변화를 직접 동네를 돌아다니며 틈틈이 눈으로 확인하고 가격표를 보면서 경험한 청년과 이론적인 공부만 하거나, 부동산에 담 쌓고 회사 일만 한 청년은 5년 뒤, 10년 뒤 정말로 집이라는 것을 살 수 있는 '자본'이 모였을 때, 또는 2013~2016년처럼 헐값에 아파트를 바겐세일하는 시기가 왔을 때, 어마어마한 행동력 차이를 보일 것이다.

부자들은 자식에게 '돈'이 아니라 이런 '경험'을 대물림하면서 부를 지켜나간다. 앞으로 3년 머리 아픈 이론 공부는 이 책과 유튜브 정도만 하면서 여러 지역을 돌아다니고, 재개발, 재건축, 신도시 지역들을 돌면서 어디가 살기 좋은지 어디가 살기 나쁜지, 눈으로 보고 체험하라. 그리고 대규모 개발계획이 실제로 실행되면, 그 지역 상권과 주거에 어떤 영향이 오는지 직접 눈으로 보면서 체험해보라.

그렇게만 한다면 지금은 학자금 대출을 갚으며 마이너스 통장에, 월세 단칸방에서 회사 생활을 하고 있더라도, 5년 10년 뒤에는 단언컨대 부자로 가는 길에 한발을 내딛고 성공적인 내집마련을 할 수 있을 것이다. 날 믿어라.

제1장
2022년 대한민국 청년의 현실과 확정된 암울한 미래

제4장
행복한 삶을 누리기 위한
실패하지 않는 내 집 마련

제5장
실전으로 배워보자,
흙수저 청년을 위한 내 집 마련 공략집

제6장
2028~2040년
大 재개발·재건축·리모델링 시대가 온다

제7장
청년들에게 해주고 싶은 이야기

2022년 대한민국 청년의 현실과 확정된 암울한 미래

대통령이 바뀌어도 내 삶은 바뀌지 않았다. 정치인과 다주택자, 대기업 정규직원들에는 집값 상승이라는 과실과 52시간 근로제, 탄탄한 월급이라는 봄날이 왔다. 반면 취업준비생 청년, 무주택 중소기업 직장인, 휴일도 없이 일하는 소상공인들에게 봄날은 오지 않았다. 유주택 40대 대기업 정규직에는 태평성대의 시대지만 무주택 20~30대 취준생 청년들에는 대기업 공채 폐지, 전월세 가격 상승, 남녀 갈등, 세대 갈등, 정규직과 비정규직과의 갈등 같은 행복한 뉴스는 하나도 없는 그야말로 혹한의 시대다.

앞으로 누가 대통령이 되든 변하지 않고 청년들에게 **확정적으로** 닥쳐올 암울한 미래를 살펴보자.

열심히 노력하면 좋은 날이 온다는 성공방정식, 지금도 유효할까?

이제 막 40대인 나도 20대이던 2000년대 "열심히 노력하면 좋은 날이 온다."라는 부모님 세대의 덕담이 썩 와닿지는 않았다. 하지만 그때는 학창시절 노력의 보상인 좋은 학벌 > 좋은 기업 입사

> 높은 연봉 > 성공한 결혼 > 빠른 내 집 마련 > 중산층으로서 행복한 삶이라는 '성공방정식'이 유효했다. 그 와중에 치열한 경쟁을 뚫고 대기업에 입사하거나 전문직이 되었다면 경제적 윤택함이 보장되었고, 행정고시나 공기업을 뚫었다면 윤택함은 물론이고 '명예'도 얻을 수 있었다.

이런저런 집안 사정이나 젊은 시절의 방황 등으로 좋은 직업을 가지지 못해 중소기업이든 자영업이든 몸 쓰는 일이든 하면서 빌라 전세를 살더라도, 부부가 열심히 노력해 한푼 두푼 저축하면서 자녀를 형편껏 교육시킬 수 있었다. 그러다 청약 점수가 차곡차곡 쌓이면 40~50대에 저축한 돈과 전세금으로 신축 아파트에 청약 1순위로 당첨되고 드디어 번듯한 내 집 마련의 기쁨을 누릴 수 있었다. '내가 참 열심히 살았고 보상을 받는구나.' 하면서 서민층으로서 행복한 삶이라는 서민층 '존버 성공방정식'도 유효했다.

청년들의 노력에 대한 적절한 사회 보상 시스템이 작동하던 마지막 시대가 2000년대인 것 같다. "각자의 위치에서 열심히 노력하면 좋은 날이 온다."라는 부모님 세대의 격언은 어느 순간 부정당하기 시작했고 2010년대 유행했던 단어는 금수저와 흙수저, 헬조선이었다. 결국 부모의 자산과 재력이 자녀의 미래에 큰 영향을 미친다는 결론을 내린 것이다. 청년의 노력으로는 더이상 중산층, 상류층으로 계층 상승이 어려워져갈 때 우리는 '정치적 문제해결'을 선택했다. 바로 박근혜 대통령을 탄핵하고 '사람이 먼저다'라고 입버릇처럼 말하는 문재인 대통령이 당선된 것이다. 그런데 문재인 정부의 임기가 끝나는 2022년인 지금, 과연 청년들이 노력하면 성공하는 사회가 되었는가? 청년들이 좋은 직업을 구하기 쉬워졌는가? 사고 싶은 집의 가격이 저렴해졌는가? 임대로 사는 전월세 가격이 저렴해졌는가? 복지제도가 탁월하게 변해서 청년들이 실패하거나 넘어져도 다시 일어설 수 있게 되었는가? 불행히도 청년들의 삶은 결코 좋아지지 않았다.

특히 부모님에게 물려받은 재산은 없지만 좋은 학벌에 이어 좋은 직장을 뚫어내 중산층 성공 코스에 입장했다고 믿었던 성공한 흙수저 청년들이 그렇다. 그리고 치열한 노력으로 각종 자격증 시험을 뚫어내 잘하면 상류층, 못해도 중상층 코스에 입장했다고 믿었던 청년들은 더욱 그렇다. 초봉 5,000만 원 연봉의 직장에 들어갔다고 미래의 희망이 그려지지 않는다. 연봉 8,000만 원 직장인이라고 해서 15억 원 아파트를 살 수 있는 것도 아니다. 노력만 한 게 아니라 치열한 경쟁까지 이겨낸 청년들인데, 왜 성공이라는 보상은 오지 않는 것일까?

그렇다면 80% 이상 차지하는 중소기업, 소상공인의 사정은 어떨까? 내가 살고 싶은 미래의 집에 대한 희망은커녕 살고 있는 월세나 전세가격 상승에 생존을 위한 사투를 벌이고 있다. 지금은 이렇지만 10년, 20년 열심히 저축하고 노력하면 40~50대에는 번듯한 아파트 분양도 받고 좋은 날이 올 거라는 '희망'을 품은 청년들은 이제 멸종한 것만 같다. 넉넉하지는 않아도 좋은 사람 만나 결혼해서 자녀들 키우면서 살아가는 평범한 꿈조차 꿀 수 없는 서글픈 현실이다.

정치인이 청년의 삶을 보장해주는 시대는 끝났다

정권이 바뀐다고, 대통령이 바뀐다고 청년의 삶이 달라지는 시대는 이미 끝났다. 고도 성장기를 지나온 대한민국은 이제 모든 일을 선과 악으로 구분하고 화끈한 정책으로 드라마틱한 다수를 위한 변화를 이끌어내는 것은 거의 불가능하다. 예를 들어 문재인 대통령이 인천국제공항에 가서 "비정규직 모두 정규직으로 바꿔버려!" 하고 어명을 내렸다고 해서 모두가 행복해지는 사회가 되지 않았다는 것이다. 힘든 시험을 통과한 공채 출신들은 예산과 승진 자리는 정해져 있는데 나눠 먹을 정규직이 갑자기 늘어났으니 불행하고, 인국공(인천국제공항공사) 입사를 노리던 스펙 좋은 취준생 청년들은 내가 취업할 정규직 자리가 없어져서 불행하다. 그리고 다른 회사의 비정규직들은 인천국제공항처럼 대통령의 말 한마디로 정규직이 되지 못해 억울하고 불행하다.

또한 투기꾼들을 화끈하게 박살내고 세금과 대출 제한으로 다주택자들을 때려잡는 줄 알았는데, 오히려 내가 사는 집의 전세가격이 오르고 내가 사고 싶은 아파트값이 2배, 3배가 되었다. 청약은 가점제로 바뀌어서 당첨될 확률이 없어져 억울하고 불행하다. 뉴스를 보면 코로나를 잘 이겨내서 경제가 지속 성장하고 있고 수출도 잘되고 있다 하는데, 또 호텔이나 고급 백화점에서 돈쓰는 사람들은 줄어들지 않고 한 끼에 15만 원 하는 '오마카세' 초밥이 유행이라는데, 왜 나는 장사가 잘 안되고 내 월급은 안 오르는지 억울하고 불행하다.

이처럼 대통령의 선의의 말 한마디나 좋은 정책이 청년들의 삶을 책임져주기에는 사회가 너무 복잡해졌고 우리가 감당할 수 없는 힘의 파도가 밀려오고 있다. 우리 사회는 이미 '자산 양극화, 고령화, 지식 산업의 발달'로 소수의 고연봉자와 다수의 저연봉자로 일자리가 재편되고 있다. 그리고 AI 발달에 의한 일자리 감소로 나아갈 수밖에 없는 운명에 처해 있다. 이런 현상은 누구의 잘못도 아닌, 대한민국이 경제적으로 발전했기에 생겨나는 당연한 현상이며 자본주의 사회의 모습이기도 하다. 또한 '고령화, 인구감소, 청년층의 세금증가'는 이런 변화와 잘못된 인구정책이 초래한 피할 수 없는 청년들의 불운한 미래이다. 앞으로 청년들에게 닥쳐올 **확정된 미래**에 대해 알아보고 어떻게 대응해나가야 할지 알아보도록 하자.

청년은 이미 태어날 때부터 망해 있었다

2021년 대한민국은 한반도 역사상 최고의 전성기를 달리고 있다. 고조선 이래 우리나라 역사에서 지금처럼 경제적, 군사적으로 부강하고 삶의 질이 높으며 세계 10위 안에 들어가는 선진국이었던 적은 없었다. 지금은 한국전쟁 이후 70년간 이룬 근대화와 경제성장의 **과실을 모두 맛있게 먹는 시기**이며 앞으로도 국가는 성장하고 소수의 국민은 더 잘살게 될 것이다. 하지만 누적되어 온 여러 가지 문제점들이 터지면서 부모님에게 자산을 물려받을 게 없거나 적은 흙수저 청년들의 삶은 더욱 팍팍해질 일만 남았다고도 볼 수 있다.

오늘날 10~30대 청년들이 가장 먼저 알아두어야 할 것은 미

과세표준	세율	누진세액공제
1,200만 원 이하	6%	-
1,200만 원 초과~4,600만 원 이하	15%	108만 원
4,600만 원 초과~8,800만 원 이하	24%	522만 원
8,800만 원 초과~1억 5천만 원 이하	35%	1,490만 원
1억 5천만 원 초과~3억 원 이하	38%	1,940만 원
3억 원 초과~5억 원 이하	40%	2,540만 원
5억 원 초과~10억 원 이하	42%	3,540만 원
10억 원 초과	45%	6,540만 원

고소득자 소득세율은 증가할 수 있는 폭이 많지 않다

래에 본인들이 받게 될 월급 중 3분의 1 이상의 돈이 세금으로 뜯길 것이 확실하다는 것이다. 2,200만 원 최저임금의 연봉을 받든 4,000만 원을 받든 상관없이 말이다.

현재 우리나라는 소득이 많은 사람이 훨씬 더 많은 소득세와 4대 보험료를 납부하고 있다. 예를 들어 연봉 1억 원을 받으면 월 830만 원에서 190만 원을 떼어가고 630만 원을 월급으로 받는다. 대략 4.5분의 1이 세금과 4대 보험이다. 연봉 6,000만 원을 받으면 월 500만 원에서 84만 원을 떼어가고 410만 원을 월급으로 받는다. 대충 5분의 1이 세금과 4대 보험이다. 연봉 2,200만 원을 받으면 월 183만 원에서 18만 원을 떼어가고 165만 원을 월급으로 받는다. 대충 10분의 1이 세금과 4대 보험이다.

우리가 일반적으로 생각하는 것과는 달리 고소득자들은 이미 많은 소득을 세금과 보험료로 내고 있다. 사실 우리나라는 고소득자가 저소득자와 중간 소득자들을 먹여 살리는 구조의 세금이다.

2020년 기준 근로자의 36.8%(705만 명)는 소득세를 한 푼도 내지 않았다. 세액공제를 통해서 세금을 환급해주기 때문에 결과적으로 소득세를 내지 않는 것이다.

소득세율을 보면 알겠지만 연봉 4,600만 원 이하 노동자는 세율이 15%에 불과하다. 앞서 말했듯이, 전체 노동자의 36.8%는 소득세를 돌려받아서 결과적으로 세금을 한 푼도 내지 않는 반면에 버는 돈이 많아질수록 소득세는 계속 높아지는 구조이다. 참고로 다른 선진국의 최고 소득세율이 보통 37~50%인 것을 놓고 보면 우리나라도 절대로 낮은 편이 아니다.

"아니 남쌤! 돈 많이 버는 사람이 소득세나 4대 보험료 많이 내는 게 당연하지, 뭐 부자들까지 걱정해주고 있습니까? 그리고 내가 세금을 안 내거나 적게 낸다고 하는데 왜 내 삶은 팍팍하고 돈이 안 모이는 겁니까?" 하고 생각하는 청년이 분명히 있을 것이지만 소득세 내용은 앞으로 이어질 내용을 위한 빌드업이다.

실패한 출산율 정책   출처: 통계청

이스라엘	3,09명	영국	1.68명	헝가리	1.49명
멕시코	2.13명	에스토니아	1.67명	오스트리아	1.48명
터키	1.99	칠레	1.65	폴란드	1.44
프랑스	1.84	리투아니아	1.63	일본	1.42
콜롬비아	1.81	벨기에	1.61	핀란드	1.41
아일랜드	1.75	슬로베니아	1.61	포르투갈	1.41
스웨덴	1.75	라트비아	1.6	룩셈부르크	1.38
호주	1.74	네덜란드	1.59	그리스	1.35
뉴질랜드	1.74	독일	1.57	이탈리아	1.29
덴마크	1.73	노르웨이	1.56	스페인	1.26
미국	1.73	슬로바키아	1.54	한국	0.98
체코	1.71	스웨스	1.52	2020년	0.84
아이슬란드	1.71	캐나다	1.5		

OECD 평균 1.63

유례없는 세계 최저 수준의 출산율   출처: OECD, Family Database

먼저 우리나라 출산율과 미래 청년대비 노인 인구의 비율을 살펴보자.

위의 표에서 알 수 있듯이, 우리나라 출산율은 처참하게 망해 압도적 세계 꼴찌이다. 크리스틴 라가르드 국제통화기금(IMF) 총재는 "한국은 집단 자살 사회"라고 말했을 정도이다.

한마디로 오늘날 청년들의 노후를 책임져줄 10세 이하의 유아들이 없다. 스스로 먹고 살길을 만들지 않는 한 청년들의 노후는 답이 없다고 볼 수 있다. 다만 지금의 청년이 노년이 되는 먼 미래에는 기술 발달과 AI 발달로 인간은 기본소득으로 놀고먹고 로봇

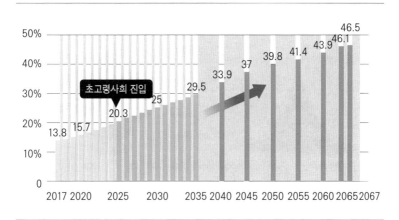

길거리에 중년과 노인들만 있는 사회가 곧 온다.　　　　　　　　출처: 통계청

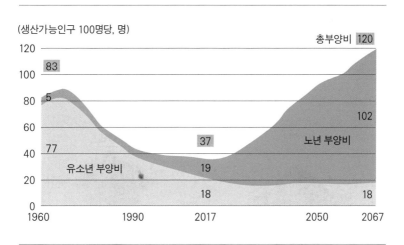

급증하는 노인 부양비를 지금 10~30대 세대가 감당해야 한다.　　　　출처: 통계청

1965년

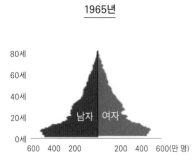

2036년

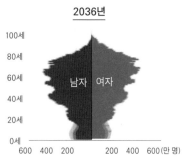

1990년

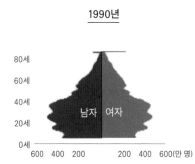

2050년

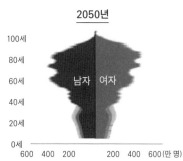

2017년

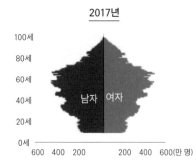

2067년

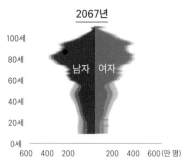

피할 수 없는 확정된 인구 구조   출처: 통계청

이 일하는 좋은(?) 세상이 올 수도 있다는 희망적인 예측도 나오고 있다. 하지만 이 문제는 워낙 먼 미래이니 일단 접어두기로 하자.

그렇다면 지금의 10~30대가 청년과 중년으로 40년간 맞이할 세상은 어떨까?

인구 피라미드 그림만 보더라도 청년은 폭망이다. 2020년에 15.7%가 65세 이상 고령 인구인데, 2050년에는 40%가 고령 인구이다. 앞으로 30년간 생산연령 인구는 크게 감소하는데 고령 인구는 폭등한다. 그런데다 의료기술은 더욱 좋아져서 기대수명은 계속해서 늘어날 것이다.

여러분이 국가의 입장이라면 어떻게 하겠는가?

복지 예산은 계속해서 늘어난다. 노인 부양에 쓰는 돈이 앞으로 최소 5배이고 연구에 따라 10배까지도 늘 수 있다고 한다. 돈 낼 사람은 계속 줄어드는데 근로자의 36.8%인 705만 명의 소득세를 지금처럼 한 푼도 걷지 않고 면세할 수 있겠는가? 고소득자의 소득세를 지금의 45%에서 50% 정도로 올릴 수는 있을 것이다. 세계 최고 소득세가 약 55%이다. 이미 고소득자는 세금을 많이 내고 있고 머릿수가 적다. 반면에 세금을 한 푼도 내지 않고 있는 705만 명에게 30%의 세금을 걷는다면, 혹은 10~15%의 세금을 내고 있는 사람들에게 나라 살림이 어려우니 40%까지 내라고 하면 예산 확보가 많이 되지 않겠는가?

소득세만 그럴까? 4대 보험, 국민연금 재정이 바닥나는데, 소득이 많든 적든 월급의 3분의 1 정도는 세금과 4대 보험으로 뜯어가야 하지 않을까? 그렇게 걷어도 돈이 모자라는데 뾰족한 대책이 있을까? 월급의 50%를 세금과 4대 보험으로 가져가게 될 거라는 예측도 충분히 가능성 있는 이야기다.

국민연금 제도는 폰지사기*다

국민연금 제도는 미래세대가 내는 보험료로 노인세대를 먹여 살리는 구조이다. 그런데 미래세대의 수는 급감하고 있는데다 '베이비 붐 세대'인 노인들은 이렇게 많은 수가 생존해 있는 상태에서 의료기술의 발달로 수명까지 늘어나니 오늘날 청년들의 미래는 답이 없다. 국민연금 주는 나이를 늦추고 금액을 줄인다고 해서 해결되는 수준의 출산율이 아니다.

해외에서 좋다고 소문나서 외국인도 치료받으러 오는 건강보험 제도는 어떨까?

적자는 이미 시작되었다. 저축해둔 적립금을 까먹고 있고 앞으로 국가는 돈이 없다. 있는 대로 세금을 걷어다가 복지를 해야 하고 채권을 찍어서 빚으로 수십 년을 운영해야 한다. 노인세대가 다 죽어서 복지비용이 줄어들거나 미래에 산업혁명으로 기계가 돈을 벌고 인간은 쓰기만 하는 어떤 특이점이 오지 않는 한 이런 현상은 계속될 것이다.

국민연금 납부액을 올려서 지금 세대가 적립을 더 많이 하고, 미래세대가 부담하는 액수를 줄여야 한다는 주장에 대해 김연명

---

* 피라미드식 다단계 사기 수법

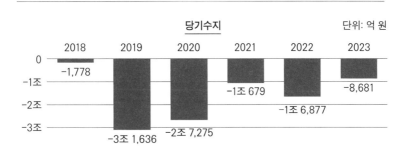

당기수지   단위: 억 원

2018   2019   2020   2021   2022   2023

0
-1,778
-1조
-2조   -1조 679
-3조   -1조 6,877   -8,681
        -3조 1,636 -2조 7,275

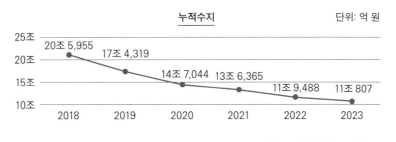

누적수지   단위: 억 원

25조
20조 5,955
20조   17조 4,319
                    14조 7,044 13조 6,365
15조   11조 9,488   11조 807
10조
        2018   2019   2020   2021   2022   2023

건강보험 적립금은 순식간에 사라지고 있다.   출처: 과학기술기획평가원(2019).

청와대 사회수석은 2018년 SBS와의 인터뷰를 통해 "내년부터 확 올리는 것은 반대한다. 지금의 청년세대와 미래의 청년세대가 더 부담하는 것이 공평한 것이다."라고 말했다. 그러면서 국민연금이 고갈된 이후에는 젊었을 때 적립한 돈을 받는 현재의 방식이 아닌, 해마다 필요한 연금액을 가입자로부터 걷는 부과식 연금을 주장 했다(노인에게 지급할 연금을 젊은이에게서 세금으로 걷자는 말이다). 아 직 초고령화가 시작도 안 된 2022년에 말이다. 앞으로 10~30대 청 년들은 직장생활 동안 월급이 많든 적든 월급의 3분의 1은 세금과 4대 보험으로, 3분의 1은 월세(전세제도는 없어질 것이다)로, 나머지 3분의 1은 통신비와 생활비, 식비로 지출될 것이다.

부모님 세대처럼 저축하고 돈을 모아 서울에 내 집 마련하고 40대 월급쟁이가 그랜저 타고 다니면서 성공한 중산층으로 살아가는 모습은, 물려받는 자산이 없는 흙수저 청년들에게 꿈같은 이야기가 될 것이다. 직업이 좋아서 수입이 많으면 3분의 1이 아니라 절반을 뜯기게 된다. 이것이 피할 수 없는 **확정된** 미래다. 그러니 미래를 위한 저축, 내 집 마련을 위한 저축, 취미생활을 위한 지출을 무슨 수로 할 수 있을까?

소득불평등, 자산불평등, 지식불평등 초양극화 사회

해외 선진국의 수도급 도시 즉 뉴욕, LA, 런던, 파리, 도쿄 등에서 생활해본 사람들이 공통적으로 하는 이야기가 있다.

"월세가 한국과 비교해 진짜 비싸다. 노숙인이 곳곳에 많다. 부자와 빈자의 생활 수준 차이가 크다. 계층 상승 욕구가 한국보다 적다. 교육에 의한 경제적 계층 상승이 어렵다."

약 70년 정도 만에 급속도로 산업화, 정보화가 이루어진 우리나라와 달리, 해외 선진국들은 200년 이상의 기간에 걸쳐 차근차근 자본주의 사회로 발전했다. 자본주의의 발달과 성숙함은 필연적으로 가진 자와 못 가진 자를 나누고 양극화를 심화시킨다. 돈이 돈을 버는 자본주의의 특성상 노동에만 수입을 의존하는 계층은 자본축적을 하지 못하고, 투자를 통해 자본축적을 하는 계층은 대를 이어가며 부를 불려나가기 때문에 점차 소수의 사람에게만 '부'가 집중되는 양극화 현상이 일어나게 된다.

영국 런던에 위치한 8.2평 원룸. 침대 옆에 변기가 있다. 임대료는 월 1,500파운드(약 230만원)로 2018년 기준 세입자는 월 급여의 37%를 임대료로 지출한다.

우리나라 역시 이런 양극화가 최근 들어 눈에 띄게 심해지고 있으나 해외 선진국에 비하면 이제 시작일 뿐이다. 해외 청년들은 우리나라처럼 열심히 공부하고 노력해서 성공해야 한다거나 중산층으로 멋지게 살고 싶다는 욕망이 크지 않고 현재에 만족하며 살아가려는 성향이 강하다. 아마도 계층 상승의 기회가 거의 없기 때문일 것이다.

우리나라 청년들은 "서울의 신축 아파트에서 신혼생활을 해야하는데 왜 이리 비싸지! 국가 정책이 잘못되었다."라고 말한다. 그러나 뉴욕 청년들은 왜 나는 뉴욕 중심가 집을 살 수 없냐고 말하지 않는다. 다만, 왜 나는 뉴욕 중심가에서 월세로 살 수 없을 만큼 월세가 비싸냐고 불만을 터뜨릴 뿐이다.

돌이켜보면 우리나라는 6.25 전쟁이라는 대혼란을 겪으면서 모든 게 리셋(Reset)되어 전 국민이 '거지 상태'에서 새롭게 시작된 나라이다. 일제강점기를 겪으면서도 사라지지 않았던 전통적 계층 구조와 부의 쏠림현상이 6.25 전쟁으로 인해 모두 가진 게 없으며, 모두 새롭게 시작해야 하는 백지상태가 되어버린 것이다. 과거에는 가난했든 노비였든 노력하고 운이 따르면 누구든지 크게 성공할 수 있는 가능성이 있었다. 이러한 영향으로 지금도 우리나라 청년들은 '할 수 있다.' '하면 된다.' '나도 멋진 삶을 살 수 있다.' '왜 부자와 서민을 차별하냐, 평등해져야 한다.' '인생역전이다.' 등의 차등을 반대하는 진취적인 사고를 외치고 있다. 하지만 벌써 70년이 흘렀다. 2022년을 살고 있는 청년들은 헬조선과 수저론을 말하며 노력만으로 극복할 수 없는 현실에 분노하고 있다. 이른바 자본주의 고착화에 따른 서양식 양극화가 우리나라에도 시작되고 있는 것이다. 우리 모두 부의 쏠림 현상을 늦추고 기회의 평등 사회를 만들어가기 위한 사회적 노력을 해야겠지만, 다가오는 양극화에 청년 개인 스스로도 대비해야 한다.

희망은 있다!
앞으로 15년, 다시 없는 기회가 오고 있다

이쯤에서 여러분은 의문이 들 것이다.

"아니 그럼, 우리 10~30대 청년들은 앞으로 좋은 일자리 취직도 어려워지고, 어쩌다 어렵게 취직해도 노인세대 부양하기 위해 세금으로 뜯기고, 내 집은 비싸서 못 사고 평생 월세를 살면서 고생만 할 거라는 말입니까?"

그렇다. 하지만 앞으로 딱 15년이다. 여러분에게 부모님 세대처럼 내 집에서 내 자동차를 가지고 자녀들을 키우면서 행복하게 살 수 있는 마지막 이벤트가 남아 있다. 노력과 운, 직장의 질에 따라 빌라부터 서울 신축 대단지 아파트까지 내 집에서 살 수 있는 기회가 아직 남아 있다는 말이다. 다만 **내가 하지 말라는 것은 절대로 하지 말고, 하라는 것을 철저하게 해야만 잡을 수 있는 기회다.**

세상에 망무새들이 넘쳐난다. 이러면 망한다. 저러면 안 된다. 문제 제기하는 사람은 많다. 그러나 정작 중요한 대안은 말해주지 않는다. 물려받을 돈이 없는 흙수저 청년, 내 집 마련이나 주식, 비트코인 상승에 올라타지 못해 자산이 없는 청년들에게 **'구체적으로 뭘 어떻게 해야 하는지'를 알려주는 사람은 많지 않다.** 한마디로 불안한 청년들을 사기치려는 놈들만 넘쳐난다. 혹은 사기까지는 아니더라도 청년의 삶을 바꾸는 데는 큰 도움이 되지 않는 방법만을 알려주거나 불안 심리를 이용해 돈을 벌어보려는 이기적인 어른들이 대부분이다. 나는 그게 싫다. 희망을 잃고 쓰러져가는 청년의 마지막 한 푼까지 싹싹 긁어가려는 기성세대가 싫다. 나는 흙수저 청년들이 희망을 가지고 힘든 고령화 사회를 버텨낼 수 있는 구체적이고 현실적인 방법을 알려주고 싶다. 더 나아가 경제적 안정을 찾은 청년들과 함께 세상을 바꿔보고 싶다.

그렇다면 지금의 10~30대 청년에게 15년간 주어진 마지막 기회란 어떤 것일까? 크게 세 가지로 나눌 수 있다.

- 당장은 없어지지 않고 저축의 디딤돌이 되어줄 전세제도
- 서울 4~10년차 빌라, 수도권 구축 아파트, 지방 구도심 구축 아파트의 가격이 아직은 저렴한 편이라는 것
- 2028~2040년까지 서울과 1기 신도시 그리고 지방 광역시 구도심의 아파트, 낡은 빌라의 대대적인 재건축과 재개발 시대가 온다는 것

청년은 먼저 나를 가난하게 만드는 금융투자(주식, 예금, 코인, 보험, 연금 등)와 허세성 지출(자동차, 명품 등) 그리고 저축을 방해하는 월세살이부터 탈출해야 한다. 월세를 살고 있다면 가능한 빨리 저렴한 전세로 탈출해서 저축액을 늘려야 한다. 어느 정도 저축이 되면 내 직장과 그동안 모은 돈, 앞으로의 직업 안정성, 월급, 건강상태, 결혼계획 등을 고려해서 반드시 분수에 맞는 내 집을 구매해야 한다. 그 집이 빌라가 되었든 구축 아파트가 되었든 신축 대단지 역세권 아파트가 되었든 자산가치 상승의 과실을 누리고 내가 가진 주택으로 화폐가치 하락을 방어하며 알뜰하게 저축하는 것이다. 그런 다음 2028년 이후부터 2040년경까지 마지막으로 여러분에게 주어질 번듯한 내 집 마련의 기회를 엿볼 수 있다. 이때 서울과 1기 신도시, 지방 구도심 재건축, 재개발 시대에 반드시 형편에 맞추어 최대한 좋은 집으로 갈아타야 한다.

지출을 줄이고 전세 살아서 돈을 모으라는 건 알겠는데 중간 빌라는 뭐고 구축 아파트를 사라는 건 무슨 말일까? 2028년 이후 대대적인 재건축, 재개발 시대는 또 무슨 소리일까? 그리고 고령화

로 인구가 줄면 집값이 폭락하는 것 아닐까? 물론 지금은 이해되지 않는 것이 당연하다. 차근차근 하나씩 다 설명해줄 것이다. 일단 지금은 나에게도 기회가 있다. 월급이 많든 적든 희망이 있다는 것만 기억하라. 흙수저 청년들에게도 희망이 있다는 것을!

앞으로 2장을 열심히 읽으면서 청년들이 절대로 하지 말아야 하는 것과 해야만 하는 것을 알아보도록 하자. 약속한다. 이 책을 모두 읽었을 때는 내게도 희망이 있고 구체적으로 어떻게 하면 될지 명쾌하게 알 수 있을 것이다. 하나 마나 한 소리, 뜬구름 잡는 소리만 하면서 "청년 주거에 대해 우리 사회가 고민할 필요가 있다"고 말하는 정치인과 시민단체에서나 할 법한 소리로 여러분의 황금 같은 시간을 빼앗지는 않을 것이다.

제 2 장

청년들의 금융투자,
이렇게 하면 망한다

한 연구결과에 따르면 '돈'은 일정 금액까지는 '행복'에 큰 영향을 미치지만 일정 수준 이상이 되면 돈으로 인한 행복은 더이상 늘어나지 않는다고 한다. 행복은 돈과 직업, 내 집을 최소한만 이루어 놓으면 그다음은 나와 내 가족이 좋아하는 행동이나 생각을 얼마나 많이 하면서 시간을 보낼 수 있느냐로 결정되는 것 같다.

나는 돈이 많은지, 직업이 좋은지, 학벌이 좋은지 따위로 사람을 판단하지 않는다. 돈이 많고 스펙이 좋지만 불행 속에서 사는 사람은 하나도 부럽지 않다. 각자 상황에 맞는 수준의 경제적 안정을 이룬 후에 행복한 시간을 최대한 많이 보내는 사람이 부럽고 존경스럽다.

대한민국 사회는 물질로 사람의 '급'을 판단하는 전통적 물질관이 여전히 남아 있다. 그렇더라도 경제적 안정을 어느 정도 이룬 다음 '본인이 원하는 행복한 삶'에 시간을 얼마나 투자하고 있는지 따져보는 행복의 세계로 여러분의 생각을 전환해보기 바란다. 나보다 잘난 사람을 부러워만 하는 질투의 삶을 벗어나 내가 가진 모든 것들에 감사하게 될 것이다. 그렇다면 행복한 '경제적 안정'을 이루기 위해서는 어떤 방법들이 있는지, 또 어떤 방법이 경제적 안정의 기회를 빼앗아갈 수 있는지 함께 알아보도록 하자.

청년기에 다달이 돈을 내는 금융투자를 하면 가난해진다

직업이 좋든 그저 그렇든 20~40대 시기에 가난으로 이끌리는 잘못된 인생 공략집을 살펴보자.

"취업을 축하합니다. 돈을 버는 사람이 되었군요. 자, 이제 우리는 **자본주의 사회의 회사들이 시키는 대로만 하면 됩니다.**"

- 먼저 보험부터 들어야 합니다. 월 급여의 5~10% 정도는 언제 있을지 모르는 위험에서 여러분의 인생을 보호해야 합니다. 암보험, 실비보험, 치과보험, CI보험, 생명보험 등등 빨리 보험을 들어서 **다달이 돈을 내세요.**
- 보험을 들었나요? 나중에 집을 사려면 청약통장 만들어야지요. 한 달에 3만 원, 10만 원씩 **다달이 돈을 내세요.**
- 아끼고 돈 모아서 집 사고 차 사야죠. 비과세 적금을 드세요. 한 달에 30만 원씩 **다달이 돈을 내세요.** 미래에 부자가 될 겁니다.
- 보험 들고 예금과 적금을 들었나요? 그럼 연금을 들어야죠? 변액유니버설이라고 아시는지 모르겠어요? 아, 이건 보험 아니에요. 연금입니다, 연금! 100세 시대인데 60세 은퇴 후에

생활비를 어떻게 하시려구요? 젊을 때 한 달에 100만 원씩 연금을 부어놓아야 늙어서 폐지 줍는 삶을 면합니다. 빨리 가입하셔서 **다달이 돈을 내세요.**

- 집값 오르는데 돈이 안 모인다구요? 허허, 요즘 세상에 주식을 안 하고 어떻게 돈을 법니까, 투자를 해야지요. 믿을 수 있는 우리 ○○증권 '부자 펀드'에 가입하세요. 능력 있고 믿을 수 있는 투자 전문가들이 대신 투자해서 돈을 벌어다줄 겁니다. 한방에 크게 돈을 넣으셔도 되고 돈이 없으면 **다달이 돈을 내세요.**

- 주식으로 언제 돈을 법니까? 인생은 한방, 대세는 코인입니다. 우리 거래소에서 코인을 사세요. 전문가가 유료코인 예측 상담도 해주는 우리 사이트에 다달이 돈을 내세요. 그리고 코인을 사고파는 데 **다달이 돈을 내세요.**

- 직장도 자리 잡았는데 언제까지 서민처럼 버스와 지하철을 타고 다닐 거에요? 자동차를 사야죠. 차가 있어야 연애도 할 수 있는 거 모릅니까? 외제차는 타고 내릴 때 하차감이 끝내줍니다. 돈이 없다구요? 전액 할부됩니다. **다달이 돈을 내세요.**

- 자동차를 사셨네요! 보험을 들어야죠. 자동차 보험은 법으로 정해진 필수입니다. 20대에 첫 자동차니까 보험료는 좀 비쌉니다. 1년에 200만원! 돈이 없다구요? 분납도 됩니다. **다달이 돈을 내세요.**

- 어딜 그냥 가세요? 민식이법 몰라요? 아무리 조심해도 걸리면 법정 가야 합니다. 변호사 선임비, 각종 합의금에 대비하

셔야죠. 운전자 보험을 들어야 합니다. **다달이 돈을 내세요.**

- 차를 사셨네요? 정부도 먹고살아야죠. 취득세와 등록세 내는 건 알고 있으시죠? 아, 그리고 **매년 재산세를** 내세요.

- 차를 사셨군요. 빨리 주유소에 오셔서 기름을 넣으세요. **다달이 돈을 내세요**

- 요즘 공짜 주차장이 어디 있습니까. 주차할 때마다 돈을 내시든가 아니면 한 달 단위로 주차권을 끊으셔서 **다달이 돈을 내세요.**

- 차 사고팔고 세금 내고, 왜 돈을 버리나요? 자동차 리스 렌트를 하세요. 5년 타다가 새 차로 바꿔드립니다. 월 사용료만 **다달이 돈을 내세요**

- 아니, 수돗물 먹고 사십니까? 아니면 매주 귀찮게 생수를 택배시키고 패트병 쓰레기를 버리며 사십니까? 정수기를 렌트하세요. 전문가가 필터 교환과 정수기 청소를 몇 달마다 주기적으로 해드립니다. 월 사용료만 **다달이 돈을 내세요.**

- 인생 언제 죽을지 모르는데 상조에 가입해야지요. 부모님 돌아가셔서 경황이 없을 때 전문 장례지도사가 파견되어 모든 장례 일처리를 도와드립니다. **다달이 돈을 내세요.**

- 이것저것 다달이 돈을 내다 보니 모아놓은 돈이 없다구요? 그럼 월세를 살아야지요. 월세로 **다달이 돈을 내세요.**

- 전세대출을 받고 싶다구요? 그럼 대출 이자를 내야지요. 대출 이자로 **다달이 돈을 내세요.**

- 핸드폰 없이 어떻게 사나요? 공짜폰이요? 현명한 소비자시군

요. 2년 약정에 이 요금제를 쓰시면 공짜입니다. 이 요금제로 2년간 **다달이 돈을 내세요.**

이외에도 다달이 돈을 내라는 건 너무나 많다. 다달이 돈을 내면 매일 커피를 준다는 커피숍과 빵집도 있고 할부로 물건을 사라는 백화점과 홈쇼핑, 카드사 등 다달이 몇만 원에서 몇십만 원씩 돈을 내라는 기업이 넘쳐난다. 왜 그럴까? 여러분은 기업이 왜 그런지 생각해본 적 있나? 기업들이 왜 정수기를 판매하지 않고 빌려주면서 다달이 돈을 받으려고 할까?

부모님 돌아가셔서 상조회 3년치를 일시불로 납입해도 상조회사에서 똑같은 장례서비스를 해주는데, 왜 그들은 TV 광고까지 하면서 다달이 만 원씩 돈을 내는 상품에 가입하라고 할까? 그것도 크루즈 여행권까지 주면서 말이다.

옛날에는 자동차를 돈 주고 샀는데 어느 순간 전액 할부를 해주더니 이제는 렌트해서 타면 새 차로 바꿔준다고 하는데 도대체 왜 그런 걸까? 한마디로 기업에 돈이 되기 때문이다. 기업은 이윤을 남기기 위한 곳이고 돈을 벌기 위한 곳으로 가장 이득이 되니까 그렇게 하는 것이다.

청년들은 학창시절 열심히 공부해 좋은 대학 가서 좋은 직장을 잡아도 왜 돈을 모으지 못하고 월세살이를 해야 하는지 모르겠다고 투덜대곤 한다. 그 이유는 자본주의 사회에서 기업들의 **다달이 돈을 내세요**에 너무 많은 돈을 뜯겨 '진짜 내 돈'을 모으지 못하기 때문이다(1장에서 이야기했듯이, 앞으로는 국가도 여러분에게 노인 부양비

명목으로 왕창 다달이 돈을 내세요를 강제할 것이다. 이때는 선택권도 없다. 그냥 뜯기는 거다).

월급 180만 원 받는 사람은 보험료를 낼 돈이 별로 없다. 월세와 실비보험료를 내고 나면 끝이다. 핸드폰은 알뜰요금제에 자동차도 없다. 소액의 적금과 청약을 든다면 아주 알뜰한 거다.

월급 300만 원을 받는 직장인은 보험도 많다. 실비보험, 암보험, 연금보험에 월세 혹은 전세 이자를 내고 자동차를 사는 경우도 흔하다. 자전거도 사고 캠핑용품도 사서 취미생활도 즐긴다. 그러고도 여유가 있으면 주식도 좀 한다.

월급 500만 원을 받는 직장인은 보험, 연금, 자동차, 부모님 용돈, 사회적 위치에 따른 각종 경조사비와 취미, 품위 유지비 등등 다달이 나가는 돈이 많다. 주식에도 2,000~3,000만 원이 있고 코인도 좀 있다. 중국 펀드도 조금 들어놓았다.

연금은 40년 혹은 60년 뒤에 탄다. 자동차는 사는 순간 값이 떨어지고 각종 보장성 보험료는 사라지는 돈이다. 만기 때 돈을 돌려주는 보험은 20년 뒤에나 돈을 준다. 술값, 음식값, 취미생활, 해외여행 등 일시불이든 할부든 모두 사라지는 돈이다. **월급이 적으면 적은 대로, 많으면 많은 대로 '다달이 돈이 나가는 무엇'을 한다.**

LG, 삼성, 삼성화재, 웅진코웨이, 현대자동차, 미래에셋, 신한은행, 농협 등 여러분에게 다달이 돈을 받아가는 회사는 대부분이 대기업이다. 여러분이 반드시 깨달아야 하는 '돈의 법칙'이 여기에 있다. 자본주의 사회에서 부자가 되는 가장 확실한 방법은 누군가에게 미래에 무언가 줄 것을 약속하고 현재의 돈을 받아내는 것이다.

미래에 주기로 약속할 때는 가능한 먼 미래일수록 좋고 현재의 돈은 많이 받아낼수록 좋다. 그렇게 받아낸 돈을 가지고 현재의 돈을 불려서 미래에 주기로 한 시점에 돌려주면 된다.

여러분이 지금 무언가를 받고 나중에 무엇을 주고자 한다면 기업은 이자를 내라고 한다. 나는 지금 주고 너는 나중에 주니 돈을 내라는 것이다. 예를 들어 은행대출을 받을 때 내는 이자가 대표적이다. 물건을 할부로 사면 할부 수수료를 내라고 하는 것도 마찬가지다. 하지만 기업은 그렇게 이자를 내지 않는다. 초보부터 달인 수준까지 기업이 어떻게 돈을 버는지 알아보자.

백화점이나 홈쇼핑에서 명품백, 구두, 지갑 등을 할부로 파는 것은 초보 수준의 돈 버는 방법이다. **상품을 즉시 줘야 하기 때문**이다. 샤넬에서 명품백을 5년 뒤에 줄 테니 할부로 2년간 돈을 내라고 하면 사겠는가? 할부로 무언가를 팔아먹는 건 기업에 크게 이윤이 남지 않는다. 기껏해야 할부 기간이 길어질 때 나오는 약간의 수수료가 전부다.

정수기, 자동차 렌트, 자동차 리스 같은 건 중수 수준의 돈 버는 방법이다. 이것도 명품백 할부와 마찬가지로 **상품을 즉시 줘야 한다.** 하지만 짧게는 수년, 길게는 수십 년 동안 다달이 돈을 받을 수 있다. 정수기를 처음 사고 1~2년 쓰다 다시 생수를 사다 먹는 사람들이 많지 않을 테니 말이다. 게다가 한 번 사면 계속 쓰지 굳이 다른 회사로 바꾸지 않는다. 오래된 제품은 같은 회사에서 새로운 제품으로 교환도 가능하니 기업은 계속해서 다달이 렌트비와 관리비를 받을 수 있다. 정수기를 한 번 제값에 파는 것보다 다달이 2년, 3년, 5년 렌트비를 받는 것이 훨씬 남는 장사이다. 정수기 원가를 다달이 뽑은 다음부터는 전부 순이익이니 말이다.

상조 연금은 어떨까? 고수 수준의 돈 버는 방법이다. 고급 리조트 숙박권에 크루즈 여행권까지 주고, 상담만 받아도 밥솥 같은 가전제품을 준다고 매일같이 광고를 뿌리는 상조 연금에 가입하면 회사는 여러분에게 무엇을 줄까? 믿음과 신뢰 그리고 계약서와 약정서를 준다. 나는 **다달이 돈을 내고** 기업은 종이를 주면서 지금 돈을 먼저 받고 물건과 상품, 서비스는 먼 미래에 돌려준다는 약속을 한다.

가입자가 월 2만 원씩 10만 명이면 한 달에 20억, 1년이면 240억 원의 돈이 쌓인다. 상조회사는 이 돈으로 많은 것을 할 수 있다. 하지만 이것도 보험에 비하면 한 수 아래다. 왜냐하면 사람은 누구나 죽기 때문이다. 상품 지급을 먼 미래로 미루었을 뿐 고객에게 내가 약속한 서비스를 제공해야 하는 때가 반드시 온다. 연금 역시 60세면 60세, 80세면 80세 약속한 나이에 다달이 연금을 지급해야 한다. 100세 시대이고 보통의 가입자는 그 나이 때까지 잘 죽지 않으니 연금을 지급하게 될 확률이 높다.

보험은 어떨까? 보험은 **달인 수준의 돈 버는 방법**이다. 암보험을 들었다고 하자. 다달이 보험료를 낸다. 여러분은 무엇을 받는가? 믿음, 신뢰 그리고 계약서와 약정서를 받는다. 다달이 돈을 잘 내다가 약관에 약속한 암에 걸렸을 경우에 이만큼의 돈을 주겠다는 종이다. 나는 다달이 돈을 내고 기업은 종이를 준다. 기업은 지금 돈을 받고 물건과 상품, 서비스는 먼 미래에 주기로 하고 당장은 약속만 한다. 그런데 그 약속이 상조와 연금과는 다르게 '조건부 약속'이다. 약정한 기간에 내가 암에 안 걸리면 보험사는 내 보험료를 몽땅 떼어먹는다. 암에 걸리더라도 약관에 있는 특정 암의 상태가 아니라면 보험료를 떼어먹는다. 이럴 수가! 남의 돈을 다달이 받아가는데, 조건부로 돈을 떼어먹고도 아무런 서비스나 상품도 제공하지 않을 수 있는 상품이 바로 보험이다.

좀 더 쉽게 설명하면 **보험은 구조적으로 원금이 보장되지 않는 '무이자' 조건부 대출이다.** 쉽게 말해 내가 보험사에 다달이 무이자로 돈을 빌려주는 것이다. 대신 보험사는 내가 암에 걸렸을 때 약속한 조건대로 내가 무이자로 빌려준 원금보다 더 큰 이자를 '암진단비'라는 이름으로 갚는 것이다. 하지만 내가 암에 걸리지 않으면 보험사는 다달이 10년, 20년간 무이자로 빌려준 내 돈을 떼어먹는다.

대한민국은 위생과 건강이 아주 훌륭한 나라이고 남자 평균 83세, 여자 평균 86세까지 사는 나라이다. 사보험이 없어도 국민 의료보험이 잘 되어 있어 조기에 건강검진을 받아서 대다수가 큰 병에 안 걸리고 건강하게 잘 살아간다. 보험사는 확률과 통계를 이용해서 충분히 이익을 남길 수 있을 만큼 보험료를 책정한다. 그런 다음 다수로부터 다달이 무이자로 보험료를 받아서 수익을 올리고 가끔씩 암에 걸리는 고객에게 원금보다 큰 이자를 쳐서 보험료를 지급한다.

누군가 내게 무이자 조건부 대출을 해준다면 얼마나 많은 걸 할 수 있을까? 10만 명이 한 달에 10만 원씩 무이자로 내게 조건부 대출을 해준다면 한 달에 100억 원씩 돈이 생기고 1년이면 1,200억 원이 생긴다. 나라면 그 1,200억 원으로 부동산에 투자하고 주식하고 채권을 사고 사업해서 돈을 잘 불릴 수 있을 것 같다. 그렇게 불린 돈으로 가끔씩 암에 걸리는 고객에게 원금보다 높은 '이자'를 쳐서 갚으면서 살 수 있을 것 같다.

이제 기업들이 어떻게 돈을 버는지 감이 오는가?

왜 그렇게 다달이 돈을 내라는 상품이 많은지 이해가 되는가?

왜 여러분에게 밥까지 사주며 보험을 들라는 친구들이 있는지 이해가 되는가?

이런 상품에 더 많이 가입할수록 여러분은 더욱 가난해진다는 사실을 명심하라. 이곳저곳에 노예계약을 해서 다달이 돈을 뜯기고 나니 당연히 부자가 될 수 없다. 20대, 30대 평범한 회사에 다니는 청년들의 연봉이 얼마가 되었든(전문직을 제외하고) 중요한 것은 **금융투자와 자동차 구매, 과소비**를 얼마나 자제하느냐에 따라 경제적 안정의 지름길인 '내 집 마련'이 더 빨리, 더 좋은 것으로 다가올 수 있다는 사실이다. 연봉이 높고 좋은 직업일수록 금융투자(특히 보험과 연금)를 많이 하고 고급 자동차를 사는 등 품위 유지비에 많은 지출을 하며 살기 때문에, 특별히 절약하는 청년 일부를 제외하면 사실상 청년들의 경제적 상황은 높은 연봉이든 낮은 연봉이든 거기서 거기라고 볼 수 있다.

전문직이 아니고는 경제적 마인드가 갖추어지지 않은 청년들이 당장 사용할 수 있는 자산 등 경제력은 크게 차이나지 않는다. 여러분의 눈에는 좋은 차를 타고 비싼 음식을 사 먹고 금융투자를 많이 하는 대기업에 다니는 친구가 대단해 보이겠지만, 내 눈에는 대기업에 다니는 친구나 여러분이나 20~30대 청년들의 모습은 모두 비슷해 보인다. 대기업에 다니는 청년이든 중소기업에 다니는 청년이든 모은 돈이 억 단위로 차이나는 경우는 드물고 기껏해야 몇천 더 모은 것밖에 차이가 없다. 물론 금융투자에서 실수하고 실패해도 연봉이 센 그들은 얼마든지 만회할 기회가 있을 것이다.

그렇다고 "역시 직장은 대출 이자만 내는 것에 불과하고 돈은 투자로 버는 것이군요. 학벌과 직장이 좋아도 소용없는 것 같아요." 하고 오해하면 안 된다. 또한 노동소득은 의미가 없고 돈은 투자로 불리는 것이라고 하면서 '영끌'해서 투자하라는 둥 전문가인 나에게 돈을 내고 내가 찍어주는 것을 사라며 헛소리하는 짝퉁 전문가, 그리고 집값 폭등에 학벌과 직장이 과도하게 무시당하는 사회 분위기 등에 휩쓸리면 안 된다.

내 집(실물자산) 없이 월급만 저축하니 화폐가치 하락으로 돈이 녹아내리지만, 제대로 된 내 집 마련을 해서 실물자산으로 화폐가치 하락을 방어한 이후부터는 직장과 사업의 싸움이다. 어려운 이야기니 지금은 그냥 이렇게만 이해하자.

집값 떨어질까봐 내 집 마련을 하지 않은 대기업 친구는 요즘 속이 영 편치 않다. 일찌감치 억 단위 대출까지 받으며 내 집 마련을 한 중소기업 친구의 아파트가 5억 원으로 오르더니 얼마 지나지 않아 10억 원까지 올랐다는 소식을 들은 것이다. 대기업 친구는 '월급을 많이 받아도 집값은 못 따라가는구나.' 하면서 씁쓸한 마음을 달랬다.

한편 2013~2020년 사이 대출을 받아 아파트 한 채를 마련한 또 다른 대기업 친구는 중소기업 친구가 하나도 부럽지 않다. 내 집도 올랐기 때문이다. 집값이 비슷하게 오른 뒤에는 높은 연봉을 받는 자신의 수입이 더 많으니까 말이다. 대신 그는 집 두세 채를 사서 다주택으로 팔아 돈을 번 친구, 집이 있는 상태에서 주식이나 코인으로 돈을 번 친구를 부러워한다.

"남쌤, 직장이 좋든 나쁘든 20~30대 사회 초년기에는 모아둔 돈의 차이가 별로 안 난다면서요? 저는 학자금 대출이 있는 것도 아닌데, 월세 내고 생활비와 취미 생활에 돈 좀 쓰고 나면 매달 간신히 적자를 면하거나 어떤 달은 적자라서 저축은커녕 대출까지 있다니까요." 부모님의 빚이나 본인의 학자금 대출이 없고, 집안에 아픈 가족을 부양해야 하거나 동생들을 돌보는 데 돈이 들어가는 게 아니고 온전히 나만 책임지면 되는데 적자라서 저축을 못하고 대출까지 있다는 말인가?

이런 경우는 십중팔구 '토토(불법사설사이트)'나 게임 현질 아니면 캠핑 장비 등의 취미 생활에 과소비하거나 생활비, 데이트 비용 등의 지출이 심한 것이다. 이런 청년은 먼저 소비 통제를 하는 법부터 배워야 한다. 최저임금 세후 월 180만 원을 벌더라도 나 혼자만 책임지면 되는 삶에서 적자가 난다는 것은 변명의 여지가 없다. 수입과 지출 통제를 못한다면 그 어떤 투자 공부도 소용없다. 불필요한 지출을 줄이고 필수 지출만 하는 방법, 저축하는 방법부터 배워야 한다. 그게 순서다.

20~30대 청년 때 내 집 마련을 하기 전이라면 **금융투자, 자동**

차 구매, 과소비를 하지 말아야 한다는 것을 기억하기 바란다.

청년기에 가입해야 하는 보험

청년 때는 단 2개의 보험만 있으면 된다. 바로 실손보험과 전세보증보험이다. 보험이란 예기치 못한 위험에 대비해 다달이 소액의 보험료를 내고 큰 사고나 질병 때 경제적 손실을 최소화하기 위한 목적으로 사용할 때 가장 적합하다.

우리나라는 국민건강보험만으로도 웬만한 질병은 큰 경제적 부담 없이 치료받을 수 있지만, 일부 해결되지 않는 경우 실손보험으로 70~90%의 치료 비용을 돌려받을 수 있다. 실손보험은 20대와 30대라면 월 1~2만 원의 저렴한 보험료로 최저임금 노동자라도 부담 없이 낼 수 있는 금액이다. 국민건강보험이 내주지 못하는 교통사고나 질병이 걸렸을 때 몇천만 원에서 억 단위의 감당하기 어려운 치료비도 70~90%의 보험료를 지급해준다. 한 달에 치킨 한 마리 값으로 큰 사고를 대비할 수 있는 좋은 보험이니 필수로 들어놓아야 한다.

"실손보험은 치료비만 주고 보상금은 안 준다는데 암에 걸려서 실직할 경우 5,000만 원 보상금 받아서 생활비로 쓰면 좋지 않을까요? 왜 암보험 같은 건 들지 말라는 건가요?"

20, 30대는 암에 잘 걸리지 않는다. 그러니 가족력이 있는 경우가 아니라면 암보험은 권하고 싶지 않다. 할아버지, 아버지, 어머니, 친척이 줄줄이 40대에 암에 걸리셨다면 혹시 모르겠지만 특

별한 가족력이 없다면 암 보험료 낼 돈을 모아서 내 집 마련을 위해 저축하는 게 훨씬 낫다. 만에 하나 나중에 암에 걸리더라도 5,000만 원을 여윳돈으로 즉시 쓸 수 있게 불려놓는 것이 훨씬 경제적이다. 걸리지도 않은 암에 걸릴 것을 미리 염려하지 말고 젊을 때부터 건강을 챙기는 습관을 들이도록 해라. 만일 가족력 때문에 염려된다면 건강을 유지하면서 6개월마다 건강검진을 받아서 조기 발견하여 치료하는 게 중요하지, 암 말기에 발견해서 나는 죽고 1억 원 보험료를 받는다 한들 무슨 소용이 있겠는가.

특정 보험은 가족력이 있어 내가 걸릴 확률이 높은 경우에만 가입하고, 대다수 청년들은 실손보험 하나면 충분하다. 만기 때 돌려주는 보험이든 연금이든 비과세 혜택이 있든 가입하지 말아야 한다. 화폐가치는 시간이 지날수록 하락하기에 먼 미래의 돈은 돈이 아니다. 예를 들면 1970년대에 개포주공아파트 분양가가 550만 원이었다는데 지금은 40억 원 한다. 현재의 비싼 내 돈을 무이자로 빌려주고 먼 미래에 화폐가치가 하락한 돈을 받는다는 건 이만저만 손해가 아니다(먼 미래에 그마저도 조건부로 떼어먹고 안 줄 수 있는 계약이 바로 보장성 보험이다).

1억 원 신용대출 이자는 3% 기준으로 한 달에 25만 원 정도이다. 이때 월 25만 원을 먼 미래에 주는 연금으로 쓴 청년과 월 25만 원을 신용대출 혹은 주택담보대출 이자로 내면서 내 집 마련이라는 선택을 한 청년의 미래는 최근 몇 년간 엄청나게 달라졌다. 수십 년 뒤에 받을 연금의 만기 환급금을 받기 위해 매달 보험료를 내보았자 결국 푼돈을 만지게 된다는 사실을 명심해야 한다. 고객에게 보험을 많이 팔아서 그 수당 때문에 부자가 된 사람은 있어도, 보험 연금 많이 가입했더니 부자가 되었다는 사람은 없다. 그래도 안정적으로 연금이나 보장성 보험을 들고 싶다면 '내 집 마련'을 하고 나서 들으면 된다. 무슨 일이 있어도 20~30대에 내 집 마련은 최우선 순위라는 것을 기억해야 한다.

집을 살 돈이 없어서 비트코인이나 주식을 한다고? 그러니까 가난한 거다

"집을 사면 좋은 거 누가 모릅니까? 남쌤 같은 40대는 집값도 싸고 이자도 싸게 대출도 많이 해주는 때 집을 살 수 있었잖아요. 하지만 우리 청년들은 지금 서울 아파트 평균 가격이 12억 원을 넘었고 신축 아파트 청약 당첨도 안 되고, 당첨되더라도 대출이 안 나와서 살 수도 없어요. 대출이 나와도 모은 돈이 없어서 분양가를 감당하지 못해 못 들어갑니다. 보험 안 들고 아끼고 저축해서 5,000만 원, 1억 원 모아봐야 집을 살 수 없어요. 그래서 인생 한 방인 비트코인과 주식을 하는 겁니다."

그러니까 여러분이 망하는 거다. 내가 살고 싶은, 누구나 살고 싶은 서울 아파트를 단기간에 가지려는 욕심으로 위험성 높은 주식과 비트코인에 **다달이 돈을 내라는** 기업에 이것저것 뜯기면서 겨우 저축한 돈을 투자해서 손해 보고 날리고 있다. 그러니 전월세살이를 탈출하지 못해 절망하고 위험한 투자를 다시 반복하는 악순환에 **빠지는** 것이다.

구분	계좌 비중	수익률(계좌별, 평균)			회전율(계좌별, 평균)		
		전체	남	여	전체	남	여
		1.8%	0.7%	2.9%	522%	709%	325%
10대	2.9%	3.8%	3.4%	4.4%	128%	151%	98%
20대	21.2%	0.1%	−2.2%	2.6%	555%	838%	261%
30대	24.1%	1.7%	0.6%	2.9%	527%	714%	327%
40대	24.0%	2.1%	1.6%	2.7%	534%	697%	368%
50대	18.6%	2.2%	1.6%	2.8%	541%	722%	369%
60대	7.3%	3.2%	2.5%	4.2%	505%	647%	329%
70대	1.9%	5.1%	4.4%	5.9%	409%	472%	309%

2021년 1월~7월 240만 개인 주식 계좌분석   출처: NH투자증권

　　코인은 극소수가 전체의 부를 가져가는 시장으로 주식보다도 심하다. 여러분은 특별하지 않다. 미친 듯이 주식과 코인을 사고팔고 차트 분석하며 단타 치면 20대 남자 −2.2%로 가는 것이다. 서울 1급 수도권 아파트, 그것도 신축 대단지 아파트는 평범한 청년들이 5년, 10년 안에 살 수 있는 곳이 아니다. 인생의 20년을 직장생활에 올인해야 살까 말까 한 곳이 서울 신축 대단지 아파트다. 월세, 전세, 빌라, 17~24평 아파트, 24~33평 아파트, 좀 더 좋은 지역 아파트, 이런 식으로 단계별로 나아가며 최종 목표로 획득할까 말까 하는 게 서울 아파트란 말이다.

　　그나마도 대다수 흙수저 부모님 세대는 아파트 자체를 가져보는 게 꿈이며 자녀들과 함께 살 만한 크기의 빌라가 최종 주택이 되는 경우도 많다. 다시 말해 여러분이 주식이나 코인으로 무리해서 단기간에 아파트를 살 수 있는 돈을 벌려고 하는 건 애초에 10년,

20년 고생 없이 날로 먹으려는 도둑놈 심보라는 것이다. 아파트라는 최종 주택을 단기간에 사려는 욕심을 내면서 잘 알지도 못하는 주식이나 코인을 하는 것 자체가 문제다. 경제, 사회, 문화적 지식과 경험이 부족한 여러분이 내 집 마련 전에 해서는 안 되는 금융투자(주식, 코인)를 하니 그나마 있는 돈도 날려버리고 계속 전월세 살이를 반복하는 악순환에 빠져드는 것이다.

내 집 마련은 사회생활 몇 년 만에 쉽게 할 수 있는 것이 아니다. 특히 서울이나 핵심 수도권이라면 더욱 그렇다. 조부모님과 부모님 세대가 피땀 흘려 일한 대가로 내 집 마련을 하셨을 때 너무나 기뻐하셨던 모습이 생생하다고 말하는 청년들의 어린 시절 추억처럼, 마음에 드는 내 집은 적게는 10년, 길게는 20~30년 한푼 두푼 모으고 저축하고 대출받아 사는 것이 당연한 일이다.

1970년대 개포 주공아파트 분양가가 550만 원이었다. 지금은 무척 저렴하게 느껴지지만 당시는 상당히 비싼 돈이었고 1990년대 아파트 가격이 1억 5,000만 원이었는데 이것도 굉장히 큰돈이었다.

2013~2018년까지는 **거저먹기식 내 집 마련이 가능했던 유일한 시기이다.** 이때는 서울과 수도권 아파트 가격이 유례없이 아주 저렴했고, 저금리로 이자도 저렴했으며 집값의 80%까지 대출도 많이 해주던 매우 특수한 상황이었다. 청년들이 대기업이든 중소기업이든 다니면서 몇 년간 모은 돈과 주택담보대출로 쉽고 저렴하게 아파트 마련이 가능했던 적은 대한민국 역사상 이때가 처음이었다.

게임으로 따지면 후반부에나 구매가 가능한 아이템을 어떤 이유에서인지 50% 할인 판매하던 시기라고 보면 된다. 당시 '아직도 비싸다. 더 떨어져야 한다'면서 내 집 마련을 미루었던 사람들은 이 벤트 기간이 끝난 뒤에 땅을 치며 후회했을 것이 뻔하다.

사실 이 시기의 집값과 대출제도 등은 특별한 상황이었다는 것을 인정하고 받아들여야 한다. 내가 살고 싶은 집은 몇 년 주식투자 조금 잘해서, 운이 좋아서, 투자가 잘 터져서 살 수 있는 게 아니다. 오랜 세월 성실히 직장 생활하며 저축하고 적절한 투자로 안정적으로 불려 나가다가 집값이 저렴해지거나 공급이 많아지는 시기가 왔을 때 은행 대출을 받아 '번듯한 아파트'를 장만하는 것이 자연스러운 순서이다. 집은 원래 비싼 거다. 그래서 보통 40~50대 정도 되어야 최종적으로 살아갈 집 한 채 장만하는 것이 부모님 세대의 평범한 삶이었다.

이처럼 최근 몇 년이 비정상적으로 좋았던 시기였다. 그때 모두가 집값 떨어진다고, 집 사면 망한다고 한목소리를 낼 때 오히려 좋은 기회로 삼고 잘 계획해서 집을 산 사람은 현명한 것이고, 어쩌다 보니 얻어걸려서 산 사람은 운이 좋은 것이다. 나는 왜 금수저 부모님 밑에서 태어나지 못했나 하고 한탄해 보아야 인생에 아무런 도움이 되지 않는다. 현실을 받아들이고 최선의 길을 찾아내는 것이 우선이다.

어찌 되었든, 여전히 수많은 청년이 주식과 코인 판을 기웃거린다. 소수의 성공사례와 대박사례에 솔깃한 그들은 **경제적 자유**를 꿈꾸며 자신도 대박을 꿈꾼다. 경매나 갭투자, 주식, 코인, 각종 사업 등으로 큰돈을 번 소수의 선생님들은 학원을 차리거나 고액 과외를 하거나 비공식 그룹을 만들어 경제적 자유를 얻는 자신만의 노하우를 판매하며 돈을 벌어들인다. 이들에게 자극을 받은 청년들은 자신도 몇 년 안에 수십억 자산가로 성공하는 꿈을 꾼다. 그러면서 지긋지긋한 회사 때려치우고 건물을 사서 월세 받아먹으며 외제차 끌고 다니겠다는 헛된 상상의 나래를 펼치면서 그들은 선생님 말씀만 듣고 잘 알지도 못하는 분야에 위험한 투자를 한다.

투자의 세계에서 가장 중요한 것은 내가 모르는 것에는 절대로 투자하지 않는 것이다. 내가 아는 것에 투자해야 하고, **내 집 마련부터 해놓고 투자**해야 한다(의문을 갖지 말고 그냥 외워라. 주식투자의 전설인 피터 린치 같은 사람도 내 집부터 사고 주식을 하라고 말했다. 무조건 외워야 할 것에 의문을 가지면 인생 피곤해진다).

한편 부동산, 주식, 코인에 대해 아무것도 모르는 청년이 그냥 월급만 모았다고 생각해보자. 노동가치가 땅에 떨어졌다고 울분을 토할지언정 그래도 몇천만 원 저축이라도 한 상태라면 그 돈으로 전세를 살든 작더라도 대출받아 내 집을 마련하든 무언가 해볼 수라도 있다. 실제로 주식이나 코인에 투자해서 원금이라도 지킨 청년은 손에 꼽을 정도다.

만약 비트코인을 10년 전에 사서 가지고 있었으면 2,327배로 돈이 불어 있다고 한다. 10년간 금 수익률은 1.2배, 미국 주식의 수익률은 2.5배다. 폭등했다는 서울 아파트값이 2~3배 수준이다. 그런데 비트코인은 2,327배라는 미친 수익률을 보여주었다. 사놓고 팔지만 않았어도 떼돈을 버는 것이다. 그런데도 어째서 대다수 청년들이 돈을 잃거나 거의 벌지 못했을까?

여유자금이 아닌 돈으로 주식이나 코인을 하면 절대로 하락기를 버티지 못하고 상승기 때 끝까지 가져가지 못한다. 전 재산이거나 대출까지 받은 돈이기에 잃는 것이 두렵고 반드시 급전이 필요한 일이 생기기 때문이다. 13년간 연평균 29% 수익, 최종수익률 2800%(28배)를 기록한 주식의 전설 '피터 린치'의 마젤란 펀드에 투자한 가입자 절반 이상은 손실을 보았다. 오를 때 사고 내릴 때 팔았기 때문이다. 주식과 코인을 안 팔고 버티면 되는데 말이다.

제아무리 강철 멘탈이라도 현실에서 돈이 필요한 상황이 발생하면 팔게 되어 있다. 코인 담보대출 이런 게 없기 때문이다. 여러분은 평범하다. 강철 멘탈과 뛰어난 지식과 두뇌를 가지지도 않았고, 현실에서 돈이 필요할 일이 없는 금수저 자식도 아니다. 그래서 주식과 코인이 올랐는데도 손해를 보고 있는 것이다. 앞으로도 다르지 않다. 코인은 사람의 심리를 읽는 사람이 모두 먹는 승자 독식 구조이기 때문에 한 놈만 부자가 되고 나머지는 모두 잃기 쉽다. 그런데 신용대출까지 받아서 주식과 코인을 하는 청년들이 넘쳐나니 안타까울 따름이다.

99%는 성공하지 못하고 내 집을 마련할 자금마저 날려먹는 **경제적 자유**보다 대다수가 성공할 수 있고 차근차근 나아갈 수 있는 **경제적 안정**이 우선이다. 만족스럽지는 않지만 나와 내 가족이 생활할 내 집이 있고, 월급이 많지는 않아도 내 능력개발과 노력에 따른 월급을 다달이 벌 수 있는 직장이 있다면 여러분은 경제적 안정을 이룬 것이다.

내 집이 있다면 전세나 월세가 오른다고 해도 상관없다. 주택담보대출을 받을 때 적절한 수준의 고정금리로 받았다면 금리가 오르든지 말든지 내 걱정이 아니다. 내 능력과 직장이 있고 다달이 수입이 있으면, 설령 직장을 잃더라도 열심히 자기계발을 했다면 40대까지는 아직 우리 사회가 월급이 줄어들지언정 직장을 구할 수 없는 막장 사회는 아니기에 다시 직장을 가질 수 있다. 내 집을 살 때 무리한 대출을 한 게 아니라면 직장생활을 유지하는 한 내 집을 유지할 수 있다.

"집값이 이렇게 비싼데 어떻게 무리한 대출을 안 합니까?"라고 말할 수도 있다. 그러니까 분수에 맞는 집에서 첫 시작을 하라는 것이다. 이렇게 내 집과 직장으로 경제적 안정을 이룬 다음 각자의 가치관에 따라 살아가면 된다. 행복한 시간을 보내는 데 충분한 시간을 갖고 열심히 공부한 경제 지식으로 두 번째 투자용 주택이 되었든 제대로 공부한 주식 지식이 되었든, 원자재 투자든 땅 투자든, 아니면 내 사업을 한번 해보든, 돈을 벌고 모으면서 사는 집을 넓히고 아파트로 이사 가고 취미 생활에 돈을 쓰는 것이다.

청년 인생, 경제적 안정의 선순환 공략법

1. 화폐가치 하락이니 노동가치 하락이니 하는 말에 휩쓸리지 말고 직장을 얻는 데 충실히 한다(연봉에 미련을 두지 말고 희망을 가져라. 최저임금 받아도 행복하게 살 수 있다).
2. 집에서 출퇴근이 가능하다면 무조건 부모님 집에서 생활한다. 지방에서 올라왔다면 최대한 회사와 가깝게 1~2억 원 정도 하는 전셋집을 구한다. 보통 보증금의 80%는 전세대출

이 되고 20%는 내 돈이 있어야 하는데, 부모님께 20% 내 돈을 부탁해보자. 부모님 찬스가 어려우면 월세를 계약하지 말고 다른 방법을 찾아보자. 친척집이든 고시원이든, 남자라면 달방으로 모텔에서 살든, 레지던스나 호텔 같은 곳에 장기투숙을 하든 보증금 없이 언제든지 원하면 빠져나올 수 있는 곳에서 사는 것이다(한 번 월세 살면 전세로 쉽게 못 간다. 눈높이가 높아지기 때문이다. 보증금 1,000만 원에 80~100만 원 하는 신축 역세권 오피스텔에서 살다가 전세 1억~1억 5,000만 원 하는 우중충한 원룸이나 빌라로 삶을 낮출 수는 없다. 한 번 좋은 환경에 적응하면 다시 낮아지는 걸 죽도록 싫어하는 게 인간이다).

직장 3개월 다니면 신용대출이 가능하다. 신용대출 2,000만 원과 전세자금대출 8,000만 원을 받아서 1억 원 정도 하는 전셋집에 들어가자(1억 원 전세대출이면 이자가 20만 원이 안 된다).

3. 직장을 얻었으면 업무 능력을 향상시키고 다른 회사를 가서도 쓸모있는 경쟁력을 갖추기 위해 노력한다.

4. 금융투자는 절대로 하지 않는다(주식, 코인, 토토, 사설, P2P투자, 보험, 연금 등).

5. 자동차를 사지 않는다(나는 39세에 처음 자동차를 샀다. 대도시에서는 자동차 없이도 충분히 살아간다).

6. 실손보험(월 1~2만 원)과 주택청약(월 10만 원)에 반드시 가입한다. 그리고 입사 후 6개월간은 마음껏 돈을 써보길 바란다. 돈도 써보아야 소중한지 알고 모으는 것이 왜 중요한지

알 수 있다. 게다가 대부분의 청년들은 어릴적부터 "공부해라, 쓰지 마라, 나중에 대학 가면 놀 수 있다, 취직하면 놀 수 있다."라는 말을 들으면서 억눌려 살아왔기에 욕구불만 상태에 있다. 입사 후 6개월 동안은 해외여행이나 좋아하는 아이돌 덕질, 게임, 비싼 음식, 명품백 등 본인이 하고 싶고 사고 싶은 데 돈을 써보라. 한 번 해보면 의외로 '아, 이런 거였구나.' 하고 금세 시들해지는 것들이 대부분이지만 그 한 번을 못 해보면 두고두고 후회하게 된다. 그리고 내가 어떤 사람인지, 뭘 좋아하고 뭘 싫어하는지 알아가려면 무엇이든 많이 해보고 경험해봐야 한다.

7. 6개월 후부터 월급의 최소 50% 이상 저축한다(가능하다면 70% 이상을 권유한다).

8. 저축한 돈으로 신용대출, 학자금대출 등의 대출을 상환한다.

9. 최대한 아껴서 내 돈 3,000~5,000만 원을 모은다.

10. 직장이 시원찮고 앞으로 큰돈을 벌 수 없는 직업이라면 내 돈 3,000~5,000만 원으로 서울의 2억 5,000~4억 원 이내의 빌라를 전세 끼고 구매하는 방법도 있다. 단, 신축 빌라는 구매하지 않는다(전세 끼고 구매한다는 것은 2억 5,000만 원의 빌라를 구매할 때 2억 2,000~2억 3,000만 원에 전세입자를 맞추고 실제 내 돈 3,000만 원이면 내가 집주인이 된다는 것을 말한다). 직장의 수준, 부모님 찬스, 모아둔 자산 규모, 결혼유무, 직장 대출제도 등등 여건에 따라 빌라가 아닌 아파트를 구매하도록 한다. (자세한 내용은 3장과 4장에서 다룰 것이다.)

11. 몇 년간 직장에서 열심히 능력을 개발하고 경제공부를 꾸준히 하면서 저축한다(당연히 금융투자 하지 말고 적금만 들어라).

12. 내 집의 전세입자 만기가 되는 2년 혹은 4년 뒤에는 집값의 60~70%까지 주택담보대출을 받아 세입자 전세금을 돌려주고 내가 들어가서 산다(2억 5,000만 원에 산 집이 3억 원이 되었다면 1억 8,000~2억 1,000만 원까지 주택담보대출이 나온다. 30년 고정금리로 대출을 받고 2~4년 동안 2억 2,000~2억 3,000만 원에 맞춰둔 전세입자 보증금을 돌려주는 데 필요한 2,000~4,000만 원을 모았다면 주택담보대출과 모은 돈으로 전세입자 보증금을 돌려주고 내가들어가 내 집에서 살 수 있다).

13. 각자의 경제 상황과 삶의 목표, 자산 목표에 따라 적당한 저축으로 좀 더 좋은 빌라, 좀 더 큰 빌라로 꾸준히 넓혀간다. 한편 2028~2040년 서울과 1기 신도시, 광역시 구도심 대재개발·재건축 시대에 맞춰 빌라를 팔고 신축 아파트를 잡기 위해 계속 열심히 돈을 모으면서 부동산과 경제를 깊이 있게 공부하는 것도 좋은 방법이다.

14. 나는 상급지나 아파트로의 이동 또는 넓은 평수에 욕심이 없고 직장생활 열심히 하면서 적당히 천천히 넓혀가며 돈 좀 쓰면서 살고 싶다면, 이때부터 주식이든 보험이든 연금이든 공부해서 적당히 투자하도록 한다(이전에는 절대로 금융투자를 해서는 안 된다는 걸 명심하라).

청년 인생, 가난의 악순환 공식

이제 청년들이 망할 수밖에 없는 이유들을 살펴보자.

1. 첫 직장이 여러분의 인생을 좌우한다는 일반론에 휩쓸려 무조건 전문직, 대기업, 공기업, 공무원을 목표로 수년간 인생을 갈아넣으면 취업이 늦어진다(너무 슬퍼하지는 말자. 나 역시 인생의 5년 정도를 시험공부하는 데 허송세월했고 합격도 못했지만 지금은 잘 먹고 잘산다).

2. 자유를 느끼겠다고 부모님 집에서 나와 월세로 독립한다. 지방에서 올라와서 낡고 좁은 전셋집은 불편해서 못 살겠다고 비싼 월세로 거주한다.

3. 자급제폰에 알뜰폰 요금제를 쓰지 않고 비싼 최신 휴대폰을 할부로 사고 3사 통신료, 월세, 교통비, 식비, 생활비를 하고 나면 남는 게 별로 없다.

4. 주변의 친구들이나 부모님 말을 듣고 보험이나 연금에 가입해서 안 그래도 남는 거 없는 월급이 더 없어진다.

5. 직장을 얻었으면 업무 능력을 향상하고 시대의 변화를 따라가며 다른 회사에 가서도 쓸모있는 경쟁력을 갖추기 위해 노력해야 하는데, 노동가치 하락이니 직장은 투자용 자금의 이자 내는 곳일 뿐이라는 분위기에 휩쓸려 하루 종일 유튜브나 투자 커뮤니티를 기웃거리면서 경제공부, 부동산공부, 투자공부, 코인공부, 주식공부만 한다.

6. 경제공부를 하면 할수록 집값은 더럽게 비싸고 내가 받는

월급에서 이것저것 떼고 남는 걸 모아 보니 죽어도 서울이나 수도권 신축 아파트는 꿈도 꿀 수 없다. 청약도 가점제로 당첨이 안 된다고 하니 울분만 쌓인다.

7. 울분만 쌓이니 할부로 자동차를 구매해서 스트레스를 푼다.

8. 울분만 쌓이니 국내외 여행, 호텔 호캉스, 비싼 맛집에 돈을 쓰며 스트레스를 푼다.

9. 자동차 할부금에 보험료와 유류비, 늘어난 여행비로 안 그래도 안 모이는 돈이 더 안 모인다.

10. 이래서는 답이 없다. 역시 투자를 해야겠다. 친구가 추천한 유튜브에서 잘 맞춘다는 선생님 말에 따라 주식과 코인에 겨우 모은 2,000~3,000만 원을 몽땅 투자한다. 오르나 싶더니 갑자기 미중 무역전쟁이니 테이퍼링이니 헝다 기업 위기설이니 하면서 손해만 본다. 알고 보니 친구는 올랐을 때 이미 팔았다고 한다.

11. 어느덧 2년, 월세 만기가 되었다. 주변 시세가 올랐으니 월세를 올려달라는 집주인의 말에 울컥하지만 모은 돈이 없으니 전세로 이사갈 수도 없다. 계약갱신청구권을 사용하며 법대로 하면 나는 5%만 올려줘도 된다고 당당하게 통보한다.

12. 집주인이 그럼 내가 들어가 살 테니 나가달라고 해서 쫓겨나 다른 월셋집으로 이사간다.

13. 전세로 가고 싶지만 기껏 모은 돈은 주식에 물려 있어서 손해를 보고 팔 수도 없다. 그러니 전세대출을 받아도 필요한 20%의 내 돈이 없다. 왜 우리 부모님은 남들처럼 지원을 못

해주나, 하면서 부모님을 원망한다.

14. 집값이 미친 것 같다. 이렇게 오른 집값은 거품일 수밖에 없다. 반드시 폭락할 것이다. '가벼운 집'이라는 유튜버가 아주 옳은 소리를 한다. 그 유튜버는 4년간 집값이 떨어질 거라는 말을 해왔고 현실은 반대로 계속 올라왔다. 그래도 계속 같은 말을 한다. 맞다, 이게 다 투기꾼 때문이다. 마지막 불꽃이다. 반드시 폭락할 것이다. 그때 내가 싸게 사면 된다.

15. 회사일이 너무 힘들고 지친다. 야근도 많고 사장도 거지같다. 근무여건이 좋은 곳으로 이직하고 싶은데 연봉을 낮춰야 한다. 마음은 연봉을 낮춰서라도 가고 싶은데 다달이 나가는 월세와 통신비, 생활비, 자동차 할부, 보험료, 연금, 약간의 저축을 생각하면 연봉을 낮춰서 워라벨이 있는 회사로 갈 수도 없다. 그러면 적자가 나거나 집 살 돈은 영원히 모을 수 없을 것 같다.

16. 청년임대니 공공임대니 열심히 알아봤더니 이런저런 조건 때문에 내가 들어갈 수 없다. 미달된 곳이 있길래 들어가려고 찾아봤더니 경기도 구석에 지하철도 없어서 회사에 출퇴근하려면 2시간 반이나 걸리는 곳이다. 정부가 원망스럽다. 서울 한복판 역세권에 월세 20만 원 정도에 방 2개 이상 되는 신축 주택을 지어서 나같이 힘든 청년에게 임대해야지 뭐 하는지 모르겠다. 이게 다 투기꾼 때문이다.

주택을 소유의 개념이 아닌
주거비의 개념으로 바라보라

"집은 사는 것(BUY)이 아니라 사는 것(LIVE)이다." "집은 공공재*
다." "토지공개념으로 주택을 소유하지 못하게 해야 한다."

언뜻 들으면 무언가 멋지게 들리지만 이런 말들은 주로 정치인
이나 정치판에 기웃거리는 교수 그리고 몽상적 건축가들이 하는
말이다.

내 집 마련을 소유의 개념으로 바라보게 되면 여러 가지 잡생각
이 많아진다. 소수가 다수의 주택을 소유해서 토지와 지대를 독점
한다든지, 모두가 내 집 없이 공공임대에 살면서 집을 소유하지 못
하게 해야 부의 분배가 이루어진다든지 하는 철학적 고민을 하게
된다. 그러나 주택을 주거비의 개념으로 바라보면 문제는 훨씬 간
단하고 명확해진다. 어떤 형태로 사는 게 주거비가 가장 싸게 먹히
고 나에게 '이득'이 되는가를 따지면 끝난다. 우리는 어딘가에 있는
'집'에 살아야 하고 사람들은 누구나 이기적이다(나쁜 의미가 아니다.
경제적으로 본인에게 가장 이득이 되는 선택을 하려고 노력한다는 말이다).

집값의 결정적 요인은 수요와 공급의 원칙이지만 주요한 요인
중 하나는 금리다. 금리가 오르고 내릴 때 집값이 무조건 오르고 내
리는 건 아니지만 금리가 올라갈수록 내 집보다는 전세로 사는 게
유리해진다. 또 금리가 내려갈수록 대출받아서 내 집을 사는 게 유
리해진다. 이처럼 금리는 집값 상승과 하락의 압력으로 작용한다.

---

* 공급량이 제한된 재화나 서비스를 독과점하는 방식으로 쉽게 이익을 얻으려고 하는 것을 말한다.

그래도 제일 중요한 것은 수요와 공급이다. 청년들이 가장 이해하지 못하는 부분은 바로 이런 것이다.

"아니, 3억 원을 30년간 3%로 대출받으면 매월 120만 원씩 원금과 이자를 내는데 왜 이렇게까지 해서 집을 사는 건가요? 월급이 250~300만 원에 불과한 사람이 언제 회사에서 잘릴지도 모르는데 30년을 120만 원씩 낼 생각을 한다구요? 무섭지 않나요? 언제 갚나요?"

그들이 대출을 무서워하는 가장 큰 이유는 **어떻게 갚느냐**이다. 그리고 혹시라도 중간에 수입이 끊기게 될 것을 고민한다. 그러면 부동산 카페나 선배들은 대충 이렇게 말한다.

"야, 월급으로 갚는 게 아니라 나중에 집 팔 때 갚는 거야. 어차피 집값이 올라 있으니까 괜찮아. 남들도 다 그렇게 해서 대출받아."

이런 식으로 말해주다 보니 의문이 제대로 안 풀리는 것이다. 결론을 먼저 말하면, 내 집이든 전세든 월세든 주거비는 나간다. 대출을 갚아서 내 돈이라도 건지느냐 집주인에게 전부 뜯어먹히느냐의 차이일 뿐 부동산 상황과 금리 상황에 따라 내 집 마련, 전세, 월세 중 가장 주거비가 적게 나가고 나에게 유리한 것을 선택해야 한다. 이해를 돕기 위해 예시를 들어보자.

신도림역 근처에 2004년식 오피스텔 '포스빌'이 있다. 가장 작은 7평 원룸(전용 24m²)을 월세로 사는 데 필요한 비용은 보증금 1,000만 원에 월 55만 원이다. 1,000만 원 신용대출로 이자 2만 원+55만 원 하면 57만 원이 주거비용이다.

전세는 약 1억 6,000만 원으로 전액 전세자금대출을 받으면 월

이자 32만 원 정도로 월세보다 25만 원이 더 싸다. 본인의 이득을 챙기려는 사람들은 당연히 전세로 살려고 한다. 반면에 집주인은 월세가 더 이득이 되니 월세를 주려고 한다. 그래서 쉴 새 없이 거래되는 월세에 비해 전세는 거래량이 많지 않다. 돈이 급한 집주인이나 전세를 내놓는다. 오피스텔의 매매가는 1억 6,000만 원이다(집값이 잘 오르지 않는 오피스텔이라 전세와 차이가 없다). 1억 6,000만 원 전액을 30년 3% 이자로 주택담보대출을 받았다면 원금+이자로 월 67만 원을 납부해야 한다.

주거비를 따져보면 매매 67만 원, 전세 32만 원, 월세 57만 원이다. 당연히 사람들은 1순위로 전세를 살려고 하고, 2순위는 월세를 살려고 한다. 매매는 왜 안 할까? 주거비가 월세보다 10만 원 더 비싸서일까? 정답은 10만 원×12개월=120만 원, 1년에 집값이 120만 원 이상 오를 것 같지 않으니까 안 사는 것이다. 사람들은 이기적이다. 내가 집을 샀으면 산 가격보다 더 비싸게 팔길 원한다. 그러니 집값이 오르지 않으면 매매로 살 이유가 없다. 주거비가 저렴한 전세나 월세로 사는 게 낫다는 마인드다. 저런 오피스텔은 매매는 하지 말고 종잣돈을 모으는 2~4년 동안 전세로 저렴하게 살아가는 게 좋다.

자, 이제 아파트로 비교해보자. 내가 좋아하는 보문동에 거실에서 바라보는 뷰가 아주 멋진 '보문파크뷰자이' 아파트가 있다. 전용 29평(72m²) 아파트의 매매가는 12억 원이다. 전세는 7억 5,000만 원, 월세는 보증금 1억에 월 190만 원이다.

살던 집을 판 돈과 15년간 저축한 돈으로 7억 5,000만 원이 있

보문 파크뷰자이 29평

집값	12억
내돈	7억 5,000
전세시세	7억 5,000
월세시세	보증금1억 / 월 190

주거 형태	매매	전세	월세
대출	4억 5,000 3% 30년 주택담보대출 원리금 균등상환방식	없음	없음
주거비	월 190만 원 (원금+이자)	0원	월 190만 원 (월세)
장점	집값 상승시 이득을 내가 가진다. 월세와 주거비는 같지만 원금 상환액을 제외한 이자만 따지면 110만 원 수준이며, 이것도 1년, 2년 지날 때마다 원금 상환액이 늘어나고 이자는 계속 줄어든다 이사 걱정 없이 내집 살면서 인테리어 등을 할 수 있다	집값 하락시 손해보는 것이 없다. 주거비가 0원이다.	6억 5,000만 원의 목돈을 주식이나 코인 등에 투자해서 월190만 원 이상 벌 수 있다면 주거비를 0원으로 만들고 추가수익을 거둘 수 있다
단점	재산세를 내야 한다. 집값 하락시 손해를 내가 가진다.	집값 상승시 이득이 없다. 2~4년마다 이사다녀야 한다. 이사 때마다 복비+이사비 지출이 있다. 인테리어, 반려동물을 마음대로 키울 수 없다.	집값 상승시 이득이 없다. 2~4년마다 이사다녀야 한다. 이사 때마다 복비+ 이사비가 든다. 인테리어, 반려동물을 마음대로 키울수 없다. 대부분의 사람은 주식, 코인으로 돈을 벌기는커녕 잃는다.

는 40대 맞벌이 부부라고 가정해보자. 이 아파트의 경우 전세로 살면 주거비는 0원이다. 월세로 살면 보증금 1억에 주거비 190만 원을 내면서 내 돈 6억 5,000만 원은 주식, 채권, 부동산, 코인 등에 투자할 시드머니가 될 수 있다. 매매로 살면 주거비는 원금과 이자가 190만 원이다. 내 돈 7억 5,000만 원이 있으니 모자란 4억 5,000만 원을 연 3% 이자로 30년 주택담보대출을 받았다. 이때 주거비는 뭐가 제일 저렴할까?

당연히 공짜로 살 수 있는 전세다. **집값이 떨어질 것 같을 때는 전세로 사는 것이 좋다.** 집값 하락의 손실은 집주인이 보고 나는 2년간 공짜로 사는 것이다. 단, 전세로 살아갈 때는 집값 상승의 과실을 하나도 누리지 못한다는 점과 2년마다 재계약에 거부당하면 이사를 가야 하고 못질 한번 제대로 하지 못한다는 단점이 있다.

월세는 190만 원씩 집주인에게 없어지는 돈이라 아깝기는 하지만 내 돈 6억 5,000만 원을 이용해 월 190만 원 이상씩 벌 수 있다면 생각해볼 만한 선택이다. 그런데 연 3.5% 정도 수익률을 내야 월세 190만 원만큼 벌어서 전세를 공짜로 사는 것과 같아지는 것인데, 대부분의 사람들은 금융투자로 돈을 벌지 못한다. 쉽게 말해 3.5% 이상 수익을 낼 수 있으면 월세가 이득이고, 못 내면 전세가 이득이다.

매매는 주거비가 월 190만 원이다. 이자만 내고 원금은 못 갚는 전세나 집주인에게 없어지는 월세와는 달리, 매매는 원금과 이자를 함께 갚는 돈이다. 순수 주거비(이자) 110만 원 정도에 5년이 지날 때마다 이자는 10~15만 원씩 떨어지고(5년 뒤 순수 주거비는 100만

대출금	4.5억	대출금리	연3%	대출기간	360개월(30년)
No	상환금	납입원금	이자	납입원금	잔금
1개월	1,897,218	772,218	1,125,000	772,218	449,227,782
2개월	1,897,218	774,158	1,123,060	1,546,376	448,453,624
3개월	1,897,218	776,088	1,121,130	2,322,464	447,677,536
4개월	1,897,218	778,028	1,119,190	3,100,492	446,899,508
5개월	1,897,218	779,978	1,117,240	3,880,470	446,119,530
6개월	1,897,218	781,928	1,115,290	4,662,398	445,337,602
7개월	1,897,218	783,878	1,113,340	5,446,276	444,553,724
8개월	1,897,218	785,838	1,111,380	6,232,114	443,767,886
9개월	1,897,218	787,808	1,109,410	7,019,922	442,980,078
10개월	1,897,218	789,768	1,107,450	7,809,690	442,190,310
1년	1,897,218	793,728	1,103,490	9,395,166	440,604,834
5년	1,897,218	894,788	1,002,430	49,921,720	400,078,280
10년	1,897,218	1,039,408	857,810	107,911,600	342,088,400
15년	1,897,218	1,207,388	689,830	175,273,590	274,726,410
20년	1,897,218	1,402,518	494,700	253,522,420	196,477,580
25년	1,897,218	1,629,198	268,020	344,417,590	105,582,410
30년	1,894,278	1,889,558	4,720	450,000,000	0

2,430원, 10년 뒤는 85만 7,810원) 원금(강제저축) 상환이 늘어난다.

위 표에서 5년 60개월째를 보면 매달 갚는 원금은 첫 달에 비해 77만 원에서 89만 원으로 12만 원 늘었고, 이자는 112만 원에서 100만 원으로 12만 원 줄었다. 5년 동안 원금도 5,000만 원 가까이 갚아서 빚이 4억으로 줄었다. 매매의 장점은 집값 상승의 과실이 모두 내 것이라는 점이다. 게다가 순수 주거비도 5년, 10년마다 내려간다(전세와 월세는 10년, 20년 전보다 가격이 오르면 올랐지 내려가지 않는다). 2년마다 재계약할 필요도 없고 이사를 갈 필요도 없다. 무엇보다 인테리어도 내 마음대로 할 수 있다. 내가 살 집과 부동산 투자를 동시에 1타 2피로 하는 것이니 잘 알지도 못하는 금융투자를할 필요도 없다.

지난 4년간 전세로 살았던 사람들은 벼락 거지가 되었다. 집값이 2배, 3배 오르면서 서울 아파트가 5억, 10억씩 마구 올랐으니 말이다. 월세로 살면서 자기 돈을 금융투자한 사람들도 소수를 제외하고는 원금도 못 챙긴 경우가 허다하다. 반면에 매매로 산 사람들은 집값이 5~10억 원까지 올랐고 주거비는 그대로 190만 원으로살았다. 이 중 110만 원이 이자이고 80만 원이 강제저축이다. 10년간 내 집에서 살면서 이자와 원금을 잘 갚으면 대출은 4억 5,000만원에서 3억 4,000만 원으로 1억 1,000만 원이 줄어든다. 1년에1,100만 원씩 저축하는 셈이다. 그러니 주거비의 관점에서 보면 금융투자의 신이 아닌 이상 매달 190만 원씩 잘 상환하고 갚아나갈직업적 능력만 된다면 내 집을 사는 것이 가장 안전한 길이다. 내집이니 내 마음대로 할 수 있고, 이사 걱정 없이 투자수익까지 노려볼 수 있다. 게다가 9억 원 이하의 1주택은 양도세도 0원이다. 집을매매했을 때의 이점을 세 가지로 정리해보자.

1. 1년에 1,100만 원씩 강제저축
2. 이사 걱정 없으니 정착해서 자녀교육을 끝마칠 수 있으며 인 테리어를 내 마음대로 할 수 있고 집주인 스트레스도 없다.
3. 오래 살다 보면 집값까지 오르니 집값 상승의 과실도 전부

내 것이다.

청년들은 1번 효과를 잘 알지 못한다. 주택담보대출은 강제저축과 시간이 지날수록 순수 이자 비용이 줄어드는 은행 월세 상품이다(시간이 지날수록 주거비가 하락하는 은행 월셋집). 월세가 최악이다. 세입자는 바보가 아니기에 월세 사는 걸 제일 싫어한다. 전세는 공짜로 살면서 주거비를 아낄 수 있지만 집값이 떨어질 때만 좋다. 월세는 금융투자 기회라도 있지, 전세는 금융투자 기회도 없다.

매매는 강제저축액을 빼면 주거비가 가장 저렴하면서 집값 상승의 과실도 전부 누릴 수 있다. 금융투자로 돈을 벌어본 적이 없는 대다수 사람들에게 가장 안정적으로 돈을 버는 선택이기도 하다. 다만 집값이 오르지 않는 입지에 집을 사거나 아파트값이 비싸다고 오피스텔을 사면 애물단지가 될 수 있다. 하지만 금리가 올라갈수록 매매의 위력은 약화된다. 3% 금리가 2배 올라 6%가 되면 월 상환금은 269만 원에 이자가 225만 원으로 주거비가 많이 올라가기 때문이다.

이에 강제저축이고 뭐고 월 상환금에 부담을 느껴서 매매가 아닌 전세로 살자는 수요도 늘게 된다. 이때는 집값이 비싼 주거비를 내더라도 1년에 억 단위로 오른다는 '확신'이 있어야 사람들은 매매 선택을 한다. 대출 원금과 이자가 조금 부담되지만 집값이 폭등할 거라는 믿음이 있고 기본적으로 전세나 월세를 살면 벼락 거지가 된다는 마음이 있기 때문이다. 이런 심리로 사람들은 주택 공급이 부족하다는 확신이 들면 금리가 올라도 매매를 하고 금리가 올라도 집값은 계속 오르는 것이다.

이때 만약 신규 주택 공급이 2~3년 안에 쏟아진다는 확실한 정보가 있다면 집값은 더이상 오르지 않게 된다. 사람들은 떨어지기 전에 지금이라도 집을 내놓고 전세를 가든지 혹은 집을 팔고 대출을 1~2억 원 정도로 줄여서 내 분수에 맞는 집으로 낮추어 파산의 위험을 줄이고자 할 것이다. 비로소 집값 상승이 멈추고 약간의 하락이 나오는 것이다. 그리고 2~3년이 지나 실제로 주택 공급이 쏟아지면 집값은 의미 있게 하락한다.

1주택 내 집 마련을 소유의 관점이라는 둥 자본소득과 노동소득이라는 둥 자본가와 노동가의 계급투쟁이나 부자와 빈자의 싸움이라는 둥 토지의 독점이라는 둥 온갖 있어 보이는 멋진 말로 생각하지 말라. 그냥 나에게 주거비가 가장 적게 들면서 가장 큰 투자 수익을 거둘 수 있는 선택이 수요와 공급 상황, 투자 심리, 금리, 대출정책, 내가 모은 돈 등에 따라 매매, 전세, 월세 중에서 정해지는 것뿐이다.

사람들은 똑똑하고 지식이 많을수록 가장 유리한 선택을 한다. 예를 들어 지난 몇 년간 대출을 받아 내 집 마련한 사람들이 똑똑한 사람들이다. 가장 나쁜 선택은 무리하지 않는 범위에서 대출받아 내 집 마련을 할 수 있었음에도 내 돈으로 전세를 산 사람과, 종잣돈을 모을 생각은 안 하고 월세 살면서 집주인에게 돈을 갖다 바친 사람들이다.

몇 년 전까지만 해도 30년 주택담보대출 금리가 1.8%인 것도 있었다. 완전히 거저먹기 식으로 역사상 유례없이 저렴하게 돈을 빌려주었다. 3~4% 대출금리도 우리나라 역사상 최저 대출금리 수준이다(참고로 15년 전 참여정부 때는 대출금리가 6~8%대였다). 2013~2018년까지 집값은 폭락론에 휩쓸려 너무 쌌고 서울 아파트 전세와 매매 차이는 몇천만 원에 불과했다. 대출금리도 1.8~2.5% 수준으로 너무 싸서 매매하는 것이 주거비도 가장 적고 월 상환 부담도 적었으며 집값 상승 기대감도 가장 컸던 시기였다. 그래서 많은 사람이 내 집 마련에 성공할 수 있었다.

그런데 지금은 패닉바잉*과 공급 부족, 양도세 규제로 팔지도 못하고 미래 공급 부족 우려까지 겹쳐서 이러다가는 벼락 거지가 되겠다는 불안감에 매수심리가 폭발한 상황이다. 여기서 내가 당부하고 싶은 건 집이라는 것에 과도하게 의미를 부여하지 말자는 것이다. 사람들은 자신에게 가장 이득이 될 것 같은 판단을 하기 마련이다. 그러니 집을 소유의 문제로 접근하지 말고 주거비의 문제로 접근하면 마음이 조금 편해진다.

전세는 주거비가 가장 저렴하지만 집값이 오르면 큰 손해를 볼 수 있다. 월세는 주거비가 가장 비싼 데다가 그렇다고 금융투자로 돈을 불릴 능력도 안 된다. 매매는 주거비도 저렴하고 강제 저축 효과도 있으며 투자와 내 집 마련을 동시에 해결할 수 있다. 하지만 집값 하락기 때 집을 팔아야 하는 상황이 되면 손해가 날 수도 있는데, 그러면 답은 간단해진다.

앞으로 3~4년 이내에 집값이 오르든 떨어지든 상관없이 10년

---

* 가격상승, 물량 소진 등에 대한 불안으로 가격에 관계없이 생필품이나 주식, 부동산 등을 사들이는 일을 가리키는 말이다.

뒤에 지금보다 집값이 올라 있을 지역을 눈여겨봐두자. 그리고 무리한 대출이 아닌 감당할 수 있는 수준의 주택담보대출과 약간의 신용대출 정도로 내 집을 마련하는 것이다.

집값이 내려가는 상황이 왔을 때 대출을 못 갚거나 급전이 필요한데 추가 대출이 안 나와서 집을 팔아야 하는 상황만 만들지 않는다면, 주거비 측면에서 가장 유리하면서 장기적 집값 상승의 과실도 누릴 수 있는 방법이다.

2주택 이상부터는 주거비의 문제가 아니라 '시세차익 투자'의 개념이 된다. 그래서 훨씬 어려워진다. 1주택 내 집 마련과 다주택 투자의 난이도는 엄청나게 다르다. 다주택부터는 주식투자와 같이 어려워진다.

집값이 꼭지일 때 대부분의 사람들은 하락 시기를 못 맞춘다. 그러니 완벽한 타이밍에 1주택을 팔고 전세로 이동해서 이득을 볼 수 없다. 그래서 종잣돈이 모이면 내 집 마련을 하라는 것이다. 하락 시기를 맞추는 것은 올라가는 변곡점을 맞추는 것보다 훨씬 어려운 일이다. 여러분은 못 맞춘다. 나도 못 맞출 가능성이 매우 높다. 여러분이 떨어지는 걸 맞출 줄 알았으면 올라가는 것도 맞춰서 문재인 정부 초 대출 제한이 없을 때 최대한 영끌 대출로 2~3개 다주택을 구매하여 큰돈을 벌었을 것이다. 어차피 못 맞출 것이니 하루라도 빨리 분수껏 내 집 마련을 하라는 거다.

상승 시기를 맞춰서 돈을 번 나도 언제 하락할지 모른다고 말한다. 그런데 상승도 못 맞추고 4년 내내 집값이 떨어질 것이니 전세 살아라, 월세 살아라, 마지막 거품이다 하면서 틀린 소리를 하던

엉터리 전문가들이 하락 시점을 정확히 맞출 것 같은가? 이제 더이상 선동당하지 않기를 바란다.

부동산으로 돈 번 사람은 많은데 왜 주식, 코인 부자는 내 주변에 없을까?

온라인이 아닌 여러분 주변에서 주식이나 코인으로 '억' 단위 이상 벌었고 그 부를 5년 이상 유지한 경우를 본 적은 거의 없을 것이다. 어쩌다 돈을 벌었더라도 며칠, 몇 달이 아닌 몇 년을 유지하기란 정말 어렵다. 반면 아파트 한 채 마련해놓고 열심히 살다 보니 집값이 많이 올랐다고 말하는 부모님이나 부모님 친구들을 흔히 볼 수 있을 것이다. 왜 그런 차이가 발생할까? 왜 남쌤은 주식, 코인은 내 집 마련을 하고 나서 하라고 이야기하는 걸까?

2017년 11월 '82cook'에 내가 올려놓은 글을 읽어보도록 하자. 다시 봐도 참 잘 쓴 것 같다. 지금이나 그때나 동일하게 적용되는 원리이다.

오늘은 사람들이 별다른 투자 마인드나 지식이 없이 행한 내 집 마련이 어떻게 중산층을 형성하게 해주는지를 최대한 쉽게 말씀드릴게요. 그리고 '운'이라는 것이 사람의 인생에 얼마나 중요한지도요. 또 사람들이 궁금해하는 이야기, 즉 내 주변에 부동산으로 돈 벌었다는 사람, 부자 되었다는 사람은 많은데 왜 주식이나 원자재, 채권 같은 것으로 부자가 되었다는 사람은 없는지(아주 없지는 않을 겁니다ㅎㅎ)에 대해 말씀드릴게요. 궁금하지 않으세요?

사는 수준이 나와 비슷했던 지인들이 갑자기 좋은 동네로 이사가고 해외여행을 자주 가는 거예요. 알고 보니 하나같이 부동산으로 돈 벌었다는 이야기밖에 없습니다. 남편이 승진했다고 강남에 있는 집으로 이사가는 경우 봤나요? 아니면 주식과 채권이 대박나서 강남으로 간다는 경우는요? (아주 없지는 않을 겁니다^^;)

하지만 "어쩌다 보니 집 한 채 사둔 게 많이 올라서 대출 조금 받아서 강남으로 이사 가려고, 애들 교육도 그렇고…." 이런 경우는 여러분 주변에 너무나 많이 있을 겁니다.

매우 흔한 사례1

5년 넘도록 같이 살아온 옆집 아줌마예요. 애들끼리도 친하고 남편 수입도 비슷해서 잘 어울리는 사이였지요. 딱 한 가지 차이는, 우리 집은 계속 전세 살았고 그 집 아줌마는 어느 순간 이사 다니기도 귀찮고 내 집을 갖고 싶어져서 그냥 별 투자 생각 없이 집을 매매한 거예요. 그렇게 몇 년 잘 살다가 보니 옆집 아줌마는 수억이 오른 중산층이 되어 있고, 우리 집은 2년마다 전세대출을 받거나 2년간 저축한 돈을 보증금으로 갖다 바치는 신세가 되었지요.

매우 흔한 사례2

같은 동네 한 아줌마는 애들끼리 친하고 남편 수입도 비슷해서 잘 어울리는 사이였어요. 그런데 우리 남편이 지방으로 발령이 났지요. 살아보니 서울은 너무 복잡하고 경기도 신도시라 출퇴근도 나쁘지 않아서 서울의 내 집을 팔고 경기도로 이사했어요. 그런데 5년, 10년이 지난 뒤에 보니 서울 살던 그 친구는 수억이 오른 중산층이 되어 있고, 경기도 우리집은 다시 팔고 대출받아도 서울 살기 전 동네에 들어가기도 힘들어졌어요.

이런 경험 많지 않으세요? 사실 전문적인 투자자 말고 대부분의 사람들은 그냥 별 생각 없이 내 집은 있어야지 하고 집을 샀는데 몇 년 지나고 보니 그집이 비싸져서 중산층이 되는 경우가 대부분입니다. 그냥 별 생각 없이 구매한 지역이 재개발된다거나 위치가 좋아서 꾸준히 집값이 오르는 겁니다. 재수 좋게 내가 사니까 집값이 올라요. 반면 '운'이 없는 쪽은 하필 내가 사니까 경제위기라고 집값이 떨어지네요. 내가 산 지역만 집값이 안 올라요. 살까 말까 하다가 TV에서 집값 떨어진다는 소리가 흘러나오고 남편도 무슨 책을 읽고 와서는 인구가 어쩌구 하면서 조금 있으면 집값이 폭락할 거니까 그냥 전세로 살아가자 했어요. 그때는 돈도 있었는데 말이에요. 그런데 이제는 대출받아도 살까 말까가 되었어요.

이런 경우도 많을 겁니다. 근데 웃긴 게요. 주변에 주식에 투자해서 부자 되었다는 말 들어보셨습니까? 부동산이 얻어걸려서 부자가 된 경우는 많아도 주식 투자해서 부자가 된 경우는 매우 드물 겁니다. 오히려 작전 종목에 걸려서 몇천을 날렸다는 이야기가 넘쳐날 거예요. 왜 그럴까요? 주식이든 부동산이든 여러분은 전문가가 아니기 때문에 어차피 잘 모르고 구매하는 경우가 대부분이에요. 사실 눈먼 투자인 건 똑같습니다. 그런데 왜 부동산으로 돈을 번 경우가 많고, 최소한 손해는 안 봤는데 주식으로 죄다 망했다는 이야기가 넘쳐날까요? 오늘 그 이유에 대한 궁금증을 풀어드리려고 합니다. 그리고 내 집 마련의 중요성을 다시 한번 강조하고자 합니다.

먼저 한 가지 원칙을 정하고 갈게요. 물건 가격은 중간에 하락할 수 있지만 장기적으로 '상승'한다. 이 원칙을 설명하려면 너무 많은 설명과 지식이 필요하니 이건 그냥 원칙으로 합의하는 거예요. 물건 가격은 중간에 하락할 수 있지만 장기적으로는 '상승'합니다. 아닌 경우도 있어요. 아주 소수의 물건들, 예를 들면 컴퓨터 같은 거죠. 이런 거 1990년대에는 300~400만 원을 줘야 샀었는데 생산량이 마구 늘어서 지금은 100만 원만 주면 살 수 있게 되었죠. 이런 예외를 제외하고 대부분의 물건은 가격이 오르고 내릴 수 있지만 장기적으로는 '상승'합니다. 정확히 말하면 돈의 가치가 떨어지는 거죠. 설명이 너무 길어지니 위 내용으로만 이해합시다.

그러면 왜 눈먼 사람들의 투자에서 주식은 망하고, 내 집 마련으로 돈을 버는 경우는 많을까요? 그 이유는 부동산은 안전장치가 있어서 그렇습니다. 바로 시간이라는 안전장치입니다. 세 가지 경우로 나누어 설명하겠습니다.

남편이 매달 200~400만 원 정도 벌어다주는 외벌이 3인 가정이 있습니다. 평생 전세를 살다가 이사 다니는 것도 지겨워서 정착해서 살 집으로 24~33평 아파트 한 채를 대출 끼고 매매했습니다. 투자자가 아니라서 그냥 별 생각 없이 산 거고 세계경제, 국내경제, 부동산전망 이런 거 잘 모릅니다. 내 집 마련의 경우 세 가지 결과로 볼 수 있지요.

1. 집값이 많이 오른다.
2003년에 운 좋게 집을 샀어요. 2008년까지 미친 듯이 집값이 오릅니다. 3억 원에 산 집이 4억, 5억 원까지 오릅니다. 남편 수입을 모조리 저축했을 때 10년, 20년에 해당하는 근로소득을 내 집 마련 중에 얻어걸려서 벌었습니다.

2. 집값이 그대로이거나 조금 오른다.

2010년쯤 집을 샀어요. 2013년 정도까지 집값이 거의 변화가 없거나 1,000~2,000만 원 오릅니다. 그래도 남의집살이하면서 2년마다 이사 다니는 것보다는 좋고, 남편과 애들도 새로 산 집에 만족하면서 잘살고 있어서 문제없습니다. 적어도 내 집에 못질도 하고 인테리어도 하면서 꾸미며 살 수 있잖아요. 딱히 사는 데 문제없으니 팔지 말고 계속 살아야겠어요.

p.s: 이분이 안 팔고 2017년까지 살고 있으면 1번처럼 1~2억 원은 그냥 법니다.

3. 집값이 많이 떨어졌다.

'재수가 없으려니' 2008년에 집을 샀어요. 남들이 한창 오른다고, 돈 번다고 해서 샀는데 뉴스에서 금융위기니 뭐니 하면서 집값이 5,000만 원이 떨어졌어요(15~20%정도). 집을 사라고 한 옆집 똘이엄마부터 부동산 중개사까지 아주 마음에 안 듭니다. 남편은 왜 집을 사서 손해 보냐고 잔소리하고 짜증만 부리고 있어요. 손해 보고 팔 수는 없으니 그냥 살아야겠어요. 하지만 2년마다 이사하지 않아도 되고 남편과 애들도 새로 산 집에 만족하면서 살고 있습니다. 적어도 내 집에 못질도 하고 인테리어도 하면서 꾸미며 살 수 있으니까요.

p.s: 이분이 안 팔고 2017년까지 계속 살고 있으면 1번처럼 5000만 원 손해를 봤지만 장기적으로는 1~2억 원 그냥 법니다.

주식투자의 경우 어디어디 주식이 유망하다고 해서 대출까지 받아서 3억 원을 투자했어요(집살 때 투입한 비용과 같다). 주식은 훨씬 적은 금액을 투자해야 합니다. 일반인은 3억 원 대출받아가면서 주식투자는 잘 못하죠.

1. 주식이 많이 올랐다.

2016년에 삼성전자에 몰빵했는데 2배로 올랐어요. 아이 좋아라! 난 부자예요!

2. 주식이 보통이거나 조금 올랐다.

조금 이득 봤어요. 한 1,000만 원 정도. 좀 더 보유해야 할지 이거라도 팔아서 이득을 봐야 할지 모르겠어요(많은 사람들은 경제를 보는 능력이 없어서 계속 보유하는 게 좋을지 팔아야 할 타이밍인지 알 수 없습니다). 그래서 더 오를 주식도 팔게 되고 빠져나와야 할 때도 빠져나오지 못하고 가지고 있다가 손해를 봅니다.

3. 주식이 많이 떨어졌다.

아, 남편이 무슨 태양광이 유망하다고 ○○라는 주식을 샀는데 반토막 났어요. ○○주 투자받는다고 사라고 해서 샀더니 상장 폐지되어 전 재산을 날렸어요.ㅠㅠ

여러분, 무슨 차이인지 아시겠어요? 여러분 같은 보통 수준의 경제 지식과 능력에서 투자하면 잘 되었을 때는 내 집 마련이든 주식이든 돈 많이 벌고 부자 됩니다. 문제는 가격 변동이 별로 없거나 큰 손해를 보았을 때의 '안정성'과 '활용도'가 내 집 마련과 주식은 완전히 다르다는 겁니다. 이것이 핵심입니다. 내 집을 마련한 경우는 집값 변동이 별로 없거나 설령 15~20% 떨어져도 속은 쓰리지만 여전히 우리 가족의 보금자리로 기능합니다.

우리는 살 집이 필요하기에 집값이 떨어져도 그 집은 여전히 우리 가족에게 가치가 있죠. 그래서 굳이 '손해 보고 집을 팔지 않고 장기 보유'하게 됩니다. 반면 주식은 대출까지 받아 투자했는데 손해나거나 이득이 없으면 아무짝에도 쓸모없는 종이 쪼가리입니다. 심지어 상장 폐지되면 아예 한 푼도 못 건지죠. 따라서 주식은 무서워서 혹은 그 손해를 계속 감당하지 못해서 손해를 보고 팔 수밖에 없습니다.

그런데 말이죠. '물건 가격은 중간에 하락할 수 있지만 장기적으로는 상승한다.'라는 원칙을 하나 세웠잖아요. 설령 내가 최악인 경우로 꼭지에 집을 사서 손해를 봤어도 시간이 지나면 물가가 올라서 집값도 내가 산 가격만큼 올라가는 경우가 대부분입니다. 예외가 되는 것은, 2008년에 너무 잘못된 투자로 실제 가치보다 부풀려진 입지의 부동산에 대형 평수를 산다거나(분당, 용인, 수지 등의 40~50평대에 물린 경우) 강남에 실제 가치보다 부풀려진 꼭지에 부동산을 산 경우 정도입니다(거품 터지기 직전에 강남 아파트를 산 경우). 하지만 이 경우도 2017년까지 버틴 경우는 최소한 산 가격을 대부분 회복했습니다. 분당 대형 아파트도 거의 회복해가고 있죠. 2018, 2019, 2020년이면 2008년 꼭지 가격보다 더 올라갈 겁니다.

내 집 마련의 경우는 집을 대출받아서 한 번 사면 떨어진다고 팔 수도 없습니다. 그냥 깔고 앉고 살게 되죠. 운이 좋아서 집값이 많이 오르면 중산층 진입, 운이 보통이라도 시간이 지나면 노동소득보다 훨씬 이득, 운이 없어서 당장은 손해 봤어도 계속 살다 보니 어느 순간 손해는 안 보거나 이득을 보게 됩니다. 즉 내 집 마련은 집값이 오르든 떨어지든 '우리 가족의 보금자리'라는 역할을 하기 때문에 당장은 손해가 나도 필요한 집으로서의 기능을 충실히 하고 결국은 시간이 집값을 올려주게 됩니다. 따라서 어느 정도 전세보증금도 있고 아이들도 있는 분들은 내 집 마련을 망설이지 마세요.

서울 역세권에 남편 출퇴근 가능한 거리로 우리 애들 크기에 맞는 집을 산다는 것은 전세보증금 인상과 이사 걱정에서 해방되는 일입니다. 게다가 내 마음대로 집을 꾸밀 수 있으면서 인생에서 한 가지 고민을 없애주는 최고의 투자입니다.
'뉴스를 보면 집값이 오른다는데 우리 집 전세 만기가 언제지?' 하는 걱정이 없어집니다. 다만 현재 인구 구조와 가구수를 봤을 때 무리하게 큰집은 권하지 않습니다. 3명 가족이면 24~33평, 4명 가족이면 33~38평 정도면 사실 서울뿐 아니라 어디든 역세권에 집을 사두면 장기적으로 손해는 안 보실 거예요. 부동산 공부를 할 만한 에너지나 시간, 능력이 안 된다면 그냥 내 집 마련 하나 해두고 부동산에는 신경 끄고 우리 가족 행복을 위해 노력하는 것이 최고입니다. 집값이 오르든 내리든 우리 가족이 살 집이 있는데 무슨 상관입니까!

그리고 인생에서 '운'이라는 것은 정말 중요합니다. 여러분이 치열한 공부 없이 부동산이나 주식에 투자했을 때 운이 좋아서 좋은 수입을 얻을 거라고 계획을 세우면 여러분 인생은 망하기 쉽습니다. '나는 운이 없을 거다'라는 가정하에 백업 플랜이 있어야 합니다. 그런데 내 집 마련(다주택 투자 말고 내 집 마련 1주택)은 구조적으로 그냥 운이 없을 때 깔고 앉아서 계속 살면서 시간을 보내게 해주는 안전장치가 있는 겁니다. 이것이 바로 여러분 주변의 무지한 사람들이 하는 몇 안 되는 투자 활동(주식, 부동산, 펀드, 채권 등) 중에서 유일하게 부동산으로 부자가 된 사람이 많은 이유입니다.
한편 거지 같은 주택을 구매하는 게 아닌 이상 여러분의 집값만 오르거나 내리지 않습니다. 내 집이 오르면 남의 집도 오르고, 내 집이 떨어지면 남의 집도 떨어집니다. 내 집 떨어져서 손해를 봤다면 남의 집도 떨어졌으니 내 집 팔고 남의 집 이사갈 때 드는 비용은 동일합니다. 위에서 말했듯이 깔고 앉아서 버티면 내 집은 오릅니다. 물론 재건축이나 입지 같은 따져볼 요소들이 많이 있지만 커다란 틀에서 보면 그렇습니다.

물건값은 시간이 지날수록 올라간다는 전제는 화폐가치 하락에 대한 이야기인데, 별도의 좋은 책들을 통해 보충하기 바란다. 이 책에서 함께 다루기에는 내용이 너무 방대하다.

내 집 마련과 주식, 코인 등 투자의 가장 핵심적인 차이는 투자가 성공했을 때는 모두 돈을 벌지만, 투자가 실패했을 때 30% 떨어진 주식과 코인은 아무짝에도 쓸모없게 된다는 것이다. 하지만 내 집은 실거주라는 사용가치가 있다.

안 그래도 주식 떨어져서 피눈물 나는데 전셋값 올랐다고 집주인이 2,000만 원 올려달라고 하면 어떻게 하나? 1년, 2년 기다려도 안 오르고 돈은 당장 필요한데 주식을 계속 보유할 수 있을까? 코인은 더하다. 잡코인은 심심하면 상장 폐지되어 없어지는 초단타 시장이다. 집은 집값이 떨어져서 피눈물이 나도 무리한 대출로 산 것만 아니라면 직장생활 유지하며 5년, 10년 장기 보유할 수 있다. 우리는 월세든 전세든 자가든 우리가 살아갈 집 한 채는 있어야 하기 때문이다. 그렇기에 특별한 경제 지식이 없어도 손해를 보고 팔기 싫어서 장기보유하다 보니, 갑자기 집값이 오르는 시기에 내가 산 가격보다 오르게 되는 경우가 가장 흔한 경우이다.

"남쌤, 코인을 1억 원 갈 때까지 안 팔면 되는 거 아닙니까? 월세 살면서 주식 사 모으고 안 팔면 되는 거 아닙니까?"

"어떤 전문가는 평생 월세를 살면서 주식 사 모으면 20~30년 뒤에는 부자 된다고 하던데요?"

전형적인 현실성 없는 방구석 이론이다. 현실의 삶이 아무리 고달파도 오를 때까지 안 팔려면 반드시 오른다는 확신이 있어야 한다. 그런데 이런 확신은 지식과 경험 그리고 내 삶의 안정성에서 나온다. 일단 투자에 박아놓고 월세살이하면 안정성은 날아간다. 보증금 몇천을 올려달라는데 그 돈이 어디 있나? 그리고 청년들이 인생에서 투자를 몇 번이나 해봤다고, 청년은 경험도 없다. 설령 올바른 지식을 쌓았더라도 현실에서 돈이 필요한 순간 끝난다. 그리고 월세 살면서 주식을 사라는 그 사람은 펀드회사 대표였고 미국에 자기 집도 있는 사람이다.

집은 갑자기 몇천만 원이 필요할 때 30년짜리 주택담보대출을 받을 수 있지만, 주식담보대출은 금리도 비싸고 겨우 90일 정도 빌릴 수 있을 뿐이다. 코인은 아예 담보대출도 없다. 사실 코인까지 갈 필요도 없다. 이론적으로 주식이 주택보다 투자 수익률이 높지만 현실적인 투자 수익률로 따지면 주식은 1주택에 비하면 형편없다. 여러분의 주변만 둘러봐도 알 수 있을 것이다.

청년기에는 모아놓은 돈이 적을 수밖에 없다. 따라서 가장 필수적이고 안정적이며 예측과 달리 투자가 실패하더라도 무언가 쓸모 있는 것에 돈을 써야 한다. 그것의 1순위가 바로 '내 집 마련'이다. 그래서 나는 '내 집부터 사고 다른 것을 하라'고 반복해서 말하는 것이다. 여러분은 이제 다음과 같은 의문을 가질 것이다.

"실패했을 때 받쳐주지 못하는 주식과 코인 같은 거 하지 말고, 다달이 돈이 빠져나가는 것들에 가입하지 말라는 건 알겠어요. 그리고 월세 탈출해서 전세 살면서 열심히 죽어라 저축해서 시간이라는 안전장치가 있는 내 집을 먼저 사야 한다는 것도 알겠어요.

처음부터 서울 신축 33평 아파트 노리지 말고 분수에 맞게 빌라든 오래된 아파트든 내 집을 마련하고 차근차근 열심히 직장생활 하면서 업그레이드해 나가라는 것도 알겠어요. 그런데 몇 년간 집값이 진짜 많이 올랐잖아요. 지금 집값은 꼭지 아닌가요? 내가 샀는데 폭락하면 어떻게 해요? 차라리 몇 년 뒤에 떨어졌을 때 집을 사는 게 유리하지 않을까요? 청약으로 아파트 당첨되는 게 낫지 않을까요?"

"형편이 어려운 직업이면 빌라로 시작해도 된다고 하는데, 주위에서는 빌라를 사면 망한다고 무조건 아파트를 사야 한다고 합니다. 빌라가 정말 가격이 오를까요? 실제로 우리 부모님이 빌라를 사놨는데 10년이 지나도 값이 별로 안 올랐고 잘 팔리지도 않아서 고생하고 있는데, 남쌤도 빌라 팔아먹으려고 사기치는 것 아닌가요?"

"아, 그리고 직장이 정말 중요하다고 해놓고 설명이 부족한 거 아닌가요? 지금처럼 집값이 많이 오르는 시기에 노동소득이 무슨 소용인지 잘 모르겠어요."

3장에서 위 질문들에 대한 답을 제공할 것이다. 청년들이 지금 집을 사야 하는지 말아야 하는지, 집값이 꼭지인지 거품인지 알아보도록 하자. 빌라에 대해서는 4장에서 자세히 다뤄볼 것이다. 의심하지 말기 바란다. 나는 정치인처럼 여러분에게 헛된 희망과 거짓말을 늘어놓지 않는다. 그리고 직장에 대한 설명은 좀 더 뒤에서 다루는 것이 설득력 있을 것 같아 미뤄두었다. 노동소득은 대단히 중요하다. 뒤에서 자세히 설명할 테니 계속 집중해보자.

제3장

청년이 알아야 하는
집값에 관한
진짜 진실과 거짓선동

다주택 투기꾼이 집값을 올린다는 김현미 전 국토부장관, 아파트 부녀회가 집값을 올린다는 MBC PD수첩, 임대차 3법으로 임차인의 주거 안정성이 크게 좋아졌다는 홍남기 경제부총리, 정직하고 저렴하게 신도시 주택을 공급한다는 LH 공사.

부끄러움을 모르는 위정자들과 썩어빠진 기관의 관행은 어제오늘의 일이 아니다. 하지만 청년들이 많은 영향을 받는 온라인 커뮤니티나 인터넷 뉴스, 좌·우 유튜버 스피커들에서 끊임없이 재생산되는 목적성 있는 통계나 주장들은 점검해볼 필요가 있다.

예를 들면 '금리가 올라가면 집값이 떨어진다.' '금리 안 올리는 한국은행 이주열 총재 때문에 집값 올라서 문재인 대통령이 욕먹는다, 저놈이 역적이다.' '주택 공급이 중요한 게 아니라 유동성이 핵심이다.' '대출을 막으면 집값이 떨어진다.' '극한의 양도세 보유세 팍팍 때리면 집값이 떨어진다.' '인구가 줄어서 부동산 대폭락 시대가 온다.' 등의 내용은 청년을 현혹하는 대표적인 주장들이다. 왜 그런지 자세히 알아보자.

더하기 빼기도 못하는데 미분과 적분을 할 수는 없다

나는 보통 고객과 상담할 때 고객이 집을 구매하든 구매하지 않든 어떤 최종 결정을 내릴 때까지 3~4시간씩 최소 세 번 이상, 많게는 열 번도 만나서 이야기한다. 물론 순수한 투자 이야기나 돈 이야기만 해서는 이렇게 길게 자주 만날 필요가 없다.

"얼마 있으세요? 한 달에 얼마 버세요? 대출은 얼마 있으세요? 여기 제가 찍어주는 것을 사세요." 이런 식의 투자 상담은 1~2시간, 길어야 두세 번이면 끝나는 이야기다. 나머지는 모두 계약을 하거나 집을 보러 돌아다니는 시간일 뿐이다.

사실 나는 첫 만남에서 부동산 이야기는 많이 하지 않는다. "선생님은 어떤 분입니까? 뭘 좋아하십니까? 왜 빚을 내서 집을 사려고 하십니까? 직장생활은 할 만하십니까?" 이런 이야기들로 시작한다. 일부 성격이 급한 분들은 이런 과정은 건너뛰고 부동산 투자 자문만 받고 싶어하는 경우도 있지만 말이다.

사람들이 관심 있어 하는 개발정보와 유망지역 이야기는 **지역분석**이다. 또 앞으로 금리가 오를까? 집값이 오를까? 테이퍼링* 되면 어떻게 될까? 이런 건 **시장분석**이다. 하지만 **자기분석**이 되지 않은 상태에서 그런 지식은 껍데기만 남아 있는 상담이고 조언일 뿐이다. 내가 흔들리지 않고 내 투자를 끝까지 밀고 갈 수 있는 뚝심은 투자의 확신과 안정적 경제 흐름에서 나오는 것이다. 안정적 경제 흐름은 직업과 월수입에서 나오는 것이고, 직업과 월수입은

---

* tapering, 연방준비제도(Fed)가 양적완화 정책의 규모를 점진적으로 축소해나가는 것.

능력에서 나오는 것이다.

투자의 확신은 지역과 시장 상황에 대한 지식뿐 아니라 자신의 라이프 스타일과 행복의 가치관, 직장의 위치, 배우자 혹은 가족과 공유된 합의된 투자 방향, 리스크를 관리할 수 있는 대비책이 있어야 한다. 또한 최악의 상황 시 비빌 언덕의 존재 유무(부모님 찬스, 가족 찬스)나 정치인, 정치 자영업자, 가짜 선생님들의 선전선동을 걸러내고 스스로 판단할 수 있는 지식과 판단력, 사회가 돌아가고 세상이 돌아가는 기본 원리에 대한 이해와 다양한 경험, 자본주의에 대한 이론이 경험을 바탕으로 체득이 되었는지 등등 이런 것들이 갖춰져야 투자의 확신을 가질 수 있다. 이런 것에 대한 스스로의 고민과 갈등이 없이는 백날 시장분석, 지역분석 해보아야 소용없고 도리어 무모한 투자로 망하기 쉽다.

이 책의 후반부에 이야기할 '여기 빌라 사면 좋다, 여기 아파트 사면 좋다.' 이런 내용보다 1장, 2장, 3장, 4장의 내용이 훨씬 중요하다는 것이다. 투자 스킬이나 자금의 규모, 법을 파고드는 기발한 생각 등은 별로 중요하지 않다. 제대로 된 부동산 지식과 자신에 대한 이해, 삶에 대한 고찰, 자신의 현재 수입과 향후 수입전망, 향후 건강과 경제상 위험요소 등을 제대로 파악해야 한다. 상대적으로 여러분도 쉽게 대답할 수 있는 가장 기본적인 요소들이 훨씬 중요하다는 것이다. 공부로 따지면 엉덩이 붙이고 오래 공부할 수 있는 환경과 의지, 경험 등이 시험 합격에 가장 중요한 것처럼 말이다. 어떤 선생님의 강의를 듣느냐, 어떤 공부법을 선택하느냐도 중요하지만 공부 조금 하고 합격하는 건 불가능하다.

자영업으로 따지면, 유동인구 넘치고 사람 많은 곳에서는 중간 이상의 맛과 가격의 음식만 되어도 장사가 잘 된다. 반면 진짜 맛있고 대박 맛집이라도 손님이 없는 골목상권에서는 성공하기 쉽지 않다. 자영업으로 성공하려면 나만의 비법과 경영 노하우를 준비하는 게 아니라, 어느 상권에서 어떤 업종이 장사가 잘되고 수익을 남기기 위한 적정 월세는 얼마인지를 보는 눈이 훨씬 중요하다.

2만 가구 신도시인 나주 혁신도시에 2만 개의 상가를 분양했다고 한다. 누군가는 그런 상가를 대출까지 받아가며 비싸게 분양받았다. 정부와 지자체가 밀어주고 무슨 공기업이 이전한다는 정보 때문이다. 그런 다음 시행사는 "잘 팔아먹고 잘 먹었습니다." 하고 갔다. 이제부터 한집이 한 개의 상가를 먹여 살려야 한다. 과연 나주 혁신도시는 장사로 성공할 수 있는 구조일까? 저곳에서 백종원 대표가 맛집을 연들 성공할 수 있을까?

음식점 장사를 성공하기 위해서는 '자영업을 해도 되는 지역인지, 안 되는 지역인지' 판단할 수 있는 기본적인 상권분석 능력이 우선이다. 특정 음식을 맛있게 만드는 능력이나 손님 관리 노하우 같은 스킬은 나중 문제다. 이해가 되었는가? 마찬가지로 경제적 '안정'을 이루고 **제대로 된** 내 집을 마련하기 위해서는 안정적인 직업과 직무능력이 필요하다. 직업과 직무능력은 이 책에서 다룰 내용은 아니니 논외로 하고, 제대로 된 내 집을 마련하려면 돈이 얼마나 있는지 어디 빌라를 사고 어디 아파트를 사느냐는 나중 문제이고, 먼저 제대로 된 경제 지식과 부동산 지식, 자본주의에 대한 통찰이 중요하다.

만약 이런 기초 지식이 없다면 여러분은 선전선동에 당할 수밖에 없다. 예를 들면 다주택자가 집값을 올렸다든지, 바젤3로 집값이 폭락한다든지, 금리가 오르면 집값이 떨어진다든지, 인구가 줄어서 집값 폭락이 온다든지 하는 소리들 말이다. 이런 말들이 진짜인지 가짜인지 구분할 수 없으니 내 집 마련에 확신을 가질 수 없고 용기가 없어서 내 집을 못 사는 것이다. 이번 정부 들어서 나는 2020년 3월에서 7월 정도까지 코로나 초기 말고는 단 한순간도 내 투자에 대한 걱정을 해본 적이 없다. 집값이 오를 수밖에 없는 시장이 뻔히 보였기에 이런저런 예상들을 'MLBPARK'나 '82COOK'에 할 수 있었고 잘 맞아서 신뢰도 얻었다. 내가 그렇게 예상할 수 있었던 바탕은 무엇이었을까? 결국은 위에서 말한 기본지식과 과거 역사에 대한 이해이다.

김현미 장관이 취임사로 "다주택자 투기꾼이 강남 집값을 올렸다."라고 일갈할 때 나는 "또 서민들 곡소리 나게 할 이상한 사람하나 앉았구나." 하면서 혀를 찼다. 집값은 다주택자 투기꾼이 올리는 게 아니라는 것을 알고 있기 때문이었다. 반면에 그것을 판단할 능력이 없는 사람들, 특히 친 민주당 성향의 대중들은 열광하며 대통령과 장관이 저렴한 집값을 만들어줄 것을 기대했지만 결과는 처참할 뿐이다.

청년들에게 각자 경제 형편에 따라 어떤 집을 사야 하는지 말해주는 것보다 더 중요한 것이 있다. 이번 장에서는 청년들이 반드시 알아야 하는 내 집 마련을 위한 기본정보를 다루고 대표적인 선전선동을 반박할 것이다. 그래서 청년들이 다시는 저런 헛소리들에 속아 넘어가지 않도록 말이다.

집값은 문재인 정부 때부터 오른 게 아니다.
우리나라 집값의 역사

특정 정치 성향을 가진 집단이 대표적으로 주장하는 것은 다음과 같은 내용이다.

"박근혜 정부 때 빚내서 집 사라고 하면서 정부에서 집값을 끌어올렸고 여기에 더해 다주택 투기꾼과 토건족, 공인중개사, 아파트 부녀회들이 작당해서 문재인 정부 초기에 집값을 의도적으로 끌어올렸다. 이에 정부는 대출 규제, 양도세와 보유세 강화 등 정책적으로 잘 대처하면서 고군분투했다. 그러나 2020년 코로나가 터지자 전 세계가 경제를 살리기 위해 양적 완화를 하며 유동성(돈)을 풀어서 집값이 많이 올랐다. 우리만 오른 게 아니라 전 세계가 다 오른 것이고, 정부의 현명한 대처 덕분에 그나마 이것밖에 안 오른 거다.

공급이 부족하다고 재건축과 재개발을 해야 한다고 말하는데, 그건 투기꾼들의 음모이자 다주택자들이 자기들 살길 찾으려고 헛소리하는 거다. 주택 공급은 앞으로 많이 쏟아질 거고 미국이 테이퍼링에 들어가서 양적 완화를 줄이고 금리 올리고 코로나가 극복되면 거품은 꺼지고 집값도 떨어질 거다. 그러면 투기꾼들 곡소리날 거다. 지금이 마지막 불꽃이니 전세로 2년 더 살아라."

내 기준에서는 틀린 부분이 한두 곳이 아니라서 어디부터 말해야 할지 기가 막히는 터무니없는 이야기지만, 4년간 제법 잘 먹혔던 것 같다. 먼저 도대체 집값은 언제부터 올랐는지부터 알아보도록 하자. 호랑이 담배 피우던 과거를 간략하게 알아보자.

- 1960~1970년대, 박정희 정권 매년 어마어마하게 올랐다. 우리나라의 고도성장기였기에 집값, 전세, 월세 폭등이 단골기사였고 집값 때문에 자살하는 가장들이 속출할 정도로 꾸준히 올랐다. 중간중간 경제위기 때 내려가기도 했지만 기본적으로 꾸준히 많이 올랐다. 단독주택 주거문화에서 아파트 문화가 도입되기 시작한 시기이며 강남, 여의도, 마포 등 서울 곳곳에 대규모 주택이 공급되었다.

- 1980년대, 전두환 정권 역시 어마어마하게 올랐다. 전두환 정권은 주택 500만 호 건설을 추진하며 고덕, 개포, 양재, 월계, 목동, 성산, 문정, 상계, 중계, 창동 등 여기저기 아파트를 지으며 공급했지만 늘어나는 주택 수요에는 역부족이었다.

- 1980~1990년대, 노태우 정권 폭등하는 집값에 주택 200만 호 신도시를 공급했다. 군사정권답게 빠르게 일산, 분당, 평촌, 산본, 중동 같은 신도시들을 뚝딱 지어냈다.

반포 주공아파트. 저 멀리 남산타워가 보인다. 이 당시 강남은 허허벌판의 오지였고 서울은
4대문 인근 즉 시청, 광화문, 을지로, 종로 등이 중심이었다.

여의도는 군사 공항의 섬이었다.

개발 전 압구정동

개발 후 압구정동. 당시 사람들은 이곳이 서울 최대 부촌 지역이 될 거라고는 상상도 하지 못했을 것이다.

이때 만들어진 고덕 주공아파트의 철거 전 모습

지금은 고덕 그라시움으로 재건축되어 대단지 신축 새 아파트가 들어서 선망의 지역이 되고
있다.

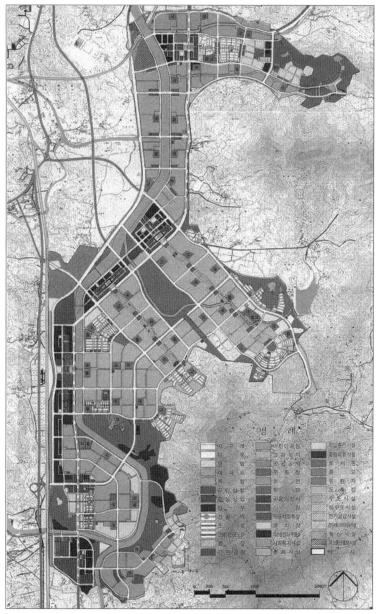

분당 신도시 배치도. 자연이 어우러진 멋진 계획형 신도시를 뚝딱 건설해냈다.

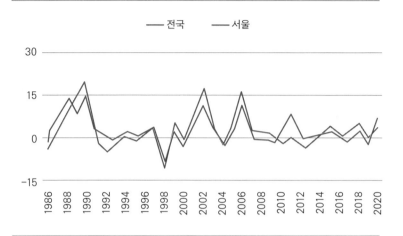

이제 1990~2020년까지 집값의 변화에 대해 최대한 간단하게 알아보자.

구체적인 수치에 관심을 가질 필요는 없다. 전국인지, 수도권인지, 서울인지, 아파트만 할 것인지, 모든 주택인지, 한국부동산원인지, KB가격지수인지, 실거래 통계인지 등의 설정에 따라 숫자는 달라진다. 통계는 목적에 맞추어 가공하면 문재인 정부 들어 대한민국 집값이 5.4%밖에 안 올랐다는 식의 자화자찬 통계가 나올 수도 있고, 반대로 서울 아파트 가격이 2~3배씩 올랐다는 통계가 나올 수도 있다. 청년들이 알아야 할 것은 **전체적인 집값 변동의 흐름과 내가 설명해줄 특이점이다.**

위의 그래프를 보면 중간에 0 이하로 내려가면 집값이 내려갔고, 0 이상으로 올라가면 집값이 올라갔다고 보면 된다. 전반적인 집값의 흐름을 살펴보면 1980년대 후반부터 1990년까지 노태우 정권 시절의 집값 상승은 엄청난 것이었다. 지금도 집값이 폭등해서 죽을 지경인데 그래프 상에서 매년 10%도 안 오른 것으로 보이는 지금과 달리 저 때는 20%를 넘었다. 1960~1980년대 고질적으로 폭등하던 집값은 1990~1993년 마이너스로 떨어졌고 1997년까지 거의 오르지 않으면서 안정을 유지했다. 그 이유는 1기 신도시를 포함한 노태우 정권의 국민주택 200만 호 공급 때문이었다. 일산과 분당 아파트의 준공일을 보면 거의 90년대 초가 많은 것을 알 수 있다. 수도권에 아파트 공급이 쏟아져 나와서 3년간 집값이 떨어지고 그 후 IMF 외환위기 전까지 집값이 거의 오르지 않는 태평성대를 누리게 되었다. 그리고 1998년 IMF 외환위기로 서울 집값이 13% 정도 폭락(?)하는 큰 하락기가 있었으나, 나라 망하고 집값 폭락하고 대혼란의 시기였다는 대중의 잘못된 '인식'과는 달리 전국의 집값은 1999년부터 바로 5% 이상 상승하기 시작했다.

사람들은 흔히 김영삼 문민정부 IMF 집값 폭망, 김대중 국민의정부 경제회복, 노무현 참여정부 집값 폭등, 이 정도의 이미지로 집값 변화를 기억하고 있지만, 사실 집값은 김대중 대통령 시절인 국민의정부 시절에도 크게 올랐다. IMF 외환위기로 1997~1999년까지 수많은 기업이 도산하고 망해나가는 힘든 시절이었는데도 말이다.

집값이 상승하기 시작한 1999년은 재계서열 3위 대우그룹이 최종 부도 처리된 해였다. 1997년에 시작된 IMF 외환위기로 계속해서 실업자가 늘어나 1999년 실업률이 최고치를 기록했던 시기였다. 경제가 뜨겁고 경기가 좋고 장사가 잘되고 직장인들이 신나서 집을 사는 그런 시기가 아니었다. 지금으로 치면 삼성, LG, 현대, SK 같은 대기업이 부도가 나서 망하고 실업자가 속출하는 시기에 집값이 오르고 있는 셈이다. 믿어지는가?

2002년 월드컵의 열기가 뜨겁던 그 시절까지 서울과 전국 집값은 1980년대 후반 노태우 시절의 폭등기를 연상시키며 상승을 거듭했고, 2003년 노무현 대통령의 참여정부가 출범했지만 2008년까지 계속해서 집값은 폭등을 이어나갔다.

청년들이 기억해야 할 특이점

1. 80년대 집값 폭등을 90년대 초 1기 신도시 폭탄 공급으로 잠재웠다(집값 잡는 데는 공급이 최고다).
2. IMF 외환위기로 인한 집값 하락은 1998년 한해뿐이었고 그 마저도 −13% 수준에 불과했다(아니, 우리 엄마 말로는 집값이 폭락했었다는데요? 책을 계속 보다 보면 그런 집은 어떤 특징이 있는지 나온다).
3. 실업자가 넘쳐나고 대우그룹 같은 재벌이 망해가던 1999년부터 집값은 상승하기 시작했다.
4. 참여정부 이전, 김대중 대통령의 국민의정부 시절에도 집값은 폭등했다(이상하게 이때의 집값 폭등은 사람들 이미지에 없다).
5. 노무현 대통령의 참여정부 시절에도 집값은 폭등했다.

그렇다면 2008년 이후 청년들이 알아야 하는 특이점은 무엇일까? 사람들은 이명박 대통령이 당선된 2008년 이후 미국발 글로벌 경제위기로 집값이 하락해 안정되었다고 생각한다. 실제로

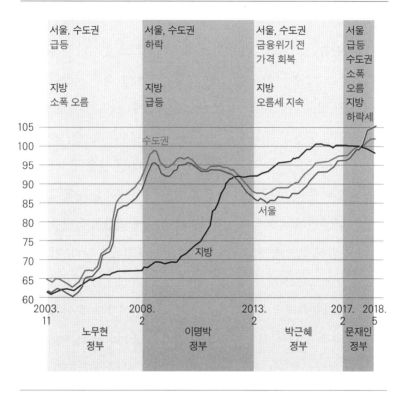

이명박 정부 시기 지방 집값은 급등했다는 것에 주목하자

2008~2013년까지 서울과 수도권 집값은 꾸준히 하락했다. 특히 버블세븐이니 서울 재건축이니 하던 1999~2008년까지 10년간 상승한 집들에 투자자들이 많이 몰려들었고, 새 아파트로 지어졌거나 새 아파트가 된다는 기대감에 가격이 올라간 재개발 빌라와 재건축 아파트 가격이 많이 떨어졌다.

　하지만 이명박 정부 시절 지방의 집값은 폭등하고 있었다. 위 통계는 당시 지방의 집값 폭등을 제대로 보여주지 못함에도 불구하고 서울 집값 하락, 지방 집값 상승을 구분해서 보여주고 있다. 이는 굉장히 중요한 사실이다. 얼치기 전문가들과 방구석 전문가들 그리고 일반 사람들은 2008년 미국발 세계 경제위기로 우리나라 집값이 떨어졌다는 '착각'을 하고 있기 때문이다. 이명박 정부 시절의 서울과 수도권 집값 하락, 지방 집값 폭등은 후술할 금리론과 외부경제 위기로 인한 집값 폭락을 모두 반박하는 아주 좋은 통계자료이다.

"이명박은 집값 안정에 기여한 게 없고 2008년 금융위기로 서울 집값이 떨어진 것이다." 이런 주장을 하는 사람들이 많은데, 그러면 지방은 금융위기의 영향이 없었나? 지방은 왜 집값이 올랐을까?

다시 말하지만, 통계의 구체적인 수치는 중요하지 않다. 가격 흐름만 눈여겨보도록 하자. 이명박 정부 시절, 2008년에 집값 정점을 찍고 2009년에 세계 경제위기로 소폭 하락했다가 2010년에 다시 살짝 오르는 듯했던 서울과 수도권 집값은 2013년 여름까지 맥을 못 추고 하락하게 된다. '2008년 금융위기는 서울 집값 하락'이 아니다. 세계 경제위기로 인한 하락은 고작 2008년 하반기와 2009년 상반기에 일시적이었다(1997년 IMF로 인한 집값 하락과 같이 일시적 충격에 불과하다). 진짜 큰 폭의 집값 하락은 이명박식 '반값 아파트'로 대표되는 내곡동과 세곡동 같은 그린벨트를 풀어서 헐값에 아파트를 공급하고 뉴타운 공급이 현실화되면서 참여정부에서 추진한 2기 신도시 입주가 이루어진 2010년 이후에 나타났다. 여기에 서민형 주택인 빌라를 도시형 생활주택으로 지을 수 있도록 밀어줘서 한때 서울의 빌라는 초토화되며 원룸과 소형주택 공급이 넘쳐나서 사회문제가 되기도 했을 만큼 저가 주택이 마구 공급되었다.

이념에 빠진 선동가와 제대로 모르는 가짜 전문가들은 이명박 정부 시기의 수도권 집값 하락을 금융위기 때문이라고 한마디로 '퉁' 치고 넘어간다. 누가 대통령이더라도 떨어졌을 거라는 식인데, 세상일은 그렇게 간단한 게 아니다. 집값 잡는 게 그렇게 쉬우면 정부에서 적당히 나라가 견딜 만한 경제위기 몇 번 만들어주면 집값 떨어지고 태평성대 오는 것 아니겠는가?

'보금자리 주택'이라는 것으로 그린벨트를 풀어서 시세의 50% 가격에 신축 새 아파트를 서울에 마구 공급하니 집값이 떨어진 것이다. 지금 18억 원 하는 세곡 푸르지오 33평의 분양가는 당시 3억 초반에 불과했다. 24평이 2억, 33평이 3억 원 수준으로 강남에 새 아파트들이 분양되었다. 당시 강남 아파트 시세의 절반 이하였고 잠실의 30평대 빌라 가격보다도 새 아파트 33평 가격이 더 저렴했다. 지금은 서울뿐 아니라 수도권의 신축 아파트들은 개나 소나 9억, 12억, 15억 원이 넘는다. 강남에는 60억 원짜리도 있는 판이다.

마포 24평 신축 빌라가 5억 8,000만 원에 분양 완판되는 지금 같은 시기에 서울 강남에 33평 신축 아파트를 5억 원에 분양한다면 어떻게 되겠는가? 지금의 가점제처럼 말도 안 되는 경쟁률도 아니었고 충분한 공급이 계속되었기에 무주택 실수요자들이 현실적인 수준에서 당첨받을 수 있었다. 대신 당시의 건설사들은 많은 수가 파산하거나 파산 위기에 몰렸을 만큼 어려웠다.

보금자리 주택과 원가에서 도저히 상대가 안 되었기에 미분양도 넘쳐났다. 미분양 아파트를 사면 회사에서 고맙다고 집주인에게 다달이 100만 원씩 월세를 주던 아파트까지 있었다. 그만큼 반값 아

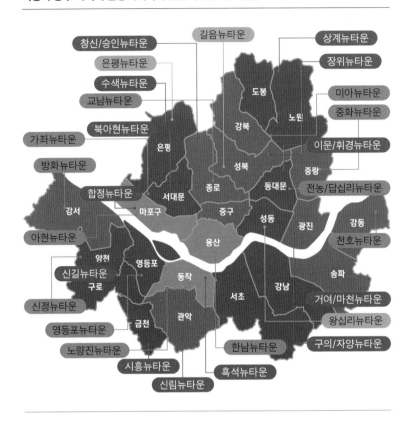

파트는 공급량도 많았고 가격도 정말 착했기 때문에 집값이 떨어진 것이지, 2008년 경제위기 하나로 떨어진 것이 아니란 말이다. 또한 서울 곳곳의 낡은 빌라를 밀고 '뉴타운'이라는 대규모 신축 아파트가 들어섰다. 그런 뉴타운이 계속해서 여기저기 만들어지고 있었으니 미래의 공급이 넘쳐났고 투자자들도 빠져나갔다.

위 그림에서 실제로 완성된 뉴타운은 2021년 현재 청년들이 선망하는 우수한 대단지 신축 아파트 단지가 되어 있다. 가격도 매우 비싸다. 서울 한복판에 낡은 빌라를 밀고 도로 십자형으로 정비된 대규모 신축 아파트 재개발을 하면서 민간 분양과 공공임대 물량의 두 마리 토끼를 모두 잡았다(보금자리 주택이나 뉴타운은 적지 않은 공공임대 물량을 만들어냈다). 그런데 여기에 반값 아파트 보금자리 주택까지 얹어놓으면서 이런 뉴타운들도 미분양을 면치 못했으니 가히 압도적인 주택 공급 정책이었다.

이렇게 대대적인 주택 공급으로 인해 미분양이 많아지면서 사람들 사이에 뉴타운 하면 돈을 못 번다는 인식이 번져가기 시작했다. 그러면서 많은 뉴타운 예정지역이 주민의 해제 동의와 박원순 서울시장의 무리한 구역해제(무리수가 좀 있었다)와 맞물려 낡은 빌라촌으로 남게 되었다. 이처럼 이명박 시대에 다소 지나친 아파트 공급 부작용(재개발하면 미분양 나서 돈 못 번다. 그러니 재개발 말고 신축 빌라 올려서 그냥 이대로 살자) 그리고 박원순 시장의 '전면 재개발 하지 않고 낙후 빌라촌 가꿔서 오손도손 잘살자' 식의 부동산 정책은 결국 현재 문재인 정부 시대에 신축 아파트 공급 부족으로 연결되고 말았다.

대표적인 것이 창신, 숭인 뉴타운이다. 이 지역들은 재개발 구역에서 해제되어 신축 대단지 아파트로 거듭나지 못하고 '박원순 시장표 도시재생' 사업에 선정되는 바람에 지금까지 오수가 흐르고 불나면 소방차 진입도 안 되어 다 타죽고 무너져내리는 집에서 사람이 사는 낙후 지역이 되었다. '채석장 전망대' 따위와 담벼락에 그림 그려주기 같은 지원을 받아도 주민들은 살기 힘들어 떠나는 동네가 되었고, 외부인들은 '서울 한복판에 이런 곳이!' 하면서 옛날

못살던 때 생각나 재미있고 경치 좋다고 관광을 오는 슬럼가가 되었다.

참고로 LH 사태로 일찍이 낙마한 변창흠 전 국토부장관이 서울주택도시공사 사장 시절 진행한 '도시재생' 사업이 창신, 숭인 도시재생이다. 5년간 900억 세금을 쓰고 채석장 전망대와 어린이 놀이터, 봉제공장 박물관, 담벼락에 그림 그리기, 보도블럭 깔기 등 전시행정만 가득해 주민은 더이상 못 살고 4,000명 이상이 빠져나갔다. 이런 도시재생사업은 이제 누가 보더라도 주민에게 아무런 도움이 되지 않는다는 공감대가 생겨서 박원순표 도시재생 찬성자들도 더이상 힘을 쓰지 못하는 상황이다. 주민들은 다시 뉴타운식 전면 재개발을 추진하고 있다(진짜 양심이 있으면 창신동, 숭인동 한번 가서 채석장 전망대에서 커피만 처먹다 오지 말고 거기 사는 주민들 생활을 좀 봐라. 거기가 21세기 GDP 3만 불 시대의 세계 10위 선진국 대한민국의 서울 도심 한복판인지 말이다. 자기들은 강남의 아파트에 살면서 니들은 거지 같은 데서 살라고 하는 위선자 정치인 놈들이다).

반대로 장위 뉴타운, 신길 뉴타운 같은 곳은 거주 여건이 좋지 않거나 외국인 노동자가 많다고 천대받던 지역이었다. 그런데 지금은 비싼 돈 주고 사지 못해서 난리인 훌륭한 중산층 주거지로 거듭났다. 지방의 경우 참여정부 시절, 정부의 부동산 규제로 인해 서울과 수도권에 대형 아파트 한 채가 진리라며 수도권으로 돈이 몰렸다. 그러자 어차피 안 팔릴 지방 아파트니 짓지 말자는 건설사들의 경제 논리로 아파트 인허가가 크게 줄면서 오히려 공급 부족 현상이 일어났고 이에 투자자들은 지방으로 내려갔다. 때맞춰 지방균

형발전, 혁신도시, 세종 건설 등 지방개발 바람이 불면서 지방의 집값은 이명박 정부에서 크게 올랐다. 이때 500~1,000만 원으로 지방에서 전세 끼고 빌라와 아파트 수십, 수백 채씩 갭투자했던 사람들은 폭등하는 집값과 전세금으로 큰돈을 벌었다. 적당히 수익을 본 다음 팔고 서울에 집을 사거나 학원을 차리거나 책을 써서 '선생님' 소리를 듣는 사람들도 꽤 있었다. 한편 무한정 욕심에 빌라왕이 되어서 지방과 서울의 수백 채 빌라와 아파트를 사 모으다가 종부세와 지역에 따른 일시적 전세 하락 등으로 파산하며 세입자에게 큰 피해를 끼치는 악질 갭투자 사기꾼들도 많았다.

또한 박근혜 정부 시절인 2013년 6월경부터 서울과 수도권의 집값은 완만하게 상승하기 시작했다. 단, 2016년 정도까지는 그 상승폭이 크지 않았고 이명박 시절의 입주 물량이 워낙 많아서 주기적으로 신축 아파트가 들어서다 보니 경희궁 자이도 미분양, 서울 센트럴 자이도 미분양되었다. 그러니 사람들은 집값이 안정된 시기로 기억하는 것이다. 하지만 2013년 6월경부터 집값은 서서히 상승하기 시작했고, 2016년 하반기와 2017년 초에 들어서서는 확연히 상승하기 시작했다.

그런데 2017~2018년 초까지의 상승은 문재인 정부의 책임이 아니다. 박근혜 정부는 서울과 수도권의 낙후된 아파트와 빌라의 전면적인 도시재생을 위해 해외의 다른 나라처럼 기업형 임대주택을 계획하여 국가의 돈을 쓰지 않고 재개발·재건축하기로 했다. 이에 택촉법(택지개발촉진법)을 폐지하고 신규 신도시 택지지정을 하지 않으면서 기업에 수익성을 주는 대신 기업의 돈으로 사업성이 낮은 주택과 아파트들을 재개발·재건축하기 위해 집값을 올리기로 마음 먹었다.

'뉴스테이'라고 잠깐 언급되었던 모델인데 이때 '빚내서 집 사라' 고 하며 집값 상승을 유도했다. 그 이유는 2020년 이후의 부족한 입주 물량을 해결하고, 저출산 고령화로 돈이 없는 국가가 경제 상황과 저금리 시기를 잘 이용해서 서울과 수도권의 낙후 주택을 재개발·재건축해야 국가 경쟁력을 유지할 수 있기 때문이었다. 후술할 2028~2040년 서울과 수도권 1기 신도시 大 재개발·재건축과 연결되는 이야기인데, 지금은 이 정도만 알고 넘어가도록 하자.

문재인 정부는 뉴스테이(기업형 임대주택)를 통한 재개발·재건축을 폐기하고 민간 집주인들의 재개발·재건축도 틀어막으며 공공을 통한 주택 공급, 민간 임대사업자를 이용한 주택 공급, 각종 규제와 세금 인상으로 정책을 전환했다. 시장경제를 무시하고 이념에 의한 문재인 정부의 주택 정책은 결과적으로 대실패했다. 결국 집값도 오르고 서민들의 전월세 가격도 오르고 미래의 주택 공급도 말라버린 최악의 상황을 만들게 되었다.

2019년 이후의 집값 상승과 전월세 상승, 미래의 공급 가뭄은 온전히 문재인 정부의 책임이다. 일부 사람들이 주장하는 코로나 19로 인한 양적 완화, 저금리, 투기꾼에 의한 집값 상승은 불난 집에 기름을 부은 것이지 불을 일으킨 것이 아니다.

청년들이 기억해야 할 특이점

1. 2008년 글로벌 금융위기 때 집값은 1년 정도 일시적으로 하

락했을 뿐이다.

2. 2009~2010년 다시 오르던 서울과 수도권 집값은 이명박식 그린벨트를 풀어 마구 공급하는 '반값 아파트'와 서울 뉴타운(재개발) 공급, 도시형 생활주택(빌라) 공급, 참여정부 시절에 추진한 신도시의 입주 물량 때문에 2013년까지 하락했다(공급이 집값을 하락시킨다).

3. 집값이 떨어졌던 시기로 이명박 정권을 기억하는 것은 서울과 수도권 사람들의 야무진 착각이다. 이 시기에 지방은 집값이 폭등했다(지방 공급 부족과 국토 균형발전으로 인한 지방개발 효과, 공급이 부족하면 금융위기고 뭐고 집값이 오른다). 하지만 서울 공화국인 우리나라는 이때 제대로 된 보도가 나오지 않아서 수도권에 살던 사람들은 지방의 집값이 그렇게 올랐는지 잘 알지 못했다.

4. 서울과 수도권의 집값은 문재인 정권이 아니라 2013년 여름 박근혜 정권 시절부터 서서히 오르기 시작했는데, 서울과 수도권 구도심 재개발·재건축을 위해 의도적으로 올린 것이다(박근혜 정부에서 왜 다음 정부까지 영향이 가도록 의도적으로 집값을 올리려고 했는지에 대해서는 뒤에서 설명하겠다).

5. 그러나 2016년까지 서울과 수도권에 미분양 아파트가 많이 있었고 상승폭이 적어서 사람들은 집값이 올랐는지 알 수 없었으며, 저금리여서 집은 여전히 거저먹기로 쉽게 살 수 있었던 시기였다.

6. 2017년 이후 집값이 본격적으로 오르기 시작했다. 2019년

까지는 공급물량도 적지 않았다. 하지만 문재인 정부의 부동산 정책 실패와 함께 뉴스테이를 통한 기업형 재개발·재건축, 민간 재개발·재건축도 하지 않았다. 그리고 공공 재개발·재건축도 실패했다. 신도시 개발도 시작 단계로, 규제만 하면서 시간을 끄는 바람에 2022년 현재 집값, 전셋값이 크게 상승했고 앞으로 더 오를 전망이다.

외부변수 경제에 의한 1990년대 IMF 외환위기와 2008년 글로벌 금융위기, 2020년 코로나 위기 등은 집값을 1년 이상 하락시키지 못했다. 1960~1980년대에도 이런저런 경제위기들이 있었지만 크게 다르지 않다.

1970~1980년대 박정희, 전두환, 노태우 같은 군사정권의 인권과 헌법을 무시한 규제에도 불구하고 국가가 성장하고 경제가 발달함에 따라 집값은 계속해서 올랐다. 노무현 대통령, 문재인 대통령 같은 민간정권에서 강력한 규제와 세금 강화, 대출 제한 등을 해도 국가가 성장하고 돈과 사람이 몰리는 지역은 계속 올랐다.

역사적으로도 집값을 안정시켰던 것은 언제나 대규모 신축 주택 공급이었다. 우리나라의 근현대사를 살펴봐도 그렇고 해외 선진국들 역시 마찬가지다. 최근 20~30년뿐 아니라 자본주의 역사가 긴 서방국가의 200~300년의 연구 사례들을 보더라도 집값에 가장 결정적인 영향을 주는 요소는 언제나 수요와 공급이었다. 이것은 논쟁의 여지가 없다. 수요와 공급 이론을 정설로 받아들이는 세계 각국의 사람들은 주택뿐 아니라 모든 다양한 상품에도 수요와 공급 차이가 가격의 상승과 하락에 큰 영향을 미친다는 사실을 증명해낼 수 있다. 그러나 수요와 공급을 부정하며 세금, 금리, 심리, 담합, 유동성 같은 요인이 결정적으로 집값을 오르거나 내리게 한다고 주장하는 사람들과 정치인들은 절대로 이것을 증명할 수 없다. 그들은 늘 특정 시기나 특정 소규모, 특정 실험적 요소만을 설명할 뿐이다. 거듭 강조하지만, 가격을 결정하는 가장 주된 요소는 수요대비 공급이 얼마나 적절하고 많은지 혹은 부족한지다.

경제학계에서 더이상 논쟁의 여지가 없는 '수요와 공급 이론'을 부정하기 시작하면, 소득이 충분해 내 집 마련이 가능한 청년이라도 선동가들의 거짓에 속아(그 선동가들은 언제나 서울 강남 같은 요지에 자신의 집을 가지고 있고 그것도 부족해서 월세 나오는 다세대, 다가구, 지방 별장 등의 땅을 열심히 사 모은다. 그런데 희한하게 땅만 사두면 오랜 시간이 지나지 않아 도로가 뚫리고 신도시가 생기면서 **우연히** 돈을 번다는 것이다. 이런 사람들이 여러분에게는 '집 사지 말고 임대로 살'라고 말한다는 사실을 잊지 말라) 평생 전월세살이 혹은 공공임대살이에 **빠지게** 되는 것이다.

부천에 사는 사람이 걸어서 서울로 가고자 할 때 나침반을 잘 보고 발걸음을 동쪽으로 잡게 되면, 북동쪽으로 잘못 가든 남동쪽으로 잘못 가든 정동 쪽으로 잘 나아가든, 강북이냐 강남이냐 한강변이냐의 차이가 있겠지만 결국 서울로 가게 된다. 내가 아무리 잘못 가도 은평구, 도봉구, 관악구로 갈지언정 서울로는 간다. 하지만 그 나침반 잘못된 거라며 반대로 가야 서울로 간다는 헛소리에 속아서 발걸음을 서쪽으로 잡게 되면 아무리 잘 걸어가도 절대로 서울로는 갈 수 없다. 이것이 경제적 안정으로 가는 첫 번째 갈림길인 '내 집 마련'으로 갈 때 결정적 영향을 주는 수요와 공급 이론에 대한 이해이다.

경제적 안정으로 가려면 내 집 마련을 해야 하는데 집값 떨어질 것 같다는 생각이 들면 아무도 집을 사고 싶어하지 않는다. 누구든지 절대적으로 손해를 보기 싫어하기 때문이다. 내가 집을 사면 집값이 오르길 바라고 내가 집을 팔면 떨어지길 바란다. 그런데 수요와 공급 이론으로 보면 분명 사야 하는 시기인데 이것을 부정하는 음모론에 빠지면 집을 사야 하는 시기는 항상 없다. 오르면 비싸서, 떨어지면 더 떨어질 거니까 사지 말라고 한다. 집값 최저점이던 2013년에도 그들은 "인구감소로 대폭락 시대가 온다. 지금도 비싸다, 더 폭락한다. 집 사면 바보다." 하면서 사지 말라고 했다는 것을 떠올려보라.

"집 사지 말고 주식해라, 집 사지 말고 평생 임대주택 살아라." 투기꾼이 집값을 올렸다는 선동가들의 말에 속은 여러분은 발걸음을 서쪽으로 옮긴다. 그리고 10년, 20년 뒤에야 잘못을 깨닫게 된다. 다시 서울로 가려면 음모론에 속아 서쪽으로 걸어온 세월만큼 동쪽으로 되돌아가야 한다. 남들이 월세 > 전세 > 작은 빌라 > 큰 빌라 > 나홀로 아파트 > 대단지 아파트 > 입지 좋은 아파트, 이렇게 동쪽으로 한발 한발 나아간 세월을 뒤늦게 한 번에 따라가려니 힘든 것이다. 남은 것은 청약 로또뿐이다.

뉴스를 보니 요즘 계란값이 올라서 난리라는데, 정부는 대책으로 해외에서 비싸게 계란을 수입해서 국내 시장에 싸게 공급한다고 한다. 양파나 감자, 돼지고기값이 오르면 진보 정부든 보수 정부든 가리지 않고 해외에서 수입해서 국내에 공급을 늘리고 쌀값이 오르면 정부미를 풀어서 수요대비 공급량을 늘려서 가격을 안정시킨다.

반대로 너무 오른 쌀가격을 안정시킨다고 쌀을 사고팔 때 양도세 70%를 때려버린다고 해보자. 또 집에 이미 쌀 한 가마가 있는데 두 가마 산다고 취득세 8%, 세 가마 산다고 취득세 12%를 걷는다면 어떨까? 쌀을 보유하고 있다고 보유세, 너무 비싼 쌀 품종을 가지고 있다고 종합 미곡세, 자녀에게 쌀을 증여한다고 쌀 증여세, 쌀 매점매석 심리가 문제라고 국민이 쌀을 사지 못하게 단속하고, 쌀을 사 먹기 위해 대출받으려는 국민은 대출을 적게 해주거나 소득이 적다고 안 해준다. 쌀농사를 더 지어서 쌀 공급을 늘리거나 해외에서 쌀을 수입해서 공급해야 한다는 사람들을 쌀 투기꾼, 부자들만 옹호하는 자본가라고 몰아세운다면 어떨까? **제정신이 박힌 정부라면 절대로 이런 식으로 쌀값도 못 잡고 국민만 괴롭게 만드는 짓을 하지 않는다.**

일시적 가격상승이라면 수입해서 수요대비 공급을 늘려 안정시키고, 장기적으로 쌀이 부족해서 가격이 오르는 거라면 쌀농사를 더 많이 하게 해서 장기적 공급을 늘려야 한다. 그것도 아니면 1970년대처럼 밀가루를 제공해 라면과 국수를 많이 먹으라는 분식장려운동을 해서 쌀 소비량을 줄여 수요를 억제하면서 쌀 공급을 늘려나가며 해결해야 한다.

또 자동차가 비싸다고 세금 50% 인상하면 자동차값이 싸질까?

비싸질까? 우리나라에는 기본적 경제이론인 수요와 공급 논리를 부정하는 똑똑한 사람들이 넘쳐난다. 상담하다 보면 각자의 분야에서 전문가이고 나보다 지식도 뛰어나고 학벌도 좋고 인격도 훌륭한 분들이 많이 있다. 그런데 반복적으로 상담하며 차근차근 이야기로 풀어드리면 눈물을 뚝뚝 흘리면서 그동안 내가 속아왔다고 후회한다. 여러 가지로 뛰어난 사람들인데 왜 '다주택 투기꾼이 집값을 올렸다, 세금으로 때려잡으니 곧 집값이 폭락할 거다'와 같은 허무맹랑한 선동에 속고만 있을까? 그 이유는 처음 선택부터 수요와 공급 이론을 거부하고 선동가들의 음모론에 빠져들었기 때문이다. 음모론에 빠지면 입맛에 맞는 논리와 통계만 믿게 되고 나머지 통계나 사실은 음모론으로 치부하여 부정하게 되는 것이다.

"요즘같이 집값이 폭등한 시기에 집값이 5.4%밖에 안 올랐습니다. 임대차 3법으로 전월세 시장이 안정화되었습니다. 그야말로 태평성대입니다." 이런 헛소리를 할 수 있게 근거를 만들어주는 것이 바로 통계와 음모론이다.

처음 선택이 중요하다. 물건의 가격은 수요대비 공급이 부족하면 오르고 공급이 넘치면 내리고 공급이 적절하면 안정된다는 것을 인정하는 것이 가장 중요하다. 물론 나머지 부수적인 주요한 요인들도 있지만, 핵심은 수요와 공급이다. 이것을 부정하고 서쪽(투기꾼이 집값 올린다. 세금으로 때려잡자는 음모론)으로 가버리면 여러분은 절대로 내 집 마련을 제대로 할 수 없고 경제적 안정의 길로도 갈 수 없다.

기억하라, 중산층 이상의 부자 중에 내 집이 없는 사람은 손에 꼽을 정도지만 가난한 사람 중에 내 집이 있는 사람은 거의 없다. 자신은 강남 아파트에 살면서 너는 공공임대 들어가 살라는 선동가들의 헛소리에 속지 마라.

기득권의 '내로남불' 너는 팔아라, 나는 사 모은다

내가 살아오면서 깨달은 사실 한 가지는 정의, 공정, 청렴을 지나치게 강조하는 사람들을 조심해야 한다는 것이다. 우리가 세상을 살다 보면 각자가 태어난 시대와 자라온 환경, 경제적 활동을 했던 시기에 따라 생각이나 가치관, 윤리 수준, 도덕률에는 차등이 있고 '시대적 한계'라는 것이 있다.

어린 시절 어느 날 나는 부모님과 함께 차를 타고 가고 있었다. 운전하던 아버지께서 교통위반을 했는데 경찰은 공공연히 뇌물을 받아먹고 눈감아주었다. 운전자들은 벌금을 싼 것으로 끊어달라고 부탁하기도 했다. 공무원과 민간기업이 유착되어 뇌물과 비리로 인한 부실공사로 아파트와 백화점이 무너지고 심지어 다리까지 무너지기도 했다. 지금의 기준으로는 이해하기 어려운 일이지만 당시는 그런 일들이 있었다. 즉 그때는 평범한 수준의 청렴성과 정의로움, 공정함을 가진 사람이더라도 2022년인 지금의 기준으로 보면 형편없어 보인다. 그렇다면 뇌물 받고 과속을 봐준 1970~1980년대 교통경찰이 진짜 대단히 부패한 사람이었을까? 전혀 아니다. 다만 그 시대에는 그게 당연했던 거다.

권력과 지위에 따라 이 정도는 해도 괜찮다고 받아들여지는 것을 '관행'이라고 한다. 경험적으로 이 관행을 일정 수준 이상으로 초월해서 '정의로워야 한다, 공정해야 한다, 청렴해야 한다'고 말하고 다니면서 본인을 PR하는 사람들은 대부분 위선자인 경우가 많았다. 본인은 지키지 못하면서 남에게는 시대적으로 지키기 어려운 완벽한 '무결점'의 인간형을 요구한다는 것이다. 이런 점에서 보았을 때 현재 우리나라 기득권들의 대표적인 내로남불은 '너는 팔아라, 나는 사 모은다'인 것 같다.

그들은 청년들에게 "집 사지 마라, 지금 집값은 거품이다, 공공임대가 좋다, 전세 살지 말고 월세 살아라."라고 말한다. 그러면서 본인들은 열심히 집과 땅을 사 모으면서 부득이한 이유 때문이라고 구차한 변명을 한다. 한 채는 지금 살 집, 한 채는 퇴직 후에 살 집, 한 채는 딸에게 물려줄 집이라며 나는 다주택을 해도 된다는 분도 있고, 아내가 집을 몰래 샀다는 분도 있다. 이처럼 다양한 이유로 그들은 다주택자가 된다. 집만으로는 부족한지 왜 그렇게 땅과 농지를 사 모으는지 모르겠다. 그렇게 농사가 좋으면 국회의원 때려치우고 농부가 되면 될 텐데, 다들 농지는 사랑하지만 농사는 좋아하지 않나 보다.

다주택 투기꾼이 집값을 올리고 시세를 조장한다?

(feat. 김현미)

2017년 국토부장관으로 취임한 김현미 전 국토부장관의 취임사 전반부를 함께 읽어보자.

국토교통부 직원 여러분, 지난 19일 새 정부 출범 후 첫 부동산대책이 발표되었습니다. 이번 대책은 수요를 억제하는 방안에 집중되었습니다. 그런데 아직도 이번 과열 양상의 원인을 공급 부족에서 찾는 분들이 계신 것 같습니다. 그러나 실제 속내를 들여다보면 현실은 다릅니다. 이 자리를 빌려 자료를 하나 공개하겠습니다.

실제 집을 구매한 사람들이 어떤 사람들인지 파악하기 위해 주택가격이 과열됐던 올 5월과 지난해 5월, 주택거래 현황을 비교해 보았습니다.

공급 부족 때문이라면 실수요자들이 많이 몰렸겠지요. 그런데 올해 5월, 무주택자가 집을 산 비율은 전년 동월 대비 오히려 마이너스를 기록했습니다. 1주택자들도 마찬가지입니다.

그렇다면 어떤 사람들이 증가세를 보였을까요? 바로 집을 세 채 이상 가진 사람들이었습니다. 그리고 그중에서도 가장 두드러진 사람들은 5주택 이상 보유자였습니다. 강남4구에서만 무려 53%가 증가했습니다. 강남 58%, 송파 89%, 강동 70%입니다. 용산, 성동, 은평, 마포와 같이 개발 호재가 있는 지역에서도 5주택 이상 보유자들이 움직였습니다. 용산 67%, 은평 95%, 마포 67% 증가한 것으로 나타났습니다. 이번 과열 현상이 실수요자에 의한 것이 아니라는 자료가 하나 더 있습니다. 바로 집을 구입한 연령입니다. 강남4구에서 지난해와 비교해 주택거래량이 가장 두드러지게 증가한 세대가 있습니다. 놀랍게도 바로 29세 이하입니다. 40~50대가 14% 정도의 증가율을 보이고, 60~70대가 오히려 마이너스를 기록하는 사이 29세 이하는 54%라는 놀라운 증가율을 보였습니다.

우리나라 청소년과 젊은이들이 강남 부동산 시장에 뛰어들기라도 한 것일까요? 경제활동이 활발하지 않은 세대가 개발여건이 양호하고 투자수요가 많은 지역에서만 유독 높은 거래량을 보였다는 것은 편법거래를 충분히 의심할 만한 정황입니다.

국토교통부 직원 여러분, 국토는 국민의 집입니다. 그리고 아파트는 '돈'이 아니라 '집'입니다. 돈을 위해 서민들과 실수요자들이 집을 갖지 못하도록 주택시장을 어지럽히는 일이 더이상 생겨서는 안 됩니다. 이번 대책은 그러한 분들에게 보내는 1차 메시지입니다. 부동산 정책은 투기를 조장하는 사람들이 아니라 정부가 결정해야 한다는 점을 반드시 기억해주시기 바랍니다.

장관께서는 근엄한 얼굴로 집값을 올린 투기꾼을 향해 국민의 집을 교란하는 놈들을 가만두지 않겠다며 선전포고를 했다. 이날 김현미 장관 취임사의 핵심은 두 가지다.

1. 사람들은 2017년 집값 상승을 공급이 부족해서라고 말하는데, 그게 아니다.
2. 강남4구의 3주택, 5주택자 같은 다주택자들이 집을 무려 53%나 더 사들여서 집값이 오른 거다. 29세 이하도 집을 산 경우가 54%나 더 늘었다. 이거 편법거래의 부정한 냄새가 난다. 이번에는 준엄한 메시지로 1차 경고를 하는데 집값 올리는 다주택자들 까불지 마라, 가만두지 않겠다.

이날 뉴스 보도가 나왔을 때 분노한 나는 커뮤니티에 '사실이 아닌 내용이다. 장관이라는 자가 왜 이런 말도 안 되는 소리를 하는지 앞으로 부동산 정책이 걱정된다.'라고 글을 썼다. 하지만 당시는 문재인 정부의 인기가 최고로 좋았던 때라 욕만 먹었다.

이날 취임사는 기가 막힌 **선동**이었다. 앞으로 4년간 펼쳐질 "공급은 부족하지 않다. 투기꾼이 집값을 올렸다. 불법세력이 집값을 올렸다." 등의 말잔치의 시작일 뿐이었다.

여러분은 어떤가? 취임사를 천천히 읽어보면 정말 다주택자 투기꾼이 집을 싹슬이하며 사 모으는 나쁜 놈이고 '20대 청년들이 무슨 돈으로 비싼 강남 집을 사 모을까? 사실 공급은 부족하지 않은데 저런 놈들이 집을 사 모으니 집값이 오른 거구나, 나쁜 놈들!'

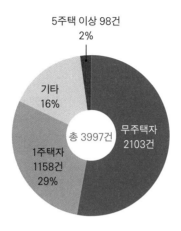

5주택 이상 98건
2%

기타
16%

총 3997건

무주택자
2103건

1주택자
1158건
29%

출처: SBS

이런 생각이 들 수밖에 없다. 이처럼 통계란 모두 짜맞추기 나름으로 전체 통계로 뭉뚱그리느냐, 특정 집단만 쪼개내느냐 혹은 김현미 장관의 취임사처럼 숫자가 아닌 %로 바꿔치느냐에 따라 의미가 전혀 달라진다. 한가지씩 천천히 알아보도록 하자.

2017년 5월, 김현미 장관이 말한 강남4구에서 주택매매 거래는 총 3,997건이 있었다. 그중 무주택자와 1주택자가 집을 산 것은 82%였다. 집값을 올렸고 53%나 증가했다는 5주택자 이상은 겨우 98건으로 전체 거래 건수의 2%에 불과했다.

김현미 장관의 말대로 5주택 이상 집을 가진 사람들이 2016년 5월에는 64채를 샀는데, 2017년 5월에는 98채를 샀으니 증가율이 무려 53%나 나오는 건 '사실'이다. 그런데 올해 겨우 34채를 작년보다 많이 샀다고 이들 투기꾼이 집값을 좌지우지할 수 있을까?

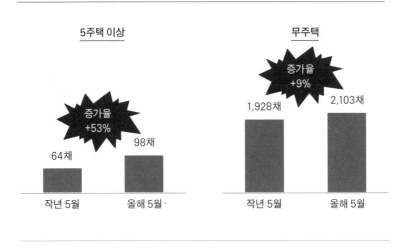

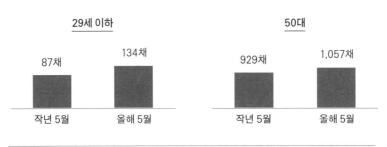

출처: SBS

무주택자는 증가율이 9%에 불과하지만 1년 전에 비하면 178채를 더 샀다. 34채를 더 산 5주택자 이상은 집값을 올린 투기세력이고, 178채를 더 산 무주택자는 집값을 변동시키지 않은 사람들인가?

김현미 장관의 말대로 29세 이하 청년들이 2016년 5월과 비교해 2017년 5월에 54%나 더 많이 산 건 사실이다. 하지만 숫자상으로는 고작 47채를 더 샀을 뿐이다. 이들이 집값을 올린 투기세력일 수 있는가? 대한민국 강남의 집값이라는 게 집 47채 사고파는 것으로 조작이 가능한 그런 동네 구멍가게냐는 말이다. 이 시기에 실수요자라는 50대는 128채를 더 샀다. 이 사람들의 영향력이 더 큰 것 아닌가?

이렇게 정치인들의 말과 가공된 통계는 **사실이긴 하지만**, 현실적이지 않은 내용으로 사람들을 유혹한다. 무주택자와 1주택자인 82%에 초점을 맞추지 않고 2%에 불과한 5주택자 이상이 투기꾼이고, 이들이 전해 동월보다 53%나 집을 많이 사서(주택은 겨우 34채 더 산 것에 불과한데) 집값을 올렸다고 진단 내리고 부동산 정책을 짜니 결과가 제대로 될 수 없는 것이다. 29세 이하 새파랗게 어린것들이 어디서 돈이 나서 전해 동월보다 54%나 집을 더 많이 샀냐고 '감성팔이'하는데 겨우 47채를 더 샀을 뿐이다. 왜 82%인 무주택자와 1주택자가 집을 더 샀을까에 초점을 맞춰야 하는데, 다주택자를 악마화해서 투기꾼 몰이를 해야 하니 정책 방향이 엉뚱한 곳으로 가는 것이다.

전문가들이 "주택 공급을 늘려야 한다. 신도시를 하든 민간 재개발·재건축을 하든 공급 정책도 써야 한다."라며 '정석적인 대책'을 요구할 때 국토부는 죽으나 사나 공급은 부족하지 않고 다주택 투기꾼이 집값 올렸다는 소리만 하면서 삽질 정책을 반복했다. 2020년 7월에도 TBS 라디오 프로그램에 출연한 김현미 장관은 주택 공급을 확대해야 한다는 아나운서의 지적에 이렇게 반박했다. "현 주택 공급은 부족하지 않다. 물량 자체는 충분하고 실수요자에게 제대로 공급하는 시스템을 만드는 게 더 중요하다." 그러더니 갑자기 2020년 11월 국토교통위원회의 회의에서는 "아파트가 빵이라면 밤을 새워서라도 만들겠다."라며 단기간에 아파트를 공급하는 게 어렵다는 취지의 발언을 했다. 임기 초부터 공급했으면 좋았을 것을, 투기꾼이 문제이고 공급은 충분하다고 주장하다 시간만 끈 셈이다.

이후 후임 국토부장관과 차기 대선후보들은 갑자기 주택 공급이 최우선이라며 야단법석을 떨고 있다. 참으로 이상한 일이다. 분명 김현미 장관은 주택이 부족하지 않다고 하지 않았나. 정부 입장이 하루아침에 이렇게 바뀔 수 있나? 지진이라도 나서 집이 다 부서졌나 보다.

아파트 부녀회가 집값을 올리고 시세를 조장한다?
(feat. PD수첩)

2018년 집값이 폭등하여 서민들이 시름에 잠기던 그때, PD수첩에서는 재미난 방송을 했다. '누가 아파트 가격을 올리는가'라는 제목의 방송이었는데 아파트 부녀회가 담합해서 비싸게 집을 팔도록 종용하고 이를 거부하는 공인중개사는 공격하는 식으로 시세를 조장한다는 것이었다.

방송이 나간 후 '역시 투기꾼들이 집값 올린다. 공인중개사도 한 패거리다.' 하는 내용의 마녀사냥 글들이 커뮤니티에 넘쳐났다. 후술하겠지만, 한술 더 떠서 '자전거래'라는 게 공공연히 이루어진다며 지금 집값은 투기꾼과 토건족의 담합에 의한 거품이라는 말들도 많았고, 국토부에서는 불법거래 강력단속 의지를 보이며 신문 보도로 연일 공포 분위기의 칼춤을 추었다. 집값이 오르는 원인에 대해 수요와 공급 측면, 정책적 측면, 심리적 측면에서 제대로 다루어 방송했으면 좋았을 텐데 PD수첩은 '부녀회가 집값 올린다'는 취지의 방송만 했다. 이쯤에서 나는 궁금증이 들었다.

PD수첩은 부녀회가 담합해서 집값을 올린다고 했는데, 그렇다면 집값이 내려가던 시기에는 왜 담합을 하지 않았을까? 문재인 정부가 싫어서 지금만 담합하는 것일까? 부녀회에서 담합해서 5억 원 아파트를 5억 2,000만 원에 팔자고 담합하면 정말 모두가 5억 2,000만 원에 집을 팔까? 돈이 급한 집주인은 없을까? 바로 옆 아파트는 5억 원인데 우리 아파트만 5억 2,000만 원으로 담합하면 우리 것을 비싸게 사줄까? 무슨 강제력으로 부녀회에서 그렇게 팔도록 할 수 있을까?

시세 담합이라는 것은 집값 상승기에 늘 있어 온 일이다. 하지만 아무리 담합을 한들 집을 사주는 사람들이 집값이 떨어질 것 같다는 생각이 들거나 너무 비싸다는 생각이 들면 절대로 팔리지 않는다. 100명이 담합해서 5억 2,000만 원에 내놓아도 아무도 안 사면 4억 5,000만 원으로 누군가는 싸게 팔게 되어 있다. 즉 가격은 시장이 결정하는 것이지, 담합한다고 되는 것이 아니다. 그리고 공인중개사들은 집값 오르는 것 싫어한다. 비싸게 거래되어봐야 수수료 몇 푼 벌면 끝이다. 비싸다고 거래 안 되면 굶어 죽는다. 오히려 집값을 최대한 오르지 않게 후려쳐서 거래가 활발해야 돈을 버는 게 공인중개사들이다. 그런데 왜 공인중개사가 자기 밥줄까지 끊어가며 부녀회랑 짜고 집값 올려치기를 한단 말인가?

이런 소리는 집값 상승기에 언제나 있어 온 일부의 이야기일 뿐 대세에 큰 영향이 없는 곁가지일 뿐이다. 아줌마들로 이루어진 부녀회가 마음만 먹으면 대한민국 집값을 2017~2021년까지 폭등시킬 수 있고 전월세도 폭등시켰다면 정부가 마음만 먹으면 대한민국 집값을 하락시킬 수도 있는 것 아닌가? 부녀회만도 못한 정부라는 말인가? 저런 한심한 방송을 보면서 분노할 시간에 왜 집값이 이렇게 오르는지 진짜 원인을 찾아보아야 한다.

종부세, 재산세, 양도세로 박살내면 집값은 떨어진다?
(feat. 부알못)

이 이야기는 이번 정부만의 이야기가 아니다. 2003~2008년 참여정부 시절에도 있었던 이야기로 당시에도 TV 토론에서 교수님, 국토부차관, 정치인, 시민들이 모여서 이야기했던 주제이다. 부동산을 알지도 못하는 '부알못' 중에 정치이념에 빠진 사람들은 세금으로 투기꾼 박살내면 집값이 떨어진다는 말을 한다. 15년 전 참여정부 때 강력한 세금정책으로 지금과 똑같이 해보았지만 실패했음에도 여전히 그들은 그 시절 인정사정없이 세금으로 박살냈어야 하는데 너무 사정을 봐주고 신사답게 인간 대접을 해주어서 실패했다고 말한다.

그리고 문재인 정부 들어 그들의 바람대로 공시지가 인상, 재산세, 종부세 인상, 다주택자 양도세 중과 등이 빈틈없이 시행되고 있다. 그런데 과연 집값은 떨어졌는가? 아니, 집값은 안 올랐는가? 세금을 크게 올렸는데 왜 집값이 올랐냐고 하면 그들은 이제 다주택자 투기꾼들이 전세입자 갭으로 연명하기 때문이라고 한다. 그러면서 전세제도와 전세대출을 없애야 집값이 떨어진다고 주장한다.

이런 말을 하는 사람들은 선동가들을 제외하고는 보통 집을 사본 적이 없는 사람들이다. 즉 지식이나 경험이 전월세 계약을 해보았으면 다행이고, 부모님 집에 살아서 남의 집조차 살아본 적이 없는 사람도 많다. 아는 지식은 **경험**으로 체득한 것이 아닌 **이론**으로 들은 것인데, 그나마도 제대로 된 지식이 아니라 대부분 유튜버나 어디 팟캐스트 같은 사람들이 퍼뜨린 잘못된 정보들이다. 이들은 종부세와 재산세를 팍팍 때리면 매년 나가는 세금 때문에 집을 싸게 팔 거라고 말했다. 그런데 과연 지금 어떻게 되었나? 집주인들은 바보가 아니다. 누구든지 자신이 당할 손해를 최소화하기 위해 힘쓴다. 당연히 전세, 반전세, 월세로 전환하면서 집주인들은 세입자에게 자신들의 세금을 전가했고 결과적으로 서민들이 살고 있는 전월세 값만 급상승했다.

집주인은 매년 수십에서 수백, 수천만 원씩 나가는 종부세 때문에 집을 팔지 않는다. 1년에 1억, 2억, 3억 원씩 오르는데 미쳤다고 집을 팔까? 영끌에 수백 채 혹은 법인 갭투자로 종부세가 1년에 몇천만 원씩 나가는 그런 '꾼'들이나 집을 팔 것이다. 그러나 노후에 월세를 받을 요량으로 한 채, 자녀에게 물려주려고 한 채, 집값 오를까봐 차액을 벌려고 한 채, 이런 식으로 두세 채 가지고 있는 대다수 집주인은 월세에 세금을 전가하면 그만이다.

"아, 그러니까 투기꾼들 신사답게 사정 봐주고 살려주지 말고 1년에 집값의 10%씩 팍팍 종부세 올려서 도저히 못 견디도록 하면 될 것 아닙니까! 1년에 1억 원씩 재산세 내게 되면 싸게 팔겠지요." 이런 과격한 사람들도 있다.

생각해보자. 집 한 채 있다고 1억 원씩 재산세 때리면 월세를 1,000만 원씩 전가할 수는 없으니 정말 집을 팔아야 할 것이다. 그럼 그 집을 누가 사줄까? 집 한 채 있으면 1억 원씩 재산세가 나가서 인생 망하게 되는데 말이다. 집값은 폭락할 것이다. 정말로! 그 대신 아무도 집을 안 사려고 해서 집주인들은 1억 원씩 세금을 뜯기다 파산하고, 세입자는 집주인이 파산해서 전세금 못 돌려받고, 집주인이 파산하지 않더라도 전세금이 집값보다 비싸져서 전세금 보호도 안 되고, 집주인들의 연쇄파산에 은행도 대출을 뜯기게 된다. 예를 들어 은행이 10억 원 집에 3억 원을 빌려줬는데 집값이 폭락해서 매년 1억 원씩 재산세 내는 그 집이 2억 원이 되면 은행은 돈을 뜯기는 것이다. 이런 식으로 집주인과 은행이 연쇄파산한 게 2008년 미국 서브프라임 모기지 사태다. 그래도 미국이니까 돈 찍어서 살아났지 우리나라에서 이런 것 터지면 IMF보다 더 큰 재난이 오고 결국 나라가 망할 것이다.

돈 있는 집주인들이 망해나갈 때 돈 없는 세입자들이 살아남을 거라고 보는가? 그러니까 국가도 종부세니 재산세니 올리지만 집주인들이 못 견디고 파산할 만큼 올릴 수는 없는 것이다. 그뿐인가? 있는 집도 안 팔리는데 누가 집을 짓겠나? 건설사는 망하고 건설사에서 하청받는 회사도 망하고 그 회사의 직원들과 현장에서 몸 쓰며 집 짓는 일을 하는 인부들도 죄다 실업자 신세가 된다. 인부들이 밥을 사먹는 주변의 식당들도 다 망한다. 국가가 회사 파산시키고 국민을 실업자 만드는 일을 할 수 없는 것이다.

다시 말해 재산세와 종부세를 아무리 많이 때려도 세입자에게 전가되어 집주인이 버틸 만한 수준까지밖에 올리지 못한다. 그러니 참여정부 때도 이번 문재인 정부 때도 세금을 팍팍 더 올려서 다주택자 좀 끝장내지, 왜 찔끔찔끔 올려서 저놈들 망하지 않게 하냐며 감정적 분노를 터뜨리는 사람들이 나오는 것이다. 다주택자를 세금으로 박살낼 줄 알고 지지했는데, 왜 박살은 안 내고 집값만 올리고 전월세 값만 올려놓느냐고 말이다(안 하는 게 아니라 못하는 거다. 물론 국민에게는 할 것처럼 말해서 표를 받아갔지만 당선되었으니 언제 그랬냐는 듯 입씻는 것이다).

전문가들이 집값 안정을 위해 "양도세 중과를 풀어야 한다. 지금처럼 양도세와 지방세를 82.5% 이렇게 해버리면 집주인들이 팔고 싶어도 못 판다. 물량이 없으니 집값이 더 오르는 거다."라고 말하면 그들은 이렇게 반박한다.

"투기꾼들이 돈을 벌려고 벌인 일인데 누구 좋으라고 양도세를 풀어주냐. 100%를 뜯어도 시원찮다. 그리고 집값이 많이 올랐는데 10억 오른 거에서 6억, 7억 세금 내도 3억, 4억 버는 것 아니냐. 번 돈에서 세금 내는데 왜 못 판다고 하냐, 세금 내고 팔면 되지."

여러분이 만약 3주택자라고 가정해보자. 먹고살 만해서 사는 집과 노후에 월세 받을 집, 자녀 결혼할 때 증여해줄 집, 이렇게 세 채를 샀다. 집값이 오를 것 같아서 적극적으로 샀는데 한 채당 10억 원씩 올랐다고 해보자. 이런 다주택자가 집을 한 채 팔면 양도세로 최대 82.5%까지 중과한다. 계산하기 쉽게 대충 8억 원을 세금으로 떼어가고 2억 원만 남는다고 해보자. 이때 양도세 중과를 옹호하는 사람들은 '8억 원을 내도 2억 원이 남잖아. 징징거리지 말고 돈이 필요하면 팔아, 아니면 싸게 팔면 되잖아.' 하고 생각한다. 반면 집주인은 '10억 원 오른 거 팔아봐야 8억 원이 세금인데, 차라리 4억 원 세금 내고 미리 자녀한테 '증여'해주자. 어차피 물려줄 거였는데 세금으로 다 뜯기느니 내 자식 주는 게 낫지.' 하는 입장이다. 이로써 증여가 폭발적으로 증가하면서 이 집들은 시장에 나오지 않은 채 자식들에게 부의 대물림이 되는 것이다.

집주인들은 또 이런 입장이다. "정권이 바뀌거나 집값이 떨어지는 시기가 오면 양도세 중과는 풀릴 텐데 그때까지 전월세 주면서 세입자에게 재산세, 종부세 전가하면서 버텨보자!"

아직은 많은 사람이 어느 정도 만족한다. 집값이 올랐더라도 팔아서 현금화한 게 아니니 아직 저들이 돈을 번 것이 아니라고 믿고 있기 때문이다. 그들은 이렇게 생각한다.

'팔아서 수익실현까지 해버리면 나만 뒤처진 것 같아 도저히 못 견디지만, 아직 판 게 아니니 숫자상으로만 집값이 오른 거다. 머지않아 거품이 꺼지고 집값이 폭락하면 돈 벌었다고 좋아하던 저 사람들은 손해를 볼 거다. 20%, 30% 폭락하면 그때는 집을 싸게 팔게 될 거다. 내가 최후 승리자다. 그때 싸게 사면 된다.'

집주인의 계산법은 어떨까? 지금처럼 세금 80%일 때를 가정해보자.

- 현재 : 2억 구매 > 12억 판매 > 10억 차익 > 8억 세금 > 2억 내 돈
- 17% 폭락 : 2억 구매 > 10억 판매 > 8억 차익 > 6억 4,000 세금 > 1억 6,000 내 돈
- 50% 폭락 : 2억 구매 > 6억 판매 > 4억 차익 > 3억 2,000 세금 > 8,000 내 돈

중국발 헝다 경제위기가 오든 다음 대통령이 반값 아파트를 한다고 하든, 17% 폭락해봐야 세금 80% 양도세 중과를 맞아도 겨우 4,000만 원 내 돈이 줄어드는 것일 뿐이다. 대한민국 멸망, 세계 경제공황이 와서 집값이 50% 폭락해봐야 2억 원 벌 거 8,000만 원 버는 것으로 1억 2,000만 원 줄어드는 것이다(건국 이래 최대의 위기였던 IMF 때 집값이 평균 15% 폭락했다).

집이 세 채에 월세를 돌리는 다주택자가 내 손에 쥐는 돈 4,000만 원 줄어드는 게 아까워서 대중의 생각대로 저렴하게 집을 팔겠는가? 집값 하락기에 아무도 집을 안 사려고 하면 전월세 시장은 굳건하거나 오히려 뜨겁다. 수요가 전부 안전한 전월세로 몰리기 때문이다. 굳이 80% 세금 내고 지금 팔 이유가 없다. 세를 주면 되니까 말이다.

만약 12억 원 하던 집값이 폭락해서 가정과 은행이 파산하고 경제공황이 오는 사태를 막기 위해 국가에서 양도세 중과를 풀었을

때 40% 세금을 내고 판다고 계산해보자.

- 현재 : 2억 구매 > 12억 판매 > 10억 차익 > 8억 세금 > 2억 내 돈 (세금 80%)
- 17% 폭락 : 2억 구매 > 10억 판매 > 8억 차익 > 3억 2,000 세금 > 4억 8,000 내 돈 (세금 40%)
- 50% 폭락 : 2억 구매 > 6억 판매 > 4억 차익 > 1억 6,000 세금 > 2억 4,000 내 돈 (세금 40%)

경제위기가 와서 집값이 17~50% 폭락했다. 국가가 경제를 살리려고 양도세 중과를 풀면 집주인들이 버는 돈은 보이는 것처럼 12억 원에 80% 세금을 내고도 지금 파는 것보다 늘어난다. 세무사 잘 쓰고 설계 잘하고 각종 제도를 잘 이용해서 세금을 40%가 아닌 20% 정도만 낸다면 어떨까?

만약 집값이 30%, 50% 폭락할 정도면 IMF보다 더 심한 경제 공황이다. 기업이 망해 실업자가 늘어나고 영끌한 집주인들이 파산하면서 전세금 떼여 자살자 속출하고 주식투자자도 한강으로 가는 상황이 될 것이다. 그런데 다주택자는 지금보다 집을 싸게 팔아도 돈을 더 많이 벌게 된다. 이것이 자본주의고 청년들이 진짜 알아야 하는 집값의 진실이다.

무주택자 혹은 기껏해야 1주택자 소시민의 마인드로 계산하니 이해가 안 되는 거다. 집값이 폭락해도 세금 중과 풀렸을 때 싸게 파는 것이 내 손에 더 많이 남으니까 안 파는 거다. 그러니 전문가들이 "과도한 양도세 중과하지 말고, 한시적으로라도 풀어서 시장에 수익 실현 매물을 많이 나오게 해야 한다."라고 외치는 것이다. 과도한 양도세는 집값 잡는 데 하나 효과도 없는데 시장공급량만 줄어서 집값만 계속 오르고 있다. 물론 악에 받친 사람들은 "경제 위기가 오고 IMF가 오고 기업이고 경제고 다 망하는 상황이 와도 양도세 중과 안 풀어주고 80% 세금 유지하고 재산세와 종부세 팍팍 걷으면 되는 것 아닙니까!" 할 수도 있겠지만, 한마디로 그러면 나라 망한다.

실제로 2008년 금융위기 때 이명박 정부는 양도세 중과를 폐지했다. 반값 아파트로 민간 아파트 미분양이 남아돌고 건설회사 망할 판에 경제에 돈이 안 돌아가니 "지금 집을 사서 몇 년 안에 팔면 다주택자라도 양도세 한 푼도 안 받을 테니 부자님들 제발 집 좀 사주세요!" 하면서 제발 돈 좀 써서 경제를 살려달라는 정책을 펼쳤었다.

"아니, 그건 보수 정권이니까 그런 거 아닙니까! 진보는 다릅니다!"라고 말하고 싶은가. 김대중 대통령의 국민의정부 때도 IMF로 망했을 때 대학생, 가정주부와 같은 경제적 능력이 없는 사람에게까지 마구 카드를 발급해주면서 나중에 부작용을 치르더라도 일단 지금 경제에 돈이 돌게 해서 나라를 살려야 한다는 정책을 펼쳤었다. 보수, 진보의 문제가 아니다. 경제가 폭망하면 서민들이 더 큰 피해를 보니 그렇게 하는 것이다. 바라건대, 이념으로 진보와 보수를 나눠서 서로 '악마화'시키며 갈라치기하는 정치인들의 프레임에서 이제 그만 깨어나길 바란다.

또 어떤 사람들은 이렇게 주장하고 싶을 것이다. "나라가 망하는 한이 있어도 중산층, 중상층 다주택자들 다 망할 때까지 세금으로 조지고 규제로 조져서 부동산 리셋하고 다시 시작하면 '부의 분배가 좀 더 공정해지지' 않겠습니까?"

생각해보라. 1장에서 앞으로 노인들이 늘어나 국가는 복지예산으로 폭발적으로 돈이 나가야 하는데, 세금을 낼 20~50대는 계속해서 줄어들고 돈 낼 사람이 없어서 세금으로 쥐어짜야 한다고 말했다. 그런데 직장인한테 뜯어봐야 얼마를 뜯을 수 있을까? 앞으로 국가는 탄탄한 정규직은 물론이고 주택, 상가, 주식 같은 자산도 있어서 세금을 많이 낼 수 있는 중산층, 중상층으로부터 몇십 년간 두고두고 세금을 뜯어서 노인들을 먹여 살려야 한다. 그런데 어째서 이들을 파산시킨단 말인가? 월급에서 세금과 4대 보험을 뜯고 집에서 재산세와 종부세, 양도세, 증여세를 뜯어내던 사람들이 파산하면 **단순히 세금만 없어지는 게 아니다. 저 파산한 사람들까지 먹여 살릴 세금이 추가로 필요하게 된다는 말이다.**

세금 잘 내는 집주인의 배를 가르면 세금이 끊기고, 파산한 집주인과 집주인 가족들한테까지 '복지' 세금이 들어간다. 외벌이 아빠가 벌어오는 돈으로 4인 가족이 국가에 세금 내며 잘살아왔는데 저 가정이 파산해서 이혼하면 어떻게 되겠는가? 경제적 능력이 없는 엄마는 국가에서 한부모 가정, 이혼모 가정이라는 명목으로 알아서 키우던 자식 2명과 함께 복지지원을 해줘야 한다.

앞서 나는 이미 출산율 망해서 앞으로 국가는 돈이 없다고 말했다. 돈 없어서 난리인 국가가 어떻게 이런 자폭정책을 할 수 있겠는가? 앞으로 국가는 돈 나갈 곳투성이다. 당장 페미니즘 시민단체들은 세력화해서 내 집 마련이 불가능한 1인 미혼 여성 주거복지(쉽게 말해 세금으로 저렴하게 월세 내는 여성 전용 공공임대)를 해결하라고 들고일어나기 시작했다. 이미 돈이 없는 국가는 앞으로 더욱 돈이 없어서 안 그래도 빚투성이인 나라 살림에 더 빚을 내서 살아야 할 판이다. 그런데 세금 잘 내는 사람들을 파산시키자는 것인가? 그렇게 되면 결국 극단적 양극화 현상, 즉 찐부자 1%와 거지 99%의 서민사회가 되고 말 것이다.

이제는 인정해야 한다. 일부 감정적인 사람들의 생각처럼 세금으로 집값을 잡을 수는 없다. 세금을 너무 세게 때리면 집값이 폭락해서 나라 경제가 망하고 서민들의 피해는 더욱 커진다(부자는 망해도 3년은 가지만, 서민은 망하면 노숙자가 된다). 그렇다고 집값 상승기에 세금과 대출 규제를 너무 약하게 해도 마찬가지로 집값이 폭등한다. 너도나도 부동산에 투자할 테니 말이다. 치킨 사 먹고, 여행 다녀야 하는 중산층과 중상층들이 모두 주택담보대출에 돈을 쓰니 돈이 돌지 않는 현상이 벌어질 것이다.

세금과 규제는 집값 폭등기에는 적당히 짜증나고 거슬릴 정도로만 하고, 집값 하락기에는 "제발 세금 걱정은 말고 남는 집 좀 사주세요." 하면서 파격 할인을 해줄 수밖에 없다. 이런 이유로 과거 노무현 정부와 현재 문재인 정부는 지지자들에게 다주택자를 모두 때려잡을 것처럼 말하지만, 실제로 목숨줄 끊을 정도까지는 세금을 올리지 못하고 세금으로 집값을 못 잡고 있는 것이다.

내가 부자라면 어떻게 할 것인가? 지금 국가에 세금으로 전부 뜯길 것인가? 자녀에게 물려줄 것인가? 아니면 위장 이혼을 하며 주택수를 분산할 것인가? 그것도 아니면 나중에 싸게 팔더라도 세금이 줄어 돈이 더 벌릴 때 팔 것인가? 분수를 모르는 영끌 대출한 서민 갭투자나 버티지 못하고 망하는 거지, 건전한 수준의 대출이나 찐 다주택자들은 오르는 세금을 전부 전월세 세입자에게 전가하면서 세월만 기다리고 있다. 오히려 그들은 제2의 IMF가 와서 분수를 모르는 영끌 투자자들이 망해나가 경매로 아파트가 나오기를 기다리고 있다. 즉 압구정 현대아파트, 아시아선수촌아파트, 잠실주공5단지 재건축, 여의도 재건축, 목동 재건축, 부산 삼익비치 재건축, 서울 알짜 입지의 다가구나 다세대 통건물을 헐값에 사들이려고 기회를 엿보고 있는 것이다. 이처럼 대규모 경제위기가 오면 서민은 죽고 영끌 투자자는 파산하며 찐 부자는 헐값에 사 모으면서 더욱 부자가 되는 현상이 벌어진다. 그렇기 때문에 진보, 보수 상관없이 어떤 정부든 부의 양극화가 더 심해지기 전에 부동산 대폭락을 막으려고 하는 것이다.

이것을 실패한 나라가 일본이다. 지금 일본 젊은이들이 어떻게 사는지 한번 보라. 돈이 없어서 소나타 같은 중형차는 꿈도 못 꾸고 2,000원짜리 편의점 도시락을 사 먹으면서 근근이 살아가고 있다. 부동산 버블이 터져서 30년간 월급이 안 오른 나라가 일본이다(비유적 표현이 아니라 정말로 30년 전 신입 월급이 지금 일본 청년의 신입 월급이다).

이제 좀 이해가 되는가? 세금으로 집값을 잡을 수 있다는 선동에 그만 좀 속아라. 그 사람들은 여러분에게 표를 받아가며 공허한 약속만 할 뿐 절대로 집값을 잡아주지 않는다. 세금은 일시적으로 과열된 투자심리를 억누르는 보조 수단일 뿐이다. **집값을 떨어뜨리거나 안정화시키는 것은 대규모 주택 공급뿐이다. 계속 반복한다. 공급이 집값을 잡는다.**

임대차 3법이 시행되기 전에 미리 전월세 가격을 높이려고 하는 시도가 있을 것, 그게 나야
(feat. 박주민, 김상조)

지금의 전월세 폭등을 불러일으킨 임대차 3법은 계약갱신청구권을 부여하고 5% 이상 전월세 가격을 올리지 못하도록 강제하는 제도이다. 모두가 한목소리로 "전월세 폭등을 불러일으킨다. 해서는 안 된다."라고 외쳤는데 결국 밀어붙였다. 전세가 얼마나 올랐는지는 굳이 이 책에서 설명할 필요 없이 전셋집을 구해본 청년들은 이미 피부로 느끼고 있을 것이다. 그런데 왜! 도대체 왜! 내로남불 산성에 있는 분들은 국민은 전월세 가격 안정을 위해 5% 이상 올리지 말라고 하면서 본인들은 아득바득 더 올리는 걸까? 가진 것 많은 분들이 왜 더 가지려고 하고 국민은 하지 말라고 할까?

임대차 3법을 발의한 박주민 의원은 7월 29일 국회 법제사법위원회에서 "주택임대차보호법이 시행되기 전에 아마도 법 적용을 예상하고 미리 월세를 높이려는 시도가 있을 것"이라고 발언했다. 국민의 전월세 가격 안정을 위해 모든 전문가가 한목소리로 반대했던 임대차 3법을 끝까지 밀어붙였던 박주민 의원이었다. 그런데 알고 보니 임대차 3법 시행 전에 기존의 보증금 3억에 월 100만 원에서 보증금 1억에 월 185만 원으로 올려서 새로운 세입자를 받은 것이 드러났다. 보증금을 낮추고 월세를 올린 것으로, 당시 전월세 전환율(4%)로 환산하면 임대료를 9% 인상한 것이고 9월 시행령 개정으로 하향조정된 전월세 전환율(2.5%)을 기준으로 하면 인상폭은 26.67%이다.

이에 그는 "나의 경우 기존 세입자가 아니고 새로운 세입자니까 5% 이상 못 올리는 상황이 아니었다."라고 변명했는데 문제의 본질은 그게 아니지 않은가? 국민은 5% 이상 올리지 말라고 하고 본인은 법시행 직전에 미리 9% 또는 26.67% 올려서 계약한 것 아닌가. 만약 국민의 삶이 진짜로 걱정되어 비판을 감수해서라도 5%만 올리게 해야 한다고 했으면 본인이 5%만 올리는 모범을 보여야지 되는 것 아닌가? 왜 다른 사람한테 손해를 보라고 하는 사람들은 하나같이 본인은 손해보지 않으려고 하는지 모르겠다.

이런 사람들이 한두 명인가. 공정(?)거래위원장 청와대 정책실장을 하던 김상조 실장은 임대차 3법 시행 이틀 전에 본인 소유의 아파트 전세계약을 갱신하면서 임대료를 14.1% 올려서 계약했다. 김상조 실장은 자신이 세들어 사는 전셋집의 보증금이 인상되어서 이를 충당하기 위해 부득이하게 임대료를 올린 것이라고 변명했다. 그런데 본인 명의의 예금이 9억 원, 가족 예금을 모두 합치면 14억 원이 넘는 현금을 가진 분이 돈이 없어서 14.1% 세입자의 임대료를 올렸다는 궁색한 말씀만 하시다가 하루 만에 사직서를 제출하고 집으로 가셨다.

국회의원이라고 시장가격보다 임대료를 올리지 말아야 한다는 게 아니다. 모두가 반대하는 상황에서도 전월세 가격 안정을 위해 강제로 집주인이 5% 이상 못 올리게 해야 한다고 강하게 밀어붙이던 사람들이었다. 그런데 앞에서는 서민 걱정을 하고 뒤에서는 이렇게 임대료를 미리미리 올려서 이득을 취하고 있었으니, 누가 그 대의에 공감해줄 것인가? 나는 자본주의 사회의 룰에 맞게 나의 이득을 위해 최선을 다하면서 너희들은 이득을 포기하라고 하는 정치인과 각종 어용 시민단체, 교수들의 선전선동에 휘둘리지 말기 바란다.

임대차 3법으로 임차인의 주거 안정성이 크게 제고되었다? (feat. 홍남기)

임대차 3법 시행 1년 뒤인 2021년 7월, 홍남기 부총리는 "서울 100대 아파트의 경우 임대차 3법 시행 전 임대차 갱신율이 57.2%에서 77.7%로 크게 올라갔다."라고 하면서 "서울 아파트 임차인 다수가 제도 시행의 혜택을 누리고 있었음을 확인했다."라고 말했다. 그러면서 "임차인의 평균 거주기간도 임대차 3법 시행 전 평균 3.5년에서 시행 후 5년으로 증가했다."라면서 "임차인의 주거 안정성이 그만큼 크게 제고된 것"이라며 자화자찬 태평성대를 외쳤다.

임대차 3법 부작용으로 전월세 갱신율이 20% 높아진 건 당연한 거다. 아파트 전셋값이 1년 사이 4억 원이 오르면서 전세는 사라지고 반전세나 월세로 빠르게 전환되면서 전월세 가격이 모두 폭등했는데, 기존 세입자들이 계약갱신청구권을 쓰는 건 너무나 당연한 일이다. 지금 5억 원에 전세 살고 있는데 어제 새로운 세입자는 10억 원에 계약했다고 한다. 여러분이라면 당연히 5%만 올리는 5억 2,500만 원에 갱신하지, 10억 원에 다른 집 전세를 얻고 싶겠는가? 다들 2년 뒤를 걱정하면서 울며 겨자 먹기로 계약갱신한 것이다.

기존 세입자가 아닌 신규 세입자, 집주인이 들어온다고 쫓아낸 세입자, 직장과 교육 등으로 이사하는 세입자들은 폭등한 전월세 가격에 전세대출을 알아보며 눈물 흘리고 있는데, 홍남기 아저씨는 한다는 소리가 임차인의 주거 안정성이 크게 제고되었단다.

매수심리 진정세가 주춤한 양상, 한국어인데 알아들을 수가 없다 (feat. 홍남기)

홍남기 부총리는 특별히 한 번 더 다뤄보도록 하자.

2020년 12월은 임대차 3법으로 집값이 상승하고 전월세 가격이 폭등하던 시기였다. '제11차 부동산시장 점검 관계장관회의' 때 홍남기 부총리는 모두발언에서 최근 집값 동향에 대해 "서울 중저가 지역 중심으로 최근 **매수심리 진정세가 주춤한 양상**"이라고 말했다.

나는 처음 이 말을 듣고 '내가 무식한가? 한국어인데 무슨 소리인지 못 알아듣겠네? 매수심리가 진정되고 있다는 말인가? 아니, 요즘 집값과 전월세 값이 상승 중인데 무슨 소리지?' 하고 한참을 생각했다. 곰곰이 생각해보고 나서야 '매수심리'는 집을 사려는 심리이고 '진정세'는 안정화를 말하는 것을 그리고 '주춤한 양상'은 되지 않고 있다는 뜻으로 이해되었다. 한마디로 집을 사려는 심리가 안정화되지 않고 있다. 즉 집값이 오르고 있다는 소리였다.

그냥 '최근 집값이 많이 오르고 있다.' 혹은 '매수심리가 진정되지 않고 있다.' 이러면 되는 것을 어법에 맞지도 않는 말을 하는 것이다. 또한 "투기꾼이 집값을 올렸다. 공급이 부족하지 않다."라고 3년간 외쳐 온 김현미 장관은 이날 회의에서 갑자기 "아파트가 빵이라면 밤새워서라도 찍어내겠다."라며 단기간에 공급하는 건 어렵다고 태세전환을 해서 공급 부족을 인정했다. 이 사람 저 사람 하나 마나 한 소리만 하다가 성과 없이 회의는 끝났다. "큰일입니다! 집값이 너무 오르고 있습니다. 임대차 3법 이후 전월세 가격도 급등하고 있습니다. 빨리 대책을 세워야 합니다." 하고 강력하게 말하며 경각심을 가지고 회의를 해도 제대로 된 대책이 나올까 말까인데 '매수심리 진정세가 주춤한 양상'이라는 한국말 같지도 않은 소리나 하면서 회의를 하니 무엇이 나오겠는가?

월세는 나쁜 게 아니다. 4년 후에는 세입자가 더 유리하게 될 것이다? (feat. 윤준병)

내 집 마련을 해야 하는 이유 중 내가 자주 언급하는 것은 여당이고 야당이고 전세제도를 없앨 가능성이 높다는 것이다. 이런 소리에 깜짝 놀라는 사람이 많은데, 집권 여당의 국회의원이 대놓고 말해주는데도 못 알아들으면 그 사람은 너무 순진한 거다.

2020년 8월 '임대차 3법 때문에 전월세 가격이 폭등하고 전세가 소멸되고 반전세와 월세화가 가속화된다. 서민들이 돈을 모으기 더 어려워진다.'라는 여론이 한창일 때 윤준병 의원은 이런 말을 남겼다. "전세가 월세로 전환되는 것은 나쁜 현상이 아니다. 전세제도가 소멸되는 것을 아쉬워하는 분들이 계시는데 의식 수준이 과거 개발시대에 머물러 있다."

윤의원은 전세가 소멸되는 것을 아쉬워하는 사람은 의식 수준이 과거에 머물러 있는 사람이라고까지 하면서 본인도 월세를 살고 있다고 말했다. 물론 본인도 지역구인 정읍에 월세를 살고는 있었지만, 사실 윤의원은 서울 구기동 자택과 마포 오피스텔을 보유한 다주택자였다. 돈이 없어서 월세를 사는 서민과 서울에 내 집이 있고 쏠쏠한 오피스텔도 보유한 상태에서 지역구에 머물러야 하니 어쩔 수 없이 월세를 사는 사람은 크게 다를 텐데, 본인 입장에서는 그냥 다 같은 월세 사는 사람인가 보다.

전세제도를 세입자에게 유리한 제도라고 말할 수는 없다. 지금 같은 집값 상승기에 집주인은 전세금을 세입자에게서 무이자로 2년간 빌릴 수 있는 사금융 제도인 것이다. 2장에서 언급한 내용을 기억하는가? 자본주의 세계에서 돈을 버는 방법은 현재 돈을 받아오고 그 대가를 최대한 먼 미래에 지급하는 것이라고 말했다. **전세는 지금 세입자한테 목돈을 받아서 굴리고, 2년 뒤에 무이자로 반환하는 사금융 대출이나 다름없다.** 보험처럼 조건부로 떼어먹지는 못하지만 은행에 이자를 주고 빌릴 필요 없이 무이자로 빌릴 수 있다. 대신 내 집의 사용권을 돈 빌려준 세입자에게 2년간 빌려줘야 한다. 그렇다고 전세제도가 세입자에게 무조건 나쁜 것은 아니다.

142

집을 살 돈이 없는 시기에 혹은 직장 이전이나 교육 등으로 몇 년만 살아야 할 때 다달이 월세를 낼 필요 없이 2년간 살고 2년 뒤에 보증금을 원금 그대로 돌려받을 수 있는 제도이니, 집값이 떨어지는 시기에는 위험부담 없이 주거를 해결할 수 있다. 분명한 사실은 월세를 사는 것보다 전세를 사는 게 돈을 모으는 데 유리하다는 것이다. 설령 전세자금대출을 받아서 살더라도 전세대출 이자가 월세보다는 훨씬 저렴하기 때문에 돈 없는 사람이 내 집 마련의 꿈을 꾸며 돈을 모으는 데는 전세가 유리하다. 그런데 윤의원은 월세가 나쁜 게 아니고 전세제도는 소멸될 제도이며 이를 아쉬워하는 건 의식 수준이 과거 개발시대에 머무르고 있기 때문이라고 극딜을 하고 있다. 4년 뒤에는 오히려 세입자가 힘이 더 세져서 가격이 안정화될 것이라고도 주장했는데, 4년간 전월세 가격이 폭등하고 찔끔 떨어지는 게 뭐가 좋은 건지 모르겠다만 그렇다고 한다.

전세가 월세로 전환되는 건 당연한 일이고 자연스러운 일이라는 윤의원의 발언이 민주당이나 정부 측에서 말도 안 되는 말이라고 생각했으면 헛소리하지 말라고 했을 텐데, 그런 반응은 전혀 없다. 박주민 당대표 후보도 라디오 인터뷰에서 "유엔(UN)에서도 우리나라의 전세제도를 이제 좀 없애는 게 어떠냐고 권고한 바 있다."라고 하면서 "다만 표현 부분에서는 신중하게 했으면 좋았을 거라는 아쉬움이 있다." 하고 이야기한 걸 보면 전세제도의 소멸과 전세의 월세화 발언 자체는 문제삼지 않고 오히려 쉴드를 쳤다고 보여진다. 국민 여론을 봐서 좀 눈치껏 표현하지, 이 정도의 반응이다. 이외에도 "전세대출과 전세제도가 집값 올린다. 선진국은 다 월세

산다. 월세천국 전세지옥"을 외치는 사람들이나 온라인 커뮤니티 전사들이 넘쳐난다.

앞서 나는 청년들은 앞으로 월급의 3분의 1은 세금으로, 3분의 1은 월세로, 3분의 1은 생활비로 쓰면서 저축도 못하고 평생 월세살이하는 삶이 현실화될 거라고 이야기했다. 기억나는가? 전세제도는 사라질 제도이다. 정치권은 이미 마음을 먹었다. 문재인 정부의 모든 정책은 전세제도의 약화와 월세의 가속화다.

"아니, 그건 진보정권이라 그런 거고 보수정권이 잡으면 달라집니다. 정권이 바뀌면 전세제도는 다시 튼튼하게 이어질 거예요." 이렇게 주장하는 사람들도 있을지 모르겠다. 사실 박근혜 대통령 때 이미 '뉴스테이'라는 이름으로 전세제도 죽이기가 시작될 뻔했다. 이때는 아예 기업형 임대로 가려고 했었다. 뒤에 설명하겠지만 진보건 보수건 전세제도를 좋아하지 않는다.

내가 하고 싶은 말은, 여러분의 운명을 전세제도에 걸지 말라는 것이다. 전세제도가 유지될 거라는 도박이 틀리면 폭등하는 월세 금액으로 평생의 월세살이가 기다리게 된다. 어쨌든 '전세보다 월세가 나쁘지 않다. 전세의 소멸은 아주 당연한 것'이라는 서울 다주택자이면서 지역구에서 월세를 사시는 의원님의 훈시가 있었다. 개인적으로 이분이 서울 주택과 마포 오피스텔을 팔고 무주택으로 정읍에서 월세를 사신다면 진정성을 인정해 드리겠다. 본인부터 무주택자가 되어 무주택 월세입자 서민으로 진정성을 입증할 생각은 없을까? 만약 이재용 회장이 월셋집에 살면 월세입자가 되는 건가? 지독한 내로남불이다.

금리가 내리면 집값이 오른다
금리가 오르면 집값이 폭락한다? (feat. 경알못)

'세금으로 때려잡으면 집값이 떨어진다'고 믿는 건 '부알못(부동산을 알지 못하는)', '금리를 올리면 집값이 떨어진다'고 믿는 건 '경알못(경제를 알지 못하는)'이다. '경알못'은 '부알못'보다 더 몰라서 경제 전체를 볼 줄 모르는 사람이라는 뜻이다.

죄 없는 이주열 한국은행 총재를 악마화하며 "한국은행이 금리를 안 올려서 집값이 올랐다. 저놈이 적폐." 하면서 금리를 올려야 한다고 말하는 사람들이 있는데 정말 한숨만 나올 뿐이다. 어떻게 저렇게 무식할 수가 있나. 한국은행 이주열 총재는 부동산 같은 한 분야만 보는 사람이 아니다. 우리나라 경제 전반을 보면서 금리를 조금씩 올릴 것인지 내릴 것인지를 결정해야 하고, 미국과 서방세계의 경제 상황에 따라 우리나라 적정 금리를 유지해야 하는 어려운 입장에 있는 분이다.

우리나라 마음대로 금리를 올렸다 내렸다 하면 나라가 망한다. 미국이 세계 경제를 지배하는 것이고 미국 금리에 따라 우리나라 금리도 바뀌는 것이다. 어느 정도 폭으로 따라갈 것인지 속도나 금리 차이는 조절할 수 있어도 기본 방향은 미국이 결정한다. 만약 이주열 총재가 부동산 잡겠다고 금리를 큰 폭으로 올려버리면 우리나라 경제는 파탄나고 IMF가 올 수 있다.

실제로 1985~1990년에 일본중앙은행은 플라자합의 후에 통인지 된장인 줄도 모르고 저금리정책으로 내수확대정책을 추진했다. 이에 집값이 폭등하자 집값 잡겠다고 6개월 사이 금리를 2배 이상

급등시키며 6.0% 수준으로 끌어올렸다. 조금씩 금리를 올려도 모자랄 판에 말이다. 대출 총량제 규제, 정치권의 소비세 인상 등의 삽질 콤보로 일본은 버블이 폭발하며 잃어버린 30년의 경제를 맞이했고 이제는 우리나라보다 소득 수준이 낮은 나라로 뒤처지기 시작했다. 집값이 폭등하는 것도 문제지만 집값이 폭락하는 건 더 큰 문제다. 금리를 함부로 내리고 올리면 일본처럼 나라가 망할 수도 있는 것이다.

한국은행은 부동산 잡자고 더 중요한 나라 경제를 박살낼 수는 없는 입장이다. 코로나로 힘들어 죽겠는데 금리 3%, 5% 팍팍 올리면 자영업자들 줄도산에 주택담보대출보다 위험한 신용대출, 사업자대출을 받은 사람들은 그야말로 연쇄 도산이다. 기업과 은행이 망하는데 무슨 집값을 잡자고 금리를 무리하게 올린단 말인가? 나도 금리나 경제는 잘 모르는 사람(노벨 경제학상을 받는 사람들도 틀리는 게 경제 전망인데 나 따위가 뭘 알 수 있겠는가?)이다. 그래서 함부로 아는 체 안 하고 조심스럽게 의견표명을 한다. 그런데 정말 아무것도 모르는 사람들이 온라인에서, 청년들이 많이 찾는 커뮤니티에서 소위 뇌피셜 정보를 올리고 있다. 본인이 무척 잘 아는 것처럼 금리를 올려야 한다느니 한국은행이 집값을 올렸다느니 주장하다가 2018년 기준금리가 0.25% 오르기 시작하니 "집값은 폭락이다."라고 말한다. 정말 무식하면 용감하다는 말이 맞는가 보다.

그들의 소리에 선동당한 순진한 청년들은 "2년 더 전세로 살기로 했습니다. 감사합니다." 하는 댓글을 달았고 이게 벌써 몇 년 전의 일이다. 그사이 집값은 치솟았고 지금은 "집주인이 전세금 올려달라고 하는데 어떻게 해야 할까요?" 하고 물어오니 기가 막힐 노릇이다.

지금도 그들은 "금리가 오르기 시작하면 '영끌'해서 대출받은 투기꾼들이 대출 이자를 감당하지 못해 집값을 싼값에 팔기 시작할 것이다. 그러면 집값이 폭락하고 그때 싸게 주워먹으면 된다."라고 말한다. 구구절절 설명하기에는 내용이 너무 길어지니 미래는 과거의 반복이라는 말이 있듯이 과거를 한번 살펴보도록 하자. 그들의 말대로 정말 금리가 오를 때 집값이 떨어졌을까? 먼저 과거 1960~1980년 시대는 사진 세 장으로 지나가도록 하자.

1960~1980년대는 대출도 아니고 예금 이자가 20~30%인 시절이었는데 과연 집값이 바닥이었나? 저 때는 경제가 성장하고 수요 대비 공급이 부족해서 집값 폭등에 사글세 폭등으로 자살하는 사람들의 기사가 단골 뉴스였고 집이 모자라서 주택 500만 호를 건설하던 시절이었다. 1990년대에 1기 신도시로 집값을 잡았다고 평

1965년 30% 정기예금 광고   1978년 20% 예금금리

월급여 저축 원리금표

	월저축금액	월저축금액 합계	기본이자 (연13.2%)	별정장려금 (연 23.4%)	이자합계 (연 23.4%)	개정후 만기지급액	개정전 만기지급액	인상금액
1년제	3,000	36,000	2,574	1,980	4,554	40,554	40,014	540
	5,000	60,000	4,290	3,300	7,590	67,590	66,690	600
	10,000	120,000	8,580	6,600	15,180	135,180	133,380	1,800
2년제	3,000	72,000	10,650	8,640	19,290	91,290	89,130	2,160
	5,000	120,000	17,750	14,400	32,150	152,150	148,550	3,600
	10,000	240,000	35,500	28,800	64,300	304,300	297,100	7,200
3년제	3,000	108,000	25,308	20,520	45,828	153,628	148,428	5,400
	5,000	180,000	42,180	34,200	76,380	256,380	247,380	9,000
	10,000	360,000	84,360	68,400	152,760	51,760	494,760	18,000
5년제	3,000	180,000	78,690	59,400	138,090	318,090	303,600	14,490
	5,000	300,000	131,150	99,000	230,150	530,150	506,150	24,000
	10,000	600,000	262,300	198,000	460,300	1,060,300	1,012,300	48,000

1979년 30% 5년제 저축금리

가받던 노태우 정부 때가 200만 호 주택건설이었다. 저 시절에는 500만 호를 지어도 집값 안정을 못 시키던 시절이다. 그런데 무슨 금리가 높아지면 집값이 폭락한다고 하는지 모르겠다.

"하지만 저건 엄청 옛날이 아닙니까? 그리고 가계대출이 아주 활성화된 이후로 비교해봐야 하지 않겠습니까? 옛날 말고 요즘 자료로도 설명해주세요"

다음의 그래프는 2000년대 기준금리와 서울 아파트값 변동률이다. 금리가 인상되던 2000~2001년 아파트값 상승률은 낮아졌지만 결코 집값이 하락한 게 아니다. 집값은 여전히 상승했다. 2001~2002년 1차 금리 인하 때는 집값이 크게 상승했으나

기준금리와 집값 변동률 추이

── KB국민은행 서울 아파트값 변동률   ── 기준금리

2004.11~2008.8년 기준금리 인상 시기에 집값은 폭등했다.　　　　출처: 중앙일보

2002~2004년 2차 금리 인하 때는 집값 상승률이 크게 낮아지면서 2004년 한때 0% 이하로 떨어져 집값이 하락하기도 했다. 금리 인상기인 2005~2008년에는 금리가 오르면 집값이 떨어지는 게 아니라 폭등했다. 2008년 금융위기에 대응하기 위해 5%나 금리를 낮췄음에도 불구하고 2009년 집값은 소폭 상승했을 뿐이고, 이후 금리가 인상되는 시기에 2013년까지 집값은 하락했다.

　이후 저금리, 경제호황, 저평가된 집값, 박근혜 정권의 의도된 부양 시도, 문재인 정권의 정책대응 실패로 집값은 현재 많이 상승하고 있다. 그러므로 저금리일 때는 대출이 쉬워져서 집값이 오르고, 고금리일 때는 대출 이자가 비싸져서 집값이 떨어진다는 말은 하나도 맞지 않는다. 역사를 보면 상황에 따라 금리가 인하되기도 하고 인상되기도 하는데, 금리가 인하될 때 집값이 하락하기도 하고, 금리가 인상될 때 집값이 폭등하기도 한다.

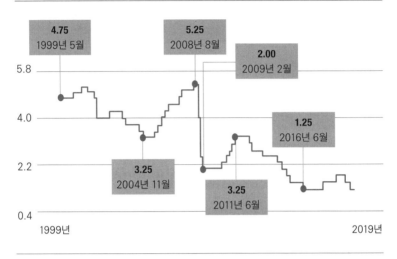

2004.11~2008.8. 금리인상 시기이자 **집값 폭등기**였다.   출처: 한국은행, 본드웹

부동산과 경제는 간단한 게 아니다. '금리가 내려갈 때는 집값이 올라가고 금리가 올라갈 때는 집값이 떨어진다.' 이렇게 간단한 문제라면 누가 돈을 잃고 누가 돈을 벌겠는가? 누구나 집값을 예측할 수 있을 것이다. 2005~2008년 참여정부 시절 각종 대출 규제와 심리적 압박, 보유세, 양도세 중과에 대통령도 집을 사면 패가망신한다는 말까지 했던 그 시기, 금리가 인상되던 그 시기에 수도권 집값은 폭등했다.

물론 금리가 집값에 영향을 미치는 것은 맞다. 수요대비 공급이 충분할 때 금리가 인상되면 대출 이자도 부담되고 집값이 떨어질 것 같다는 생각에 위험한 부동산이 아닌 안전한 채권이나 은행으로 돈이 이동하면서 집값은 하락한다. 반대로 수요대비 공급이 부

150

족할 때 금리가 인상되면 대출 이자 부담이 생기지만 한편으로 이렇게 생각하게 된다. "집값은 계속 오를 것 같다. 이 정도 금리로 이자 몇십, 몇백만 원 내는 것쯤 괜찮다. 억 단위로 오르는데 당장 집을 사자." 다시 말해 금리는 집값 전망의 한 가지 요소일 뿐 결정적 요소는 아니다. 집값이 오르고 내리는 데 금리, 유동성, 심리, 대출, 규제, 외부 경제위기 등이 영향을 미치는 건 맞지만 그것이 집값을 결정하는 핵심 요소가 될 수 없다는 것이다.

집값에도 자본주의 경제의 기본원칙인 수요와 공급이 결정적 요소로 작용한다. 1960년대 이후로 집이 부족할 때는 언제나 집값과 임대료가 폭등했고, 집이 풍족할 때는 집값 하락과 안정이 찾아왔다. 수요와 공급에 따른 집값의 영향은 우리나라뿐 아니라 전 세계 다른 나라 모두 증명이 가능하지만, 금리가 오르면 집값이 떨어진다는 말은 우리나라 안에서조차 시기에 따라 제대로 조사해보면 맞지 않는 말이다.

또 한 가지 결정적인 요소는 국가 경제의 성장이다. 국가 GDP가 성장하고 국부가 늘고 수출이 늘어나는 것도 대단히 중요하다. 양적 완화에 의한 일시적인 유동성 증가가 아니라, 우리나라 자체가 생산하고 보유하는 돈의 힘이 자체적인 역량으로 계속 커져야 집값도 오르는 것이다. 집값은 토지값이고 토지값은 해당 토지 위에서 생산되는 가치의 총합이다. 꾸준히 부강해지고 경제가 성장하고 있는 우리나라는 세계의 많은 기관에서 미래를 유망하게 보는 좋은 국가 경제력을 지니고 있다.

한편 주식을 하는 사람들에게 금리는 훨씬 민감하고 중요한 요소이다. 실물이 존재하는 부동산의 공급과 실물이 존재하지 않는 주식의 수요와 공급은 다른 이야기이기 때문이다. 주식을 하는 사람들은 영국의 브렉시트, FOMC(연방공개시장위원회) 회의록, 아프가니스탄 미군 철수, 미국채 금리 등 별의별 요소가 큰 영향을 주지만 부동산은 영향이 훨씬 적다. 부동산은 우리나라 경제와 소비심리가 어떤지, 수출 전망은 어떤지, 주택 공급물량은 어떤지, 주택 멸실물량은 어떤지 국내 사정이 훨씬 중요하다.

청년들은 금리가 내려가니 "무조건 집값 폭등이다. 그러니 '영끌'해서 집 사라."라는 말에 속아서도 안 되고, 금리가 올라가니 "무조건 집값 폭락이다. 집 팔고 무주택자가 되세요. 전세로 2년 더 사세요. 공공임대 들어가 사세요."라는 말에는 더더욱 속아서는 안 된다.

인구가 줄어들면 집 사줄 사람이 없어서 집값이 폭락한다, 정말 그럴까?

지난 10년 동안 부동산 폭락론을 이끌던 대표 선동 주제가 바로 '인구론'이었다.

"출산율이 낮아지고 고령화 사회로 가는 것을 피할 수 없고 생산 가능 인구가 줄어든다. 베이비부머 세대가 매년 정년으로 은퇴를 맞이하면 그들은 집을 팔고 지방 실버타운을 가거나 시골에서 농사를 짓거나, 저렴한 지역에서 살면서 집을 판 돈으로 노년을 보낼 것이다. 앞으로 집을 사줄 사람이 없어서 집값은 폭락한다. 지금의 집값은 거품이고 마지막 불꽃이다. 그러니 2년 더 전세를 살아라."

'인구론'을 주장하는 사람들이 10년 동안 해온 말이다. 이들은 서울 아파트를 거저먹을 수 있었던 2016년에도 공중파에 나와서 집값은 거품이라며 마지막 불꽃 소리를 했었다.

상담할 때 나는 게임을 열심히 해본 사람들을 좋아한다. 특히 MMORPG* 같은 온라인 게임을 깊게 해본 사람들을 좋아하는데, 그 이유는 게임 경험이 있는 사람들에게는 인구론이 말도 안 되는 소리라는 것을 구구절절한 통계나 자료로 설득할 필요가 없기 때문이다.

"선생님, 혹시 온라인 게임 해보신 적 있으세요?"

"아, 저는 리니지를 해봤습니다, WOW 해봤습니다, 옛날에 대항해시대 온라인 메이플, 라그나로크를 해봤습니다."

"그 게임들을 하실 때 인기 절정일 때와 인기가 서서히 시들해지며 동시접속자수가 줄어들 때의 차이를 느껴보셨나요? 게임이 한창 인기를 끌면서 동시접속자수가 넘칠 때(인구) 게임에서 외곽 사냥터나 변방 지역에는 사람이 한 명도 없던가요?"

"아니오. 사람이 계속 늘어나고 활기찰 때는 당연히 인기 사냥터는 바글바글하지만 외곽이나 변방 지역에도 간간이 사람이 있었습니다. 경쟁을 피해서 사냥을 하려는 사람도 있으니까요."

"다른 사람과 아이템을 사고팔 때, 꼭 핵심 지역에서만 시장 같은 것이 열리던가요?"

"아니오. 사람이 워낙 많다 보니 사람이 제일 많은 도시뿐 아니

---

* role playing game, 역할을 수행하는 놀이를 통해 캐릭터의 성격을 형성하고 문제를 해결해나가는 형태의 게임

라 다른 도시들에서도 물건을 사고파는 사람들이 많이 있었습니다."

"그러면 게임이 전성기를 지나 동시접속자수(인구)가 줄어들면서 몰락해갈 때 외곽 사냥터나 변방 지역에 사람들이 있던가요?"

"외곽이나 변방 지역에는 사람들이 거의 없다시피 하면서 버려졌지요."

"그러면 인기 사냥터도 사람이 줄어서 아주 여유 있어졌나요?"

"아니오. 게임이 완전히 끝장나서 사람들이 거의 없을 때면 몰라도 전성기보다 30% 정도 유저수가 줄어든다고 해도 좋은 아이템이 나오는 인기 사냥터에는 사람들이 크게 줄지 않았습니다."

"아이템을 사고파는 유저 간 시장은 어땠나요?"

"사람들이 줄어드니 대도시 지역에서는 시장이 유지되었지만 다른 도시들에는 사람이 많이 없었지요. 그러다 보니 물건을 사고팔 수 없어서 대도시 한두 곳에 모두 몰려들어 장사하게 되었지요."

"그러면 선생님 생각에 현재 우리나라 인구가 5,000만 명인데 만약 4,500만 명, 4,000만 명으로 10~20% 줄어들게 되면 서울 같은 핵심 도시에서도 사람들이 줄어들 것 같으세요? 아니면 잘 들어보지도 못한 시골의 읍, 면, 리, 군, 시에서 먼저 줄어들 것 같으세요? 그리고 서울에서도 역세권 대단지 아파트의 인기가 먼저 줄어들 것 같으세요, 아니면 교통이 불편하고 언덕 위에 있는 빨간 벽돌 빌라들에서 줄어들 것 같으세요?"

나는 학벌이나 직장이 좋지 못해도 좋은 학벌과 좋은 직장을 가진 분 못지않게 삶의 다양한 경험을 해본 사람들을 좋아하고 그분들에게도 충분한 기회가 있다고 생각한다.

그들은 장사하다 크게 망해본 경험, 온라인 게임을 열심히 파본 경험, 해외에서 살아본 경험, 집에 빨간 딱지 붙으며 압류를 당해본 경험, 시골에 인구가 빠져나가며 노인들만 남고 빈집으로 초토화되어 동네가 망해가는 걸 느껴본 경험, 낙후된 빨간 벽돌 빌라촌이 어느 날 갑자기 뉴타운으로 재개발되면서 천지개벽하는 걸 경험한 사람들이다. 이런 다양한 경험이 있는 사람들에게 나는 그들의 경험에 맞는 적절한 상담을 통해 부동산과 경제, 투자 쪽으로 자연스럽게 연결시켜준다. 그러면 그들은 어떤 걸림돌들을 정말 쉽게 돌파할 수 있게 된다.

저놈의 인구론에 선동되어서 수많은 똑똑한 사람들이 10년 넘도록 "집값은 거품이다."를 외치며 있는 집도 팔고 전세를 살았다. 지적능력도 높고 직업도 좋은 분들이지만 삶의 경험이 부족하다 보니 이론적, 통계적 판단을 의지하게 되고 그러면 인구론에 의한 집값 폭락이 그럴싸하게 보이는 것이다. 통계는 짜맞추기 나름이라서 전국 단위나 인구감소 지역 통계 같은 것으로 밀어붙이면 그렇게 보인다. 일본에 노인들이 사는 '다마 신도시' 같은 지역만 보여줘도 움찔하곤 한다.

그런데 게임을 열심히 해본 청년들은 차근차근 나의 게임 경험을 연결하면서 설명하면 본인 스스로 깨닫곤 한다. 인구가 한 번에 50%씩 줄지 않는 이상 사람은 핵심 지역에 더 몰려들고 외곽은 더 버림받는다는 사실을 본인의 경험으로 느꼈던 기억을 꺼내게 된다. '인구가 줄어들 거니 집값이 폭락이다. 집을 팔아야 한다.'가 아니라 인구가 줄어들 거니 사람들은 보다 살기 편한 곳, 일자리 많은 곳,

교통과 의료환경이 좋은 곳으로 더욱 몰려들 것이다. 오히려 이것도 저것도 아닌 애매한 지역들은 사람들이 빠져나가면서 큰 타격을 입을 수도 있다는 결론을 스스로 쉽게 내릴 수 있다. 왜냐하면 어떤 이론으로 들은 것도 아니고 잘 알지도 못하는 통계에 근거한 것도 아닌 본인이 게임하면서 직접 체득한 경험이기 때문이다. 이렇게 한 번 각성하게 되면 인구론 따위의 선동에는 절대로 흔들리지 않는다.

반면에 학창시절 특별한 경험이 없이 열심히 공부만 하고 좋은 대학을 졸업해서 좋은 직장에 가고 성실하게만 살아온 분들을 상담할 때 나는 각종 통계자료를 보여드린다. 전체 인구는 줄어도 가구수는 2020년까지 늘어난다, 생산가능인구가 줄어든다고 그 사람들이 서울의 자기 집을 팔고 시골 지방에 가서 농사짓고 산다는 건 사실이 아니다. 노인들이 집을 팔고 시골의 실버타운에서 살 거라고 비싸게 팔아먹으며 사기쳤는데 결국 실버타운은 실패했다. 나이가 들수록 대도시에 큰 병원 가깝고 인프라 좋은 곳에서 살려고 하는 마음이 강하다. 주변의 어른들께 물어보라, 서울에 있는 집을 팔고 시골에 내려가서 살 계획이 있는 분이 누가 있는지 말이다.

사람들은 흔히 내가 본 것, 느낀 것, 체험한 것에 확신을 가진다. 그런데 내가 체득한 경험이 없는 상태에서 이론은 다 그럴듯해 보이니 쉽게 결정을 내리지 못한다. 물론 지난 4년 동안 폭등한 집값 때문에 강제로 '경험치'를 쌓았기에 요즘은 인구론이 예전만큼은 선동 효과를 발휘하지 못하고 있긴 하다. 집을 사지 않고 전세 살면서 폭락을 기원했지만, 집값이 폭등하면서 재산상 크게 손실을

장래 인구변화(단위=만명)

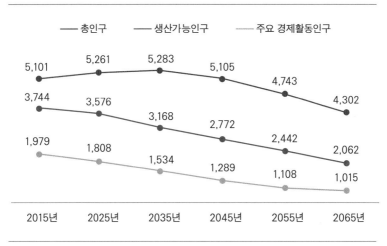

— 총인구   — 생산가능인구   ---- 주요 경제활동인구

연도	총인구	생산가능인구	주요 경제활동인구
2015년	5,101	3,744	1,979
2025년	5,261	3,576	1,808
2035년	5,283	3,168	1,534
2045년	5,105	2,772	1,289
2055년	4,743	2,442	1,108
2065년	4,302	2,062	1,015

인구변화는 하루아침에 나타나는 게 아니라 30·40·50년간 서서히 이루어진다.

* 중위 추계 기준
출처: 통계청

본 경험자들이 너무나 많은 것이다.

위의 장래 인구변화 통계를 보면, 2035년까지 생산가능인구는 12% 정도 줄고 주요 경제활동인구는 20% 정도 줄어든다고 한다. 쉽게 말해 노인은 늘고 인구는 줄지 않는다는 말이다. 2065년이 되면 인구가 20% 줄어든다고 말하고 싶겠지만, 2065년 걱정은 그때 가서 하고 그때 대응하면 된다.

15년 뒤에 뭘 하고 있을지도 모르는데, 40년 뒤에 인구 20% 줄어드니 집 사지 말고 전세 살 생각을 한단 말인가? 전세는 20년도 못 갈 것 같아 보이는데 40년 뒤의 인구를 걱정하고 있는가? 어떤 연구결과를 보니 40년 뒤에는 AI 기술의 발달로 인간은 기본소득으로 모두 놀고먹을 가능성이 높다고 하는데, 지금부터 직장을 안 구하고 놀고먹으면서 40년을 기다릴 것인가?

인구가 감소한다고 하면 감소하기 전까지 최대한 주택으로 이득을 보는 방법을 찾으면 된다. 인구감소 시대에도 가치가 유지되거나 더 오를 지역을 찾아서 내 집 마련을 하는 것이다. 만약 정말로 미래에도 출산율을 해결하지 못하고 기술발전으로 어떤 특이점의 변화가 오지 않아서 집값 하락이 예상되면 그때 떨어지기 전에 비싸게 팔면 된다. 인구감소라는 변수에 대응할 생각을 해야지, 왜 포기부터 하는지 모르겠다.

또 대한민국의 미래를 매우 부정적으로 보고 나라 경제가 망할 거라고 보는 입장이거나 인구론 때문에 폭망할 거라고 생각한다면, 인구가 지속적으로 늘어나고 경제가 성장할 다른 나라로 '이민'을 가든지 하다못해 그런 나라에 '투자'라도 해놓는 게 현명한 대응이 아닐까 싶다.

내가 알던 어떤 분은 몇 년 전 한국부동산의 미래를 부정적으로 보고 베트남의 성장을 확신해서 그쪽에 부동산을 사두셨다. 지금은 베트남 부동산도 많이 올랐다고 하니 돈도 많이 버셨을 것이다. 이런 식으로 "우리나라는 망했어, 미래가 없어." 하면서 손 놓고 있을 게 아니라 미래가 유망한 다른 나라에 투자해놓으면 될 것이다. 왜 아무것도 하지 않고 부정적으로 생각하면서 집값이 폭락하기만 기다리고 있냐는 말이다.

여러분이 만약 밀리터리 덕후라면 1~2차 세계대전을 한번 분석해보라. 1차 세계대전에서는 1,000만 명이 넘는 군인과 2,000만 명의 민간인이 죽었다고 한다. 또 2차 세계대전에서는 민간인을 포함해서 5,000~7,000만 명이 죽었다고 한다. 독일, 프랑스, 소련(러시

아)처럼 인명 피해가 처참했던 국가들을 분석해보면 답이 나올 것이다. 전쟁이 끝나고 독일의 베를린, 프랑크푸르트와 프랑스의 파리, 마르세유 같은 대도시들의 집값이 폭락하고 국가가 망했는지 말이다. 프랑스는 두 번의 세계대전 기간에 전체 인구의 10% 수준인 400만 명이 한순간에 죽었다. 대부분 젊은 남성(생산가능인구)이 사라졌는데 프랑스의 집값이 폭락했는가?

우리나라 인구가 10% 감소하는 시점이 2055년이다. 아직 한참 남았고 그마저도 서서히 증가하는 구조이다. 인구감소로 인한 집값 폭락을 걱정하지 말고 인구 고령화로 노인 인구를 어떻게 먹여 살릴지를 걱정하는 것이 현실적이다. 인구가 서서히 감소할 때 내 집 마련을 하려면 가장 안전한 지역이 어디일지, 집값이 오를 지역일지 유지될 지역일지, 인구감소로 폭락 지역일지를 예측할 수 있는 '지식'을 쌓는 것이 제대로 된 '대응'일 것이다. 내가 생각했을 때 인구감소 영향을 받지 않거나 적은 지역은 20년 정도는 서울과 수도권 그리고 일부 광역시다. 그 뒤 고령화 인구감소가 본격화되면 서울과 일부 수도권 정도가 될 것이다.

큰 폭의 인구감소가 현실화된 대학교를 생각해보라. 지방의 2년제와 4년제 대학교 중 큰 타격을 받고 망하는 대학교가 넘쳐난다. 심지어 지방 거점인 국립대학도 타격을 받고 있다. 반면 서울의 유명 대학교들은 어떤가? 서연고(서울대, 연세대, 고려대) 가는 것이 쉬워졌는가? 서성한(서강대, 성균관대, 한양대), 중경외시(중앙대, 경희대, 외국어대, 시립대) 가는 게 거저먹기인가? 이처럼 인구감소의 영향은 지역별로 차별화되어 나타나는 것이다.

평생 전세 살면서 금융투자하면 되지, 집을 꼭 사야 하나요?

"남쌤, 그냥 평생 전세 살면서 이사 다니고, 집값이 오르든 말든 상관 안 하고 살면 되지 않나요? 전세금 오르면 추가로 대출받고 이자 내면서 살면 되죠. 전세대출 이자는 원금을 갚지 않으니까 그렇게 비싸지 않잖아요? 내 집을 사면 원금과 이자까지 갚아야 해서 월 부담이 커지는데, 그냥 평생 전세 살고 회사 다니면서 모은 돈은 남쌤이 하지 말라는 금융투자 해서 돈을 불리는 방법은 왜 반대하시나요?"

많은 청년이 착각하고 있는 것이 있다. 내가 계속 경제적 안정을 위해서는 반드시 분수에 맞는 내 집을 마련하라고 강조하는 이유는 집으로 돈을 벌기 위해서가 아니다. 저 멀리서 밀려오는 **청년 월세화**의 파도에서 살아남기 위해서다. 집으로 돈을 벌려면 다주택 투자를 해야 하는데 다주택 투자와 내 집 마련 한 채는 완전히 다른 난이도다. 돈을 벌기 위해 내 집을 사야 하는 게 아니라 화폐가치 하락을 방어하고 평생 월세에서 허덕이며 이사를 다니지 않기 위해 내 집을 마련하라는 것이다.

평생 전세 사는 것을 찬성하는 사람들은 많이 있지만, 평생 월세 사는 것을 찬성하는 사람은 거의 없다. 평생 월세를 찬성하는 경우는 다른 사람의 세금 덕분에 전세대출 이자 수준으로 저렴하게 월세를 내면서 사는 공공임대주택이다. 공공임대주택에서도 가장 인기가 많은 건 월세가 아니라 시중 가격보다 저렴하게 오랫동안 살 수 있는 장기전세주택이다.

160

왜 세입자들은 전세로 평생 사는 건 받아들일 수 있고 월세로 평생 사는 건 거부감을 느낄까? 간단한 이유다. 월세를 살면 돈을 못 모으기 때문이다. '전세제도가 집주인의 무이자 대출에 이용당하는 거다, 전세 때문에 갭투자가 는다'고 말이 많지만 전세가 세입자에게 이득이 되지 않으면 아무도 전세를 살지 않을 것이다. 돈이 많든 적든 누구나 자신에게 가장 이득이 되는 선택을 하기 때문이다. 내 돈으로 2년 공짜로 전세를 살거나 전세대출을 받아서 이자 내면서 2년 주거를 해결하는 것이, 비싼 월세를 내면서 돌려받지도 못하고 집주인 호주머니로 사라지는 월세를 2년 사는 것보다 자신에게 이익이 되는 것이다.

그런데 전세제도가 전 세계에서 우리나라에만 있는 제도라는 사실을 알고 있는가? 전 세계 수많은 자본주의 국가와 OECD 선진국 중에서 우리나라에만 있는 제도는 흔치 않다. 우리나라에만 전세제도가 있다는 것은 뭔가 특수한 사정이 있었기 때문이다.

한강의 기적을 이룬 대한민국은 다른 나라는 수백 년에 걸쳐서 발전시킨 경제를 50년의 초단기간에 압축 성장시킨 나라다. 금융제도도 발달하지 못하고 극심한 주택 공급 부족과 도시의 팽창, 군사정권 시대, 집값 상승의 기대감, 부동산 불패 신화 등등 모든 것이 합쳐져서 세입자가 2년간 공짜로 살고 보증금을 돌려받는 희한한 제도가 생겨났다.

전세제도는 집값이 오를 것을 기대하거나 혹은 전세금을 따로 투자해서 불릴 생각이 있는 집주인의 생각과, 모은 돈도 적은데 월세는 없어지는 돈이지만 전세는 돌려받을 돈이니 손해볼 것 없다는 세입자의 생각이 만나 서로 이익이 충족되는 제도이다. 이런 전세제도를 외국인들은 전혀 이해하지 못한다. 집주인의 이득을 잘 파악하지 못한 그들은 "집주인은 천사인가요? 왜 자기 집을 공짜로 빌려주나요?" 하며 이상하다는 듯이 묻는다.

문제는 우리나라의 자랑(?)인 전세제도가 갈수록 그 생명력이 다해가고 있다는 것이다. 전세제도는 점점 약화되어 가고 반전세나 월세는 계속 늘어나는 추세이다. 서민들에게 최악의 악법인 임대차 3법으로 전세의 월세화가 가속화되고 있지만, 사실 임대차 3법이 아니더라도 전세제도는 존속을 장담할 수 없다. 전세제도는 정부의 입장과 집주인의 입장에 의해서 점차 사라질 가능성이 높다고 내다볼 수 있다.

먼저 집주인의 입장을 살펴보자.

인구가 늘어나고 국가 경제가 폭발적으로 성장하고 도시가 성장할 때는 집값 상승을 기대하며 전세를 놓는 것이 비논리적 행위가 아니었다. 나는 전세 끼고 저렴하게 집을 사고 집값이 오르면 그 차액은 집주인이 가져가는 것이니, 집값이 장기적으로 오른다는 확신이 있다면 괜찮은 투자 방법이었다.

그럼 집값이 장기적으로 안 오를 것 같은 지역의 집주인들은 어떻게 할까? 인구가 줄어들고 고령화 사회, 축소 사회가 될수록 사람들은 서울과 수도권을 비롯한 몇몇 대도시에만 몰려들면서 살아남을 것이다. 20~30년 전에 번화했던 시골들을 가보면 빈집이 넘쳐나는 모습을 볼 수 있다. 이런 비인기 지역의 집주인들은 새로운 부동산 투기 바람이 불지 않는 이상 집값 상승에 대한 기대감이 없으므로 집을 놀리느니 돈이라도 벌자는 심정으로 월세로 전환한다.

반대로 집값이 경제성장 수요와 공급 상황에 맞춰서 상승할 지역의 집주인들은 어떨까? 전세를 선호할까? 물론 전세 낀 주택 여러 채를 자기 자본보다 무리하게 사들여서 프리미엄을 받는 식으로 위험한 투자를 하는 갭투자자들은 전세를 선호할 것이다. 이들은 월세화시킬 자본이 아예 없고 주식과 코인을 단타 치듯이 부동산 단타를 치고 있는 사람들이다. 하지만 내 집 말고도 집을 한두 채 더 가진 사람들이나, 혹은 평생 노력해 모은 돈으로 노년에 월세를 받아 살아갈 목적의 다가구나 다세대 통건물을 사들인 집주인들은 장기적인 이득이 무엇인가를 계산하게 된다.

1장에서 나는 앞으로 세금을 내는 청년은 줄어들고 복지로 세금을 쓰는 노인은 점점 늘어나서 국가는 계속해서 돈이 없어지니 세금을 있는 대로 뜯어가게 될 거라고 말했다. 많지 않은 급여의 월급쟁이 직장인 청년들까지 쥐어짜며 세금과 4대 보험을 뜯어가야 하는 게 국가의 입장인데, 그나마 먹고살 만하고 돈 좀 있는 다주택자들과 월세 받아먹으며 노년을 보내는 은퇴자들을 가만히 놔둘 것 같은가?

이번 문재인 정부에서 재산세, 종부세, 각종 취득세를 크게 증가시킨 것은 시작일 뿐이다. 주택 월세에도 의료보험료와 세금이 부과되기 시작했고, 주식 금융소득에도 세금이 부과되고 있다. 앞으로 정권이 바뀐다 해도(진보든 보수든) 크게 바뀌진 않을 것이다. 지나친 양도세 중과나 종부세 정도만 폐지할 뿐, 자산에 대한 세금은 정권에 따라 늘었다 줄었다 할 수는 있어도 결국에는 계속 늘어갈 것이다. 국가에 돈이 없기 때문이다.

여러분이 집주인이라고 해보자. 예전에는 한 달 월세 150만 원을 받아서 은퇴 후 노년을 보냈다. 그런데 이제부터는 소액 월세도 수입으로 잡혀 세금과 건강보험료를 내고 나면 한 달에 70만 원 정도밖에 남지 않는다. 이 돈으로는 입에 풀칠하기도 어려운 상황이 되었다면 어떻게 할 것인가? 아마도 전세로 주던 집들을 반전세나 월세로 돌려서 수입을 늘리고 세금을 제외하고도 한 달 생활비 150만 원을 벌 수 있는 구조를 만들지 않을까? 이때 자기 돈이 적다면 반전세, 여유가 있다면 월세로 돌릴 텐데, 반전세도 오르는 임대료의 보증금은 그대로 놔두고 월세만 계속 올려야 세금을 내고도 여윳돈을 남길 수 있을 것이다.

또는 자신이 살던 서울집을 월세 주고 인프라 좋고 병원 많고 집값 싼 일산 같은 지역으로 이동할 수도 있겠지만, 중요한 건 세금과 보험료로 뜯길수록 집주인들은 전세를 월세로 전환해서 월 수입을 보충하려고 한다는 것이다. 여러분 같으면 안 그러겠는가? 내가 돈도 어느 정도 있고 집도 여러 채인데 1년에 세금으로만 1,000~2,000만 원 내가면서 계속 전세를 유지할 수 있을까? 아니면 대출을 받든 집을 팔든 내가 사는 집을 낮추든지 해서 세금을 내고도 다달이 200만 원씩 월세를 남기는 선택을 할 것인가? 앞으로 집이나 땅, 주식, 코인, 금, 돈이 있는 사람들은 국가에서 더 많은 세금을 뜯어갈 수밖에 없다. 고령화와 저출산 사회의 피할 수 없는 운명인 것이다.

한편, 일부 청년들은 '집주인이 전세보증금을 돌려줄 돈이 없을 것'이라고 말한다. 그것은 영끌 갭투자를 한 집주인들의 경우이고 대부분의 중년과 노년의 집주인들은 영끌 투자를 잘 하지 않는다. 한 은행권의 조사 결과에 의하면 서울 수도권과 4대 광역시 40대 가구의 평균 자산은 4억 원 정도 되었고, 이 중 8,000만 원 정도가 대출이었다고 한다. 여러분의 생각처럼 집주인들이 돈이 없지는 않다. 생각해보라, 내가 2억 6,000만 원에 구입한 아파트가 지금 실거래가 6억 5,000만 원이 넘었고 5억 6,000만 원에 구입한 아파트는 13억 원이 넘었다. 기존에 전세를 얼마에 주고 있든지 아파트 두세 채 중 한 채를 팔면 얼마든지 월세화시킬 수 있다. 굳이 집을 팔지 않아도 대출 없이 살던 내 집에 주택담보대출을 적당히 받아서 전세든 반전세든 전환하는 것은 일도 아니다. 사실상 집을 팔지 않고도 폭등한 전세금을 시세대로 받기만 해도 두 채 중 한 채를 반전세로 전환하는 건 어렵지 않다.

여러분은 또 '15억 원이 어디 있어서 그런 집들을 척척 사는지, 모두 영끌 갭투기한 투기꾼은 아닌지' 하는 의문을 가질 것 같다. 한방에 15억 원이 있는 게 아니라, 예를 들어 한 4억 원짜리 집에 살고 있었는데 내 집이 10억 원으로 올라서 10년간 모은 돈 2억 원과 주택담보대출을 3억 원 정도 받아서 15억 원짜리 집을 사는 것이다. 결과적으로 여러분의 생각처럼 집주인들이 영끌 해서 주택을 구매하는 경우는 많지 않다는 것이다. 물론 영끌 묻지마 위험한 투자를 하는 사람들도 있지만 그렇지 않은 사람들이 더 많다.

임대차 3법 같은 악법이 생긴 후 전세가 줄면서 반전세화, 월세화되는 것을 피부로 느껴보았을 것이다. 집주인들은 자신의 이익을 위해 언제든 전세를 버릴 준비가 되어 있고, 국가는 세금으로 집주인에게 월세화를 강요할 수밖에 없는 흐름으로 나아가고 있다.

이제 정부의 입장을 살펴보자.

위에서 이야기했듯이, 국가는 저출산 고령화로 많은 돈이 필요하고 어디선가 이 돈을 뜯어내야 한다. 이때 전세를 주는 집주인에게서 세금을 뜯기 좋을까, 월세를 주는 집주인에게서 세금을 뜯기 좋을까?

전세보증금은 세입자에게 돌려줘야 할 빚이다. 집주인이 번 돈이 아니다. 그럼에도 돈이 필요한 국가는 이미 '간주임대료*'라는 이름으로 세금을 뜯어가고 있다. 남에게 돌려줘야 할 빚이 수입이라고 세금을 뜯어가는 게 말이나 되는가? 또 전세를 준다고 세금을 많이 뜯으면 세입자에게 전세금을 제대로 돌려주지 못하는 문제가 생길 수 있다. 그런 이유인지 아주 조금의 세금을 부과하고 있긴 하다.

하지만 월세 수익이라면 어떨까? 월세는 분명 집주인의 순수익이다. 그것도 불로소득이다. 전세보다 소득세를 걷는 데 수월하고 명분이 있으며 많이 걷을 수 있다. 한마디로 정부는 집주인들이 월세를 주는 게 싫지 않다. 급격히 전세에서 월세화되어 서민들의 주거가 불안해지고 사회문제가 되는 건 막으려고 하겠지만, 서서히 전세제도가 사라지는 건 세금을 잔뜩 걷을 수 있으니 국가 입장에

---

* 전세 또는 월세 보증금에 의해 발생하는 수익을 임대료로 간주하여 과세하는 금액.

서도 이득이 되는 것이다.

국가에서 돈이 얼마나 궁한지 다음의 사례를 보면 알 수 있다.

최근 기재부에서는 1주택자가 집을 팔 때 9억 원 이하까지는 양도세를 한 푼도 안 내고 비과세해주는 제도를 없애기 위해 간 보기를 한 적이 있었다.

"서민이 내 집 한 채 사서 살다가 직장이나 교육 때문에 팔고 이사 가는 건 당연한 것 아니냐, 거기서 양도차익을 거두었다고 세금을 걷으면 그 사람은 이사 갈 집을 살 때 세금을 낸 만큼 돈이 부족해지니 기존에 살던 주택가격의 지역으로는 못 가고, 더 싼 지역으로 주거의 질을 하향해서 가야 하니 주거이전의 자유를 저해하는 것 아니냐, 그러니 1주택은 양도세를 비과세해야 한다."

수십 년간 유지해온 이런 논리를 깨면서까지 세금을 걷으려고 여론의 간을 봤다가 반발이 심하자 서둘러 없었던 일이라고 물타기 했다. 이처럼 엄청난 반발과 지지율 감소를 감수하고라도 1주택자에게까지 양도세를 걷고 싶은 게 국가의 미래 재정 상황이라는 것이다.

2019년 UN에서 우리나라 정부에 전세제도의 단계적 폐지를 권고한 바 있다는 사실을 알고 있는가? UN뿐 아니라 여러 국제기구에서는 "한국이 먹고살기 힘들던 시절도 아니고 관치금융의 시절도 아닌데, 슬슬 사금융 리스크가 큰 전세제도는 없애야 하지 않겠나?" 하면서 전세제도 폐지를 권유해왔다. 기본적으로 전세는 국가가 통제하기 어려운 골칫거리 사금융이기 때문이다.

국민 개개인이 서로에게 빚을 지고 돈을 빌려줘서 서로가 빚쟁이인 사금융 전세제도는 문제를 아주 복잡하게 만든다. '전세자금 대출이 늘어서 가계대출이 늘어난다.' 이런 뉴스가 나오는 것도 비슷한 맥락이다. '국가가 해결하거나 통제하기 어려운 개인 간의 빚이 늘어나는 것을 이제는 없애야 하지 않겠나? 옛날 IMF 때 외환관리를 제대로 하지 못해서 고생한 것처럼 전세보증금을 제대로 관리하지 못해서 빵 터지면 고통이 클 텐데, 단계적으로 없애는 것이 좋다'고 하는 것이 해외기관들의 권고다.

국가 입장에서 전세가 싫은 이유는 또 있다. 돈 있는 사람은 내 집에 살고 돈 없는 사람은 월세를 살면 깔끔하다. 정책 펼치기가 아주 깔끔하고 어떤 정책 효과의 예측도 상대적으로 쉽다. 문제는 전세라는 제도 때문에 집값이 오를 때 돈도 없는(?) 사람들이 전세 끼고 갭투자해서 짜증나고, 또 소득 수준에 맞게 내 집으로 빌라를 마련해서 세금 내면서 살아야 할 사람들이 아파트의 꿈을 버리지 않고 전세 살면서 청약으로 인생역전을 꿈꾼다는 것이다. 꿈만 꾸면 모르겠는데 청약제도의 부당함을 토로한다거나, 주택을 저렴하게 공급하라고 여론을 형성한다는 것이다.

전세입자는 15억 원 전세 살아도 무주택자라고 세금 한 푼 내지 않는다. 3억 원짜리 빌라 내 집에 사는 사람은 재산세를 내는데 말이다. 전세를 주는 집주인도 간주임대료로 아주 조금 세금을 낼 뿐이다. 하지만 월세를 주게 되면 집주인은 세금을 훨씬 많이 내야 한다.

국가 입장에서 전세를 유지해야 할 이유가 있을까? 돈이 필요한데 세금을 걷기도 월세화되는 게 훨씬 좋고, 국가가 통제하기 어려운 전세 사금융도 없어지니 좋다. 집값 오를 때마다 전세대출 한도도 늘려야 하고, 국민이 수준에 맞게 집을 사는 게 아니라 전세 살면서 비싼 아파트만 쳐다보며 새 아파트 지어달라고 난리를 치니 짜증날 것이다. 또 주택정책 세울 때도 전세에 미치는 영향, 월세에 미치는 영향, 자가주택에 미치는 영향 이렇게 한 가지 더 변수가 생기니 짜증나고, 안 그래도 공공임대주택 지으면 적자나는데 국민은 월세가 비싸다고 장기전세를 달라고 난리친다. LH 장기전세주택 한 채 지을 때마다 1억 원씩 적자가 난다. 월세로 공공임대를 지어도 적자인데 전세는 그냥 돈 먹는 하마일 뿐이다.

그뿐인가? 짜증나는 전세대출을 줄이거나 중단한다고 하면 실수요자 세입자 죽는다고 지지율 떨어지니 이럴 수도 없고 저럴 수도 없다. 집값 잘 잡아서 안정화되어도 전세가격 올랐다고 욕먹고, 전세가격이 너무 떨어져도 역전세 난다고 정부가 욕먹는다. 여기에 돈도 없는 것들이 전세 끼고 갭투자 하다 보증금 못 돌려주는 깡통전세 사고내서 사회문제가 되고, 전세가격 떨어져도 돈 없는 집주인들이 전세금 못 돌려줘서 사회문제 된다. 과거 고도성장기 때 잘 써먹던 전세제도가 정부 입장에서 이제는 좋을 것 하나 없는 골칫거리가 되었다. 앞으로 제일 중요하고 필요한 노인 부양 세금을 걷는 데 방해만 될 뿐이다.

피부로 느끼겠지만, 문재인 정부에서 많은 부동산 정책은 전세의 반전세화, 월세화를 가속시키고 있다. 많은 국회의원도 단계적인 전세 폐지에 공감하고 있다. 그러니 저 위에 윤준병 국회의원이 말한 것처럼 "월세가 정상이다. 월세가 나쁘지 않다." 이런 발언이 나오는 거다.

"남쌤, 이게 다 집 사면 보수화된다고 집 못 사게 방해하고 평생 월세 살게 하면서 진보정권 투표하게 하려는 음모입니다! 보수로 정권 교체하면 그럴 일 없을 겁니다!" 이렇게 주장하는 사람들도 많다. 그러면 보수 정권은 다를까? 보수 정권이 잡으면 전세제도가 안전할까?

박근혜 정부 때 이미 뉴스테이, 즉 '기업형 월세 임대주택' 시대로 가려고 했다. 뉴스테이라는 단어를 들어보았을 것이다. 박근혜 정부 때 낙후된 서울과 수도권 재개발·재건축을 위해 수익성이 안 나오는 주택들을 민간 자본으로 도시재생 하려고 기업형 임대시장을 열려고 했었다. 다시 말해 집주인이 개인이 아니라 GS, 래미안, e편한세상, 아이파크 같은 브랜드 회사들이다. 해외에서 기업형 임대주택은 상당히 보편적인 제도이다. 여러 가지 장단점이 있지만 이번 단락에서 다룰 주제인 전세제도로만 접근하면, 기업형 임대주택 시대가 열리면 전세제도는 절대로 살아남을 수 없다.

위에서 말했듯이, 공공전세 임대주택 적자가 한 채에 1억 원이며 공공월세도 7,000~8,000만 원 된다. 그런데 민간기업이 미쳤다고 적자를 보면서 임대주택 사업을 할까? 기업은 지금보다 훨씬 높게 월세를 받아도 수익성이 크지 않기 때문에 반응이 신통치 않았다. 8년 월세 받다가 분양해서 비싸게 팔아먹게 해준다는 당근을 제시하고 나서야 기업들은 반응했다.

우리나라의 월세 임대료는 너무 저렴하다(믿지 않겠지만 해외 선진국에 비하면 정말 저렴하다. 전세제도 때문에 월세를 높게 올릴 수 없는 것이다). 이미 보수는 전세의 월세화를 시도했었다. 정권이 바뀌었고 문재인 정부에서 '뉴스테이'를 사실상 폐기해서 제대로 실행되지 못했을 뿐이다. 뉴스테이에서 공공지원 민간임대 주택으로 이름을 바꿨는데, 차이는 기업의 이익을 확실히 보장하려고 했던 것이 박근혜 정부의 뉴스테이고, 기업의 이익을 확 줄인 것이 문재인 정부의 공공지원 민간임대 주택이다. 공공성을 강화하면서 수익성이 떨어지니 기업들의 참여가 저조했다. 박근혜 정부 때 인허가된 물량을 제외하면 문재인 정부에서는 공급량이 크게 떨어진다.

자본주의 사회에서는 공공성을 강화하는 것이 무조건 좋은 게 아니다. 필연적으로 부작용이 따라오게 되어 있다. 시장은 돈이 되지 않으면 작동하지 않는다. 만약 중산층 대상 중대형 아파트를 공급하겠다는 '뉴스테이'가 민간기업들에 확실한 이익을 주는 조건으로 제대로 작동했다면 어땠을까? 아마도 2022~2023년 서울의 3~5인 가족이 선호하는 중산층용 신축 새 아파트 부족 현상은 상당히 완화될 것이다. 이처럼 정부에서는 기업형 월세 임대주택을 이미 시도했었다. 우리 청년들은 전세제도가 앞으로 계속 천년만년 이어질 거라는 생각을 해서는 안 된다.

전세만 걱정할 게 아니다.
집주인이 개인인 시대도 얼마나 갈지 알 수 없다

우리나라 주택 소유자의 90% 이상이 일반 '개인'이다. 이런 현상은 선진국 중에서도 우리나라가 유일하다. 다른 나라들은 보통 30%에서 많게는 50% 이상의 집을 기업이 소유한 기업형 임대주택이다. 먼저 집주인이 '개인'인 것이 국가 입장에서 무조건 좋을까에 대해 생각해보자.

소수의 개인과 기업이 땅과 집의 소유주가 되는 것보다 다수의 '개인'이 소유주가 되는 것이 평등과 정의 같은 사회적 인식에서 볼 때 올바른 일이다. 소수에게 부가 집중되고 국민이 소작농이 되는 것보다 다수가 자영농으로 사는 것이 부의 분배 측면에서도 맞다고 볼 수 있다. 그런데 국가에서 돈이 없어서 낡은 도시를 재생하지 못하고 '개인'들이 소유한 채로 슬럼화되어가는 것과 '기업'이 소유하는 대신 기업의 돈으로 도시를 재생해서 국가 경쟁력을 갖추는 것 중에 선택해야 한다면 어떨까? 지금 우리가 그런 상황이다.

박근혜 정부는 기업을 선택했다. 개인의 소유를 일부 포기하고라도 도시를 재생하고 경쟁력을 갖추는 것을 선택했다. 그리고 문재인 정부는 그것을 되돌렸다. 만약 집주인이 '기업'인 시대가 온다면 국가는 싫기만 할까?

'개인' 집주인들은 말을 안 듣는다. 문재인 정부에서는 '제발 집 좀 사지 말고 대출도 받지 말고 분수껏 전월세로 살다가 3기 신도시 청약을 받거나 공공임대로 들어가 월세를 내면서 살라'고 말한다. 사람들은 싫다고 아득바득 대출을 받아 집 사고, 하지 말라는 갭투자 하고, 생활형 숙박 시설이다 오피스텔이다 아파텔이다 분양권 전매다 하면서 돈을 벌려고 난리다. 전월세 폭등으로 가뜩이나 지지율 떨어지는데 '개인' 집주인들은 본인의 이득을 위해 시중 가격으로 전세금을 올리거나 반전세와 월세로 돌리고 있다. 군사정권처럼 다 잡아 가둘 수도 없고 돌아버릴 것만 같다. 민주주의 사회에서 '개인'은 무력하지만 법의 보호와 약자의 이름으로 숨어버리면 막강해질 때가 있다.

만약 기업이 다수의 임대주택을 소유하고 있으면 어떨까?

"회장님, 경영권 승계는 잘 되고 있으십니까?"

"세무조사 받을 때 되지 않았습니까?"

"코로나로 나라 경제도 어려운데 솔선수범합시다."

정부에서 한마디 해주면 "저희 ○○회사에서는 코로나로 힘든 국민과 함께 고통 분담을 위해 2년간 월세 임대료를 동결하겠습니다." 하지 않을까? 내년 총선인데, 내년 대선인데 협조 부탁드립니다, 하면 기업은 임대료를 동결하고 다른 걸 얻으려고 하지 않을까? 정치 권력에 잘 보이면 안 나오던 사업허가도 나오고 계약도 생기고 하니 말이다.

"아니, 지금이 어떤 시대인데 정부가 기업을 협박합니까?"

지금이 어떤 시대냐고? 2017년 BBQ 치킨값 파동 사태를 검색해보라. BBQ에서 16,000원 하던 후라이드 치킨값을 18,000원으로 인상하려 하자 농림축산식품부, 국세청, 공정거래위원회가 나서서 "까불지 말고 올리지 말아라." 했던 사건이 있었다.

"2017년이면 문재인 정부 때 일 아닙니까? 기업의 자유를 중시하는 보수 정권은 달랐을 겁니다."

그때는 황교안 대통령 권한 대행 때 일이다.

"내 그럴 줄 알았습니다. 진보 정권은 다릅니다. 문재인 정부는 안 그랬을 거예요."

BBQ가 포기하지 않고 정권 바뀌고 기어이 치킨 가격을 인상하자 다른 브랜드 치킨도 일제히 가격을 인상했다. 문재인 정부의 공정거래위원회는 곧바로 조사에 착수했고 결국 교촌치킨, BHC, 호식이두마리 치킨 등도 가격 인상을 철회하고 동결하거나 심지어 인하하기까지 했다. BBQ 역시 가격 인상을 철회했고 치킨 가격을 올려서 죄송하다고 용서를 구하는 사과문까지 올려야 했다. 치킨값 인상과 배달료 책정은 2년 정도 지나서 결국 이루어졌지만(올라갈 치킨값은 올라간다.) 당시 정부에서 치킨값을 못 올리도록 막아선 행동은 청년들에게 호평을 받았다.

당시 '기업이 자사 제품의 가격을 책정하는 건 시장원리에 어긋나는 일이고, 너무 비싸면 안 팔려서 망하는 것이지 정부에서 일일이 간섭할 일이 아니라'는 소수의 목소리도 있었지만, 대중들은 '통쾌하다, 속시원하다, 가격이 안 올라서 다행이다'라는 반응이었다.

진보와 보수의 구분 없이 16,000원짜리 치킨값을 올리는 것도 규제하는데, 서민의 주거생활 안정에 커다란 영향을 미칠 임대료를 과연 기업 자율에 맡기고 방관할 수 있을까? 기업에 간섭해서 임대료 동결될 때마다 서민 대통령 소리를 들으며 지지율이 오를 텐데 말이다.

집주인이 '개인'인 시대, 특히 노년에 은퇴하고 월세를 받아 생활할 목적으로 장만한 구멍가게식 개인 임대사업의 수명이 얼마나 남았는지 잘 모르겠다. 분명한 건 기업형 임대가 열리면 자본의 힘에 눌려 '개인'이 부동산으로 돈을 벌 수 있는 길은 크게 좁아질 거라는 사실이다. 삼성이 커피숍 프랜차이즈 장사를 한다고 하면 스타벅스야 살아남겠지만 골목에서 하는 개인 커피숍들은 어떻게 되겠는가?

경제와 부동산을 잘 공부해서 최근 몇 년간의 상승기를 기회로 삼아 집으로 돈을 번 사람들, 그리고 2주택 등으로 부동산 공부 없이도 오랜 세월에 걸쳐 적당한 수익을 얻어 온 서민들의 투자 방법이 앞으로도 계속될 것이라고는 장담할 수 없다. 여러 가지 현상으로 보았을 때 시간이 많지 않다. 나는 앞으로 15년 정도가 청년에게 주어진 마지막 기회가 아닐까 생각한다.

내 운명을 국가, 집주인, 정치인에게 기대지 말라

내 운명은 스스로 개척해야 한다. 언제 없어질지 모르는 전세제도에 불안에 떨면서 기대지 말고 감당할 수 있는 내 집 마련을 해서 주거 안정이 흔들리지 않도록 해야 한다. 전세제도는 서서히 조금씩 충격을 줄여가며 전세에서 반전세로 반전세에서 월세로 유도해나갈 것으로 생각된다. 이렇게 앞으로 15년 정도는 전세제도가 존속되지 않을까 싶다. 그러니 앞으로 15년이 마지막 기회다.

주거를 공짜로 해결하며 저축으로 종잣돈을 모을 수 있는 전세가 사라진다면, 다달이 사라지는 월세에 월급의 30~50%를 세금과 보험료로 뜯기고 나면 서울뿐 아니라 수도권에도 제대로 된 내 집을 마련할 기회는 영영 사라지지 않을까 걱정이다. 이렇게 되면 저축할 돈이 없다. 능력 좋아 연봉이 높으면 돈 잘 번다고 뜯어가고 연봉이 낮아도 돈을 낼 사람 없다고 뜯어가는데, 무슨 수로 내 집 마련할 돈을 저축할 수 있겠는가?

수백 년의 세월에 걸쳐 자산의 양극화와 계급화를 거친 서구 선진국의 청년들은, 서울 같은 대도시의 대단지 아파트 같은 고급 주거시설에 흙수저인 자신이 돈을 벌어서 산다는 꿈 같은 소리는 할 수도 없다. 그들은 이미 세금 내고 월세 내면서 평생 남의 집에 사는 게 당연한 삶이 되어버렸다. 부자 부모로부터 물려받지 않고는 도시의 좋은 집은 꿈도 꿀 수 없다. 우리도 그렇게 되어가고 있다.

런던 집의 월세가 너무 비싸서 스페인에서 1,500km 5시간을 비행기 타고 출퇴근하거나 혹은 원룸형 보트를 강가에 정박하고 배에서 살아간다. 주변에 해외 유학을 다녀오거나 해외에서 살다 온 사람이 있으면 그 나라 수도의 월세 수준을 한번 물어보라. 다들 우리나라 서울과 수도권의 월세는 진짜 싸다고 말해줄 것이다.

전세제도가 약화될수록 월세는 상승한다

이번 임대차 3법이 시범 케이스다. 집주인들에게 급격하게 힘이 쏠리게 되고 집값과 전월세 가격이 폭등하는 가운데 계약갱신청구권으로 전세의 메리트를 크게 줄여버리자 집주인들은 보란듯이 반전세로 전환하여 월세를 올리며 세입자에게 세금을 전가하고 있다.

지금까지는 외국처럼 월세를 높게 받고 싶어도 전세 때문에 그럴 수 없었다. 전세는 2년간 주거비가 공짜다. 설령 돈이 없어서 전세대출을 받더라도 이자가 아주 저렴했기 때문에 사람들은 월세를 외면했고 이러한 전세라는 견제장치로 인해 월세는 더이상 크게 오를 수 없었다.

그런데 전세제도가 없어지고 나면 월세는 크게 오를 것 같다. 그것이 자본주의다. 또 그것을 감수하고라도 전세를 없애는 게 국가에 이득이 된다고 판단하는 것이 정부의 입장이다. 집주인은 전세가 있든 없든 자신에게 최대한 이득이 되는 것을 선택할 것이다. 국가가 정책과 세금으로 월세로 몰아가고 있고 어떤 정권이 되든 그렇게 할 것이다.

앞으로 우리가 살아갈 60년, 70년은 고사하고 20년 뒤에도 전세제도가 살아있을지는 장담할 수 없다. 청년들에게 빠져나올 수 없는 세금, 4대 보험료, 월세의 쓰나미 3단 콤보로 제대로 된 저축을 할 수 없는 시기가 닥쳐오기 전에 무슨 일이 있어도 내 형편에 이 정도면 살 만하지 하는 수준의 '내 집 마련'을 반드시 해내야 한다. 남의 집 전세나 월세로 살고 국가의 도움으로 공공임대에 살 생각은 버리고 정신 바짝 차리기 바란다.

공공임대주택은 복지다. 즉 형편이 어려운 사람에게 다른 사람이 낸 세금으로 주거를 저렴하게 해결해주는 복지정책이다. 여기에 "아니다. 공공임대주택은 중산층까지 내 집 없이 임대로 마음 편하게 살 수 있게 하려는 '보편적 주거 모델'이다."라고 말하는 정치인 중에 무주택으로 공공임대에 사는 사람은 한 놈도 없다는 사실을 기억하라. 이런 정치인은 강남에 아파트 하나만 있으면 양심적인 거고 태반이 다주택자에 땅 투자의 귀재들이다.

전세제도와 전세자금대출이 집값 올렸다.
폐지하면 집값 폭락한다?

혹자는 전세제도 혹은 전세자금대출이 집값을 폭등시켰고 이 것들을 폐지하면 집값이 폭락한다고 선동한다. 이것이 과연 성립 하는지 알아보기 위해 국내의 과거와 해외 사례를 알아보자. 선동 하는 사람들하고 백날 이야기해봐야 논점을 이탈하며 딴소리하고 일부 통계로 확대 해석하기에 결론이 나지 않는다. 선동은 명확한 답을 내릴 수 없는 분야에서는 정말 잘 먹히지만 결과값이 나오는 분야에서는 속지 않고 잘 분별할 수 있다. '말'이 아니라 '결과물'을 보면 간단하기 때문이다.

한국의 전세제도 출현은 1975년 전후로 보여진다. 그러면 이전 에 전세제도가 없을 때는 집값이 안 오르고 폭락했을까? 인플레를 감안할 때 전세가 없던 1960년대가 우리나라 역사상 땅값이 가장 폭등한 시기라고 보는 사람들도 있다. 전세가 없으면 땅값, 집값이 안 올라야 하는 것 아닌가?

전세자금대출은 2008년 이명박 정부 때 만들어졌다. 혹자 는 전세자금대출이 집값을 올린 원흉이라는데 그러면 전세자금 대출이 없던 시절에는 집값이 폭락했을까? 이명박 정부 이전인 2003~2008년 참여정부 때도 집값 폭등으로 지금처럼 난리가 났 었다. 그런데 전세자금대출을 시행했던 이명박 정부 때 서울과 수 도권의 집값이 왜 하락했을까? 2008년 금융위기 때문에 전세자금 대출로 집값 펌프질을 한 결과라고 말하고 싶은가? 그렇다면 서울 과 수도권의 집값이 떨어졌는데 왜 지방은 크게 상승했을까? 이런 선동은 '결과물'을 보면 맞는 게 하나도 없다.

　그들의 주장대로 전세대출, 아니 전세제도를 없애서 집값이 하락한다면 문재인 정부 임기 초 집값이 폭등하기 전에 재빠르게 폐지했으면 집값도 안 오르고 지지율도 잡고 아주 간단했을 것 아닌가! 지금까지 뭘 하다가 이미 폭등하고 나서 폐지해야 한다고 하는지 모르겠다. 이런 3류 선동에 청년들은 이제 좀 그만 놀아나자.

　전세자금대출을 갑작스레 금지해버리고 전세제도도 단기간에 없애버리면 대출이라는 유동성(돈)의 힘으로 올라간 집값 부분은 하락할 수도 있다. 하지만 집값은 근본적으로 수요와 공급으로 변화하기 때문에 중장기적으로는 일시적 하락 뒤에 다시 상승할 것이다. 월세는 급격하게 상승할 것인데, 이는 전세시장이 없어지고 월세시장만 남아서 수요가 급증하고 월세의 견제장치인 전세가 없어져서 독점시장이 되기 때문이다.

가계부채 때문에 집값이 폭락한다?

　한국은행에서 발표한 2021년 상반기 '시스템 리스크 서베이' 결과에 따르면 가계의 높은 부채는 터졌을 때 우리나라에 미치는 영향력이 중간 수준이고, 가계부채 관리를 못해서 터질 가능성은 아주 낮게 보고 있다. 반면에 글로벌 인플레이션(화폐가치가 하락하고 실물자산(대표적으로 집) 가격이 상승하는 것이 전 세계적으로 발생)은 우리나라에 미치는 영향력도 크고 발생 가능성도 매우 높게 보고 있다.

　"가계부채 관리를 못해서 집값이 폭락할 거다." 이런 말을 하는

리스크 요인별 발생 시계

가계의 높은 부채 수준	46%	중기
코로나19 재확산 및 백신접종 지연 가능성	37%	단기
글로벌 인플레이션	37%	중기
글로벌 자산가격 상승 및 급격한 조정	34%	단기
미중 갈등 심화	34%	중기
부동산시장 불확실성	29%	중기

출처: 한국은행

리스크 요인별 발생 가능성 및 영향력

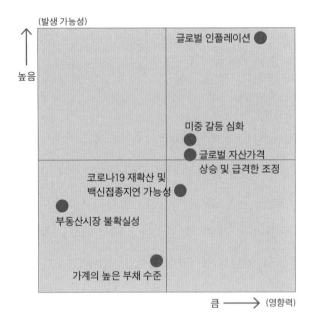

출처: 한국은행

180

사람들도 있는데 한국은행에서는 그런 것 걱정하지 말고 글로벌 인플레이션을 걱정하라는 것이다. 또 중간 수준의 가능성으로 글로벌 자산가격 상승 및 급격한 조정이라는 항목도 가계부채 리스크보다 훨씬 가능성 높게 예측하고 있다. 특히 가계부채 이야기를 하는 사람들은 주택담보대출이나 전세자금대출같이 집에 담보가 연동되는 가장 안전한 대출에 대해서 비판적인 경우가 많다. 그러나 진짜 가계부채의 뇌관은 집이 아니라 신용만으로 빌려주는 신용대출과 사업자대출이다. 가계부채 관리는 문재인 정부에서 노력 중이고 잘 관리하고 있으며 전문가들도 터질 가능성이 낮다고 말한다. 오히려 전문가들이 가능성 높다고 말하는 글로벌 인플레이션에 대비하는 게 급선무다.

투기세력이 자전거래로 실거래가를 상승시켜 집값을 폭등시킨다?

온라인 '선동가'뿐 아니라 정치인과 관료까지 나서서 거래 의심 사례가 있다느니, 시장 교란세력이 있다느니 하면서 공포 분위기를 조성했다. 마치 소수의 투기꾼이 자기들끼리 비싸게 집을 사고팔면서 실거래가를 상승시켜 아무것도 모르는 일반 국민이 비싸게 집을 사게 만든다는 식으로 바람을 잡아 온 것이다.

내가 온라인에 '자전거래 그런 거 헛소문이고 공급 부족과 잘못된 세금규제 때문에 집값이 오르는 겁니다.' 이렇게 글을 쓰면 '자전거래가 공공연히 이루어지는데 무슨 헛소리냐며 투기꾼이 담합해서 집값을 올렸다.'라는 댓글도 많이 달렸다.

위 단락에서 나는 말과 이론을 믿지 말고 '결과물'을 믿으면 선동당하지 않는다고 말했다. 국토교통부 부동산 거래분석기획단은 관계기관을 지원받아 2020년 2~12월까지 전국 아파트 모든 거래인 71만여 건을 전수조사한 결과 2,420건의 미등기 거래를 적발했다. 허위로 거래했거나 계약이 해제되었는데 해제신고를 안 했거나, 정상거래 후 등기신청을 잊어버리고 안 했거나 하는 사례이다. 쉽게 말해 2,420건 중 대부분은 누군가 계약을 파기했는데 공인중개사가 계약이 파기되었다고 신고하는 걸 잊었거나, 계약이 완료되었는데 공인중개사가 실거래 신고를 안 했거나 하는 착오들이었다는 것이다. 진짜로 집값을 짜고 치며 올린 것 같은 자전거래와 허위신고로 의심되는 사례는 12건뿐이었다. 투기세력이 자전거래로 집값을 폭등시킨다고 해서 국가에서 마음먹고 싹싹 뒤졌는데 71만 건 중 자전거래 의심사례는 겨우 12건이다.

전체 거래에서 투기꾼이 짜고 치면서 실거래가를 조작한 자전거래 비율은 0.002%다. 사람이 벼락 맞을 확률이 0.001%라고 한다. 99.998%는 제대로 거래를 하고 0.002%가 자전거래 하면 집값이 폭등하는가? 공인중개사들의 착오로 추정되는 2,420건의 소소한 위반사례까지 포함해봐야 무엇 하나라도 작은 위반사례가 있는 것이 0.341% 나왔다.

이처럼 '선동'이라는 것은 여러분이 조금만 관심을 가지고 선동가들의 말이 아니라 **결과물**에 초점을 두고 판단하면 사실이 아니라는 것을 쉽게 알 수 있다. 국토부와 장관은 투기세력이 집값 올린다, 주택 공급이 부족한 게 아니라고 4년 동안 주장해 왔는데 이들의 말처럼 1%라도 자전거래가 있었으면 지금까지 잠잠했을까? 아마도 PD수첩처럼 부녀회가 집값 올렸다는 식으로 대서특필하며 여론몰이를 했을 것이다. 국토부가 무능해서 마음먹고 전수조사해도 집값 올리는 투기꾼의 자전거래를 잡아내지 못하거나, 투기꾼이 자전거래로 집값 올린다는 '선동'이 애초에 '거짓'이거나 둘 중 하나이다.

여러분의 생각은 어떤가? '서연고' 나온 똑똑한 청년들이 전문직 난이도인 '행정고시'를 합격하고 5급으로 들어가서 일하는 게 국토부 공무원들인데 이 사람들이 너무 무능해서 사기꾼을 못 잡아낸 것일까?

집값 올리는 진짜 투기꾼은 여기 있다

집 한두 채 사고파는 국민이 무슨 투기꾼인가? 그렇다면 집을 수십, 수백 채 사고파는 법인도 투기꾼인가? 투기의 정의가 뭔지는 모르겠지만 그럴 수도 있겠다. 다만 집값을 올리는 진짜 투기꾼은 따로 있다. 바로 내부 정보로 서로 짜고 치는 LH와 그 직원들, 정치인들이다. 그리고 이들의 정보와 권력에 영합하여 '나 정도로 성공하니 이런 정보와 제의가 들어오는군' 하면서 한탕 해 먹는 우리 사회의 평범한 능력자들이다. 나는 이들을 '구세대 기득권'이라고 부른다.

특검을 통해 진보, 보수 가리지 않고 각종 신도시 개발을 샅샅이 수사하면, 장담하건대 '진짜 투기꾼'들이 쏟아져나올 거라고 확신한다. 신도시란 국가가 땅값이 아주 저렴한 허허벌판이나 거저나 다름없는 그린벨트를 소유주들에게서 헐값에 강탈해서 국민에게 비싼 값으로 분양하면서 LH와 건설사들이 그 개발이익을 나누어 먹는 구조이다. 그중에 일부를 공공임대로 먹으라고 던져주는 것이 신도시의 본질이다.

'수십, 수백억, 수천억 투기꾼'은 그곳에 있다. 1기 신도시, 2기 신도시, 3기 신도시, 공공기관 이전하며 개발하여 허허벌판에 만든 혁신도시, 세종시, 이런 신도시 사업만 작정하고 수사하면 진짜로 집값 올리고 부당이익을 거두는 범죄자들이 쏟아질 텐데 왜 정치인들은 수사를 안 하는 것일까? 몰라서 안 하는 걸까? 아니면 나도 해 먹었으니 못하는 것일까?

몇 년 뒤 희한하게도 그들이 산 땅에만 도로가 나서 땅값이 오르고 산업단지 들어서서 집값이 오르고 지하철역이 생기는 것은, 우연일까 필연일까? 국회의원이라 서울에서 업무로 바쁠 텐데 아득바득 시골에 농지를 사서 주말농장을 하는 이유가 뭘까? 농사가 그렇게 좋으면 농부를 하면 될 것 아닌가? 왜 그렇게 농지를 사서 주택을 짓고 형질변경을 할까?

도대체 누가 누굴 투기꾼이라고 비난하는 것인가? 내 집 한 채 장만하려고 집 사는 국민, 집값이 너무 올라 일단 전세 끼고 집을 사둔 다음 돈 모아서 몇 년 뒤 실입주하려는 국민, 내 자식은 나와 다르게 좋은 환경에서 시작하게 해주려고 자녀 몫의 집을 사려는 중산층, 은퇴하고 월세 받을 투자용 주택 하나 사려는 노년층, 월급으로는 집값을 따라갈 수 없다며 갭투자에 나서는 청년들, 이 모든 사람이 집값 올리는 투기꾼인가? 아니면 내부 정보로 날로 먹으며 부당이득을 챙기고 서로가 감싸주면서 사건 터지면 깃털들만 잘라내며 몸통끼리 호형호제하는 그들이 투기꾼인가?

통계를 믿으면 벼락거지 되고 상식을 믿으면 경제적 안정을 얻는다

이 책에서 모든 '선동'을 다루려면 끝도 없다. 마지막으로 폭등론 자도 써먹고 문재인 정부의 부동산 정책 지지자도 써먹는 '공통 선동' 주제를 이야기해보자. 바로 한국부동산원, IMF, OECD 같은 공신력 있는 기관에서 발표하는 전 세계 주택 상승률 통계이다. 이런 통계들을 바탕으로 김현미 장관은 문재인 정부에서는 집값이 11%밖에 안 올랐다는 소리를 했다. 참여정부와 문재인 정부에서 부동산 정책에 관여했던 김수현 수석은 자신의 저서에 "홍콩, 중국, 대만을 제외하고는 전 세계 평균보다 우리나라가 단연 집값 상승률이 낮다."라고 썼다. 또 이호승 청와대 정책실장은 문재인 정부의 평균 집값 상승률이 5.4%밖에 안 올랐다며 OECD 평균보다 낮다고 자평했던 바 있다.

정부가 내놓은 통계만 보면 우리나라 집값과 전월세 가격은 정말로 안정적이고 태평성대인 것만 같다. 별로 오르지 않았다는데 왜 우리가 느끼는 현실의 집값은 많이 올랐는지 모르겠고, 세금은 또 왜 그렇게 올랐고, 전월세 구하기도 왜 이렇게 힘든지는 모르겠지만, 통계는 늘 얼마 안 오른 것으로 되어 있다. 그런데 놀랍게도 이런 통계들이 모두 **사실**이다. 통계라는 건 마음만 먹으면 원하는 결과값을 만들어낼 수 있다. 전국으로 볼 건지 서울만 볼 건지 아파트만 볼 건지 빌라도 포함할 건지 오피스텔, 레지던스 이런 것도 포함시킬 건지, 작성자 의도대로 크게 변하는 것이 통계다. IMF나 OECD는 우리나라 한국부동산원에서 작성한 '집값 하나도 안 올랐어요.' 하는 통계를 가지고 다른 나라와 비교하기 때문에 대한민국 집값은 아주 안정되어 있다는 결과가 나오는 것이다. 반대로 현실에 맞는 제대로 된 결과를 보여주는 KB부동산시세를 보면 집값이 많이 오른 것이 통계에 잡힌다. 그러니 정부의 통계가 집값 현실을 제대로 반영하지 못한다는 비판이 쏟아지는 것이다.

'대한민국 집값 별로 안 올랐어요.'라는 통계는 신기하게도 문재인 정부의 부동산 정책 지지자나 '폭등론자' 양쪽이 이용한다. 정부 정책 지지자는 "우리나라는 다른 나라들과 비교했을 때 집값이 별로 안 올랐다. 정책을 잘해서 이것밖에 안 오른 거다." 이런 식으로 정치적 쉴드를 치기 위해 인용하는데, 이해되는 측면이 있다. 이상할 건 없다.

웃기는 건, '폭등론자' 중에 선동하는 사람들이 "봐라, 전 세계에 비하면 우리나라 집값은 오른 것도 아니다. 뒤에서 놀고 있지 않냐, 앞으로 계속 더 폭등할 거다. 몇 년간 다른 나라만큼만 올라도 오를 게 더 남았다."라고 하며 영끌 해서 집 사고, 갭투자 해야 부자 된다고 뽐뿌질을 하는 데 저 통계가 이용된다는 것이다.

우리 청년들은 **통계**를 믿으면 안 된다. **상식**을 믿어야 한다. 이런저런 통계를 보여주며 집을 영끌 해서 몇 채씩 사라는 말은 듣지 도 마라. 감당할 수 없는 대출을 받았다가 잘못되면 패가망신한다 는 여러분의 **상식**을 믿으라. 동시에 "봐라, 집값 하나도 안 올랐다. 다 투기꾼과 토건족의 사기다. 그러니 전세나 월세 공공임대를 살 아라." 하는 헛소리는 더더욱 무시하라.

인간이 생활하는 데 필요한 3가지 기본요소는 **의식주**다.

옷이 없어서 남의 옷을 빌려 입는 게 사람답게 사는 것인가?

밥이 없어서 남의 밥을 얻어먹고 사는 게 사람답게 사는 것인가?

집이 없어서 남의 집에 세 들어 사는 게 사람답게 사는 것인가?

내가 사는 공간의 인테리어도 못하고 반려동물을 허락받지 못 해서 키우지 못하고 못질 하나 하는 걸 집주인에게 허락받아야 하 는 게 사람답게 사는 것인가? 내 **상식**으로는 아니다. 물론 도저히 형편이 안 되어 우리가 도와야 하는 어려운 이웃이 있다. 열심히 살아도 사고나 장애, 사업을 실패할 수도 있고 애초부터 가정형편 이 너무 어려워 복지정책으로 살아가야만 하는 사람들이 있다.

하지만 삶에서 아직 어떤 결과가 나오지도 않은 20~30대 청년 들에게 남의 집에 평생 세 들어 살고 네 집을 가지지 말라고 하는 건 **상식**이 아니다. "할 수 있다, 포기하지 말아라. 성실히 일해서 스스로의 힘으로 직장생활이나 사업을 해라. 반칙하지 말고 정당하 게 벌어서 세금 낼 것 내고 내 집에서 내 돈으로 좋은 옷과 맛있는 음식을 사먹으며 **행복하게** 살아라." 하고 말하는 것이 앞날이 창창 한 청년들에게 해줄 수 있는 **상식**적인 말이다.

이상한 통계나 이론을 들이대며 의식주 중 하나를 포기하라는 사람을 경계해야 한다. 더이상 여러분을 이용하려는 꼰대, 금융회사, 정치자영업자, 선동가들에 휘둘리지 말고 오직 단 한가지, 내 삶의 의식주를 어떻게 채워나갈 것인가를 고민하라. 의복과 음식은 직업만 있어도 바로 채울 수 있다. 주택은 직업이 있고 꾸준히 저축하고 감당이 가능한 대출을 해야 가질 수 있다. 의식주를 해결했으면 사람이 먹고만 살 수는 없으니 취미 생활도 하고, 돈도 좀 쓰고, 여행도 다니고 하면서 나만의 **행복**을 채워나가면 되는 것이다.

마인드 교육은 이 정도면 충분한 것 같다. 이제 청년들은 더이상 헛소리에 **선동**당하지 않을 수 있다. 이어지는 4장과 5장에서는 인구감소 시대, 고령화 저출산 시대에 도대체 어떤 집을 사야 되는지, 유망한 집들이 어떤 것인지 **구체적**으로 알아보도록 하자. 그리고 6장에서는 앞으로의 집값 전망과 서울, 1기 신도시 대 재개발·재건축 시대가 무엇인지 자세히 알아볼 것이다.

행복한 삶을 누리기 위한
실패하지 않는 내 집 마련

집을 돈의 관점으로 바라보지 말고 삶의 관점으로 바라보면 결과적으로 돈을 벌게 된다. 돈이 되는 집보다 살기 좋은 집, 값이 오르는 것보다 떨어지지 않을 집, 잘 팔릴 집이 아니라 안 팔리지 않는 집, 어떤 개발 호재가 있어서 오르는 집이 아니라 그 개발 호재가 나의 '삶'에 어떤 영향을 주는지를 먼저 따져봐야 한다. 그리고 이 집이 나와 내 가족은 말할 것도 없고 다른 사람도 살기 좋은 곳인지를 생각해봐야 한다.

그 살기 좋은 집들 중 내가 가진 돈으로 살 수 있는 집은 어떤 것인가? 집값이 제일 많이 오를 집을 영끌 대출해서 사는 게 아니다. 집값이 오를 때까지 예기치 못한 경제적 위기가 오더라도 팔지 않고 유지할 수 있는 가격대의 집을 찾고자 판단할 수 있다면 여러분의 내 집 마련은 결코 실패하지 않을 것이다.

2024년까지 서울과 수도권 집값은 상승하고 전세는 폭등한다

나의 판단으로는, 앞으로 특별한 외부 경제위기와 코로나를 능가하는 전염병 사태가 없다면 2024년까지 서울과 수도권의 집값은 상승하고 전세가격은 폭등할 것으로 예상된다. 특히 2022~2023년 중저가 전세의 대폭등을 예상하고 있다. 정책과 세금, 전세대출 규제 등으로 전세가를 찍어누르는 데 성공하더라도 전세가 상승분이 월세로 전가되어 반전세와 월세가 크게 상승할 수 있어 보인다. 지방 광역시는 지역의 입주 물량에 따라 다르게 움직일 것으로 보인다.

2025~2030년 사이의 집값은 이번 대선 이후 차기 정부의 부동산 정책과 실질적인 주택 공급 상황에 따라 상승할 수도 하락할 수도 있기 때문에 아직은 알 수 없다. 문재인 정부처럼 공공임대를 할지, 반대로 민간 재개발·재건축 주택 공급을 할지 지금은 알 수 없는 것이 3기 신도시의 진행 상황을 아직은 판단할 수 없기 때문이다. 그리고 2030~2040년 사이 서울과 1기 신도시의 대 재개발·재건축 시대와 함께 집값의 상승을 예상하고 있다.

내가 서울과 수도권의 집값 상승과 전세 폭등을 예상하는 이유는 국내적인 요인을 따져볼 때 2024년까지 서울 멸실 대비 아파트 입주 물량이 급감할 것이기 때문이다. 특히 2022~2023년까지는 답이 없다. 아파트 인허가 물량을 바탕으로 3~4년 뒤에 아파트가 실제로 공급되는 것을 예상할 수 있지만 공급이 너무 부족하다. 참고로 2018~2019년은 아파트 공급량이 예년보다 많은 시기였다. 그렇지만 누적된 공급 부족과 잘못된 부동산 정책, 세계 경제 호황, 저금리, 불붙은 투자심리, 재개발·재건축, 신도시 지연 등 때문에 미래의 공급 감소가 예상되어 집값이 크게 상승했다.

그런데 테이퍼링을 시작한다고는 하지만 여전히 미국의 돈 풀기는 계속되고 있고, 국내의 부동산 정책은 정권을 누가 잡든 정상화하는 데 시간이 필요하다. 가장 중요한 아파트 공급이 감소한 상태에서 미래의 공급을 위해 재개발·재건축을 진행할 수밖에 없게 되었다. 여기서 아파트 공급이 부족하다는 것은 신문기사만 검색하더라도 쉽게 알 수 있다. 정말 중요한 것은 미래의 공급을 위해 기존의 낡은 빌라를 부수고(멸실) 아파트를 올려야 하고, 낡은 아파트를 부수고(멸실) 새 아파트를 올려야 한다는 사실이다. 이 말은 단순히 서울에만 공급이 부족한 게 아니라 그나마 있던 낡은 빌라와 아파트까지 때려 부수니 3~4년간 있던 집도 없어진다는 것이다.

신규 아파트 공급이 부족한데, 낡은 집도 미래의 신축 아파트 공급을 위해 더 부수어야 한다. 이게 핵심이다.

문재인 정부 초에 경제전문가들과 부동산을 잘 아는 교수님들은 신문과 방송에서 재개발·재건축을 막지 말고 단기적으로 집값이 오르더라도 장기적으로 공급을 늘려야 한다는 말을 계속했던 것을 기억할 것이다. 재개발·재건축을 하면 진짜 빨라야 5~6년은 걸리고 보통은 10년이 걸린다. 있던 집이 없어지니 수요에 비해 공급이 부족해져 집값이 오르고, 신축 아파트 들어선다고 투자심리 불타서 집값은 오르게 된다. 이 모든 것을 문재인 정부에서 두들겨 맞아야 한다. 실제로 신축 아파트가 공급되면서 수요에 비해 많은 공급으로 집값이 안정화되는 건 다음 정권에서 이루어지는 것이니, **욕은 내가 먹고 칭찬은 다음 사람이 듣는** 아주 하기 싫은 일이 바로 재개발·재건축이다.

하기 싫어도 해야 하는 것을 안 하고 각종 규제와 공공임대 타령, 뒤늦은 3기 신도시 하다가 끝나는 게 문제인 정부의 부동산 정책이다. 그러니 다음 정권은 민주당이든 국민의 힘이든 재개발·재건축을 싫어도 할 수밖에 없다. 안 하면 계속 공급을 안 해서 정부에서 집값을 강제로 올리며 거품을 키우는 셈이 되기 때문이다. 그러다 거품이 터지고 대응을 잘못하면 일본의 잃어버린 30년처럼 국가의 미래는 어두울 수밖에 없다. 그리고 이미 국민 여론도 진보, 보수 어디를 지지하든 지난 4년간 집값과 전월세 상승을 몸으로 때우면서 공급을 많이 해야 한다는 합의가 이루어졌다. 다만, 공공임대 주택을 좀 더 많이 지을 것인지 국민이 원하는 분양형 주택을 좀 더 많이 지을 것인지, 신도시에 힘을 실을 것인지 구도심 재개발·재건축에 힘을 실을 것인지, 각종 대출이나 세금규제를 풀면서 갈 것인지 규제는 유지하면서 갈 것인지 등의 디테일은 달라질 수 있겠지만, **어느 정권이 되든 노후 주택 멸실 후 재개발·재건축은 반드시 진행할 것이다.**

재개발·재건축을 한다고 기존의 용적률 규제 속에서 실질적인 순공급은 크지 않다. 3기 신도시 입주가 시작되어야 공급 가뭄이 해소되겠지만, 지금은 워낙 신축 아파트 공급이 부족해서 노후 주택이 새 아파트로 공급되는 것도 좋은 대안이다. 새 아파트에 살고 싶은 사람들의 수요를 어느 정도 흡수할 수 있으니 집값 안정에 도움이 될 것이다.

만약 차기 정권에서 용적률을 높여준다면 재개발·재건축의 공급 효과는 더욱 늘어날 것이다. 또 공급과 별개로 낙후된 서울의 경쟁력을 위해서라도 노후 도심지와 주택을 재생하지 않을 수 없다. 1960~1970년대 개발 시대에 대충대충 지은 노후 건물들로 서울이 슬럼화되어 가고 있는데 더이상 미룰 수 없다. 박원순 시장의 기존 노후 주택의 멸실 없는 도시재생은 10년간 돈만 쓰고 실패했고 철거 및 개발방식 도시재생의 길로 가게 될 것이다. 세금정책, 대출규제 등 겁주면서 시간을 버는 카드는 이미 다 써버렸으니 더이상 쓸 카드가 마땅치 않다. 국민도 뻥카라는 걸 다 알아차렸다. 그러니 이제는 정말로 실제 주택을 공급해야 하는 시기이다.

금리 인상기의 시작, 미국의 양적완화 축소 같은 해외변수도 집값에 부정적이지 않다. 금리를 이제 올리기 시작하는 것이고 미국의 양적완화가 끝난 게 아니라, 돈을 마구 찍어내서 뿌리는 양을 줄여나가기 시작한다는 것이기 때문이다. 또한 코로나 변이 바이러스 등으로 이대로 계속 금리 인상을 밀어붙일 수 있을지, 아니면 다시 1~2년 금리 인하, 동결로 쉬어가야 할지 아직 정해진 것도 아니다. 원자재를 수입하거나 납품받는 사람들은 이미 체감하고 있겠지만, 집을 짓는 원자재 가격이 코로나 사태로 인한 물류대란으로 폭등하고 있다. 기본적으로 30~50% 오르고 2배 가격이 된 품목들도 있다. 철근, 시멘트, 구리 같은 집을 짓는 재료 자체가 워낙 오르고 있기에 새로 짓는 빌라와 아파트의 원가가 지금보다 많이 올라갈 거라는 이야기다.

서울과 수도권뿐 아니라 전국 미분양 주택은 역대 최저치를 찍었다. 국민은 힘들어도 국가의 수출은 아주 잘 되고 있으며 잘될 예정이다. BTS, 기생충, 오징어 게임으로 대표되는 문화산업까지

역사상 최전성기를 달리면서 성장하고 있으며 유수의 해외 전문기관에서 뽑은 가장 혁신적인 국가 1~2위를 달리고 있다. 여러분의 생각보다 우리나라의 산업 경쟁력은 매우 우수하고 미래 산업변화에 잘 대응하고 있다.

앞으로 국가의 경제 전망도 밝다. 국민의 경제 전망은 코로나로 힘든 사람들이 많을지 모르지만, 지식정보 산업이 빠르게 성장하는 우리나라의 특성과 수출 위주의 산업구조는 국가를 부유하게 만든다. 돈이 개개인 서민들에게 잘 돌지 않아서 힘든 거지, 대한민국 자체는 돈을 잘 벌고 있고 흑자로 잘살고 있다는 것이다. 각 기업의 연구개발 투자, 설비 투자도 여전히 상당히 높은 수준이다.

안정적인 대기업과 공기업의 화이트칼라 직장인들은 코로나로 하나도 힘들지 않다고 말할 정도다. 최저임금 인상으로 아래 직급의 월급이 오르니 공채 출신인 이들의 월급도 오르고 주52시간제 도입으로 야근도 줄었다. 결혼할 때 사둔 집값도 많이 올랐고 회사도 수출 잘된다고 보너스까지 챙겨준다. 또 코로나로 집에서 재택근무 많이 해서 편하고, 대출 잘 나올 때 투자용 주택이나 주식 사둔 것도 많이 올랐다. 이들은 사실 무엇 하나 아쉬운 게 없다.

평일에 차를 몰고 돌아다녀 보면 다들 일 안 하고 돈 쓰러 다니는 건지 차가 많이 막힌다. 평일에 강릉 놀러 갈 때 휴게소에 들르니 사람들이 바글바글한 걸 보고 깜짝 놀랐다.

우리나라는 자동차가 엄청나게 잘 팔리고 있다는 사실을 알고 있는가? 옆 나라 일본은 1등에서 10등까지 모두 저렴한 경차나 소형차(아반떼보다 작은 차)인데 반해, 우리나라는 1등부터 10등까지

화물차 두 종을 제외하면 모두 중형차 이상이다. 이처럼 우리나라 사람들은 생각보다 돈이 많고 소비력도 살아있다. 국가의 미래는 당분간 아주 밝다고 볼 수 있다. 인구감소, 고령화, 파멸적인 저출산이 큰 문제지만 그것도 당장은 급한 게 아니다.

앞으로 집값은 **상승**인데 중저가 전세는 폭등할 것으로 예상된다. 집값은 상승요인도 있지만 많이 오르기도 했고 하락할 요인도 있는 반면에, 전세가격은 하락할 요인이 보이지 않는다. 특히 임대차 3법으로 전세시장은 완전히 혼란에 빠져 있다. 당장 2022년 가을부터 2023년까지 계약갱신청구권을 사용한 세입자들의 전세가 만기되면서 전세가격이 큰 폭으로 오르거나 혹은 월세로 전가되어 반전세가격이 크게 상승할 것으로 보인다. 지금도 그렇지만 저렴한 전세는 점점 더 사라질 것이다. 집주인들은 2년 뒤 5%밖에 못 올리니 처음부터 최대한 비싸게 전세보증금을 받으려고 하거나, 아니면 세금을 내기 위해 보증금은 그대로 두고 반전세화 시키며 월세가격을 올릴 것이 분명하다. 이에 힘없는 세입자들은 정말 어려운 시기를 보낼 것으로 보인다.

나는 미래의 아파트 공급을 위해 현재의 낡은 빌라나 아파트를 재건축해야 한다고 말했다. 이는 3년 뒤 새 아파트를 받기 전까지 빌라나 아파트에 살던 분들은 어딘가에 임시로 살아야 한다는 것, 즉 기존의 내 집에서 살던 사람들이 새 아파트를 짓는 동안 새로운 전세 수요로 추가된다는 것이다. 안 그래도 지금 전세난인데, 멸실 수요로 인한 전세 수요까지 추가되니 전세시장은 더욱 어두워질 것 같다.

내 집 마련을 할 때, 집은 좀 멀리 살 수 있다

실거주용으로 집을 살 때 회사는 서울이지만 경기도에 집을 마련하는 것도 좋은 방법이다. 아빠 한 명 희생해서 장거리 출퇴근하고 엄마와 아이는 저렴하고 주거환경 좋은 신도시에서 잘사는 것으로 합의를 보는 것이다. 특히 지금처럼 집값이 비쌀 때는 더욱 그렇다. 아니면 투자성 좋은 지역에 집을 사서 전세를 주고 나는 직장 근처에 전세 사는 방법도 있다. 즉 서울의 매매 수요는 경기도로 일부 분산될 수 있는 반면 전세입자는 먼 지역에 **전셋집을 구하지 않는다**. 집값 상승은 집주인의 것이지 세입자 것이 아니지 않은가? 대부분 기존에 살던 '구'를 벗어나지 않고 '동'을 옮기는 수준이고, '구'를 옮기더라도 옆에 붙어 있는 '구'로 옮긴다. 특히 자녀가 있다면 아이의 친구 문제나 학군 문제, 학원 문제 등으로 움직일 수 있는 범위가 극히 제한된다.

임대차 3법의 부작용으로 집주인들은 시세대로 전세금을 올려받기 위해 줄줄이 자기 집에 들어와 살게 되고 세입자는 쫓겨나가고 있는 현실이다. 전문가들이 지금같이 공급이 부족한 시기에는 절대로 도입해서는 안 된다고 말했을 때 부알못들은 "기존 집주인이 살던 집이 또 전세로 나오니 **전세 총량은 같다**. 그래서 전셋값은 오르지 않는다." 이런 말 같지도 않은 소리를 당당하게 해댔다. 대부분 나이도 많고 자녀들 다 키워 분가시킨 집주인들은 돈이 많아서 이동이 자유롭고 자신이 직접 가기 어려우면 직계 존비속을 대타로 입주시키면 끝나는 일이다. 문제는 세입자다. 이사갈 수 있는 범위가 집주인이 살던 저 멀리 시골 주택이나 경기도 주택이 아니라는 거다. 세입자는 전세가격이 맞는 옆동네로 가야 하는데 그곳은 전세 수요가 집중되는 곳이다. 세금을 소급 적용해 집주인들 박살낼 때 좋다고 소리치던 청년들이 임대차 3법으로 전셋값 폭등하니 "어! 내가 살던 전세가 오르고 내가 쫓겨나는 거였네!" 하면서 불만을 터뜨렸다. 이제 그들은 이렇게 외친다.

"전세제도가 악이고 전세대출이 갭투기 원흉이다. 전세대출 박살내자. 월세 만세! 공공임대 만세!"

일반적으로 서울의 전세 수요는 경기도로 쉽게 분산되지 않는다. 대부분의 전세입자는 같은 서울 내에서도 분산되지 않고 기존에 살던 집의 전세와 비슷한 금액으로 최대한 가깝고 생활환경이 좋은 곳으로 이동하길 희망하기 때문이다. 그런데 2022년 가을부터 2023년까지 계약갱신청구권으로 저렴하게 전세 살던 사람들은 쫓겨나거나 비싸게 오른 시중 전세가로 계약하거나, 양자택일을 강요받을 것 같다. 차기 정권이 누가 되었든 공급을 위해 서울 재개발·재건축은 시작될 것이다. 없어지는 집들에 살던 세입자는 근처 동네의 집으로 전세를 가야 하니 전세 수요는 늘어나고, 재건축되어 없어지는 내 집에 살던 집주인도 3~4년 새 아파트 지을 동안 근처 동네에서 전세를 살아야 하니 이들도 신규 전세 수요로 추가된다.

2013년부터 8년 가까이, 특히 2016년 이후 폭등한 아파트와 신축 빌라 가격에 비해 중저가 전월세 가격은 그렇게 많이 오르지 않았다. 즉 1억 5,000~3억 5,000만 원 정도 하는 중저가 전세가격의 빌라들은 아파트만큼 많이 오르지 않았기에 심리적 저항이 훨씬 적다. 게다가 전세보증금은 돌려받을 돈이니 상승에 대한 거부감도 집값보다는 적다.

차기 정부에서 과연 전세자금대출을 끊어버리고 시민의 월세화를 할 수 있을까? 정치적 부담은 둘째치고, 만약 완벽한 전세자금대출 중단으로 서민들이 대출이자보다 훨씬 비싼 월세를 지불해야 한다면 무슨 돈으로 치킨을 사먹고 커피를 사먹고 여행하며 돈을 쓸까? 안 그래도 코로나로 서민 경제가 큰 타격을 받았는데 모르긴 해도 국가 경제에 큰 악영향이 올 것이다. 전세자금대출을 장기적으로 줄여나가지, 경제의 폭망을 감수하면서까지 월세화시킬 이유는 없을 거라고 본다. 좀 더 예상해보면, 고가 아파트나 고액 전세보다는 중저가 아파트나 빌라의 집값과 전세금 상승폭이 클 것이라고 진단할 수 있다.

내 예측이 틀리면 내가 청년들 인생 책임져주나?

"야, 남쌤이 2017년에 문재인 정부는 2+2 전세제도 도입하고, 공급 없이 규제책으로 일관하다가 집값 폭등해서 폭망할 거라고 엠팍에 글 쓰면서 예언했고, 그 후에도 정책 나올 때마다 집값 오르는 거 다 맞춰왔는데, 그 사람이 2024년까지 집값 오를 거래!" 이런 생각으로 무리하게 집을 샀다가는 패가망신하는 수가 있다.

지난 4년간 내가 부동산 관련해서 잘 맞춰온 건 사실이다. 'MLBPARK'나 '82COOK'에 쓴 글들을 검색해보면, 집값 상승이나 각종 정책 부작용에 대해 많은 이야기를 해왔고 상당히 잘 예측해

왔다는 것이 검증될 것이다. 그동안 잘 맞춰서 나도 돈을 잘 벌고 상담해준 분들도 돈을 벌었다. 또 논리적으로 예측을 잘해왔기에 이렇게 책을 통해 보여줄 수 있게 되었다. 그런데 지금까지 잘 예측했다고 앞으로도 잘 맞는다는 보장이 있을까?

내가 집값이 오를 것 같다고 해서 영끌로 집 사서 2024년도에 팔아먹고 나중에 싸지면 다시 사야지, 하는 마인드로 집을 사거나 집 한 채로 벌면 아쉬우니 두 채, 세 채 사서 많이 벌어야지 하는 투기 마인드로 접근했다가 내 예측이 틀리면 어떻게 할 것인가? 분명히 오를 거라고 했는데 떨어지면 어떻게 할 것인가? **아니면 국내 상황은 내 예측대로 잘 맞았지만 외부의 큰 변수로 집값 떨어지면 어떻게 할 것인가?**

중국에서 또 다른 전염병, 이번에는 걸리면 10% 치사율이라고 하는 코로나 시즌2가 터져서 세계 경제가 완전히 폭망하거나 중국 헝다그룹 같은 위기가 전 세계적으로 확대되거나, 북한의 김정은이 미쳐서 경기도에 미사일을 발사해 외국계 투자자금이 몽땅 빠져나가거나 절대로 안 나던 지진이 크게 나서 서울이 초토화된다거나, 많은 예상치 못한 변수가 터진다면 집값은 분명 단기적으로 크게 흔들릴 것이다. 세상일은 아무도 모르는 것이다.

내가 신과 같은 예측력을 가졌다면 이미 재벌이 되어 있을 것이다. 만약 내 예측이 크게 틀리면 나는 진심으로 사과하면서 미안해하고 걱정할 것이다. 하지만 내가 그런다고 해서 여러분의 잃어버린 돈과 파산한 경제 상황은 다시 돌아올 수 없다. 투자는 개인의 판단과 책임이 따르는 일이다. 내 예측만 믿고 무리한 투자를 했다가 실패하면 여러분의 삶은 돌이킬 수 없는 큰 피해를 입게 된다는 사실을 명심하라.

나는 모아둔 자산이 별로 없거나 빚이 있는 청년, 40~50대 평범한 가정들이 내 집 마련의 꿈을 이루도록 도움을 주는 전문가이다. 그들이 최대한 위험을 줄이면서 경제적 안정과 행복한 삶을 사는 데 적합한 집을 사도록 말이다. 이런 사람들에게 내 집 마련 전문가로서 나만한 사람은 없다고 자부한다.

나는 내담자의 가치관과 그들이 가진 특이한 삶의 경험을 부동산과 잘 접목시킨다. 그래서 그들이 추구하는 행복과 맞아떨어지는 안정적이고도 장기적으로 적절한 수익이 날 수 있는 집을 선택할 수 있도록 도움을 주고 있다. 서민에서 중상층까지 모두 커버할 수 있는 나의 다양한 직업 경험과 수많은 실패 경험을 바탕으로 하여 삶의 궤적에 대한 진실된 교감을 그들과 함께 나누기도 한다. 이처럼 심리적인 부분까지 포함해서 평가한다면, 나는 어떤 선생님보다도 탁월하다고 자신할 수 있다.

하지만 나는 부동산 전문가가 아니다. 경제 전문가는 더더욱 아니다. 부동산이 분야가 얼마나 넓은데 감히 부동산 전문가를 자처할 수 있겠는가. 1주택과 일시적 2주택, 다주택은 난이도와 세법이 완전히 다른 분야이고 땅과 아파트, 공장, 오피스텔, 빌라, 도시형생활주택, 다가구, 다세대, 상가, 빌딩, 재개발·재건축, 가로주택정비사업, 공공재개발·재건축 등 부동산 분야만 해도 엄청 넓은데 나의 지식과 경험은 한정적이다. 노벨 경제학상을 받은 사람들도 못 맞추는 게 경제이고 대학교 교수님도 곧잘 틀리는 게 경제인데,

그러니 나는 당연히 경제 전문가도 아니다.

물론 지난 4년간 나의 부동산 예측이 잘 맞은 것은 사실이고 나의 실력과 경험도 있지만 '운'이 잘 따라준 것도 있었다. 특히 참여정부 때의 부동산 정책을 그대로 따라서 적용했던 김수현 수석님 도움이 크기도 했다. 15년 전 했던 것을 또 들고나왔으니 예상이 쉽지 않겠는가? 과거 기출문제에 응용해서 보는 시험이니 당연히 쉬웠던 거다. 하지만 날로 먹는 시험 수준이었으면 전 국민이 집을 사서 부자가 되지 않았을까? 또 집값이 공급초과로 오랫동안 억눌려 있다가 상승하는 상황이었기에 그나마 예측하기 쉬웠다. 언제 집값이 오르기 시작할지를 맞추는 것보다 언제부터 집값이 하락할지를 맞추는 것이 훨씬 어려운 일이다.

기출문제를 가지고 있던 문재인 정권이 끝나고 새로운 정권이 들어설 것이다. 집값이 많이 오른 상태에서 코로나로 세계경제도 어수선하고 국내 부동산과 경제상황도 4년 전과는 다르게 변수가 많다. 한마디로 지난 4년처럼 예측이 쉽지 않다는 것이다. 그러니 내 예측을 맹신하지 말고 "아, 남쌤은 저런 시각으로 시장을 바라보고 있구나." 정도로 받아들여주기 바란다.

지금은 돈을 버는 부동산 투자가 아니라 돈을 지키는 내 집 마련을 해야 할 때다

이 책에서 내가 청년들에게 심어주겠다고 마음먹은 슬로건은 바로 이것이다.

미래의 행복을 위해 현재의 행복을 위험에 빠뜨릴 수 있는 투자를 하지 마라.

지금처럼 집값이 많이 오를 때는 나처럼 약간의 실력과 경험 그리고 '운' 덕분에 몇 년 잘 맞춘 사람들이 '선생님' 소리를 들으며 대우받는다. 나는 아니지만 다수의 선생님들은 투자 자문회사나 컨설팅회사, 경매회사, 학원 등에서 앞으로 오를 아파트나 땅을 찍어주는 강의나 상담, 특히 물건 추천 등으로 많은 돈을 벌고 있다.

그런데 과거에는 그런 게 없었을까? 2007~2009년 참여정부 막바지 마지막 집값 끝물에 '선생님'들은 청년들의 호주머니를 어떻게 털어갔을까? 그때 역시 지금처럼 집값이 폭등하고 각종 규제로 대출도 잘 안 되어 돈도 없는데 집값 상승의 열차를 놓쳤다는 자괴감과 울분에 가득 찬 청년들이 많았던 시절이었다.

서울과 경기도 1급지 집값이 너무 오르고 나니 후발주자 청년들의 가벼운 저축액만으로는 더이상 안정적이면서 집값 상승을 바라볼 수 없게 되었다. 그리고 당장 살기에 괜찮은 아파트를 전세 낀 갭투자로 사기도 어려웠다(지금 서울에 괜찮은 아파트 전세 끼고 갭투자하려 해도 5~8억 원 정도 필요한데, 이런 돈이 청년에게 없는 것처럼). 이에 '선생님'들은 재개발이 된다는 보장은 하나도 없고 구역 지정이나 조합설립조차 안 되어 있는 서울의 매우 낙후된 빨간벽돌 빌라에 일단 투자하라고 권했다. 그래야 청년이 가진 5,000~1억 원 정도의 돈으로 살 수 있으니까 말이다.

빌라는 안 올라서 싫다는 고객에게는 경기도 하급지 외곽 아파트를 권하며 팔았다. 지방 시골에 버스 타고 단체로 가서 싹쓸이 투자하기도 했고, 한 채에 얼마씩 수수료를 받고 대신 사주기도 했다. 서울에 직장이 있는 사람이 저 멀리 파주에 출판단지 생기면 대박난다고 파주 아파트를 사고, 동두천이 뜬다고 사고, 인천 재개발되면 금세 날아간다며 마구잡이로 집을 사들였다.

이명박 정부 들어 2008년 금융위기와 보금자리 주택, 뉴타운, 참여정부 추진 신도시 입주 시작으로 집값 하락기가 왔을 때는 투자자도 안 몰리고 별다른 개발 호재도 없었다. 실거주자들이 많은 집값은 기껏해야 10~15% 정도 하락했고 심지어 한 푼도 안 떨어진 집들도 있었다. 뒤에 보여주겠지만, 내가 사는 서울 아파트는 2001년 완공 이후 한 번도 실거래 집값이 떨어진 적이 없었다. 그렇다면 어떤 집들의 집값이 많이 떨어졌을까?

바로 미래의 희망으로 매매가가 고평가된 '투자성'이 강한 집들이었다. 예를 들면 서울 한복판에서 아파트 재개발되면 대박난다며 비싸게 팔린 빨간벽돌 재개발 빌라 같은 곳들, 그리고 '여기 무슨 산업단지가 생긴다. 지하철이 생길 수도 있다'고 하며 개발 호재를 바탕으로 비싸게 오른 기본적 수요가 적은 경기도 외곽 아파트 등이다.

참여정부의 세금 규제정책 영향으로 '무조건 대형 한 채가 진리'라는 정책 부작용에 쓸데없이 큰 대형 아파트들, 특히 경기도 주요 입지 대형 아파트(예를 들어 일산의 호수공원 근처 대형, 한때 버블세븐으로 묶였던 용인의 대형 등)들은 50%까지 폭락하는 경우도 있었다. 특히 사람들이 '선생님'들에게 낚여서 뒤늦게 많이 산 서울의 빨간벽돌 재개발 빌라인 일명 '썩빌' 투자는 그야말로 박살이 났다. 부동산 경기가 꺾이니 주민들은 아파트를 만들어도 돈이 안 된다고 뉴타운 해제를 요구했고, 박원순 서울시장도 적극적으로 뉴타운 해제를 하는 바람에 그야말로 폭망했던 것이다.

팔려고 해도 사주는 사람이 없고, 내가 들어가 살려니 30년 된 녹물에 바퀴벌레에, 겨울에는 집안까지 들어오는 찬바람에, 그야말로 살기 싫은 처치 곤란의 집이 되어버렸다. 재개발 구역이 해제되니 건축 제한도 풀려 신축 빌라와 도시형생활주택이 물밀듯 지어지고 노후도 요건이 깨져 재개발도 물 건너가니 아무도 그런 낡은 빌라에 관심을 가지지 않았다. 돈 있는 투자자들은 당장 서울의 새 아파트도 미분양 나서 청약경쟁 없이 거저먹기로 구매할 수 있는데, 미래에 아파트가 언제 될지 모르고 관리만 힘든 빌라를 살 이유가 없었다. 지금까지 10년, 15년 낡은 빌라를 피눈물 흘리며 유지한 사람들은 그래도 돈을 벌었지만, 대다수 사람들은 늘어나는 대출이자 부담이나 혹은 급하게 필요한 목돈 때문에 자신이 산 가격보다 헐값에 팔아야만 했다.

천당 아래 분당 대형 아파트도, 드라마 촬영지로 각광받던 일산도, 버블세븐으로 묶이며 하늘 높은 줄 모르고 오르던 용인 신축 아파트들도 많이 하락했다. 그때 도로도 시원찮았던 경기도 외곽 아파트는 말할 것도 없었다.

이렇게 시장 참여자들의 주머니 사정에 맞춰 본인들이 투자했거나 회사와 연계된 빌라나 아파트를 추천해주고 팔면서 돈을 벌었던 당시의 '선생님'들은 집값 하락과 함께 온 데 간 데 없이 사라지고 말았다. 강남에 번듯한 사무실에 직원도 많았던 회사들도 갑자기 없어지고 '선생님' 전화번호도 바뀌어서 연락이 안 되고, 어렵게 연락되어 집값 떨어졌는데 어찌 된 일이냐고 따지면 "투자는 본인의 판단과 책임입니다." 하면서 전화를 끊어버렸다. 그 '선생님' 중에서 망한 사람도 수두룩했다. 지금의 나보다 훨씬 부동산 예측 잘하고 고수 소리를 듣던 사람 중 태반이 무리한 갭투자와 현금흐름을 유지하지 못하는 위험한 투자를 하다가 파산했다. 집들은 경매로 넘어가고 자살한 사람도 꽤 많다. 그리고 죄 없는 세입자들은 경매에서 전세보증금이라도 건지려고 싸워야 했다.

부동산 투자란 이런 것이다. 은행 예금처럼 안전하게 원금보장을 해주는 것이 아니다. 부동산은 주식과 함께 대표적인 '위험자산'이다. 예금, 채권이 '안전자산'이고 비트코인은 '초 위험자산'이다. 나를 포함해서 부동산 경험이 조금 있고 최근 몇 년 혹은 참여정부 시절부터 돈 좀 벌었다고 전문가 행세를 하는 사람의 말은 말 그대로 조언으로만 받아들여야 한다.

물론 검증된 전문가에게 받는 유료상담, 유료강의, 개별상담 등은 큰 도움이 된다. 나에게 상담받은 분들은 진짜 큰 도움이 되었다고 말한다. 그런데 전제 조건이 하나 있다. 스스로 공부하고 노력하면서 투자의 '기본원칙'을 지켜야 한다. 미래의 행복을 위해 현재의 행복을 위험에 빠뜨릴 수 있는 투자는 절대로 하지 않는다.

다음의 보기 중 여러분은 어떤 선택을 하겠는가?

1. 80% 확률로 5억 원을 벌 수 있다.
   10% 확률로 3억 원을 벌 수 있다.

5% 확률로 1억 원을 잃을 수 있다.

5% 확률로 파산할 수 있다.

2. 80% 확률로 5,000만 원을 벌 수 있다.

10% 확률로 2억 원을 벌 수 있다.

5% 확률로 한 푼도 벌지 못할 수 있다.

5% 확률로 3,000만 원을 잃을 수 있다.

사람들은 대부분 1번을 선택한다. 특히 내 집 마련을 했다가 얻어걸려서 돈 좀 만져본 사람들은 눈이 벌게져서 현금을 쌓아놓아봐야 화폐가치 하락에 앉아서 손해를 본다고 생각한다. 그러면서 '레버리지* 투자를 할 줄 모르는 것은 바보다. 지금은 실물자산을 사야 한다'고 하면서 공격적인 투자를 한다.

투자자문이나 컨설팅을 해주는 용하다는 '선생님'들도 1번을 권한다. 그래야 그 과정에서 선생님이 먹을 '수수료'가 생기기 때문이다. 5,000만 원을 벌고 2,000만 원을 컨설팅비로 달라고 하면 주겠는가, 5억 원을 벌고 2,000만 원을 달라고 해야 주지.

1번과 2번의 차이는 무엇인가? 1번은 무려 90% 확률로 3~5억 원을 벌 수 있다. 큰돈을 벌 수 있는 것이다. 반면 5% 확률로 1억 원을 잃고, 5% 확률로 파산할 수 있다.

2번은 80% 확률로 잘되어야 겨우 5,000만 원을 번다. 10% 확률로 로또 터져야 겨우 2억 원을 번다. 5% 확률로 한 푼도 못 벌고

---

* 수익 증대를 위해 차입자본(부채)을 끌어다가 자산매입에 나서는 투자전략을 총칭하는 말

5% 확률로 소소하게 3,000만 원 손해를 본다.

　　기대수익으로 보나 확률로 보나 1번이 유리해 보인다. 문제는 인생은 게임이 아니라는 거다. 재수가 없어서 5% 확률의 파산에 내가 걸릴 수 있다. 게임이라면 미친 확률 조작이네 하면서 다시 하면 되겠지만, 인생은 실전이다. 되돌리기란 없다. 그냥 끝나는 거다.

　　한국인이 교통사고로 죽을 확률은 1.02%라고 한다. 엄청 낮다고 생각하겠지만 90분마다 한 명씩 누군가 교통사고로 사망한다는 것이고 그 누군가가 내가 될 수도 있다. 1% 확률도 그런데 5% 파산 확률은 무시할 수만은 없다. 그런데 청년들은 대부분 1번을 선택한다.

　　40~50대쯤 되면 주위들은 이야기든 본인이 경험한 것이든, 예기치 못한 변수로 파산에 가깝게 가본 경험이 한 번쯤은 있다. 이 나이대가 되면 대부분 결혼도 했고 아이도 있어서 투자 성향이 안정적으로 바뀐다. 내가 잘못되면 나만 잘못되는 게 아니라 우리 가족 모두 망하는 길이니 안전하게 투자하려고 노력한다. 예를 들어 보험사에서 자동차 보험료를 책정할 때 결혼하고 아이가 있는 40대와 처음 자동차를 구입한 20대 청년의 보험료는 엄청나게 차이 난다. 사고 확률이 통계적으로 청년이 더 높기 때문이다. 그리고 40~50대가 되면 집값 상승기 초중반에 얻어걸린 내 집이 이미 많이 올라 있으니 무리하게 대출을 끌어다가 투자할 요인도 적다. 기껏해야 전세 끼고 집 한 채를 더 사두거나, 아니면 집값도 많이 오르고 저축한 돈도 있으니 24평에서 33평으로 이사하거나 혹은 아이 교육에 좋다는 옆동네로 이사가는 정도이다.

반면에 저축한 돈이 적어 전월세 사는 20~30대 청년들은 집값 상승 초중반기의 과실을 하나도 따먹지 못한 상태이다. 이때 어디서 용하다는 '선생님'의 돈 버는 방법의 강연이나 책, 투자설명회 등을 갔다 와서 "이렇게 쉽게 돈 버는 방법이 있었네." 하며 한 방에 만회하여 크게 벌겠다고 영끌 해서 투자하다가 부동산 경기가 꺾이면 파산하고 인생이 곤두박질 쳐지곤 한다. 이런 청년들과 갭투자자들이 파산할 때 찐 부자들은 헐값으로 미래 주요 입지의 땅과 집, 상가들을 사들여 더 큰 부자가 되고 사람들은 더이상 집값이 안 오른다고 집을 안 사니 또다시 집값 상승기가 온다. 언제까지? 우리나라 경제가 더이상 성장하지 못할 때까지.

반면에 지금처럼 집값 상승의 초중반을 놓친 상황이더라도 안정적으로 집값 하락기를 넘기고 중산층으로 성장하는 부류의 사람들은 무리하게 돈을 벌려고 투자하지 않는다. 그들은 2번의 안정적 투자를 선택해서 '경제적 안정'을 위해 적절한 수준의 내 집 마련을 한다. 또한 여러 가지 최악의 위기를 계산해서 현재의 '행복'이 깨지지 않도록 대비책을 갖춘 다음 약간의 집값 상승을 얻는 정도로 만족하는 투자를 한다. 이 사람들은 다음의 집값 상승기 때 축적된 자본과 경험을 바탕으로 큰돈을 벌 가능성이 매우 높다.

말로 하면 감이 잘 오지 않을 테니, 1번과 2번 사례를 실전 예시로 확인해보자.

참여정부 후반인 2007년에 '용산 국제업무지구' 사업이 발표되었다. 당시 서울시장이던 오세훈 시장은 단군 이래 최대 규모의 투자를 통해 용산에 세계적인 빌딩과 업무지구를 만들겠다며 작정하고 계획을 세웠다. 당시는 부동산 가격이 절정으로 폭등하던 시절이라 개발사업이 진행되기에 아주 유리했다. 모든 개발사업은 누군가 비싸게 개발된 부동산을 사주거나 개발 전에 투자금을 받거나 분양해서 돈을 마련해야 사업이 된다. 당시에는 사람들이 집값이 더 오를 것으로 장담해 너도나도 돈을 싸들고 투자하겠다고 나섰다. 거기에 집값을 잡으려면 강남 말고 강북을 개발해야 한다. 한강변을 개발해야 한다, 강북에도 첨단 업무지구가 있어야 한다. 그래야 여의도와 함께 금융 시너지가 난다는 등의 별별 논리로 용산 개발은 한창 대세였다.

당시 참여정부는 집값 폭등으로 지지율이 형편없었기에 힘이 없었다. 차기 대통령이 확정적이었던 전임 서울시장 이명박 후보는 오세훈 시장과 같은 당이었으니 전직 시장이 대통령이 되어 밀어주고, 현직 시장이 사활을 걸고 개발한다고 하고, 강북개발이라는 명분도 좋았고, 부동산 경기는 절정이라 투자도 순조로워 보였다. 거기에 투자금액이 상상을 초월하는, 성공하기만 하면 천지가 개벽할 그런 사업이었다. **한마디로 개발이 확실히 될 것처럼 보이는 대박 사업이었다.**

200m 이상 고층 건물 12개가 계획되어 있었고 오피스, 호텔, 랜드마크, 고급 주상복합 등 어마어마한 개발 계획이었다. 이런 국제업무지구가 만들어지면 주변의 공덕동, 용산동, 이촌동, 서계동, 청파동, 후암동, 만리동, 중림동, 서울역, 한강 건너 여의도, 동작구까지 정말 매머드급 파급 효과를 가져올 사업이었다.

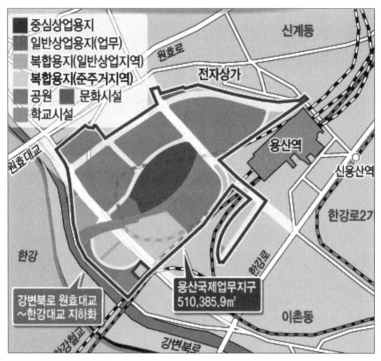

중심상업용지
일반상업용지(업무)
복합용지(일반상업지역)
복합용지(준주거지역)
공원   문화시설
학교시설

신계동

원효로

전자상가

원효대교

용산역

신용산역

한강로2가

한강

한강대교

용산국제업무지구
510,385.9㎡

강변북로 원효대교
~한강대교 지하화

한강철교

강변북로

이촌동

용산국제업무지구 예정지

이렇게 천지가 개벽할 만한 업무단지를 만든다고 했다.

꿈과 희망의 111층 620m, 72층, 88층 빌딩들. 잠실 롯데월드 타워가 555m라고 한다. 세계적 건축가들이 정말 멋진 건물들을 올린다고 했다.

전용면적	26.98	53.98	
2006.02	16250	21000	
2006.10		39000	
2006.11	25000		1년 만에
			4배 이상 가격상승
2007.03	27000		
2007.05	47000		
2007.11	68000	10억(당시 예상호가)	
2014.09	45000		최고점 대비
2015.05	28000	41000	50~60% 가격 폭락
2015.07	32000		
2016.07	30000		
2016.09	40000	47500	
2017.02	36000	53000	
2017.04		70000	
2017.05	41000		
	40000		
2017.06	41000		
2017.07	45000		
2017.09			
2017.12	48500		
2018.03	54800		
	60000		박근혜, 문재인 정부
2018.06	61000		시기 꾸준히 오르는 가격
2018.07		89000	
2018.08	70000	80000	
2019.01	60000		
2019.06	65000		
2019.07	66000		
2019.10	65000	90000	
2019.11	64900		
2020.01	65000		
	66000		
2020.03	65000		
2020.04	72000		
2021.06	88000	114300	2006년 대비 5배 가격상승 2007년 최고점 대비 20% 정도 가격상승

214

이때 용산 서계동, 청파동 같은 낙후 빌라 지역은 아파트 재개발 바람이 불면서 빌라 쪼개기가 극심했다. 주로 '선생님'들이 "용산 국제업무지구는 무조건 됩니다. 대통령과 서울시장이 밀고 있는 사업이니까요. 이렇게 빌딩들 올라가면 주변에 낙후 빌라를 가만두겠어요? 무조건 아파트 개발됩니다. 낙후 빌라는 관리가 힘드니 제가 신축 빌라 소개시켜드릴 테니 무조건 사세요." 하면서 연계된 신축 빌라를 팔아먹고 컨설팅비와 빌라업자 수수료, 전세입자 세팅비 등의 돈을 챙겨갔다.

신축 빌라 말고도 30년 이상 된 노후 빌라들도 날개 돋치듯 팔려나갔다. 용산국제업무지구 개발지 내 이촌동의 1975년식 노후 빌라 실거래가를 보도록 하자.

2006년에 2억 1,000만 원 하던 빌라 가격이 2007년에 10억 원까지 올라 1년 만에 4배 이상 올랐다. 정말 미친 가격상승이다. 하지만 2009년 용산 참사 사태가 터지면서 개발사업이 중단되었고 2008년 금융위기, 보금자리 주택, 뉴타운 재개발·재건축, 2기 신도시 입주 시작, 부동산 경기 꺾임, 대규모 오피스 수요 감소 등의 악재 콤보로 용산국제업무지구 사업은 무산되었다. 그 결과 2007년 6억 8,000만 원 하던 전용 9평 빌라는 2015년 2억 8,000만 원으로 폭락했다. 그리고 2021년 8억 8,000만 원으로 14년 만에 전고점을 돌파했다.

함께 생각해보자. 왜 저 빌라 가격이 1년 만에 4배 이상 미친 듯이 올랐을까? 지금 문재인 정부 들어 서울의 아파트 가격이 5년에 걸쳐 2~3배가 된 곳들이 있는데, 1년 만에 4배가 올랐으면 정말 미친 상승속도라는 것을 알 수 있다(10억 원 아파트가 1년 만에 40억 원이라니). 당연히 개발이 확실시되고 단기간에 큰 수익이 남을 것 같으니 가격이 오른 것이다. 반면에 2015년에 빌라 가격이 왜 60% 이상 폭락했을까? 용산국제업무지구 사업이 실패로 끝나고 미래 개발 가치가 0원이 되었으니 새 아파트 받는 것은 물 건너가고 다시 1975년식 낡은 9평 원룸 빌라의 가격으로 돌아간 것이다. 거기에 아직 본격적 상승기는 아니었던 박근혜 정부 중반 시기였기에 서울 집값은 더 떨어졌다.

그렇다면 2021년 용산국제업무지구 개발은 사라졌는데, 어떻게 전고점 6억 8,000만 원을 넘어서서 8억 8,000만 원을 찍었을까? 이유는 두 가지다. 먼저 위치가 너무 좋다. 한강변의 용산이니 버려둘 수 없는 땅이다. 국제업무지구처럼 대규모 개발은 아니더라도 적당히 실현 가능한 재개발이 결국에는 이루어질 것이다. 또 다른 이유는 부동산 상승기이기에 다른 곳들도 워낙 많이 올라서 따라 올라간 것이다.

이것이 바로 1번 투자이다. 청년들의 인생을 파산시킬 수 있는 **미래의 '큰돈'을 위해 현재의 '전 재산'을 위험에 빠뜨리는 잘못된 투자 말이다.** 내가 살지도 못하는 낡은 빌라를 '선생님' 말만 믿고, 부동산 카페 말만 믿고 영끌 대출해서 전세 끼고 샀더니 경제위기 오고 재개발 물 건너갔다고 집값이 떨어진다. 금리도 올라서 대출 이자도 늘어난다. 세입자는 집이 오래되어 허구한 날 보일러 고쳐달라, 파이프 터졌다, 비가 샌다, 곰팡이 핀다며 고쳐달라고 해서 돈만 나간다. 버티다 보면 오르겠지 하면서 5년을 버텼는데 하나도 안 오른다.

결혼해야 하는데, 부모님이 큰 병에 걸리셨는데, 회사에서 잘렸는데, 교통사고가 났는데, 돈이 죄다 저 망할 빌라에 묶여 있다. 30% 손해를 보더라도 팔려고 했는데 아무도 산다는 사람이 없다. 50% 손해를 보고 헐값에 겨우 팔았다. 주변에 누군가가 빌라 산다고 하면 빌라는 절대로 안 오른다면서 말리고 다닌다. 이쯤 되면 1번식 투자를 하는 청년들이 어떻게 망하는지 이해가 되었을 것이다.

반면에 찐 부자들은 청년처럼 망하지 않는다. 찐 부자들은 신용 대출을 받아가면서까지 저 빌라를 사지 않는다. 돈이 많기 때문이다. 용산 땅의 위치가 워낙 좋으니 이번에 안 되면 10년 뒤에, 그때 안 되면 20년 뒤에 되겠지 하는 마음으로 팔지 않는다. 여차하면 귀여운 손자, 손녀에게 증여해준다. 집값이 떨어져서 증여세도 조금만 나오니 다행이다. 20년 뒤에 손자, 손녀가 성인이 되면 저기도 개발되어 멋들어진 한강뷰 아파트에 사는 모습을 상상하면서 말이다. 또한 2015년에 영끌 투자했던 가난한 청년이 은행 이자나 목돈 필요를 못 견디고 50~60% 헐값에 내놓은 그 집을 찐부자가 '고맙습니다.' 하고 냉큼 사간다. 용산이라는 땅은 보통의 위치가 아니기 때문에 저렴하게 잘 샀다고 좋아한다.

자, 이제 단기 차익을 노리고 전세 끼고 갭투자한 영끌 대출 투기꾼과, 찐부자 말고 적정한 수준의 대출로 1주택 '실거주' 내 집 마련을 했던 분의 입장을 살펴보자.

개발 바람이 불기 전인 2006년에 1억 6,250만 원에 빌라를 샀던 사람을 주목해보자. 개발 바람이 불기 전이라 투기수요가 붙기 전에 집을 산 사람은 2015년 최저가 2억 8,000만 원을 찍었을 때 팔았다고 해도 1억 2,000만 원을 벌었다.

2000년과 2001년에 실거주하려고 5,000~6,000만 원에 집을 샀던 사람들은 언제든 억 단위로 큰돈을 벌었다. 서울의 입지 좋은 용산 한강변, 낡은 9평짜리 원룸 같은 빌라에 '실거주' 목적으로 살던 사람들은 재개발이니 재건축이니 이런 호재가 터지기 전에 내 집 마련을 싸게 했던 것이다. 집값 오른다고 난리인 참여정부 시절 내 집에서 두 발 뻗고 편히 살면서 타이밍 좋게 팔았으면 6억, 최악의 타이밍에 팔았어도 1억 2,000만 원, 지금까지 가지고 있으면 8억 원을 벌었다는 소리이다.

지금 2022년도 크게 다르지 않다. 소위 부동산을 잘 알고 잘 예측한다는 '선생님'들은 주로 1번 같은 투자를 권한다. 왜냐하면 이제 서울과 경기도 1급지 아파트 가격이 너무 비싸서 돈 없는 청년들에게는 팔아먹을 수가 없다. 그러니 미래에 개발되면 대박이지만 실패하면 쪽박인 위험한 물건을 팔 수밖에 없는 것이다. 그래야 본인들이 돈을 벌기 때문이다.

다섯 가지 교훈

1. 실거주가 불가능한 자금상태로 영끌 대출로 갭투자 하지 마라. 집값이 하락하면 돈이 필요할 때 큰 손해를 보고 집을 팔게 된다.
2. 재개발·재건축, 개발 호재 등으로 매매가가 부풀려진 경우

에는 하락기에 50% 폭락도 나온다.

3. 집값이 하락하더라도 다시 오를 때까지 보유할 수 있는 집이
   라면 손해보지 않고 더 오른 값에 팔 수 있다. 그 대신 세월
   이 오래 걸린다.

4. 개발 바람이 불기 전에 저렴할 때 '실거주' 목적으로 내 집 마
   련을 한 사람은 위험 없이 목돈을 벌 수 있었다.

5. 만일 빌라 위치가 용산이 아니라 경기도 외곽의 입지 나쁜
   곳이었으면 비싸게 산 사람은 원금회복이 쉽지 않다. 서울
   용산이니까 2021년에 14년 만에 전고점 돌파해서 오르고 있
   는 것이다. 즉 내가 투자성이 높은 집을 집값 꼭지 시기에 사
   는 큰 실수를 해도 위치가 좋으면 세월이 흘러 다시 기회가
   오고, 잘못된 위치를 사면 두 번 다시 기회는 오지 않고 큰
   손해를 봐야 한다.

자, 이제 2번 형태의 '경제적 안정'을 이루어주는 내 집 마련의 방
법을 살펴보자.

나와 가까운 한 분의 사례를 통해 살펴보자.

그분은 돈 욕심이 없고 실거주를 해결하기 위해 직장의 위치와
자녀교육 등 모든 걸 고려해서 적절한 '주택담보대출'을 받아 지금까
지 12년간 살아왔다. 2009년 집값이 아직은 한창 비쌀 때 내 집 마
련을 한 것이다.

서울 집값은 2013년이 저점이고 2009년은 고점 대비 10% 정도
밖에 하락하지 않았다. 한편 일부 지역은 오히려 2009년에 최고

빌라 매매 계약서

본 부동산에 대하여 매도인과 매수인은 합의에 의하여 다음과 같이 매매계약을 체결한다.

1. 부동산의 표시

소 재 지	서울시 송파구 잠실동 303-1						
토 지	지목		대지권		연 적		360.2분의44.98㎡
건 물	구조 철근콘크리트		용도 주거용		연 적		73.06㎡

2. 계약내용

제1조 위 부동산의 매매에 있어 매도인과 매수인은 아래와 같이 매매대금을 지불하기로 한다.

매 매 대 금	金삼억육천오백만	원정 (₩ 365,000,000)
계 약 금	金이천만	원정은 계약시에 지불하고 영수함, 영수자
중 도 금	金오천만	원정은 2009년 05월 15일에 지
金		원정은 년 월 일에 지불하며,
잔 금	金이억구천오백만	원정은 2009년
융자/보증금	金	원정은

제2조 매도인은 매매대금의 잔금을 수령함과 동시에 소유권 이전등기에 필...
... 절차에 협력하며, 위 부동산에 대하여 2009년 07월 09일 인도하기로 한다.
제3조 매도인은 소유권의 행사를 제한하는 권리나 조세공과금 기타 부담금의 미납이 있을 때는 잔금수수일...
이전까지 그 권리의 하자 및 부담 등을 제거하여 완전한 소유권을 이전하여야 한다. 다만 달리 약정...
한 경우에는 그러하지 아니한다.
제4조 위 부동산에 관하여 발생한 수익의 귀속과 조세공과금 등의 부담은 위 부동산의 인도일을 기준으로...
하여 그 이전까지는 매도인에게 그 이후의 것은 매수인에게 각각 귀속한다. 단 지방세의 납부 의무...
및 납부책임은 지방세법의 규정에 따른다.
제5조 매도인이 중도금(중도금약정이 없을 때는 잔금)을 지불하기 전까지 매도인은 계약금의 배액을 배상하...
고, 매수인은 계약금을 포기하고 본 계약을 해제할 수 있다.
제6조 매도인 또는 매수인은 본 계약상의 채무불이행이 있을 경우 계약당사자 일방은 채무불이행한 상대방...
에 대하여 서면으로 이행을 최고하고, 이를 이행하지 않을 경우 계약을 해제 할 수 있다. 이 경우 매...
도인과 매수인은 각각 상대방에 대하여 손해배상을 청구할 수 있으며, 손해배상에 대하여 별도 약정...
이 없는 한 제5조의 기준을 따른다.
제7조 공인중개사는 계약 당사자간의 채무불이행에 대해서는 책임지지 않는다. 또한 중개수수료는 본 계약...
의 체결과 동시에 매도인과 매수인 쌍방이 각각 지불하며, 공인중개사의 고의나 과실 없이 계약당사...
자간의 사정으로 본 계약이 해제되어도 중개수수료를 지급한다.
제8조 공인중개사의 업무 및 부동산 거래신고에 관한 법」제25조3항의 규정에 의거 중개대상물 확인설명서...
와 공제증서사본을 거래당사자 쌍방에게 교부한다.

실제 계약서 사진이다. 내 책의 내용에는 거짓이 없다.

점을 찍었는데, 그분은 집값 하락 전에 제일 비쌀 때 상투를 잡은 것이다.

그분은 별다른 부동산 지식이 없는 분이었다. 가격도 비쌌고 게다가 집을 사기 안 좋은 최고점에 가족 실거주 목적으로 집을 샀다. 잠실 빌라 말고 다른 유망지역 아파트를 사는 게 좋았을 텐데 '잠실'을 벗어날 수 없는 사정이 있었기에 본인이 모은 돈과 모자란 돈은 대출을 받아 집 크기가 조금 넉넉한 빌라를 샀다.

2006년에 2억 6,000만 원 하던 잠실 본동 30평 빌라를 2009년에 3억 6,500만 원에 40% 이상 오른 가격에 샀는데, 지금으로 치면 6억 원 하던 아파트를 10억 원에 뒤늦게 사는 셈이다. 지금도 그렇지만 당시 1억 원은 진짜 큰돈이었다.

그 집은 주차가 적당하고 엘리베이터도 있고, 거주 여건이 그럭저럭 괜찮은 빌라촌 주거지역에 있었다. 가까운 지하철역은 도보 15분 거리에 2호선 종합운동장역이 있었다. 하지만 이 동네는 12년이 지난 지금까지도 도보 15~20분 거리에 9호선 지하철역이 생긴 것 말고는 별다른 개발 호재가 없었다. 요즘은 집 근처에 오피스텔도 지어지고 주변에 맥도날드도 하나 생긴 것 같지만, 사실상 크게 변한 건 없다.

그분은 이 빌라에서 자녀들을 잘 키우면서 12년간 행복하게 잘 살았다. 2021년에 이 빌라의 가격은 얼마나 했을까?

2020년 1월에 전용면적이 살짝 더 작고 대지지분이 적은 위층 집이 5억 9,500만 원에 실거래 매매되었고 2021년 3월에 이 빌라는 6억 4,000만 원에 전세를 주게 되었다. 전세를 주지 않고 팔았다면 매매가는 6억 5,000만 원에서 7억 5,000만 원 정도 된다(이 책이 출간될 즈음에는 더 올라 있을 것이다).

2009년 최고 비쌀 때 3억 6,500만 원에 샀는데 12년 후 최소 3억에서 4억 원의 시세차익이 발생했다. 부동산 투기 마인드 없이 우리 가족이 출퇴근 편하고 애들 키우기 적당한 집을 월급 수준 고려해 구매해서 12년간 내 집에서 두 발 뻗고 행복하게 살았는데, 1년에 약 2,500만 원씩 집값이 오른 것이다. 아마도 이분은 주변 사람들에게 "빌라도 아파트만큼은 아니지만 집값이 꽤 오른다. 형편이 넉넉지 않으면 실거주 목적으로 빌라라도 사라."라고 말할 것 같다. 1번을 선택한 사람이라면 빌라는 사면 망한다고 말하고 다닐 것이

부동산(다세대주택) 전세 계약서

임대인과 임차인 쌍방은 아래 표시 부동산에 관하여 다음 계약 내용과 같이 임대차계약을 체결한다.

1. 부동산의 표시

소 재 지	서울특별시 송파구 잠실동 303-1							
토 지	지 목	대		면 적	360.2 ㎡	대지권종류	소유권	대지권비율
건 물	구 조	철근콘크리트구조		용 도	다세대주택		면 적	73.06 ㎡
임대할부분							면 적	73.06 ㎡

2. 계약내용

제1조 [목적] 위 부동산의 임대차에 한하여 임대인과 임차인은 합의에 의하여 임차보증금 및 차임을 아래와 같이 지불하기로 한다.

보 증 금	금 육억사천만원정	(₩640,000,000)
계 약 금	금 육천오백만원정	은 계약시에 지불하고 영수함
잔 금	금 오억칠천오백만원정	은 2021년 05월 28일에 지불한다

제2조 [존속기간] 임대인은 위 부동산을 임대차 목적대로 사용할 수 있는 상태로 2021년05월28일 까지 임차인에게 인도하며, 임대차 기간은 인도일로부터 2023년05월27일(24개월) 까지로 한다.

제3조 [용도변경 및 전대 등] 임차인은 임대인의 동의없이 위 부동산의 용도나 구조를 변경하거나 전대, 임차권 양도 또는 담보제공을 하지 못하며 임대차 목적 이외의 용도로 사용할 수 없다.

제4조 [계약의 해지] 임차인이 제3조를 위반하였을때 임대인은 즉시 본 계약을 해지할 수 있다.

제5조 [계약의 종료] 임대차 계약이 종료된 경우 임차인은 위 부동산을 원상으로 회복하여 임대인에게 반환한다. 이러한 경우 임대인은 보증금을 임차인에게 반환하고, 연체 임대료 또는 손해배상금이 있을 때는 이들을 제하고 그 잔액을 반환한다.

제6조 [계약의 해제] 임차인이 임대인에게 중도금(중도금이 없을때는 잔금)을 지불하기 전까지 임대인은 계약금의 배액을 상환하고, 임차인은 계약금을 포기하고 이 계약을 해제할 수 있다.

제7조 [채무불이행과 손해배상의 예정] 임대인 또는 임차인은 본 계약상의 내용에 대하여 불이행이 있을 경우 그 상대방은 불이행 한 자에 대하여 서면으로 최고하고 계약을 해제할 수 있다. 이 경우 계약 당사자는 계약해제에 따른 손해배상을 각각 상대방에게 청구할 수 있으며, 손해배상에 대하여 별도의 약정이 없는 한 계약금을 손해배상의 기준으로 본다.

제8조 [중개보수] 개업공인중개사는 임대인과 임차인의 본 계약 불이행에 대해 책임을 지지 않는다. 또한 중개보수는 본 계약 체결에 따라 계약 당사자 쌍방이 각각 지불하며, 개업공인중개사의 고의나 과실 없이 본 계약이 무효, 취소 또는 해제 되어도 중개보수는 지급한다. 공동중개인 경우에 임대인과 임차인은 자신이 중개 의뢰한 개업공인중개사에게 각각 중개보수를 지급한다.

제9조 [중개대상물확인설명서교부등] 개업공인중개사는 중개대상물확인설명서를 작성하고 업무보증관계증서(공제증서 등) 사본을 첨부하여 거래당사자 쌍방에게 교부한다. (교부일자 : 2021년 03월 01일)

12년 실거주 잘하고 매매가도 아닌 전세가로 2억 8,000만 원 높게 전세를 주었다.

고, 2번을 선택한 사람은 빌라도 괜찮다고 말하고 다닐 것이다. 이게 바로 2번 '경제적 안정'을 위한 내 집 마련의 방법이다.

단기간에 큰 이득을 노리지 않고 나의 삶을 고려해서 내가 살기 좋고 장기적 전망이 좋은 입지의 집을 전월세 주지 않고 실거주한다. 중간에 가격이 내려가든 말든 신경 쓰지 않고 행복하게 살다 보니 집값 상승기가 얻어걸려서 돈을 버는 것이다. 1주택 실거주했으니 9억 원 이하 양도차익 비과세로 세금도 한 푼 안 낸다. 이분은 사정상 잠실에 꼭 살아야 해서 빌라를 샀지만, 당시 강동구와 성동구, 동작구 등에 아파트를 샀으면 시세차익이 좀 더 컸을 것이다.

이제 이해가 되는가? 돈도 별로 없고 경험도 없는 사람들이 '선생님' 말씀만 믿고 큰돈을 벌려고 복잡하게 일을 벌이다가는 집값 하락기에 '파산'하기 십상이다. 2009년 집값 꼭지에 샀다고 해도 제대로 된 지역에 제대로 된 주택을 사서 행복하게 살다 보면 이렇게 집값이 오르는 것이다. 지금은 이런 투자를 해야 할 때다. 큰돈 벌 생각으로 뛰어드는 게 아니라 전세 폭등과 화폐가치 하락 속에서 내 재산을 지키고 '경제적 안정'을 가져다줄 '실패하지 않는 내 집 마련'을 해야 할 때란 말이다.

그러니 제발 영끌 대출받아서 자산 규모에 맞지도 않는 비싼 아파트, 비싼 재개발 빌라 갭투자 좀 그만하길 바란다. 갭투자도 내가 2~4년 정도 월급 모아서 들어갈 수 있는 수준이면 모르겠지만, 갭으로 사둬도 들어갈 돈을 모을 수 없는 수준의 비싼 주택을 입지가 좋다거나, 개발 계획이 좋다는 이유로 구매하는 청년들을 보면 정말 안타까울 뿐이다. 내가 모은 저축액을 바탕으로 내게 발생 가능한 위기 상황을 시뮬레이션해보고 파산할 위험이 없는 수준의 주택담보대출을 받아서 '실거주'용 내 집 마련을 해야 한다.

현재 서울, 수도권 청년 기준 내 집 마련 방법에 내 판단으로 점수를 매겨보면 다음과 같다.

- 0점 : **영끌 대출**받아 재개발·재건축 갭투자로 **여러 채** 사는 것
- 0점 : 생활형 숙박 시설, 오피스텔, 레지던스, 호텔 등 여러 채 짤짤이로 시세차익 거둘 목적으로 사는 것
- 0점 : 지역주택조합 하는 것
- 30점 : 전세퇴거자금대출 + 4년간 모은 월급 저축액으로 전세금을 빼주지 못해서 '실거주'를 4년 뒤에도 할 수 없는 수준의 집을 전세 끼고 갭투자로 사는 것(0점짜리 투자보다는 좀

낮다. 파산 위험이 상대적으로 훨씬 적다.)

- 30점 : 만족스럽지는 못해도 내 집 마련이 가능한 저축액이 있음에도 월세를 사는 것(청약 당첨점수 청년 제외, 글로벌 인플레이션 시대에 실물자산이 하나도 없으면 1초마다 현금이 녹아내리는데, 집주인에게 월세까지 주면 돈은 더 없어진다.)

- 50점 : 만족스럽지는 못해도 내 집 마련이 가능한 저축액이 있음에도 불구하고 전세를 사는 것(청약 당첨점수 청년 제외, 글로벌 인플레이션 시대에 실물자산이 하나도 없으면 1초마다 현금이 녹아내린다.)

- 60점 : 4년 동안 월급 저축액으로 갚을 수 없는 수준의 신용대출과 변동금리 주택담보대출로 '실거주' 내 집 마련을 하는 것(금리 인상, 갑작스러운 경제위기, 실직, 집값 하락 시 신용대출 상환요구 리스크로 그 고비를 못 넘기고 헐값에 집을 팔게 될 가능성이 있다.)

- 70점 : 2~4년간 월급을 저축하면 전세퇴거자금 대출과 저축액으로 전세금을 빼줄 수 있어서 당장은 전월세 살면서 미래에 '실거주'가 가능한 수준의 집을 '갭투자'로 사두고 2~4년 뒤에 입주하는 내 집 마련을 하는 것(안정적이고 다 좋다. 하지만 문재인 정부처럼 전세퇴거자금 대출을 갑자기 조인다든지, 2~4년 뒤에 금리가 높아져서 대출이자가 비싸진다든지 하는 정책적 리스크가 있다. 그래도 이 정도는 괜찮은 투자라고 본다. 특히 모은 돈은 적지만 급여소득이 높은 대기업 청년이나 신혼부부에게 좋다.)

- 80점 : 4년 동안 월급 저축액으로 신용대출을 갚을 수 있는

수준의 신용대출과 변동금리 주택담보대출로 '실거주' 내 집을 마련하는 것

- 100점 : '30년 이상' 고정금리 주택담보대출과 내 돈으로 '실거주' 내 집 마련을 하는 것(고정금리라 금리가 오르든 말든 나와는 상관없고, 주택담보대출은 집값 떨어졌다고 갚으라고 할 수 없다. 신용대출은 집값 하락 시 만기연장 거부 리스크가 존재한다. 신용대출이 없으니 최악의 위기 발생 시 신용대출을 받아 위기를 넘기는 안전장치도 하나 더 마련된 셈이다.)

이 책에서 나는 전월세 살지 말고 저축해서 가능한 빨리 '내 집 마련'을 하라고 계속 강조하고 있다. 그럼에도 전세를 사는 게 50점, 월세를 사는 게 30점이다. 그러니 0점짜리는 얼마나 하지 말아야 하는지 감이 올 것이다.

누구에게도 말하기 힘든 다주택 실패 사례

책을 쓰기로 했을 때 나는 청인공(청년인생공부) 커뮤니티를 도와주고 계신 김용민 선생님께 조심스럽게 부탁드렸다.

"하나 마나 한 소리 말고 청년들에게 실질적으로 도움이 되는 내용을 담고 싶습니다. 돈이 돈을 번다는 투자 열풍에 휩싸인 사회 분위기에서는, 제가 말하는 경제적 안정을 위해 '내 집 마련'을 꼭 하라는 말이 잘 전달될 겁니다. 그런데 분명 종잣돈 5,000만 원 정도를 빨리 모으기 위해 각종 리스크 높은 투자에 기웃거리는 청년

들도 있을 것 같아요. 내 집 마련 뒤에 그들은 1,000~2,000만 원 투자해서 1,000~2,000만 원 전매 프리미엄이나 집값 상승분에 대한 이익을 집 개수를 늘려서 날로 먹고 싶어할 것입니다. 이런 다주택 투자를 하다가 실패했을 때 얼마나 위험할 수 있는지, 용민 선생님의 투자 실패기를 책에 담았으면 합니다."

돈 벌었다고, 성공했다고 자랑하는 건 쉽다. 하지만 내 치부를 드러내면서 실패한 경험을 이야기하기란 정말 어렵다. 특히 익명의 인터넷 게시판도 아닌 출판되는 책에서 말이다. 큰 용기를 내주신 용민 선생님께 감사드리며 청년들은 이 내용을 꼭 유념해서 읽어주길 바란다. 용민 선생님이 말씀해주신 내용을 내가 글로 정리했다. 내용은 모두 진실인 실제 사례이다.

나는 화목한 가정에서 자라나지 못했다. 고등학교 졸업 후 군복무를 마치고 21세 때 단돈 5만 원을 가지고 서울로 상경해서 독립했다. 이후로 각종 요식업종, 수많은 음식점에서 일했다. 약간의 돈을 모아 나만의 가게를 차리기도 하고, 노점을 하기도 하면서 치열하게 살아왔다.

처음 서울에 와서는 식당에서 일하면서 식당 한편에 딸린 작은 방에서 생활했다. 요즘은 많지 않지만, 예전에는 숙식 가능한 작은 방이 있는 음식점들이 꽤 있었다. 그렇게 처음 시작한 일자리에서 하루 12~14시간을 주7일 근무하고 월 2회 쉬면서 60만 원을 받았다. 어느 정도 연차가 되고 돈이 모인 다음에는 월 21만 원 하는 고시원에서 살았다. 그렇게 단칸방을 거쳐 2009년부터 보증금 500에 40만 원 월셋집으로 옮겼다.

이렇게 허드렛일부터 시작한 나는 기술을 배워 요리사가 되었다. 지금도 하루 12시간 주6일 근무 월 4회 휴무로 일하고 있는데, 남들처럼 하루 8시간 주5일 근무가 내 목표 중 하나이다. 나는 아까운 청년기를 오로지 일을 배우고 돈을 버는 데 모두 바쳤다. 항상 근무시간보다 일찍 출근해서 가게 오픈준비를 여유 있게 끝내놓고 성실하게 일했기에 많은 사장님과 알게 된 모든 분들께 인정을 받았다. 가게 사정이 어떻든 국내 경제 상황이 어떻든 불러주는 곳이 끊이지 않아 지금까지 쉬지 않고 일해올 수 있었다.

2008년, 남들은 집값이 폭등한다 어쩐다 하며 관심을 보이던 그때도 나는 그저 묵묵히 일하며 돈만 모았다. 그러던 중 지인의 권유로 동두천역에 있는 24평 아파트를 7,000만 원에 사게 되었다. 직장은 서울이었으니 투자용이었다. 그 집을 2014년까지 7년을 가지고 있었는데 집값이 하나도 오르지 않아 결국 1,500만 원 손해를 보고 5,500만 원에 팔았다. 지금도 내가 산 가격보다 금액이 낮다고 한다. 그렇게 나의 첫 투자는 실패하고 말았다.

2014년 내 나이 35세, 통장에는 3억 정도 모여 있었다. 어느 날 나는 퇴근하고 집에 돌아와 평소처럼 씻고 TV를 틀었다. 홈쇼핑 채널에서 흘러나오는 내용은 평택에 있는 한 호텔분양 광고로, 위치가 아주 좋고 다달이 월세 수입을 안정적으로 준다는 내용이었다. 나는 다달이 안정적으로 수입이 들어온다는 데 귀가 솔깃했다(당시는 남 대표님을 만나기 전이었으니 경제공부가 되어 있지 않았다). 괜찮은 투자라고 확신한 나는 그곳을 찾아갔고 분양가 1억 8,000만 원에 호텔 방 한 개를 곧바로 구매했다. 호텔 운영 업체에서 보증서를 써주었는데, 15.8%를 8년간 지급 보증한다는 내용으로 월 150만 원 정도의 수익이 생겼다. 나중에 호텔 방도 팔 수 있고 월 150만 원씩 월세도 들어오니, 12시간 6일씩 힘들게 일하지 않고 남들처럼 8시간 5일만 일하는 식당으로 옮겨도 될 것 같았다. 호텔 방 2개를 계약하면 2배로 돈이 들어온다는 유혹을 떨치지 못하고 나는 결국 호텔 방 1개를 더 구입했다. 업체는 곧바로 4% 금리 주택담보대출을 1억 6,000만 원까지 끌어줬다. 유명 호텔 체인이기도 하고 보증서까지 받았으니 당연히 문제없을 줄 알았다.

2017년 호텔 완공 후 10개월간은 이자를 잘 지급해주었다. 그런데 그 후 운영사는 파산했고 지금까지 나는 돈 한 푼도 받지 못하고 은행이자만 내고 있다. 호텔은 잘 운영되고 있지만 알고 보니 바지사장을 내세워서 고의파산한 것이다. 법정 소송을 걸어 승소하긴 했지만 배째라는 식으로 나와 돌아오는 것이 한 푼도 없다. 호텔을 절반 가격에 팔아보려고 해도 아무도 사지 않는다. TV 시사 프로에도 나왔고 피해자들끼리 대책위원회를 만들어서 활동하고도 있지만 4년이 지난 지금까지 해결되지 않고 있다. 호텔 사장은 또다시 김포에 오피스텔을 짓고 합법적으로 분양을 하고 있는데 말이다.

2014년에 호텔을 샀을 때, 대출을 80% 가까이 받았기에 3억 원 중 대부분의 돈이 내 손에 있었다. 그때부터 나는 가게에 손님이 없는 시간이면 경제 TV 같은 케이블 방송을 틀어놓고 부동산 전문가들의 말을 귀 기울여 듣곤 했다. 전화를 하면 방문하라고 유도했다. 대부분 갭 2,000~3,000만 원에 상담수수료 포함해서 오피스텔이나 신축 빌라를 세팅해서 판매해주는 프로그램이었다.

2016년에 나는 부동산 TV 광고를 보고 모델하우스를 찾아갔고 미사, 동탄, 배곧 신도시의 오피스텔을 구매하게 되었다. 당장은 계약금 1,000~3,000만 원만 있으면 되었다. 2017년에는 식당 근처 부동산에 놀러갔다가 꼬드김에 넘어가 서울 외곽지역의 신축 빌라 열 채를 몇 달 단위로 한 채씩 사들였다. 한 채당 1,000~3,000만 원씩 내 돈이 들어가는데, 부동산에서는 책임지고 전세를 맞춰준다고 약속했다. 내가 산 가격보다 비싸게 전세를 맞춰서 중간에 이득을 챙기는 것 같았다. 불법건축물도 두 채나 있었는데 당시는 알아차리지 못했다. 분양대행 직원은 평소와 다르게 고맙다고 100만 원을 챙겨줬는데, 알고 보니 불법건축물이라 그런 것이었다. 그렇게 2017~2018년까지 신축 빌라 열 채를 구매했다.

집 있는 사람들은 집값 오른다고 좋아하던 2019년에 본격적인 위기가 찾아왔다. 소송에 걸려 있는 호텔은 월세는 안 들어오고 호텔에 대한 주택담보대출 이자만 끊임없이 나갔다. 공짜로 준다고 해도 사는 사람이 없었다. 빌라는 불법건축물이라며 한 채 당 1년에 120만 원씩 벌금이 나왔다. 오피스텔 세 채, 빌라 열 채, 나홀로 아파트 한 채, 호텔 두 채를 체계적인 계획 없이 샀다가 호텔 월세가 막히면서 자금이 꼬이기 시작했다. 오피스텔이 완공되었지만 전세를 줘도 한 채 당 3,000~5,000만 원씩 잔금이 부족해 대출을 받으려고 해도 호텔 주택담보대출 때문에 모든 것이 꼬여버렸다. 1금융권에서는 당연히 대출되지 않았고 SBI, 유진저축은행, P2P 대출 18~20% 금리로 4,000만 원 신용대출을 받았다. 그것만으로 부족해서 지인들에게 개인대출 3,500만 원을 받았다.

이런 상황이 되었을 때 남덕현 대표님을 알게 되었다. 하루하루 각종 세금과 은행이자, 잔금, 세입자의 집수리 요청에 시달렸고, 제때 돈을 갚지 못해 독촉에 시달리고 있을 때였다. 정말 죽고 싶을 만큼 힘들었다. 불법건축물은 벌금만 나오는 데 그치지 않고 보증보험 가입도 안 되어 전세금을 세입자에게 제대로 돌려주지 못하는 상황이 발생했다.

내가 산 가격보다 저렴하거나 큰 이득이 없이 빌라들을 팔았다. 당시는 누가 돈 한 푼 안 줘도 이 집들을 다 가져가 주고 빚에서 해방시켜 주었으면 하는 마음까지 들었다.

2020년까지는 내가 산 가격 수준에서 사려는 사람이 거의 없었다. 2021년부터는 큰 손해를 보지 않거나 약간의 이득을 보고 한 채, 두 채 팔 수 있었다. 그렇게 집들을 팔면서 개인대출 3,500만 원, 신용대출 4,000만 원을 모두 갚고 호텔 주택담보대출만 남았다. 지금은 호텔 두 채, 오피스텔 세 채, 빌라 한 채를 가지고 있으며 이것도 하나하나 팔아서 정리할 계획이다. 이리저리 세금 내고 손해보고, 3~4억 원 모은 돈은 사라지고 빚과 애물단지 집들만 남은 상태다.

남 대표님은 그래도 내게 운이 좋다고 말한다. 집값 상승기라서 파산하지 않고 비싸게 바가지 쓰고 산 가격에 그대로 팔거나 조금 더 비싸게 팔 수 있었다고. 그는 만약 집값 하락기였다면 무조건 파산하여 20년간 모은 돈을 한 푼도 건지지 못했을 거라고 말했다. 지금 목표는 다 정리하고 빌라나 오피스텔 한 채만 남기고 전세금을 돌려줘서 내가 들어가서 내 집에서 사는 것이다. 돈이 모두 투자되어 있어 지금도 작은 원룸에서 월세를 살고 있으니 내 집에서 사는 게 목표다. 호텔 건이 해결되어야 하는데, 전국에 이런 사람들이 수두룩하다고 한다. 팔리지도 않고, 수익도 안 나고, 은행대출 갚을 돈은 없고. 그래도 포기하지 않고 열심히 일하면서 호텔에 대해 법적인 해결을 진행하고 있다. 가격이 어느 정도 오른 오피스텔과 빌라들을 팔아서 다시 일어설 생각이다. 2014년에 3억을 모았을 때 잘 모르는 투자 같은 것 하지 말고 그냥 내가 살 아파트 한 채 정도 샀으면 얼마나 좋았을까? 집 수만 늘리는 게 아니라 그냥 내가 살 집 하나 사놓고, 장기적인 미래가 있는 서울 중심가 빌라 한 채 정도 사놓고 하루 8시간 주5일 일하면서 내 집에서 두 발 뻗고 살았으면 얼마나 좋았을까 지금도 후회한다.

이 글을 읽는 청년들은 돈을 쉽게 벌 생각으로 집을 여러 채 사지 않았으면 한다. 그리고 내가 살 수 없는 집을 투자용으로 사지도 않았으면 한다. 일이라는 게 내 생각처럼 잘되지 않는다. 허튼짓 하지 말고 내 집 마련부터 해라. 그리고 경제공부도 제대로 해야 한다. 잘 모르면서 무언가에 투자하는 건 정말 최악의 행동이다.

내 과거를 이렇게 이야기하는 것은 나를 보고 경각심을 가져주길 바라기 때문이다. 남 대표님이 청년인생공략소 커뮤니티라는 걸 만든다고 하는데, 청년들에게 오프라인으로 요식업에서 일하며 체득한 경험과 부동산 투자 실패기에 대해 강의해달라고 하셨다. 책에서는 자세히 말할 수 없는 것들이 많다. 기회가 된다면 부동산에 관한 이야기뿐 아니라 나의 살아온 삶의 이야기를 전해주고 싶다. 그리고 지난 몇 년의 힘든 시절을 잘 이겨내서 경제적 안정을 이룬 모습도 보여주고 싶다. 나의 이야기가 조금이라도 청년들에게 도움이 되었기를 바란다.

주택담보대출은 안전한 대출, 신용대출은 위험한 대출이다

세상에는 두 가지 대출이 있다. 바로 원금과 이자만 잘 내면 안전한 대출과 원금과 이자를 잘 내도 위험한 대출이다. 안전한 대출은 주택담보대출, 그중에서도 30년 이상 고정금리대출이고 위험한 대출은 주택담보대출을 제외한 모든 대출이다(주택담보대출이 최고다. 하지만 가계대출 위험론자들은 안전한 주택담보대출은 빌려주지 말아야 한다고 말하면서 진짜 위험한 신용대출, 사업자대출은 별말 안 한다. 진짜 위험한 건 사업자대출인데 말이다).

주택담보대출은 은행에서 "집값 떨어졌으니 1억 원 갚으세요." 이렇게 할 수 없다. 30년간 갚기로 했으면 30년간 다달이 원금과 이자를 약속한 이율로 갚으면 은행이 여러분의 집을 압류하거나 당장 원금을 갚으라고 난리 칠 수 없다. 직장에서 잘렸다고, 월급이 줄거나 수입이 줄었다고 돈을 갚으라고 하지 않는다. 원금과 이자만 다달이 내면 노터치다. 하지만 신용대출은 다르다. 신용대출은 1년마다 만기가 다가오는데 은행에서 만기연장을 거절할 수 있다. 이렇게 말이다.

"아니 고객님, 기존에 주택담보대출도 받아놓으셨는데 요즘 집값이 많이 떨어졌네요? 거기에 신용대출도 1억 원이나 있는데 은행 방침상 신용대출은 연장이 안 되겠습니다."

"고객님, 우리도 대출해드리고 싶은데 정부에서 신용대출 정책을 바꿔서 어쩔 수 없습니다."

"한 달 뒤 신용대출 만기 때 1억 원을 갚으세요!"

230

"3,000만 원 이상 갚아야 1년 연장해드립니다."

"고객님, 회사를 그만두셨네요. 선생님은 수입이 없으니 만기연장을 해줄 수 없습니다."

"한 달 뒤 신용대출 만기 때 1억 원을 갚으세요"

못 갚으면 어떻게 되냐고? 은행이 내 집을 경매로 넘겨버릴 수 있다. 파산하는 것이다. 이렇게 무리한 신용대출로 투자했는데 집 값이 떨어지면 경매로 집이 넘어가는 걸 막기 위해 여러분은 손해를 보고 헐값에 집을 팔게 된다. 누구에게? 찐 부자에게.

1. 주택담보대출 3억 5,000만 원 + 신용대출 0원
2. 주택담보대출 2억 원 + 신용대출 1억 원

1번이 훨씬 안전하다. 최초로 내 집을 마련할 때는 4년 정도 수입을 저축해서 갚을 수 있을 정도의 신용대출만 사용해야 하고, 집 갈아타기나 2주택 투자할 때 신용대출을 써서는 안 된다. **신용대출은 주택담보대출을 꽉 차도록 끌어쓴 상황에서 갑작스럽게 큰돈이 필요할 때 기댈 수 있는 최후의 보루다.** 그리고 은행의 주택담보대출보다 더 안전한 것은 **정부에서 제공하는 보금자리론, 디딤돌대출, 적격대출 같은 정부 주택담보대출이다.** 이런 정부 대출은 갑작스러운 실직이나 임신, 큰 질병 등으로 가정형편이 어려울 때 원금과 이자 납부를 2년까지 미뤄주는 제도까지 있다. 국가가 여러분을 최대한 돕기 위해 만든 대출이다 보니 여러모로 서민에게 유리하게 되어 있다.

정부나 공공기관은 힘들 때 눈물로 호소하면 관련 규정으로 어떻게든 여러분을 도와주려고 하지만 은행 같은 사기업은 그런 것 없다. 국가가 해주는 게 뭐냐고 욕하지만, 내가 힘들 때 내 형편을 봐주려고 신경이라도 써주는 건 국가밖에 없다. 사기업은 피도 눈물도 없다.

참고로 한 부동산 전문가는 언젠가 '집값이 떨어지면 주택담보대출을 갚으라고 한다'고 잘못된 방송을 했다. 아마도 신용대출과 헷갈렸거나, 과거 주택담보대출 이자만 갚아도 되는 시절에 10년 만기 주택담보대출을 사용했다가 만기가 되었을 때 연장이 거부되는 사례 등을 말하려다가 정확히 전달이 안 된 것 같다.

2021년 1월 30일에 나는 한국주택금융공사 유동화자산부에 문의해서 집값이 떨어져서 담보가치가 하락해도 보금자리론, 디딤돌대출, 적격대출 같은 한국주택금융공사 대출상품의 경우 **중도상환 요구를 할 수 없다**는 확답을 받았다. 또 2021년 2월 9일 하나은행에 문의하여 집값이 떨어져도 **고객이 원금과 이자를 잘 내고 있으면 원금상환을 요구할 수 없다**고 마찬가지로 답변을 받았다.

상담을 하다 보면 "집값 떨어지면 은행에서 주택담보대출을 갚으라고 하고, 못 갚으면 경매에 넘어간다는데 진짜인가요?" 하면서 물어보는 분들이 많아서 이렇게 책에 전달하고자 한다. 그러니 위험한 신용대출은 월급으로 빨리빨리 갚아버리고 주택담보대출 여유가 있다면 이자가 싸다고 신용대출 갖고 있지 말고 주택담보대출을 받아서 신용대출을 몽땅 갚아버리기 바란다. "집값이 더 오를 것 같은데, 내 집 한 채는 이미 많이 올랐어도 내가 살아야 해서 팔 수 없으니 내 손에 쥐는 돈이 없단 말이야. 신용대출 영끌하고 하나 더 갭투자해서 차익을 먹어볼까?" 이런 거 하지 말란 말이다.

주택담보대출도 고정금리로 대출받아야 한다

위 단락에서 신용대출은 '위험한 대출'이라고 말했다. 그리고 주택담보대출은 안전한 대출이지만 고정금리대출이 더 안전하다고 말했다.

집값이 저렴하고 금리도 저렴하고 LTV 70%까지 대출해주던 문재인 정부 초기에 3명의 대출 사례를 비교해보자. 그래서 내가 왜 신용대출은 빨리 갚아야 하는 위험한 대출이고 주택담보대출, 기왕이면 고정금리대출을 받으라고 하는지 알아보도록 하자.

자, 여기 3억 원의 대출을 받은 A, B, C 3명이 있다. 이들의 사례를 살펴보자.

- A는 1억 5,000만 원 신용대출과 1억 5,000만 원 30년 주택담보대출을 받았다.
- B는 3억 원 30년 주택담보대출을 받았다.
- C는 3억 원 30년 주택담보대출을 고정금리로 받았다.

계산 편의상 현재 이자율은 모두 1.8%라고 가정해보자.

A는 월 이자를 76만 5,000원밖에 내지 않는다. B와 C는 월 이자를 107만 원 낸다(원금을 같이 갚으니까, 이자만 내는 신용대출보다 비

		1.80%	3.60%	6.00%	1.8에서 6.0% 금리 인상시
A	1억 5,000 신용대출	22만 5천 원	45만 원	75만 원	월 765,000원 ↓ 165만원
			23만 원 추가지출	525,000원 추가지출	
	1억 5,000 30년 주담대 (변동금리)	54만 원	68만 원	90만 원	
			14만 원 추가지출	36만 원 추가지출	
B	3억 30년 주담대 (변동금리)	107만 원	136만 원	180만 원	월 107만원 ↓ 180만원
			29만 원 추가지출	73만원 추가지출	
C (남쌤고객)	3억 30년 주담대 (고정금리)	107만 원	금리가 오르든 안 오르든 나와는 상관없음 30년간 107만 원		

싸다). 한 달에 부담해야 하는 돈이 신용대출이 있는 A가 30만 원이나 적으니 A 방식이 좋은 것 아닌가 할 수도 있다. 지금처럼 집값이 잘 오르고 금리가 저렴하고 회사를 잘 다닐 때는 아무런 문제가 없다. 문제는 훗날 집값이 꺾여 금리가 올라가고, 회사에서 잘리거나 다치고 번아웃되어 때려치우거나 하는 그런 위기상황이 왔을 때다. 이자를 적게 낸다고 좋아하던 A는 만약 금리가 6.0%로 오르면 76만 5,000원에서 165만 원으로 90만 원을 더 내야 한다.

이에 대해 앞장에서 뭐라고 했나? 신용대출은 은행에서 1년마다 만기 심사를 해서 집값이 폭락했으니 1억 5,000만 원을 갚으라고 할 수도 있고, 5,000만 원이라도 갚아야 겨우 1년을 연장해준다고 했다. 그것을 거부하면 경매에 넘어갈 수도 있다. 절대로 내가 직장을 잃어서는 안 되는 리스크가 생기는 것이다. 또 일이 너무 힘들어서 월급을 적게 받고 워라벨 있는 직장을 가면, 소득이 줄었다고 돈을 갚으라고 한다. 돈 때문에 육아휴직도 못하고 회사에 다녀야 하고, 돈을 많이 주는 회사에서 죽어라 일해야 하는 운명이 될 수도 있다. 주택담보대출은 원금과 이자를 갚는 대출이고, 신용은 이자만 갚는 대출이라 신용대출 원금은 한 푼도 줄지 않는다. 주택담보대출을 받아서 신용대출을 갚으려고 해도 6.0%로 비싸게 빌려야 하니 3억 6.0% 주택담보대출이면 월 180만 원을 원금과 이자로 갚아나가야 한다. 지금의 165만 원보다 15만 원을 더 내야 하는 것이다.

B의 경우는 어떨까? 30년 주택담보대출로 빌렸지만, 변동금리 대출을 했기에 월 107만 원 내던 돈이 180만 원까지 상승한다. 그래도 신용대출이 없으니 회사를 잘리거나 집값이 떨어졌다고 대출을 갚으라는 소리는 안 하니 위기에 대처할 여력이 남아 있다. 즉 회사일이 너무 힘들거나 하면 그만두기 전에 1,000만 원 신용대출 받아서 6개월 정도 주택담보대출 원금이자 나갈 돈을 만들어두고, 재충전하고 좀 쉬면서 멘탈을 회복하는 것이다. 그런 다음 전보다 연봉은 적어도 복지여건 좋고 근무시간이 적은 회사로 이직할 수도 있다. 연봉이 줄어든다고 해도 180만 원 이상 벌어서 원금과 이자를 잘 갚으면 주택담보대출은 원금을 갚으라는 소리는 안 하니, 워라벨을 위해 회사를 선택할 수 있다.

C의 경우는 어떨까? 남쌤의 상담을 통해 현재 이자가 싸다고 신용대출을 받지 않고 현명하게 30년 주택담보대출을 고정금리로 빌려놓았다. 금리가 오르든지 말든지 나와는 상관없다. 기존대

로 1.8% 금리로 107만 원만 내면 된다. 집값이 떨어졌다고 갚으라고 하는 신용대출도 없다. 회사에서 잘려도 6개월간 실업급여로 107만 원은 나올 테니 연체될 염려 없이 다른 회사를 구하면 된다.

그럴 것 같지는 않지만 금리가 만약 1.0%로 낮아지면 고정금리가 손해일 것 같겠지만 뭐가 걱정인가. 1.0% 고정금리 30년 주택담보대출로 갈아타서 원금과 이자를 줄이면 된다.

- 4년 내로 위험한 신용대출을 갚고 주택담보대출만 보유하도록 자산을 운용하라.
- 30년 이상 고정금리가 최고다. 이런저런 조건상 안 된다면 5~10년 고정, 이후 변동으로 빌려라.

돈을 버는 집과 돈을 지키는 집의 차이

단군 이래 최대의 경제위기였던 IMF 외환위기 사태 때 1년 동안 우리나라 부동산 가격이 약 15% 정도 하락했다고 한다. 즉 10억 원 하던 집이 8억 5,000만 원이 되었다고 해서 집주인이 폭망할 것 같진 않다.

그런데 저 위에 용산국제업무지구 사건에서 보았듯이 50~60% 폭락한 낡은 재개발 투자 빌라를 기억하는가? 여러분의 부모님께 여쭤보면, IMF나 2008년 금융위기 때 혹은 2010~2013년 이명박 정부 시기에 집값이 30~50% 폭락해서 망했거나 크게 고생한 분의 이야기를 들어볼 수 있을 것이다.

진실은 무엇일까? 50% 폭락한 집들이 있다는데 통계자료에는 IMF 같은 최대 위기 때 겨우 15% 떨어졌다고 한다. 집값 하락기에 많이 떨어지는 집들이 있는 반면에 조금 하락하는 집, 조금도 안 떨어지는 집, 오히려 올라가는 집 이렇게 세부적으로 나눌 수 있다.

말로는 잘 이해되지 않으니 실전 예시로 알아보도록 하자.

먼저 다음 페이지에 나오는 서울, 일산, 용인, 수원 등 6개 아파트의 그래프를 살펴보도록 하자.

'부알못'들이 말하는 것처럼 2008년 금융위기로 한방에 집값이 폭락한 게 아니다. 값이 많이 떨어진 아파트의 그래프에서 볼 수 있듯이, 2008년 금융위기로 충격파를 맞은 상태에서 이명박 정부 때 2013년까지 끝없는 공급 폭탄에 지속적으로 가격이 하락하게 되었다.

두 번째로 중요한 사실은 서울시 중구 사이버빌리지와 사당 우성3차 같은 아파트는 하락이 없거나 적었다는 것이다. 반면에 일산 한 대형 아파트의 경우 10억 원에서 5억 원까지 50% 가까이 폭락하기도 했다. 나머지 용인이나 수원, 잠실의 재건축 아파트도 상대적으로 큰 하락폭을 보여준다.

집값이 거의 떨어지지 않거나 적었던 아파트들은 전형적인 '실수요자'용 아파트이다. 약 30년 채웠다가 재건축된다고 하면서 투자자들이 몰려들지도 않았고, 여기에 무언가 대형 호재가 있다고 특별히 선호받지도 않았다. 그래서 집값 상승도 상대적으로 적은 편이었다.

집값이 30%, 60% 크게 하락한 아파트들은, 생활환경 좋은 경기도 신축 대형 아파트가 집값이 많이 오른다며 투자자들이 몰려

서울 중구 삼성사이버 빌리지 33평 2001년식

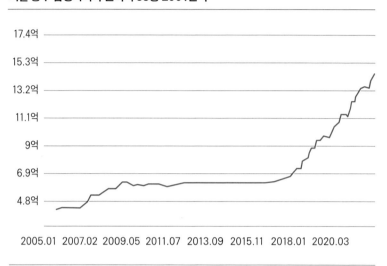

경기도 일산 48평 1994년식

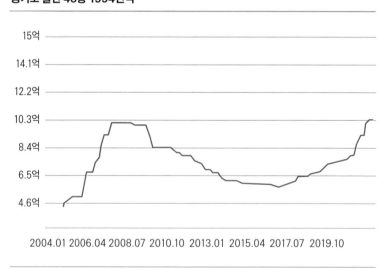

경기도 용인 44평 2006년식

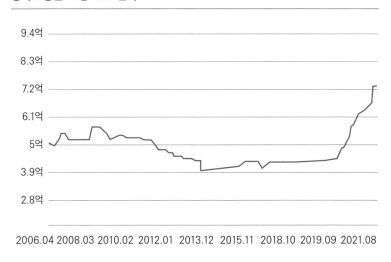

서울시 동작구 사장 우성 3차 33평 1993년식

수원시 영통 38평 1998년식

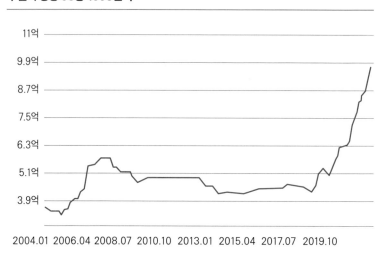

11억

9.9억

8.7억

7.5억

6.3억

5.1억

3.9억

2004.01 2006.04 2008.07 2010.10 2013.01 2015.04 2017.07 2019.10

잠실 재건축 아파트 37평 1986년식

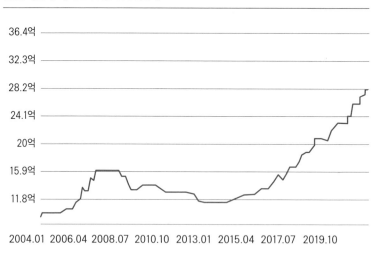

36.4억

32.3억

28.2억

24.1억

20억

15.9억

11.8억

2004.01 2006.04 2008.07 2010.10 2013.01 2015.04 2017.07 2019.10

간 버블세븐 지역*의 새 아파트들이었다. 그중에서도 10년이 지나면서 인프라가 성숙했고 호수 전망도 아름다운 일산의 대형 아파트가 가장 심했고, 곧 재건축하니 지금이 가장 저렴할 때라며 투자자들이 몰려간 잠실의 재건축 아파트도 강한 하락세를 보였다. 이런 '투자성'이 강한 아파트들은 집값 상승도 폭등이었고 하락도 폭락이었다. 이처럼 돈을 버는 아파트는 '투자성'이 강한 아파트로 타이밍을 잘 맞춰서 사고팔면 큰돈이 남는다. 반대로 돈을 지키는 아파트는 '투자성'이 약한 아파트이다. 오르는 것도 그저 그렇고 떨어지는 것도 그저 그렇지만 하락기에 하락폭도 적으니 위험부담이 적다는 장점이 있다.

자, 이제 알겠는가? 왜 부동산 하락기에 어떤 사람은 폭락해서 패가망신하고, 어떤 사람은 요즘 집값이 떨어졌었나? 하면서 걱정 없이 잘 먹고 잘사는지 말이다.

지금은 상승기의 중반을 넘어섰다. 집값 많이 오르는 투자성이 강한 아파트나 빌라를 샀다가는 여러분의 인생이 끝장날 수 있다. 지금은 돈을 지키는 내 집 마련, 경제적 안정을 가져오는 '실거주성'이 강한 내 집 마련을 해야 할 때다. 내가 가진 돈으로 최대한 저때의 사이버빌리지, 사당 우성3차 같은 실거주용 아파트를 사야 할 때고, 집값도 천천히 조금씩 오르지만 쉽게 떨어지지 않는 실거주용 빌라를 사야 할 때다.

서울 수도권과 경기도 외곽과 지방의 차이는 평상시 수요의 차

---

* 부동산 가격 폭등기인 2006년에 아파트값이 가장 많이 오른 7개 지역으로 서울 강남구, 서초구, 송파구, 양천구, 경기도 용인시, 분당신도시, 평촌신도시를 지칭한다.

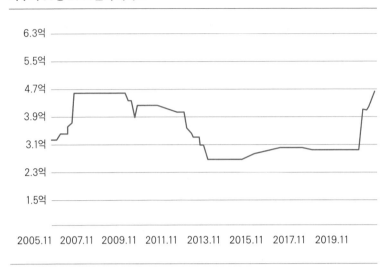

이다. 서울과 주요 수도권 지역은 상대적으로 주변의 신축 공급물량이 많아도 버텨내는 힘이 커서 집값이 떨어지면 대번에 사려는 대기 수요가 늘어난다. 회사도 가깝고 인프라도 좋기 때문이다. 반면에 경기도 외곽과 지방의 경우에는 대기 수요가 적다. 일자리도 적고 꼭 그 지역에 살아야 하는 이유가 약하기 때문이다.

파주의 한 아파트는 GTX A가 구명줄이 되어서 14년 만에 전고점 4억 7,000만 원을 넘었다. 서울과 수도권 집값이 폭등하던 2020년까지 무려 13년간 30~40% 집값이 폭락했다가 이제야 겨우 넘어선 것이다. GTX A가 아니었다면 회복하기 어려웠을 텐데 운이 좋았다. 이 아파트 역시 실거주 하면서 '언젠가 오르겠지, 안 올라도 살기는 좋으니까' 하면서 버틴 사람들이 혜택을 볼 수 있었다. 대부분의 갭투자자나 직장이 서울인데도 무리하게 '선생님' 말씀을 듣고 샀다가 오르면 팔 요량으로 투자해둔 투자자들은, 아마도 14년의 세월을 버티지 못하고 중간에 헐값으로 팔아야 했을 것이다.

그러니 사고팔 타이밍도 모르고 집값이 왜 오르는지 내리는지도 잘 모르는 부린이*들은 돈을 벌 생각으로 호재가 넘친다는 곳에 투자하지 말고 돈을 지킬 생각으로 내가 실제로 거주할 '실거주용 내 집 마련'을 해야 한다.

아파트, 빌라 말고 다른 것 사지 마라

1시간짜리 10부작 강의였다면 단독주택, 아파트, 주상복합, 다세대, 다가구, 오피스텔, 근린생활시설, 다중주택 등 다양한 집들의 특징과 투자요소, 용적률, 대지지분, 재개발·재건축 진행 과정, 위험요소, 가격 결정요인 등등을 설명하겠지만, 이 책 한 권 안에 해야 할 이야기가 너무 많아 그런 걸 다 적을 수는 없다. 그리고 청년들의 지식 수준에 너무 많은 설명이 복잡하게 들어가면 머리만 아프고 소화할 수 없으니 그냥 이렇게 외워두자.

아파트, 연립, 다세대(빌라) 중 하나만 돈에 맞춰서 산다.

- 오피스텔, 다중주택, 아파텔, 다가구, 생활형 숙박시설, 근린 생활시설 빌라, 단독주택 청년의 돈으로 살 수 있는 수준의 단독은 미래가치가 상당히 낮을 위험이 높다. 웬만하면 사지

---

* 부동산과 어린이의 합성어로 부동산 투자·공부 초보자를 말한다.

마라. 단독주택은 부자가 사는 것이다.

- 창고, 상가, 지식산업센터, 땅 집도 없는데 무슨 땅을 사나, 내 집 마련부터 해라.
- **지역주택조합** 아파트 부모님 피눈물 나게 하기 싫으면 쳐다도 보지 말고 관심도 갖지 마라.
- **호텔** 마찬가지로 쳐다도 보지 말고 관심도 갖지 마라. 저런 건 내 집 마련을 하고 나서 대출도 별로 없고 돈이 많이 남았을 때 공부 많이 해서 그때 가서 생각해라. 저 중 일부는 나중에도 관심을 가지면 안 되는 것들이 많다.

위에 언급한 곳들은 무조건 사지 마라. 300세대 이상 아파트를 사거나 특정 조건의 빌라를 산다(뒤에 무슨 조건인지 알려주겠다). 사면 안 되는 것들을 외워라. 분양하는 것들 중에 아파트 말고는 어떤 것도 사지 마라. 신축 빌라 분양하는 것도 사지 마라.

부동산의 지역가치와 공간가치를 분석하는 방법

"남쌤, 이제 왜 내 집 마련이 중요한지도 알겠고, 내 집 사지 말고 평생 임대 살라는 정치인 말 듣고 전월세 살다가는 앞으로 평생 월세살이를 벗어나지 못할 가능성이 높다는 것도 알겠어요. 또 경제위기 온다고 '실거주성'이 강한 주택은 폭락하지 않는다는 것도 알겠어요. 그리고 집으로 돈 벌 생각으로 부동산 투자하지 말고 돈을 지킬 생각으로 내 집 마련을 해야 하는 것도 알겠어요, 뭐만 하면 부동산 폭락한다고 헛소리 하는 선전선동에도 이제 흔들리지 않을 것 같아요. 그런데 사실 어떤 집이 살기 좋고 어떤 집이 실거주성이 좋고 어떤 집이 안정적으로 돈을 지킬 수 있는 집인지 잘 모르겠어요. 왜 강남 3구 집값이 비싼지도 모르겠고, 경기도 신도시에도 새 아파트들 정말 살기 좋아 보이는데 왜 서울의 다 낡아빠진 아파트 집값이 그렇게 비싼지도 모르겠어요. 이런 걸 모르니 어떤 집을 사야 할지 전혀 감을 못 잡겠네요."

잘 모르는 것이 당연하다. 여러분은 태어나서 인생에서 정말 중요한 '경제적 지식'을 제대로 교육받아본 적이 없다. 학창시절 미분적분이나 쓰지도 않는 영어단어들, 1592년에 임진왜란이 왜 일어났는지, 상해임시정부 수립일이 언제인지 등은 달달 외운다. 하지만 금리가 뭐고 왜 오르고 내리는지, 이자율은 왜 변하는지, 전세제도가 뭔지, 임대차계약서가 뭔지, 청약이라는 게 뭔지, 집값이 왜 오르고 내리는지, 각종 재산세, 양도세 규정은 뭔지 정말 실생활에 필요한 지식은 학교에서 하나도 배우지 않는다.

흙수저 부모님은 자신도 잘 모르니 자식에게 알려주지도 못한다. 전월세를 계약하기 직전에서야 유튜브나 블로그를 보면서 주의사항이 뭔지 처음 공부하는 게 청년들의 현실이다.

나이 많은 어른 중에서도 왜 서울 집값이 비싼지, 특히 강남 집값은 왜 더 비싼지, 왜 강남 3구, 4구라고 불리는지 잘 모르는 분들이 많다. 그냥 막연히 강남이 가까우니까, 지하철역이 가까우니까 정도로만 알고 있는 분들이 대다수다.

더하기 빼기 곱하기 나누기만 알아도 살면서 웬만한 계산은 다

해낼 수 있듯이, 집값을 결정하는 기본요소들이 무엇인지에 대해 알아보도록 하자. 달달 외울 필요도 없고 너무 심각하게 읽지 않아도 된다. 그냥 대충 이런 걸 말하는구나 하고 개념만 이해하고 넘어가면 충분하다(아파트 기준으로 이야기할 건데, 빌라는 후술하겠다).

2018년 3월, 나는 '82cook'에 '실패하지 않는 내 집 마련 방법'이라는 제목으로 글을 올렸다(저 당시만 해도 아파트가 워낙 저렴해서 아파트 매물이 넘쳐났다. 그러니 빌라 말고 아파트만 권했다).

실전 예시로 추천한 신도림뿐 아니라, 저렴하고 가성비 좋은 구일역도 지금은 정말 많이 올랐다. 5장에서는 이런 지역가치와 공간가치들을 아주 구체적으로 적용해서 청년들의 예산 규모와 2022년 현재 상황에 맞는 실전 예시를 들었다. 그리고 추천하는 아파트와 빌라의 추천 이유, 지역분석 방법들을 준비해두었다. 그러니 지금은 대충 읽어서 개념만 잡고 가도록 하자.

나는 부동산을 설명할 때 크게 두 가지 요소로 분류하는 편이다.
- 지역과 동네의 가치
- 공간의 가치

지역과 동네의 가치는 큰 개념이다
내 집이 위치한 지역의 가치를 말한다(서울의 구보다는 작고, 동보다는 큰 개념 정도).
1. 대중교통 : 3대 직장 지역의 출퇴근 거리, 우리집과 지하철역이 얼마나 가깝게 있는가?
2. 지역 수준 : 지역 주민들 수준(무섭거나 폭력적이거나 위험한 사람들이 없는지), 주민들의 경제력 수준
3. 차량 교통 : 차를 타고 이동할 때 도로가 시원시원하게 잘 뚫려 있는가?

4. 자연환경 : 산, 강, 공원이 있는가? 있다면 얼마나 잘 꾸며 있고 얼마나 큰가? 저녁에도 안전하게 이용할 수 있나(여성 기준의 안전성)?

5. 편의 환경 : 대형마트가 있나? 극장, 백화점, 쇼핑몰 등 편의시설들이 잘 갖춰져 있는가?

6. 학군 : 초·중·고등학교가 똑똑해서 좋은 대학 잘 보내고 애들 괴롭히는 양아치 같은 애들 별로 없는 지역인가?

7. 개발 호재 : 근처에 공원이 생긴다거나 지하철역이 생긴다거나, 낙후된 옆동네 빌라촌이 개발되어 대단지 아파트가 들어선다거나 등등.

공간의 가치는 좀 더 작고 구체적인 개념이다.

내 주택단지 및 집 내부의 가치를 말한다.

1. 단지 규모 : 아파트 단지가 커서 입주민들 목소리 파워가 세다(1,000세대 이상). 적어도 손해는 안 본다(500세대 이상), 소규모다(300세대 이상), 나 홀로다(1, 2동짜리 아파트).

2. 단지가 클수록 관리비를 나눠 내기 때문에 그만큼 월 비용 부담도 적어진다. 단지 커뮤니티 시설(놀이터, 공부방, 헬스장, 단지 내 공원, 사우나, 수영장 등)이 잘 되어 있어 아이들이 단지 내에서 안전하게 놀고 공부하고 운동할 수 있다.

3. 단지 패쇄성 : 아파트 외부 인원이 우리 아파트 단지로 잘 들어오지 못한다. or 다른 아파트 외부 인원이 적당히 지나다닌다. or 다른 빌라, 서민형 단독주택 외부 인원이 적당히 지나다닌다. or 노숙자, 외국인 노동자, 여성이 위협을 느끼는 행색이나 행동을 하는 외부 인원이 지나다닌다.

4. 주차장 : 주차대수가 모자라서 주차 전쟁이 난다. or 주차가 부족하지 않다. or 지하 주차장이 있다. or 없다.

5. 지하 주차장에 엘리베이터가 연결되어 있어 여성도 주차 후 안전하게 바로 집으로 올라갈 수 있다.

6. 연식 : 10년 이내의 새 아파트다. or 20년 이내의 쓸만한 아파트다. or 30년 이내의 오래된 아파트다.

7. 관리 : 연식에 비해 관리가 잘되고 있어 깔끔하다. or 평범하다. or 연식에 비해 관리가 잘 안 되고 있다.

8. 평면 : 24평인데 방 3개 화장실 1개다. or 방 3개 화장실 2개다. or 판상형이다. or 타워형이다. or 최신 평면이라 공간 활용이 좋다. or 나쁘다.

9. 전망 : 산과 강이 보인다. or 탁 트인 전망이다. or 평범하다. or 사방이 가로막혀서 잘 안 보인다.

10. 일조권 : 햇빛이 잘 든다. or 안 든다. or 어둠 속에 산다.

11. 초등학교 접근성 : 단지 내에 있다. or 차도 하나만 건너면 있다. or 다른 아파트 단지를 통해서 걸어갈 수 있다. or 차 다니는 길을 여러 번 건너서 걸어가야 한다. or 버스 타고 가야 한다.

12. 중·고등학교 접근성 : 단지 내에 있거나 도보 거리에 있다. or 버스 타고 가야 한다.

13. 공원 접근성 : 단지 바로 옆이 공원이라 유모차 끌고 바로 갈 수 있다. or 시간은 걸리지만 차도를 건너지 않고 유모차 끌고 갈 수 있다. or 차도를 건너서 유모차 끌고 갈 수는 있다. or 차도를 많이 건너야 하고 멀어서 유모차 끌고 가긴 무리다. or 공원이 아예 없다.

14. 공원 안전성 : 공원이 밤에도 좋다, 안전하다. or 공원이 낮에만 좋다, 안전하다. or 여성이나 아이들이 무서워서 못간다.

15. 편의시설 접근성 : 마트, 주거상권(빵집, 학원, 병원, 세탁소, 커피숍, 깔끔한 식당)이 도보 거리에 있다.

16. 대지지분 : 대지지분이 높다. or 보통이다. or 낮다.

17. 지하철역 접근성 : 지하철역 단지 내에서 금방 가는지, 지하철역은 몇 호선인지, 여성이나 아이들이 가는 길이 무섭지는 않은지.

이렇게 살펴보면 그다지 어려운 것도 아니고 평범한 내용들이다. 최고로 좋은 동네는 지역가치, 공간가치 모두 좋은 아파트이다. 사실 실패하지 않는 내 집 마련은 결혼하기와 같다. 누구나 돈 잘 벌고, 잘생겼고, 예쁘고, 성품 좋고, 부모님 수준 높고, 집안일 열심히 하고, 바람 안 피우고, 안정적인 일자리에 학벌 좋은 사람을 원한다. 하지만 내 현실이 안 되면 타협을 해야 한다. 나이, 돈, 직업, 학벌 등 내 수준에 맞춰서 점점 포기해나가듯 집도 마찬가지다. 내가 가진 돈의 수준에 맞춰서 지역가치와 공간가치를 타협해나가는 것이다. 그렇다면 저 많은 가치 중에 가난한 청년기 때 타협해도 되는 것과 타협해서는 안 되는 것은 무엇이 있을까?

지역가치에서 가장 중요한 것은 교통이다. 절대 포기하지 말아야 한다.
집값을 좌우하는 가장 기본은 일자리 접근성이다. 우리나라의 3대 일자리 지역은

1. 서초, 강남, 송파 권역
2. 시청, 광화문, 종로, 서울역 권역
3. 여의도, 영등포, 구로 권역이다.

일자리도 1, 2, 3 순서대로 많다. 일반적으로(다른 지역가치, 공간가치가 평균일 때) 2개 이상 일자리 권역에 지하철로 40분 이내 출근이 가능하다면(집에서 직장까지) 집값은 이미 비싸다. 단, 지하철로 40분 이내 출근이 가능하지 않더라도 공간가치가 뛰어나다면 그곳도 이미 집값이 비싸다. 3개 권역 중 최소 1개 권역은 지하철로 40분 이내에 출근이 가능한 지역을 사라. 가능하면 2개 권역이 지하철로 1시간 이내에 출근이 가능한 지역을 사라.

3대 일자리 권역은 왜 비쌀까? 요즘 맞벌이도 많이 하는데 출퇴근 시간이 1시간 넘게 되면 왕복 하루 2시간 이상 된다. 매우 피곤하고 몸도 지치고 마음도 지치고, 무엇보다 저녁에 삶이 없다. 야근이라도 하면 그날은 아무것도 못 한다. 아이라도 있으면 육아에 신경 못 쓰고 아이랑 못 놀아주는 나쁜 아빠, 나쁜 엄마 되는 거다. 만약 출퇴근이 왕복 3시간 이상 거리면 사회적으로 추구하는 저녁이 있는 삶은커녕 그냥 돈 버는 기계가 된다. 그래서 사람들은 돈이 생기면 직장과 주거가 가까운 아파트를 필사적으로 찾는 것이다.

지역가치에서 학군은 중요하지만 포기할 수 있다.

우리나라 3대 학군은 대치동, 목동, 중계동이다. 우리나라에서 학군은 대단히 중요하지만 돈이 부족하면 과감히 포기할 수 있다. 돈 없으면 포기해라. 돈이 조금 모자라면 3대 학군에 있는 학원에 버스나 학원버스로 보낼 수 있는 지역으로, 돈이 많이 모자라면 그냥 학군은 포기해라. 학군이 중요하지만 포기할 수 있다.

지역가치에서 지저분한 동네, 무서운 동네는 사면 안 된다.

이런 동네의 집값은 싸다. 하지만 싸다고 사면 안 된다. 교통이 좋아도 사면 안 된다. 내 아내와 아이들이 살기에 지저분하고 무서운 지역은 남의 아내와 아이들도 싫어한다. 집값 하락기 오면 손해를 보고 팔고 싶어도 안 팔린다. 수요가 적다. 저런 곳을 잘못 사면 변수가 많이 터져서 집값이 떨어지거나 우리 가족 수입이 끊겼을 때 망하기 쉽다. 물론 지저분하고 무서운 지역인데 화끈한 개발로 깨끗하고 안전한 지역으로 변할 계획이 있는 지역은 사도 되는 것 아니냐고 말할 수도 있다.

예를 들어보자. 대림역은 교통이 아주 좋다. 최강 노선인 2호선, 7호선 역세권에 여의도, 영등포 출퇴근 최고이고 광화문, 강남 지역도 2호선 타고 '도어 투 도어'로 30분이면 간다. 하지만 좋은 건 그게 전부다. 가보면 집값이 낮은 이유를 알 것이다. 단순히 조선족이 많아서 집값이 싼 게 아니다. 위에서 설명한 '지역가치'와 '공간가치'가 모두 떨어져서 싼 것이다. 대림역, 남구로역 인근은 미래에 상당히 발전되고 집값도 비싸질 지역이지만 방어적인 투자로는 지금 시점에 적합하지 않다.

지역가치에서 자연환경, 공원 등은 정말 어쩔 수 없는 경우에만 포기하라.

돈이 정말 없으면 포기해야 하지만 교통의 가치를 조금 양보하더라도 공원이 있는 곳이 좋다. 우리 인간은 별 것 없다. 인간은 자연을 좋아한다. 집 근처에 산, 강, 큰 공원이 있다는 것은 정말 큰 장점이다. 서울에서 강 근처는 매우 비싸다. 강남 쪽이나 중심에 있는 산 근처도 비싸다. 하지만 공원과 하천은 잘만 고르면 어디든 집 근처에 있다. 돈이 정말 없으면 포기할 수는 있지만, 공원 정도는 챙겨보려고 노력해보라.

지역가치에서 대형마트, 백화점 등은 중요하지만 얼마든지 포기할 수 있다.

대형마트, 백화점 중요하다. 하지만 돈이 없다면 별 수 없다. 포기해야 한다. 대체 수단을 찾아보라. 그래도 제법 큰 GS 슈퍼나 제법 큰 지역 슈퍼마켓은 어디에나 있다. 지하철이나 버스 타고 한두 정거장 정도 거리에 백화점 등이 있는 곳도 괜찮다.

공간가치에서 역세권 500세대 이상은 포기하지 말자.

아파트에서 지하철역까지 걸어가느냐 버스를 타느냐는 천지 차이다. 추운 날, 비오는 날, 버스 안 오는 날, 버스가 만원인 날은 아주 짜증나서 삶의 질이 떨어진다. 그러니 지하철역에서 도보로 15분 이내로 선택하고 500세대 이상 아파트를 사라. 나홀로 아파트나 소규모 아파트는 사지 마라. 지금 우리는 저평가 아파트를 공격적으로 매수해서 이익을 보려는 게 아니다. 최대한 안전한 내 집 마련을 하려는 거다.

공간가치에서 초등학교는 매우 중요하다.

- 단지 내 초등학교가 있다. → 더이상 좋을 수 없다.
- 단지에서 차도 하나 건너면 초등학교가 있다. → 이것도 아주 좋다.

250

- 차도가 아닌 여러 대형 아파트 단지들을 통해 초등학교에 갈 수 있다. → 그래도 좋다.
- 차도를 여러 번 건너야 하지만 엄마가 아이와 함께 걸어서 초등학교에 갈 수는 있다. → 돈이 없으면 어쩔 수 없다. 그래도 괜찮다.
- 초등학교를 가려면 버스를 타야 한다. 걸어가기 무섭다. 언덕과 골목길이 많고 위험하다. → 사지 마라.

공간가치에서 중고등학교는 돈이 없으면 깔끔하게 포기해도 된다.

중고등학생들은 버스 타고 친구들이랑 잘 다닐 수 있다. 학교가 단지에 있으면 좋겠지만 초중고와 같이 있고 교통 좋고 안전한 아파트는 지금도 비쌀 것이다. 돈이 없다면 포기하라.

공간가치에서 15~20년 이내 아파트면 사도 된다.

돈이 된다면 당연히 신축 아파트가 좋다. 대단지에 커뮤니티 시설 좋고 안전하고 집 구조 좋고 모든 게 좋다. 하지만 돈이 없으면 15~20년 이내 아파트를 사도 된다. 아무 문제 없다. 30년 넘은 아파트는 웬만하면 사지 않는 게 좋다. 이런 아파트는 재건축해야 하는데 리스크가 크다. 우리는 지금 안정적인 내 집 마련이 목표다. 재건축 이슈 있는 아파트는 집값에 이미 미래 기대이익이 끼어 있어서 실제 거주 가치보다 비싸다.

공간가치에서 전망은 과감히 포기해도 된다.

모든 걸 갖춘 아파트일수록, 쉽게 말해 아주 비싼 아파트일수록 산이나 강, 바다가 보이는 전망이 중요하다. 하지만 별로 신경 쓰지 않는 사람도 많다. 또한 돈이 없으면 과감하게 포기해도 된다. 교통 좋고 안전한 지역가치인 역세권, 500세대, 초등학교 공간가치 맞추기도 벅차다. 저기에 전망까지 더하면 아주 비싸진다.

공간가치에서 공원 접근성은 웬만하면 어떻게든 맞춰보라.

정말 돈이 안 맞는 게 아닌 이상 공원 접근성은 모든 사람이 좋아하는 가치다. 사람은 자연을 좋아한다. 애들도, 청년도, 중년도, 노인도 자연을 좋아한다. 산, 강, 하천, 적당한 공원 중 아무 곳이나 도보로 15분 내로 갈 수 있는 곳을 선택하라.

공간가치에서 주차장을 포기하면 안 된다.

- 지하주차장이 넉넉하고 엘리베이터로 지하에서 집까지 바로 연결된다. → 최고다.
- 지하주차장, 지상주차장 등이 부족하지는 않다. → 괜찮다.
- 주차장이 부족해서 주차 전쟁이 벌어진다. → 사지 마라.

커뮤니티 시설, 지역상권 접근성은 얼마든지 포기해도 된다.

있으면 좋다. 하지만 돈이 없으면 포기해도 된다.

돈이 많지 않은 사람이 내 집 마련을 할 때 반드시 지켜야 할 것(이것을 지키지 않을 거면 차라리 집을 사지 마라)

- 교통(3대 일자리 권역 중 최소 1개 일자리 권역을 40분 이내로 지하철 출근이 가능하고 가능하면 2개 일자리 권역에 1시간 이내 출근 가능한 곳)
- 지저분하고 위험한 동네
- 역세권, 500세대 이상, 20년 이내 연식, 초등학교(초품아, 초인접, 길 건너지만 엄마랑 함께 도보 이용 가능)

직장을 기준으로 내 집 마련의 실전 예시로 알아보자.

- 남편 직장 : 인천 주안
- 아내 직장 : 서울 영등포

남편의 직장은 인천 주안이고 돈도 별로 없다. 내 집 마련을 부천이나 동암 지역에 대출 없이 하거나, 아니면 대출 조금 받고 깨끗한 신중동 지역에 하고자 한다. 어차피 아내 직장이 영등포니 1호선으로 출퇴근이 가능한 곳으로 말이다.

이러면 안 된다. 우리는 만족하지만 남들이 원하지 않는다. 나도 좋고 남들도 좋아하는 곳을 사야 한다. 먼저 지역가치 1조건인 교통에서 탈락이다(3대 일자리 중 2개 출퇴근 DOOR TO DOOR로 1시간 이내 혹은 1개 일자리 권역 40분 이내). 1억~1억 5,000만 원 정도 30년 만기 고정금리로 대출을 받아서 신도림에 집을 사야 한다. 신도림은 좋지 않은 동네였지만 2000년대 초 이후로 많이 변해서 지금은 중간은 간다.

1. 교통 최상 3대 일자리 권역 모두 40분 이내로 간다.

2. 신도림역 주변의 아파트촌은 안전하고 깨끗하다.

3. 가격도 싼 편이다.

4. 대형마트, 영화관, 백화점, 주거상권이 도보 거리에 있다.

5. 하천이 인접해 있다.

6. 초품아, 초접아 대형 아파트 단지들이 있다.

7. 아파트 신축이 없다.

8. 신도림을 조금 벗어나면 대림역이 있다. 남구로만 해도 조선족이 많고 무섭다.

9. 신도림역 주변과 아파트 대단지만 안전하고 깨끗하다.

10. 상업지역이 주거지역과 붙어 있어서 신도림역 주변이 사람들로 붐빈다.

11. 그래서 싼 편이다.

12. 하지만 장점을 볼 때 상당히 안정적이고 적은 돈으로 내 집 마련하기 좋은 동네다.

13. 신도림 남부도 꽤 많이 올랐다. 최근에 신안산선이 사업자 발표나면서 야금야금 오르던 게 팍 올랐는데 신안산선 사업자 발표나는 거 한 10년 걸린 호재다. 확정되지 않은 호재는 일단 집 살 때 제외하라.

만약 신도림역에서 살 돈이 없다면 두 정거장 차이인 '구일역'을 고려해보라. 한 정거장 차이인 구로역과는 달리 전통적 주거지역이다. 오래되었지만 대단지 아파트 주거지역에 초중고교 다 있고 안전한 동네다. 대형마트도 있다. 집값도 싼 편이다. 교통도 1호선이고 중간에 갈아타야 하지만 광화문, 여의도까지는 교통도 좋다. 옆에 하천도 있어서 운동하기에도 좋다. 한편 기찻길과 도로에 항아리처럼 둘러싸여 육지의 섬 같은 동네이고, 비행기가 자주 날아다녀서 적응되기 전까지 시끄러울 수도 있다. 게다가 아파트들이 오래된 편이라는 단점이 있다. 그래서 싼 것이다.

이런 식으로 필수 지역가치와 공간가치로, 1단계로 가지치기하고 그다음 돈 사정에 맞춰서 공원, 대형마트, 학군, 전망, 신축 등등 다른 가치들을 채워나가라. 한 번 해보면 우리나라 부동산은 2호선 라인이 웬만하면 내가 제시한 조건을 대부분 충족한다는 걸 알게 될 것이다(일반적으로 그렇다는 거다. 아닌 경우도 많다). 그래서인지 실제로 2호선 라인 안쪽 한강 근처가 집값이 비싸다. 내가 가진 돈, 내가 안정적으로 대출할 수 있는 한도 내에서 내가 제시해준 필수 가치로 내 집 마련을 하면 설령 예측과 달리 집값이 다소 떨어지거나 수년간 오르지 않더라도 우리 가족이 안정적으로 불편 없이 살면서 집값 오를 때까지 버틸 수 있다.

싸게 사느냐 비싸게 사느냐,
어디를 사서 몇 년 동안 지킬 수 있느냐

다주택 투자를 할 때 싸게 사느냐 비싸게 사느냐, 그리고 어느 타이밍에 사고파느냐는 정말 중요한 문제다. 반면에 1주택 내 집 마련은 타이밍이나 가격의 중요성은 상대적으로 떨어진다. 1주택 내 집 마련은 어디를 사느냐가 중요하며 그곳을 시장 경제적 상황과 본인의 라이프 사이클 속에서 얼마나 오랜 기간 지켜낼 수 있는지가 정말 중요하다.

"남쌤, 무슨 소리예요. 1주택이든 2주택이든 3주택이든, 싸게 사서 비싸게 파는 건 모두 중요하지요. 어디를 사든 싸게 사서 비싸게 팔면 최고 아닌가요?"

여러분은 이해가 잘 안 될 것이다. 역시 말로 이야기하기보다 실전 예시를 보며 이해하도록 하자.

1991년 한 신문에 실린 서울 및 지방 광역시 아파트 가격이다. 이 표에서 여러분이 눈여겨봐주길 바라는 것은 대치동 은마아파트와 노원구 아파트 가격이다. 대치동 은마아파트와 노원구 아파트 가격이 같은 평형 기준 거의 차이가 없거나 하계 건영 같은 경우는 오히려 더 비싼 것을 알 수 있다. 30년 전에는 강남의 위상이 지금처럼 압도적이지 않던 시절이었다. 이때도 압구정은 비쌌지만 개포, 대치는 지금 같은 위상이 전혀 아니었다. 대치 은마 33평은 지금 실거래로 24억 원, 노원구 하계동 건영 33평은 지금 실거래로 8억 9,000만 원이다. 30년 전에는 집값이 하계 건영이 조금 더 비싸기까지 했는데, 지금은 3배 가까이 차이나게 되었다. 무슨 차이일까?

1991년 12월 주요지역 아파트 시세

지역	동	아파트	평형	5월 매매가	12월 매매가
강남구	압구정동	한양1차	20	15,000~17,000	12,000~15,000
			32	24,000~27,000	19,000~24,000
			37	30,000~35,000	25,000~30,000
		구현대	33	22,000~27,000	20,000~23,000
			48	58,000~67,000	55,000~65,000
			52	65,000~73,000	65,000~73,000
			65	80,000~88,000	80,000~88,000
	개포동	우성3차	34	28,000~32,000	21,000~27,000
			47	50,000~58,000	40,000~52,000
			56	65,000~72,000	60,000~67,000
		주공저층	8	6,100~6,400	4,700~5,200
			15	10,500~11,500	7,900~8,900
			22	20,000~21,000	17,000~18,000
			25	23,000~24,000	18,000~19,000
	대치동	선경	31	30,000~33,000	27,000~28,000
			45	51,000~53,000	43,000~47,000
			55	69,000~72,000	64,000~68,000
		은마	31	18,500~21,000	13,000~16,000
			34	21,000~25,000	16,000~19,000
서초구	반포동	삼호가든3차	35	26,000~27,000	20,000~24,000
			45	45,000~50,000	39,000~44,000
			59	65,000~70,000	58,000~60,000
		주공2·3단지	16	14,500~15,500	13,000~15,000
			25	24,000~25,500	19,000~23,000
	서초동	삼풍	34	34,000~38,000	27,000~32,000
			50	70,000~77,000	60,000~70,000
			62	89,000~98,000	80,000~100,000
	방배동	신동아	34	28,000~30,000	28,000~28,000
			46	52,000~54,000	50,000~52,000
			57	60,000~65,000	56,000~58,000
			60	75,000~80,000	65,000~70,000
송파구	잠실동	아시아선수촌	38	45,000~48,000	43,000~45,000
			57	70,000~75,000	68,000~73,000
			66	90,000~95,000	95,000~100,000
		주공단지	13	10,800~11,800	8,500~9,500
			15	12,400~13,000	10,000~11,000
			19	18,500~20,000	16,000~18,000
	오륜동	올림픽선수촌	34	28,000~31,000	21,000~22,000
			47	49,000~52,000	40,000~42,000
			53	53,000~57,000	45,000~53,000
			64	62,000~67,000	55,000~60,000
양천구	목동	신시가지1단지	20	12,000~14,000	8,900~10,000
			30	20,000~21,000	16,000~18,000
			45	38,000~40,000	31,000~33,000
			58	47,000~52,000	38,000~42,000
		신시가지5단지	27	17,000~19,000	12,000~14,000
			35	27,000~29,000	22,000~25,000
			45	37,000~41,000	32,000~36,000
			55	46,000~54,000	42,000~47,000
노원구	상계동	주공	13	6,600~7,000	4,200~4,800
			20	10,000~11,000	7,200~9,000
			31	17,000~18,000	13,000~15,000
			38	21,000~22,000	17,000~19,000
	중계동	경남	18	10,000~11,000	7,000~7,500
			27	16,000~17,000	12,000~13,000
			31	19,000~20,000	14,000~15,000
			40	30,000~33,000	25,000~27,000
	하계동	전영	9	9,500~11,000	7,500~8,500
			24	14,000~15,000	11,000~12,000
			31	20,000~21,000	15,000~16,000
영등포구	여의도동	삼부	27	18,000~19,000	16,000~18,000
			38	38,000~42,000	34,000~38,000
			40	28,000~32,000	26,000~30,000
			50	50,000~60,000	45,000~53,000
			60	65,000~70,000	55,000~65,000
	당산동	크로바	18	9,000~9,500	8,500~9,000
			26	11,000~13,000	10,000~11,000
			34	16,000~17,000	15,000~16,000
			45	25,000~28,000	23,000~25,000
성동구	옥수동	극동	24	15,000~17,000	15,000~16,000
			31	25,000~30,000	25,000~29,000
			50	45,000~50,000	44,000~53,000
	광장동	워커힐	56	50,000~55,000	48,000~56,000
			67	55,000~65,000	51,000~66,000
			77	67,000~75,000	63,000~81,000
용산구	이촌동	한강맨션	27	30,000~31,000	28,000~30,000
			37	40,000~44,000	39,000~42,000
			55	50,000~55,000	55,000~60,000
	이태원동	청화	35	21,000~25,000	20,000~22,000
			47	40,000~46,000	35,000~41,000
			58	48,000~57,000	50,000~54,000
구로구	구로동	신구로현대	23	11,000~12,000	10,000~11,000
			30	16,000~18,000	16,000~17,000
			34	18,000~21,000	18,000~20,000
	시흥동	한양	16	6,500~7,000	5,000~5,800
			25	11,000~12,000	8,000~9,500
			35	15,000~16,000	11,000~12,000
도봉구	창문동	현대	18	8,500~9,000	7,200~8,500
			24	11,000~12,000	9,500~11,000
			31	16,000~18,000	14,000~15,000
	방학동	벽산	19	9,000~9,500	8,500~8,800
			26	14,000~15,000	13,000~13,500
			31	17,000~18,000	16,000~17,000
동대문구	청량리동	미주	27	16,000~17,500	13,000~13,500
			33	18,500~19,500	15,000~16,000
			46	34,000~35,000	30,000~34,000
	답십리동	한양	24	12,000~13,000	10,000~12,000
			31	18,000~19,000	15,000~16,000
부산	남천동	삼익타워	16	6,500~6,800	6,000~6,500
			28	12,000~12,500	11,000~12,000
			30	13,000~14,000	13,000~13,500
			42	23,000~24,000	22,000~24,000
			55	37,000~38,000	37,000~38,000
	온천동	럭키	38	19,000~20,000	16,000~18,000
			47	35,000~36,000	26,000~33,000
			57	45,000~46,000	38,000~43,000
			66	53,000~55,000	48,000~53,000
	구서동	주공	13	5,000~5,500	4,400~5,000
			22	10,000~11,000	10,000~11,000
			25	11,000~12,500	11,000~12,000
대구	수성동	신세계	16	16,000~17,000	14,000~15,000
			49	27,000~28,000	24,000~26,000
			69	35,000~36,000	35,000~37,000
			88	44,000~45,000	45,000~47,000
	내당동	광장타운2차	38	19,000~20,000	16,000~17,000
			47	23,000~24,000	22,000~23,000
			63	28,000~30,000	26,000~28,000
	범어동	궁전	32	15,000~16,000	14,000~15,000
			40	20,000~21,000	18,000~19,000
			47	23,000~24,000	21,000~22,000
인천	간석동	우성	22	6,700~7,200	6,700~7,200
			32	10,000~11,000	10,000~11,000
			40	12,000~14,500	12,000~14,000
	만수동	신동아	22	7,000~7,500	6,900~7,400
			31	9,200~10,000	9,400~9,900
			44	12,000~15,500	11,900~14,900
대전	법동	영진	25	6,400~7,400	6,000~7,000
			31	8,600~9,200	8,300~9,000
			45	13,000~17,000	12,000~15,000
	오류동	삼성	22	6,300~7,000	6,500~7,500
			31	9,800~12,000	8,500~10,000
			49	20,000~22,000	17,000~19,000
			62	28,000~32,000	24,000~27,000
광주	우산동	현대	42	13,000	10,200~10,800
			50	14,000~15,000	11,800~13,200
			66	21,000~24,000	19,800~20,800
	문암동	주공2단지	13	3,000~3,100	2,500~3,000
			22	5,000~5,500	5,400~6,100
			25	6,500~6,800	6,300~6,600
수원	매탄동	일광	27	9,500~11,500	8,000~10,000
			35	16,000~18,500	13,000~17,000
			44	19,000~22,000	18,000~21,000
	우만동	주공	18	6,300~6,500	5,400~5,900
			25	9,500~9,700	9,000~9,400
			28	10,000~10,500	9,500~9,700

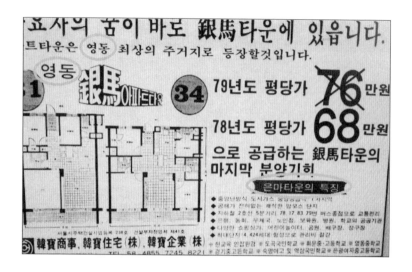

청년들은 서울의 중심을 강남으로 생각하겠지만, 1970~1980년대까지만 해도 서울은 광화문 일대 시내를 말했고, 1990년대 초쯤 되어서야 오리지날 서울 4대문안과 강남의 힘이 비슷해졌다.

은마아파트 분양 광고를 보자. 영동이라는 단어가 보이는가? 1978년 분양 당시 강남의 위상은 영등포의 동쪽이라는 뜻의 영동으로 불릴 정도로 대단치 않았다. 그리고 평당 분양가가 68만 원, 실화인가.

또 다른 1990년대 아파트 가격을 보도록 하자. 신문 독자를 위해 아파트 팔고 돈 하나도 안 보태고 거의 그대로 이동할 수 있는 지역, 2,000만 원 이하만 더하면 갈 수 있는 상급지, 2,000~4,000만 원 사이로 더하면 갈 수 있는 상급지를 알려주는 기사이다.

여기서 여러분이 눈여겨봐야 할 것은 바로 생각보다 훨씬 다양한 지역이 나온다는 것이다. 지금의 아파트 가격으로는 상상도 못

투자비 없이 수평이동 가능한 지역				
			<단위= 백만원>	
구	동	아파트명	평형	시세
구로	신도림	우성	33	122.5
노원	하계	벽산	31	132.5
노원	중계	건영2차	32	135
송파	잠실	주공5단지	34	135
성동	응봉	대림1차	31	137.5
강동	길	신동아	34	140
노원	하계	미성	31	140

추가자금 2천만원 이하 투자로 가능한 지역				
구	동	아파트명	평형	시세
안양	담안	샛별한양4차	32	145
노원	상계	벽산	33	150
강동	명일	주공고층	31	151
강남	대치	은마	31	152.5
군포	산본	묘향롯데	35	152.5
서대문	홍은	현대	32	152.5
강동	명일	주공고층	33	153.5
노원	상계	주공14단지	35	155
마포	도화	현대	30	155

추가자금 2천만원 이상~4천만원 이하 투자로 가능한 지역				
구	동	아파트명	평형	시세
강동	고역	아남	35	165
강서	염창	동아	32	165
군포	산본	모향롯데	37	165
강동	명일	명일LG	35	167.5
동대문	회기	신현대	32	167.5
도봉	창	동아	32	170
동작	본	신동아	35	170
송파	풍납	풍납현대	33	170
서초	서초	무지개	33	172.5
강남	청담	삼익	35	175
강동	둔촌	주공고층	31	175
부천	중	그린타운삼성	38	175
서대문	홍제	한양	32	175
성남	서당	효자임광	32	175
성남	서현	시범우성	32	175
성남	서현	시범현대	33	175
성남	이매	이매청구	33	177.5
고양	마두	강촌우방	32	178
서초	반포	미도	34	180

할 구로, 노원, 송파, 성동, 강동구가 동급으로 묶인다. 30억 원 하는 잠실 주공 5단지, 10억 원 하는 신도림 우성이 동급이었다니!

2,000만 원 추가자금이 필요한 지역을 보면 더 기가 막힌다. 서울, 강남, 대치, 은마와 군포, 안양 같은 경기도 아파트가 동급이었다고 한다. 2,000~4,000만 원 추가자금이 필요한 아파트를 보면 말이 안 나온다. 부천, 성남, 고양시, 군포 이런 지역이 강남, 청담, 삼익과 동급이었다니 말이다. 지금 청담 삼익은 평당 1억으로 30억 원 이상이고 부천 그린타운 삼성은 약 8억 원 정도이다.

자, 이제 여러분의 부모님이 왜 강남 아파트를 팔고 분당이나 일산, 부천으로 갔는지 알겠는가? 왜 부모님이 마용성에 집을 안 사고 노원구에 집을 샀는지 알겠는가? 옛날에는 동급이었다는 말이다. 가격도 비슷하고 지금처럼 부동산 투자에 관심도 많은 시절이 아니라서 부모님들은 앞으로 서울, 경기도가 어떻게 발전하고 일자리가 생기고 교통이 어떻게 변할지 알 수 없었다. 지금처럼 유튜브나 책, 강연 등이 잘 되어 있던 시절도 아니라서 고위 공직자 와이프들이 내부 정보로 복부인으로 불리며 부동산 투기로 돈을 쓸어 담았지, 서민들은 아무것도 모르던 시절이었다.

시대가 좋아져서 여러분은 당시로 치면 최고위 공직자나 되어야 접근할 수 있는 각종 정보와 개발계획들을 클릭 몇 번만으로 알 수 있는 시대를 살고 있는 것이다. 부모님 세대 때 서점에서는 '어떻게 한푼 두푼 저축해서 적금 풍차돌리기로 은행이자 많이 받아서 저축할 것인가', 이런 게 최고급 재테크 서적으로 팔렸다. 이런 걸 '시대적 한계'라고 부른다.

자, 1990년대 초중반만 해도 사람들은 서울 강북, 강남, 강서, 강동, 부천, 군포, 일산 같은 곳을 상당히 비슷한 가격 내지는 크게 차이나지 않게 평가했다. 당시는 저 집값이 맞는 집값이었다.

그런데 30년이 지난 지금 왜 20~30억 원의 집값 차이가 벌어졌을까? 영등포의 동쪽에 불과했던 강남이 왜 대한민국의 최고 중심지이자 선망의 지역이 되었을까?

그것은 바로 지난 40년간 국가에서 작정하고 강남을 집중개발하여 다른 지역을 뛰어넘는 지역가치, 공간가치를 가지게 되었기 때문이다. 강남 개발에 대한 이야기는 주제를 벗어나니 넘어가도록 하자. 이 단락의 주제는 다주택은 얼마나 싸거나 비싸게 사는지와 언제 사고파느냐가 중요하지만, 1주택 내 집 마련은 어디를 사서 얼

258

마나 오래 보유할 수 있느냐가 훨씬 중요하다는 것을 설명하고 있었다. 예를 들어보자.

나는 대치동 은마아파트를 1억 5,000만 원에 샀다. 내 친구는 대치동 은마아파트를 하필 집값 최고 폭등기 꼭지에 상투 잡아서 2배나 오른 가격인 3억 원에 샀다. 30년이 흘러 30억 원 하는 지금 시점에 1억 5,000만 원에 샀든 3억 원에 샀든 큰 의미가 있을까?

나는 개포동 주공아파트를 550만 원에 분양받았다. 내 친구는 개포동 주공아파트를 다른 사람에게 프리미엄 주고 사서 650만 원에 20% 비싸게 샀다. 40년이 흘러 30억 원 하는 지금 이게 무슨 큰 의미가 있을까?

다주택 투자할 때 싸거나 비싸게 타이밍 맞춰서 잘 사는 게 중요한 이유는 다주택 투자는 보통 10년, 20년, 30년 장기 보유하는 투자가 아니기 때문이다. 단기적으로 사고팔아서 차익을 남기려는 목적이기에 정확한 매수와 매도 타이밍을 잘 맞추는 게 정말 중요하다(세금도 많이 내야 한다). 예를 들어 주식 같은 투자가 다주택 단기 투자다. 그러니 난이도가 훨씬 높다. 반면 1주택 내 집 마련 혹은 내 집 살다 같은 동네 큰 평수로 옮기는 일시적 2주택 내 집 마련은 한 번 사면 10년, 20년 장기적으로 살아가는 경우가 많다. 아파트는 사고팔더라도 같은 지역에서 좀 더 큰 평수, 좀 더 여건이 좋은 아파트로 이사가는 것이기에 그 지역에서 장기보유하게 된다. 물론 돈이 적은 사회 초년기에는 상대적으로 자주 이사다니고 직장에 따라 지역도 바뀔 수 있지만, 30~40대쯤 되면 자녀를 오랫동안 잘 키우며 지낼 안전한 지역에 자리를 잡게 된다.

이처럼 장기 보유하기 쉬운 1주택은 집값이 단기적으로 오르든 내리든 별로 신경 쓰지 않는다. 어차피 은퇴하기 전까지는 살아갈 집이 필요하니 그냥 그런가 보다 하고 기분만 좋고 나쁘고 하면서 사는 거다. 부동산 공부 조금 하고 머리 써서 돈 벌 요량으로 타이밍 잘 잡아 같은 단지 큰 평수로 이동하는 거지, 기본적으로는 그 동네에서 사고팔며 이사다닌다.

1주택이라 12억 원 이하는 비과세이기에 세금도 안 내거나 양도차익도 매우 적게 낸다. 이렇게 한 지역에 10년, 20년 보유하게 될 경우에 10%, 20% 비싸게 사고 싸게 사고는 정말 아무것도 아니다. 지금같은 폭등기에 꼭지 상투 잡아 2배 비싸게 사도 장기적으로 보면 큰 의미가 없다. 그것보다 중요한 건 지역이나 위치다. 어느 지역을 샀느냐가 실질적인 집값의 큰 차이를 나타내는 것이다. 2년, 3년, 5년 단기 보유할 때의 투자 접근 방법과 10년, 20년 살 수 있는 '실거주용' 내 집 마련은 접근 방법 자체가 다른 것이다.

청년들에게 필요한 것은 두 가지다. 먼저 화폐가치 하락, 수요와 공급 불균형, 각종 주택정책의 모순으로 인해 앞으로 최소 3년 이상 이어질 집값 상승과 전월세 폭등을 이겨내는 '내 집 마련을 하는 것'이 1단계다. 그리고 다른 지역과 비슷하게 평가받던 1990년대 강남처럼 앞으로 꾸준한 공부를 통해서 20~30년 후 훨씬 비싸질 지역이 어디인가를 알아내고, 그 지역 중에서 내가 가진 자금과 대출이 허용하는 한도 내에서 갈 수 있는 집을 선정한다. 그런 다음 지금 보유한 1주택을 팔고 그 집에서 '경제적 안정'과 '행복'을 누리는 것이 2단계다. 그러면 여러분이 40~50대가 되었을 때는 집값이 많이 올라서 세금으로 다 뜯기는 와중에도 노후에 폐지 줍지 않고도 살 만한 노후를 보낼 수 있을 것이다.

1990년대 초까지만 해도 강남의 힘이 압도적이지 않았고 강북, 강남, 강서, 강동 아파트 가격과 비슷했다. 심지어 경기도 5대 광역시의 가격도 비슷했다. 그런데 누군가 열심히 공부한 사람은 적은 자본으로 미래의 유망지역을 입성할 수 있었다. 앞으로 미래는 서울이고 그중에서도 강남이 될 거라고 생각해 4대문 아파트를 팔고 개포 주공아파트라도 입성한 사람이 있었을 것이고, 개포동도 비싸서 못 가면 잠실 주공아파트라도 간 사람이 있었을 것이다. 그것도 안 되면 둔촌 주공이나 강동구 주공으로 간 사람도 있을 것이다.

마포구, 성동구, 동작구, 용산구 위치가 이렇게 저렴할 지역이 아니다. 목동, 여의도, 강남, 송파구 빌라밖에 못사는 돈인데 거기에서 빌라 사느니 미래를 보고 마용성(마포, 용산, 성동) 아파트를 사자고 하면서 마용성에 입성한 사람도 있을 것이다.

인천 아파트 사느니 서울 빌라를 사는 게 났다고 서울에 입성했다가 뉴타운 아파트 재개발 대박난 사람도 있을 것이다. 미래는 결국 과거의 반복이다. 또한 사람들이 장기적으로 선호할 지역도 어느 정도 예측해볼 수 있다. 그것을 공부하며 예상하면 가난한 청년이라도 10년, 20년, 30년 긴 시간이 흐른 뒤에는 경제적 여유를 충분히 누릴 수 있는 내 집을 가질 수 있다는 것이다. 그러니 지금 너무나 올라버린 집값에 절망하지 않아도 된다. 아직 15년 정도 여러분에게 충분한 기회가 있다.

여러분 스스로 공부해서 선택하라고 등 떠밀지도 않을 것이다.

그래도 아직 가격이 저렴하면서도 10년 이내의 중기적인 기간을 바라볼 때 성장 가능성이 높은 지역을 이 책에서 구체적으로 알려줄 것이다. 반드시 그 지역에 내 집 마련을 하라는 게 아니다. 내가 그런 지역을 어떤 관점에서 선정하고 분석하고 있는지, 지역가치와 공간가치를 어떤 식으로 적용해서 평가하는지 그 노하우를 여러분이 배울 수 있다면 각자 저축한 돈의 크기와 직장의 위치, 선호하는 가치관 등 각자의 사정에 맞춰 적어도 실패는 하지 않을 내 집 마련을 할 수 있다.

이번 장에서는 이것만 기억하자. 서울 핵심지의 아파트값이 2배, 3배나 올라버렸지만 절망하지 않아도 된다. 앞으로 대한민국 경제 발전의 미래는 밝기 때문에 적어도 20년 정도는 우리나라 경제가 최전성기를 찍게 되어 있다. 이 말은 집값은 중간중간 하락이 있을지언정 지속적으로 상승한다는 말이다.

과거의 예시를 보면 알겠지만, 집값 50%, 100% 비싸게 샀다는 것이 당시는 굉장히 속 쓰린 일이지만 20년, 30년 긴 시간이 지나고 보면 돈 버는 데 큰 영향을 주지 않았다. 진짜 영향을 주는 것은 앞으로 발전할 지역을 제대로 샀는지, 중간이라도 갈 지역을 샀는지, 아니면 쇠퇴할 지역을 잘못 샀는지다. 더 큰 영향을 주는 것은 그렇게 산 제대로 된 지역의 내 집을 20년, 30년 장기적으로 보유할 수 있는지다.

부동산 초보인 여러분이 집값이 지금처럼 폭등한 시점에 실거주하지도 않을 집을, 그것도 여러 채 사서 비싼 세금을 물어가며 쌀 때 사서 비싸게 팔아야 하는 다주택 투자를 하다가는 패가망신하게 된다. 그러니 만일 상투에 비싸게 집을 사더라도 반드시 발전할 미래가 있는 지역에 실거주용 내 집 마련을 해서 경제적 안정과 미래의 수익을 모두 거둘 수 있어야 한다. 제일 집값 꼭지인 시기에 빌라에다 이런 투자를 해서 실거주와 집값 상승 두 마리 토끼를 모두 잡은 잠실 본동 빌라의 실전 예시(219쪽 참조)를 다시 읽어보길 바란다.

청년의 가장 큰 약점은 모아둔 재산이 적다는 것이고, 가장 큰 강점은 젊어서 '시간'이 많다는 것이다. 여러분의 유일한 자산은 시간이다. 시간을 투자해서 돈으로 바꾸는 투자를 해야 이길 수 있다.

이제 여러분은 헛소리 선전선동에 속지 않을 지식과 마인드도 갖추었고, 집값 하락기에 많이 떨어지는 주택과 영향이 적어서 안전한 주택의 차이도 보았다. 또한 집값을 구성하는 지역가치, 공간가치라는 기초지식도 배웠고, 지난 과거를 통해 1주택 내 집 마련은 얼마나 싸거나 비싸게 사느냐보다 장기적인 발전이 이루어질 지역인지, 얼마나 오래 실거주하며 유지하는지가 가난한 청년 및 자본이 적은 서민들의 성공투자 방법이라는 것을 배웠다.

이제 5장에서는 지금까지 배운 모든 지식을 종합하여 아주 구체적으로 나아갈 것이다. 금액대와 지역별로 내가 추천하는 빌라와 아파트를 통해 여러분이 도대체 어디에 내 집 마련을 해야 하는지, 지역과 집을 선정할 수 있는 능력을 키워보도록 하자.

제 5 장

실전으로 배워보자,
흙수저 청년을 위한
내 집 마련 공략집

지금 살기 좋으면 이미 비싸다, 실수요자들이 원하는 집이다. 지금 살기 나빠도 가까운 미래에 크게 좋아질 지역도 이미 비싸다, 투자자들이 원하는 집이다. 이런 집들은 2019년 이후로 너무 많이 올랐다. 15억 원이란 돈이 어디 있나.

흙수저 청년들에게 남아 있는 두 가지 빈틈이 있다. 바로 투자자들은 먹을 게 적고, 실수요자들은 난이도가 있어서 판단하기 어려운 지역이다. 아직 덜 알려진 수도권 아파트와 선점하지 못한 서울의 오르는 빌라 등 얼마 남지 않은 가성비 주택을 함께 알아보도록 하자.

2017년의 실패하지 않는 내 집 마련
'삼성 사이버빌리지' 아파트

1주택 청년의 내 집 마련은 현재 그럭저럭 살 만한 곳이어야 한다. 그리고 먼 미래가 아닌 10년 이내의 가까운 미래에 확실히 좋아질 곳이면서 가격도 저렴한 곳이어야 한다.

2017년에 구매한 서울시 중구 중림동의 '삼성 사이버빌리지' 아파트가 딱 들어맞는 주택이었다. 33평이 15억 원 정도 하는 지금 시점에는 흙수저 청년은커녕 대기업 맞벌이 청년 부부라도 부모님 찬스나 모아둔 저축액, 영끌 대출이 아닌 이상 살 수 없는 아파트가 되었다.

이 아파트의 장단점과 앞으로의 전망 등을 알아보고 집중적으로 분석해보면 여러분에게 나름의 기준이 생길 것이다. 현재는 그럭저럭 살 만한 수준이 어느 정도인지, 10년 이내에 확실히 좋아지는 것들은 무엇을 말하는 건지 말이다. 실수요자 중심의 아파트이면서 너무 비싸지도 저렴하지도 않은 이 아파트는 여러분에게 하나의 '기준점'이 되어줄 것이다. 그러면 청년들이 구매할 수 있는 가격대의 수도권 아파트와 빌라들을 소개할 때 '사이버빌리지보다 10억 원이나 싼데, 주변 환경만큼은 생각보다 괜찮네? 그래서 남쌤이 추천한 거구나!' 하며 쉽게 이해할 것이다.

먼저 이곳을 이해하기 위해서 앞장에서 배웠던 지역가치 중 3대 업무지구가 무엇이었는지 다시 한번 떠올려보자.

1. 강남, 서초, 송파(GBD, 일자리가 가장 많다. 고소득 일자리가 많다.)
2. 광화문, 시청, 종로, 을지로, 서울역(CBD, 일자리가 두 번째로 많다. 고소득 일자리가 많다.)
3. 여의도, 영등포, 가산(YBD, 일자리가 세 번째로 많다. 고소득 일자리가 많다.)

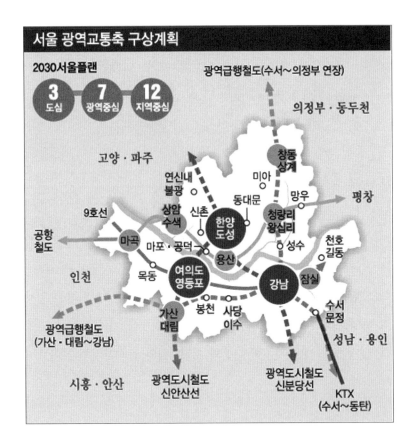

서울 광역교통축 구상계획

2030서울플랜

3 도심 — **7** 광역중심 — **12** 지역중심

광역급행철도(수서~의정부 연장)

고양 · 파주

의정부 · 동두천

연신내
불광

창동
상계

미아

망우

9호선

상암
수색

신촌

동대문

청량리
왕십리

평창

공항
철도

마곡

한양
도성

성수

천호
길동

마포 · 공덕

인천

목동

여의도
영등포

용산

강남

잠실

수서
문정

광역급행철도
(가산 · 대림~강남)

가산
대림

봉천

사당
이수

성남 · 용인

시흥 · 안산

광역도시철도
신안산선

광역도시철도
신분당선

KTX
(수서~동탄)

이 3대 일자리 지역만 보더라도 이들 지역에 있는 직장으로 출퇴근하기 편한 곳들은 집값이 비쌀 거라는 예상을 할 수 있다.

용산이 미래 서울의 핵심 투자지역이라는데 왜 그런지는 그림만 봐도 알 수 있다. 3대 일자리의 정중앙에 있고 국가의 개발 역량이 집중될 지역 중 한곳이기 때문이다. 이 큰 그림만 보더라도 1, 2위 하는 일자리 강남, 한양도성에 인접한 성수동이 왜 집값이 비싼지 알 수 있다. 또한 2, 3위 하는 일자리 한양도성, 여의도와 영등포에 인접한 동마포로 불리는 공덕이 왜 비싼지 알 수 있다.

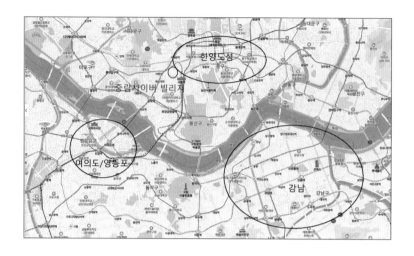

　　중림 사이버빌리지 아파트는 공덕과 비슷하게 2, 3위 하는 일자
리 한양도성, 여의도와 영등포에 인접한 입지를 가지고 있는 곳이
다. 앞장에서 배운 것처럼 이곳의 지역가치와 공간가치를 알아보도
록 하자.

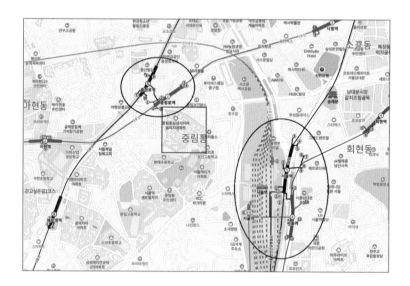

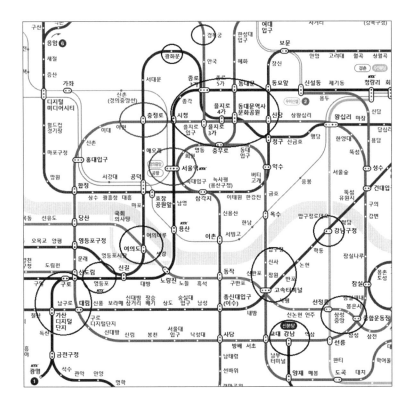

　시청, 광화문 같은 곳은 걸어서 출퇴근할 수 있을 정도로 가깝고 여의도, 영등포도 가까운 입지이다. 강남의 경우 출퇴근 시간에 자차로 50분 정도 걸리는 그럭저럭 괜찮은 접근성을 보여준다.

　지하철 2, 5호선 충정로역이 단지 입구에 거의 붙어 있는 역세권이고 서울역의 경우 도보 10~15분 정도의 도보권이다. 2021년 현재 이 아파트에서 이용 가능한 철도는 1호선, 2호선, 4호선, 5호선, 경의중앙선, 공항철도, KTX다.

　대중교통은 강남은 보통이고 한양도성, 여의도, 영등포, 가산 등은 매우 좋다고 할 수 있다. 5호선으로 환승 없이 업무지구인 공

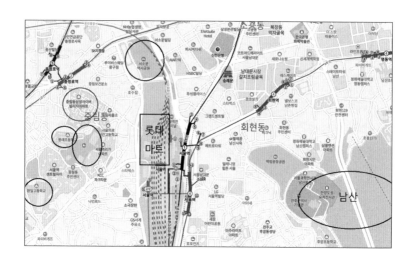

덕과 여의도, 광화문을 세네 정거장이면 갈 수 있고, 2호선으로 시청, 을지로 역시 세네 정거장이면 도착한다.

강남은 아파트에서 회사까지 40~50분 정도는 잡아야 하는데, 2호선은 돌아서 가고 다른 지하철은 환승이 있다 보니 아주 가깝지는 않은 편이다. 그냥 보통 정도의 접근성이다. 이외에도 김포, 인천공항 갈 때나 기차 타고 놀러갈 때 서울역이 있다 보니 편리하다. 한양도성, 여의도, 영등포의 회사까지 아파트에서 30분 내외로 도착하고 강남 일자리는 50분 내외로 도착하는, 교통이 매우 우수한 지역이다.

지역 인프라와 공원으로는 서울역에 대형 롯데마트가 있고 운동 삼아 갈 만한 거리에는 남산과 서소문, 역사공원이 있다. 일상적으로 이용할 거리에는 손기정 체육공원이 있으며, 봉래초등학교가 공원을 통해서 조금 걸어가야 하지만 차도를 통하지 않고 갈 수 있

272

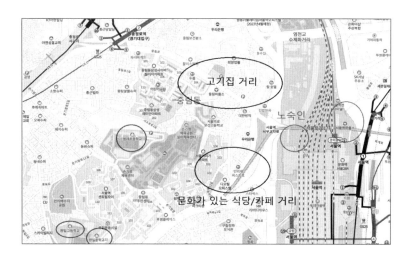

고 환일 중고등학교가 있다. 초등학교 인접에 붙어 있는 적절한 공원으로 생활여건이 적절하다. 다만 자전거를 탈 수 있는 곳이 마땅치 않은 것이 아쉬운 점이다. 근처에 자전거, 차량 겸용 도로가 있는데 그 길로 한강을 가려고 했다가 차에 치여 죽을 것 같아서 이용할 수 없었다.

지역 생활 인프라 측면에서 보면 그럭저럭 괜찮은 수준이다. 도심지이다 보니 주변에 스타벅스나 대형 커피숍들은 많지만 학원 같은 자녀교육을 위한 시설이 부족하다. 아파트 앞 중림로에는 도심지 직장인들이 회식을 하거나 청년들이 선호하는 분위기의 고깃집들이 많아서 길거리에 담배꽁초도 많고 깨끗하고 아름다운 모습은 아니다. 지역 상권들도 맞은편 낙후 빌라촌이 개발되기 전에는 수요 부족으로 청년들이 아주 선호할 만한 가게들이 입주하기는 쉽지 않다. 그래도 병원, 중형슈퍼, 약국, 세탁소 등 생활 편의시설이 잘 되어 있어 그럭저럭 괜찮은 인프라를 보여준다.

반면에 근처 만리동의 경우 서울역 센트럴 자이 입주, 서울로 7017 개장 후 많은 면에서 변해가고 있다. 분위기 있는 카페와 식당, 와인바, 카페 등이 생기면서 고깃집이 많은 중림동과 달리 청년들 위주로 사람들이 바글바글하다. 소규모 성수동 카페거리 느낌 정도라고 보면 되는데, 향후 청파동 개발 시 크게 상권이 확장될 것으로 보인다.

사이버빌리지의 대표적인 단점은 서울역 인근에 노숙자분들이 있다는 것이다. 이분들이 직접적인 위해를 가하는 모습을 보거나 들은 적은 없지만, 아무래도 인상이 찌푸려지는 것은 어쩔 수 없다. 노숙인들이 가장 많은 곳은 서울역 동쪽이라 사실 아파트와는 먼 지역이지만 서울로7017 서쪽 편 인근에도 간간이 보일 때가 있다.

약 1,000세대(임대 포함) 규모의 아파트이며 2001년 준공 계단식, 지하와 지상 주차장 존재(여유 많음), 내진설계, 지하주차장 엘리베이터 연결, 건설사 삼성물산, 20~40평대 평형 구성의 아파트이다. 현재의 법규나 가격대에서 대지지분이나 용적률로는 재건축을 기대할 수 없는 수준이고, 미래에 집값이 아주 많이 오르거나 용적률 완화가 이루어져야 재건축이 가능할 것이다. 리모델링이 현실적인 아파트 변화의 힘인데, 그런 면에서는 괜찮은 조건을 두루 갖추었다고 볼 수 있다.

특별한 커뮤니티 시설은 없고 살짝 언덕이 있는 수준의 아파트 단지인데 평화롭고 안전하다. 또 인근 아파트 중 유일한 44평을 보유하고 있어 소소하게 장점이 있는 편이다. 삼성물산에서 지어서 건물 외벽에는 '래미안'이라고 칠해놨는데, 공식 이름은 '사이버빌리지'인 특이한 곳이다.

2000년 초에는 사이버라는 단어가 뭔가 좀 있어 보이는 단어였다. 이름을 지을 때 집에서 컴퓨터 단말기 같은 것으로 택배도 받고 입주민끼리 채팅도 하는 그런 사이버틱한 모티브로 해서 지었다고 하는데 짓고 보니 귀찮고 불편해서 그냥 안 쓰고 살게 되었다고 한다. 처음부터 '중림 래미안'이나 '서울역 래미안'이라고 지으면 좋았을 것을 그랬다.

이곳은 커뮤니티 시설이 우수한 대단지 신축 아파트도 아니고, 재건축이 가능해서 큰 수익이 기대되는 아파트도 아니다. 그런데 왜 2017년에 이곳 아파트를 샀을까? 간단하다. 실패하지 않는 내집 마련 용도로 2016~2017년 기준으로 아주 딱 맞는 그런 집이었다. 교통이 우수하고 현재도 살기 나쁘지 않다. 단기, 중기, 장기적으로 확정적으로 집값을 올려줄 국가의 개발계획이 보장되어 있어서 화려하게 폭등하진 않아도 시간이 지나면 안정적인 수익을 거둘수 있는 아파트였기 때문이다.

그렇다면 이곳이 앞으로 어떻게 살기 좋아질 것인지 함께 탐구해보자. 먼저, 집값이 오르는 힘에는 두 가지 방식이 있다.

1. 내 집이 재개발·재건축, 리모델링 되어서 새것이 된다(공간가치의 상승).
2. 내 집은 그대로인데 주변이 많이 좋아진다(지역가치의 상승).

두 가지 중 하나만 이루어져도 집값은 남들보다 상승하고 하락기에도 남들보다 조금 떨어진다. 만약 두 가지 모두 이루어지면 폭등하는 것이다.

실례로, 신길동의 빌라촌은 외국인 노동자가 모여 살고 위험한 동네, 개발이 안 되는 곳이라고 무시받던 지역이다. 그런데 신길 뉴타운으로 재개발되어 낡은 빌라가 신축 대단지 아파트로 들어섰다(공간가치의 상승). 그것도 한 단지만 들어선 게 아니라 군락을 이루며 대규모 뉴타운 아파트촌이 되었기에 지역의 주변 여건과 인프라가 크게 개선되었다. 2022년에는 신림선 경전철이 들어섰고, 2024년에는 신풍역 신안산선 지하철까지 완공될 예정이다(지역가치의 상승). 당연히 지금은 중산층이 살고 싶은 주거지가 되었고 집값도 많이 올랐다.

흙수저 청년의 안정적인 내 집 마련은 2번에 포커스를 두어야한다. 1번은 워낙 변수가 많고 부동산 경기가 꺾이면 물거품이 되기 쉽다. 중림 사이버빌리지는 2번 지역가치의 상승으로 집값이 오를 지역이다.

5년 이내(단기) 개발 호재

1. 서울역 북부역세권 개발
2. 삼성금융그룹 서소문빌딩 오피스 이전 및 재건축
3. 메리츠 화재 오피스 서울역 이전 및 신축
4. GTX A 서울역 완공

이것이 사이버 빌리지
호텔
오피스
오피스
컨벤션
오피스
오피스텔
판매시설
한화에서 40층 5개 동으로 짓는다고 한다. 확정된 개발이다.

서울역 주변의 최고 단기 호재는 2022년 착공 예정인 서울역 북부역세권 사업이다.

2008년에 처음 추진되어 13년간 표류하던 사업으로(원래 대규모 개발은 10년, 20년이 기본이다. 절대로 금방 안 된다) 서울역 북부에 코엑스 같은 전시장 마이스(MICE)* 등을 짓는 것이었다. 지금은 대충 오피스, 오피스텔, 주상복합, 전시장, 상업시설, 호텔 등이 완공되는 사업으로 2022년 착공 예정이다.

북부역세권이 가져올 장점은 크게 세 가지로, 첫째 일자리다. 집 근처에 걸어서 10분 거리로 양질의 일자리가 증가한다는 것은

* 기업회의(meeting), 포상관광(incentives), 컨벤션(convention), 전시(exhibition)의 네 분야를 통틀어 말하는 서비스 산업

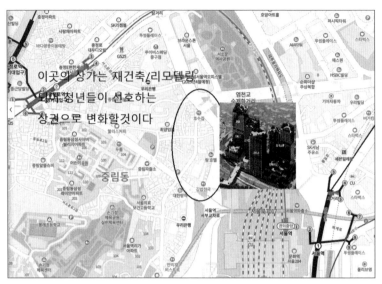

이곳의 상가는 재건축/리모델링
되어 청년들이 선호하는
상권으로 변화할것이다

5년 정도 뒤 서울역 인근의 모습

아주 좋은 일이다. 저곳의 판매시설, 컨벤션, 호텔에서 일하는 사람들의 일자리도 늘어나지만, 서울역이라는 지역에 신축 사무실이면 그래도 괜찮은 회사의 사무실로 사용될 것이다. 여기서 일하는 사람들의 일자리가 정말 양질의 일자리다.

둘째, 쇼핑하기 좋아진다. 아파트 주민의 입장에서 집 근처에 맛집과 깨끗하고 근사한 상가가 생기는데 싫어할 이유가 없다.

셋째, 고깃집 위주의 낙후된 중림동 상권을 서서히 변화시킬 것이다.

현재 검은색 동그라미 친 지역의 상가는 음식점 위주의 상권인데, 철근이 건물 밖으로 드러날 정도로 오래되어 보기 흉하다. 그러나 북부역세권 완공 후 사업성이 좋아져서 신축 혹은 리모델링 후

환경영향평가(초안) 공람

■사 업 역 : 서울역~서대문 1 · 2구역 제1지구(서소문빌딩)
　　　　　도시정비형 재개발사업
■사업시행자 : 삼성생명보험주식회사
■사업장위치 : 서울특별시 중구 서소문로 68(순화동 7) 일원
■공람기간 및 장소
　○공람기간 : 2021년 9월 27일 ~ 2021년 10월 26일
　○공람장소 : 중구청 도심재생과, 소공동주민센터,
　　　　　　　 봉래동주민센터, 회현동주민센터,
　　　　　　　 서대문구 충현동주민센터
　○전자공람 : 중구청 홈페이지(http://www.junggu.seoul.kr)
　　　　　　　 서울특별시 환경영향평가 홈페이지
　　　　　　　 (http://eims.seoul.go.kr)
■사업의 규모
　○사업지구면적 : 17,274.0㎡
　○건 축 면 적 : 10,960.76㎡

삼성금융그룹을 이렇게 짓는다고 한다

깨끗하고 청년층이 선호하는 근사한 가게들로 변화할 것이다.

삼성금융그룹 서소문빌딩 오피스 이전 및 재건축

　두 번째 단기 호재는 내가 가장 좋아하는 양질의 일자리 확충이다. 현재 서소문 역사공원 맞은편에는 호암아트홀과 함께 삼성그룹의 서소문빌딩이 있다. 2026년까지 새로운 사옥을 재건축하여 서초동 사옥의 시대를 마감하고 서울역으로 이전한다. 삼성생명, 삼성화재, 삼성증권, 삼성자산운용 등이 사무실로 이용할 예정이고, 노후되어 2017년부터 대관을 중단한 호암아트홀도 다시 개장할 예정이라고 한다.

　단, 진행 상황을 보았을 때는 유력해 보이지만 삼성그룹에서는

메리츠 화재 신사옥을 2023년까지 이렇게 짓는다고 한다.

아직 최종 확정된 것이 아니라는 것이 공식 입장이므로, 될지 안될지 모르는 개발 호재라고 할 수 있다. 그런데 이렇게 환경 영향평가를 하고 있는 걸 보면 진행될 모양이다. 계획대로 진행된다면 우리나라 최고 기업 양질의 일자리가 도보권에 생기는 것이므로 집값뿐 아니라 근처 상권에도 좋은 시너지가 날 것이다.

메리츠 화재 신사옥 신축

기존 여의도 사옥을 1,200억 원에 매각하고 현재 서울역 북부 역세권 맞은편 부지에 신사옥을 짓고 있다. 역시 양질의 일자리가 생기는 것으로 좋은 일이다.

사실 삼성이나 메리츠 같은 대기업의 사옥 신축도 중요하겠지

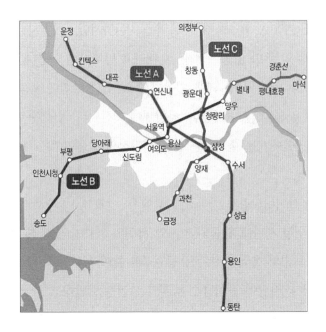

만, 정말 중요한 것은 왜 기업들이 강남, 여의도 등의 기존 사옥을 팔고 서울역, 종로, 을지로 등의 도심으로 이동하는가이다. 20년의 상암 사옥 시대를 끝내고 서울역으로 사옥을 이전한 한국경제TV, 2020년 사옥을 강남 테헤란로에서 종로로 이전한 법무법인 태평양. 기업 입장에서는 불필요한 비용은 줄이고 기업하기 좋은 곳에서 업무 오피스를 마련하는 것일 텐데, 그 기업하기 좋은 곳이 강남이 아닌 서울 도심이라는 것은 의미하는 바가 크다.

GTX A 2024~2025년 완공 예정

GTX A, B, C 형제 중 유일하게 착공되어 진행 중인 **확정된** 개발 호재이다.

사실 GTX A, B 노선이 서울역을 지나가지만, 중림 사이버빌리지 아파트의 주민 입장에서 큰 호재라고 말하기는 어렵다. 기존의 지하철이나 차량이 잘 되어 있어 서울역 인근 주민이 출퇴근용으로 탈 일은 많지 않기 때문이다. 반면에 일산이나 성남, 용인, 동탄 등의 주민들에게는 출퇴근 시간을 획기적으로 줄여주는 대형 개발 호재이다.

중림 사이버빌리지 아파트 입장에서는 GTX A, 북부역세권 사업이 비슷한 시기에 완공되면 지역 상권의 빨대효과로 경기도에서 GTX A 타고 서울역에 오는 유동인구가 늘어나는 긍정적인 효과를 볼 수 있다. 사람이 늘어날수록 지역 상권은 발달하고 결국 땅값을 밀어올리고 아파트 땅값에도 간접적으로 영향을 주게 된다. 또 판교 같은 양질의 IT 회사 일자리를 가진 주민들이 서울역에 집을 사서 출퇴근할 만해지기 때문에 약간의 수요도 늘어날 것으로 보인다.

단기적으로 확정된 개발사업이 많다는 것이 가장 큰 강점인데, 북부역세권 하나만 완공되어도 확실히 지금보다 동네가 살기 좋아지기 때문에 아무런 투자 위험 없이 과실을 얻을 수 있다.

10~15년 이내(중기) 개발 호재

1. 용산 민족공원 개발
2. 한양도성 재생
3. 아현 1구역, 북아현 2구역, 3구역 아파트 재개발
4. 중림동 398 아파트 재개발
5. GTX B

6. 신안산선 서울역 연장

10~15년 안에는 진행될 것이 유력하다고 판단되는 사업들이다.

용산 민족공원 개발(10~15년 이내 예상)

세부적인 내용은 아직 발표 전이지만 사업의 진행은 확정된 사업이다. 향후 15년간 국가에서 작정하고 서울의 미래 경쟁력을 위해 개발하는 사업이다. 서울 한복판 알짜배기 용산에 여의도 전체 크기보다 큰 규모의 공원이 만들어질 예정이며 남산과 이어지는 숲길도 조성될 것이다.

집값이 폭등하여 이곳에 임대아파트나 분양아파트를 지어서 공급하자는 여론이 있었지만 현 정부에서 단호히 거절한 바 있다. 진보 정권, 보수 정권 수준에서 결정할 문제가 아니다. 용산개발, 한양도성 구도심 재생은 국가의 미래 경쟁력이 달린 국책사업이다. 그렇기에 정부가 바뀐다고 취소할 수 있는 차원의 일이 아닌 것이다.

용산의 본격적인 개발은 남산에서 용산 민족공원과 한강으로 이어지는 녹지축과 함께 중립 사이버빌리지에도 간접적으로 긍정 효과를 주게 될 것이다. 특히 인접한 서계동, 청파동, 후암동에 강력한 개발압력을 주기 때문에 결국 동네 주변이 깨끗하게 개발되는 영향을 얻게 된다. 조금 걸어야 하지만 놀러가기도 좋고, 지금도 남산은 그럭저럭 걸어서 갈 만한 거리이다. 그 정도 거리에 평지 깨끗한 공원과 멋진 상권이 들어선다는 사실은 생각만 해도 기분 좋은 일이다.

남산에서 내려다본 용산 민족공원

한양도성 재생(향후 15년간 지속적)

과거에는 도심, 시내라고 불렀다. 서울역, 광화문, 종로, 을지로 인근에 높은 빌딩과 멋진 건물이 많지만 반면에 매우 낙후된 상가와 지저분한 골목길도 아주 많다. 낙후된 이 한양도성 지역은 향후 15년간 문화유적으로 남길 곳은 잘 꾸며서 역사화하고, 다시 짓거나 리모델링할 곳은 깨끗하게 신축할 것이다. 따라서 도심의 일자리 경쟁력, 문화 경쟁력, 상업 경쟁력을 한층 더 강화시킬 예정이다. 이는 국가 차원의 서울시의 핵심 계획인데 낡은 도심을 내버려 두면 슬럼화가 진행되기 때문이다.

이곳에 돈이 투자되어 양질의 일자리가 생겨나고 문화적 공간이 다시 확장되면서 도심지에 가까운 사이버빌리지에도 간접적으로 좋은 영향을 미칠 것이라고 확신한다.

아현 1구역, 북아현 2구역, 3구역, 중림동 398 아파트 재개발

사이버빌리지에 맞닿아 있는 중림동 398 재개발(10~15년), 북아현 2구역, 3구역(7~10년 이내), 아현 1구역(10~15년 이내) 아파트로 재개발될 것이다. 이 중 북아현 2구역은 2,356가구, 3구역은 4,757가구의 메머드급 단지 규모이다.

북아현 2구역과 중림동 398은 사이버빌리지 주민 입장에서 우리 동네라고 생각되는 도보 10분 이내의 위치에 있다. 신축 대규모 아파트가 들어오면서 서울역 센트럴 자이가 힘겹게 이끌던 대장 아파트를 이어받아 집값 선두를 이끌 것으로 예상되며, 무엇보다 사이버빌리지 인근에 신축 아파트 상가가 들어오면서 생활여건이 좋아질 것이다.

중림동 사이버빌리지 아파트는 2000년 초에는 빌라촌 속 나홀

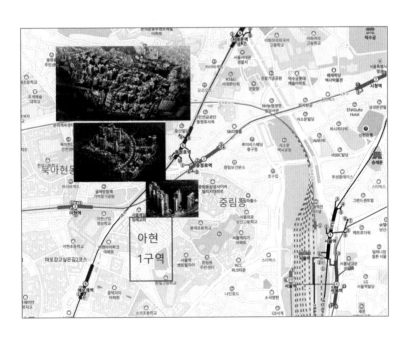

로 아파트 단지였지만 서울역 리가, KCC 파크타운, 센트럴자이, 한라 비발디파크 등의 신축 아파트들이 속속 재개발로 완성되면서 중림동, 만리동의 생활여건이 눈에 띄게 좋아졌다. 그런데 훨씬 더 큰 규모의 재개발 사업들이니 더욱 긍정적인 영향이 있을 것이다.

잠깐 샛길로 새어 내 이야기를 해보자. 아현역에 '아현산업정보학교'라고 있다. 나는 잠실에서 인문계 고등학교를 다녔다. 사실 게임을 좋아했던 나는 중학교 3학년 때 프로그래머가 하고 싶어서 공업고등학교 진학을 원했지만, 어머니께서는 처음으로 내가 하고 싶은 것을 반대하셨고(당시 공고, 상고의 이미지가 별로 좋지 못했다) 결국 나는 인문계고등학교에 진학했다.

개인적으로는 다소 아쉬운 선택이었다. 그러니 고등학교에 가서도 당연히 공부는 뒷전일 수밖에 없었다. 2년 내내 게임하고 PC 통신하며 놀다가, 고3 때 내게 또 다른 흥밋거리가 생겼다. 빵 만드는 게 그렇게 재밌어 보일 수가 없었다. 나는 제빵을 배워보고 싶어서 담임선생님의 도움으로 한 달에 하루 정도만 잠실의 학교에 가고, 3학년 1년 동안 아현직업고등학교(현재는 산업정보학교)의 제과제빵과를 다녔다.

친구들도 잘 사귀고 재미있는 빵도 만들어보고, 제빵기능사 자격증도 따고, 머리를 새빨갛게 염색도 하고, 너무 행복했지만 빵 만드는 게 생각보다 힘들고 직업으로 하고 싶은 정도는 아니라서 이후 컴퓨터 게임과로 전문대학에 진학하게 되었다. 공부는 안 하고 빵만 만들었으니 당연히 수능을 잘볼 리 없었다.

나는 이런 삶을 살아왔다. 내 삶의 가장 중요한 가치관은 다른 사람에게 피해를 주지 않는 한 내가 하고 싶은 것을 하면서 사는 거다. 그럴 때 나는 행복하다. 어릴 때부터 이런 생각이 확고했고 부모님은 언제나 나의 든든한 지원자가 되어주셨다.

다시 원점으로 돌아오자. 당시 아현동은 무지막지하게 못사는 동네였다. 그때 우리집은 잠실 장미아파트 40평대 아파트에서 잘 먹고 잘살다가, IMF가 터지고 아버지의 사업이 기울면서 쫄딱 망해 파크리오로 재건축된 시영아파트 13평 전셋집에 살았었다.

아현동은 서울의 대표적인 달동네 지역이었다. 지금 바로 네이버 부동산에 아현역 위아래의 아파트 집값을 한번 검색해보라. 그 야말로 천지가 개벽했다. 아파트에 관심 있으면 한 번쯤 들어봤을 마래푸(마포 래미안푸르지오)도 여기에 생겼다. 만약 아현 1구역, 북아현 2구역, 3구역까지 들어서면 이곳이 그 낙후된 달동네 아현동이었는지 아무도 알 수 없을 것이다.

2000년 당시 고3이었던 나는 학교 수업이 끝나면 친구들과 근처 아현시장에 자주 놀러갔었다. 어느 날 한 아저씨와 아주머니가 길에서 나눈 대화 내용은 지금까지도 기억난다.

"자, 지도 놓고 봐봐. 여기 아현동이 보기에는 이래도 조금만 가면 사대문이고(한양도성 도심을 말한다) 조금만 내려가면 마포, 여의도야. 서울 한복판인데 재개발 안 되고 이대로 있을 리가 없어!"

당시는 어려서 무슨 소린지도 모르고 호떡 하나 사먹고 PC방 가서 놀다가 집에 갔는데, 지금 생각해보면 미래를 보고 아현역 인근에 빌라를 사러 오신 부부가 아니었을까 생각된다. 아마도 남편은 아현동이라는 위치를 보고 사자는 거고, 아내는 너무 낙후된 동네가 마음에 안 들었던 것 같다.

부동산 개발이란 이런 것이다. 지금 보기에는 낙후되고 더럽고 살기에 힘들어 보여도, 개발될 지역은 언젠가 개발된다. 건물이 새 것인지 헌 것인지가 중요한 게 아니라 깔고 앉은 '땅'의 위치인 '입지'가 그만큼 중요한 것이다.

과거 아현동, 옥수동, 성수동, 중랑구, 화곡동, 난곡동은 대표적인 낙후 주거지였다. 이들 낙후된 단독주택과 빌라의 가격이 지금처럼 큰 차이가 났을까? 그렇지 않았다. 하지만 20년의 시간이 흐른 지금 각 지역은 위치에 따라 전혀 다른 운명을 맞이하고 있다. 지금 겉모습을 보지 말고 미래의 변화된 모습을 볼 줄 아는 눈을 키워야 한다.

내가 어릴 때는 장미아파트, 진주아파트, 미성아파트의 집값이 잠실 주공5단지, 시영아파트 이런 곳보다 높았다. 지금은 엘리트로 불리는 주공아파트도 더 저렴한 주거지였다. 지금 이 동네의 대장은 대지지분이 가장 큰 잠실 주공5단지이고, 5층짜리 서민주택이던 시영아파트는 파크리오가 되었다. 또 주공아파트는 엘스, 리센츠, 트리지움으로 생활여건이 좋은 선망의 주거지가 되었다. 그러니 과거와 현재의 기준으로 바라보지 말고 실현 가능한 미래를 현재에 적용해서 상상할 수 있어야 상대적으로 적은 돈으로 향후 좋아질 내 집을 마련할 수 있다.

서울역 센트럴자이 아파트가 개발되기 전에, 나 역시 언덕 위의 빌라촌을 걸어가면서 '여기는 서울역에서 거리도 살짝 멀고 언덕이 이렇게 심한데, 괜찮은 주거지가 될 수 있을까? 주변의 서계동, 청파동은 개발계획도 요원한데? 서울역에 노숙자도 많고.' 하면서 의심했었다. 그런데 지금은 청년들이 살고 싶어하는 선망의 주거지가 되었다.

지금 사이버빌리지 아파트의 단기, 중기 호재들을 단순히 읽는 데 그치지 말고 이것들이 모두는 아니더라도 부분적으로 실현되고 난 뒤에 중림동 사이버빌리지 근처의 환경과 동네 수준을 한번 상상해보라. 전혀 상상이 안 된다고 해도 괜찮다. 이 동네에 와본 적도 없고 경험도 없으니 당연하다.

그렇더라도 책으로 읽는 것에 그치지 말고, 하루 시간 내서 사이버빌리지 주변의 호재 지역들을 방문해보고 현재의 낙후된 모습을 기억해두기 바란다. 그런 다음 5년, 10년 뒤에 변화될 모습을 여러분 눈으로 직접 그려보는 것이다. 그것이 진짜 체득에서 오는 경험이고, 여러분의 실력이 된다.

GTX B(15년 이내)

GTX C와는 달리 약간의 의구심이 든다. 하지만 송도의 규모를 보았을 때 진행될 것으로 생각된다. 무리 없이 진행된다면 송도에 놀러갈 때 좋을 것 같다. 또한 사람들이 서울역 상권에 더욱 몰려드는 간접적인 장점도 있을 것이다.

신안산선 서울역 연장(15년 이내)

경기도 및 광명, 서울 서남부에 사는 사람들에게 정말 좋은 지하철인 신안산선이 2024년까지 여의도 완공을 목표로 하고 있다.

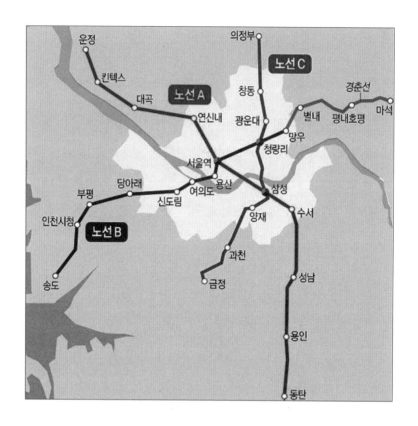

여의도 완공 후 공덕, 서울역까지 두 정거장을 연장할 계획이 잡혀 있는데, 급한 것도 아니고 경제사정 봐가며 10~15년 정도 뒤에 완공되지 않을까 싶다. 사이버빌리지 입장에서는 이미 2호선, 5호선으로 서남부 가는 건 충분하기에 큰 효과는 없을 것이지만, 서울역에 사람이 몰려들어 상권이 좋아지는 간접효과가 있을 것이다.

20년 이상(장기) 개발 호재 및 로또

1. 서울역 지하화
2. 신분당선 서북부 연장

신안산선 노선도
● 1단계
● 2단계

대곡↑   한 강   서울
여의도   공덕
영등포
도림사거리
신풍
대림삼거리
구로디지털단지
독산
시흥사거리
석수
광명
매화
시흥시청   목감   금정
중앙   성포
원시   호수
한양대
경인선
소사
경부고속철도

서울역 복합개발 및 서울역-용산 구간 철도 지하화(20~30년 이상)

서울시에서는 하고 싶어하고, 국토부에서는 하기 싫어하는 사업
이 서울역 개발 및 철도 지하화 사업이다. 국토부에서 계속 반대하
고 있어 현실적으로 어려울 것도 같다. 하지만 용산공원과 용산역,
남영역, 서울역 일대가 지금보다 많이 개발되고 난 이후에 어쩌면
될 수도 있지 않을까 하는, 그냥 로또 정도로 생각하면 될 듯하다.
다만 서울시는 엄청나게 하고 싶어 하니 로또 긁는 심정으로 기대
는 해보자.

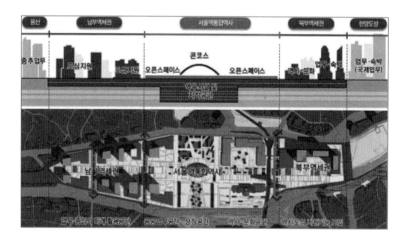

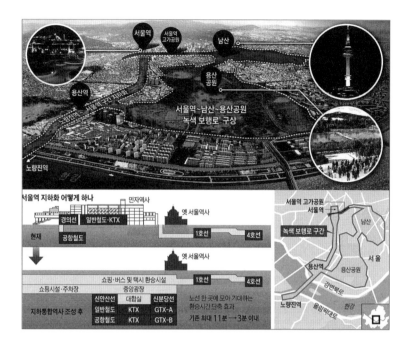

신분당선 서북부 연장(불확실)

현재 용산까지 확장이 확정된 신분당선을 서울역을 거쳐 은평구 혹은 일산까지 보내는 사업이다. 용산까지 연장하는 것도 2027~2028년 이야기가 나오면서 오래 걸릴 것 같은데 서북부 연장은 언제 될지 아직 까마득하다. 만약 서울역을 거쳐서 서북부 지역으로 연장된다면 사이버빌리지 입장에서 강남까지 지금보다 지하철 이동시간이 훨씬 줄어들기에 호재인 것은 맞다. 그러나 별 기대는 하지 말자.

이것이 향후 중림동 사이버빌리지 아파트에 긍정적인 영향을 줄 개발사업들이다. 아파트는 별다른 변화 없이 나이를 먹어가는데 내

주변이 알아서 좋아지는 것이다. 상당수의 사업은 확정된 사업이거나 이미 착공해서 공사 중이라는 것이 가장 큰 장점이다. 이런 호재들이 하나둘 현실화되어 주변이 살기 좋아지고 신축 아파트가 들어서면서 집값이 지금보다 더 올랐을 때, 그리고 지금 같은 부동산 호황기가 또 찾아왔을 때, 10~15년 정도 뒤에 리모델링을 진행하지 않을까 싶다.

　요즘 같은 부동산 상승기에는 많은 계획이 발표된다. 하지만 오랜 숙성기간이 있어야 실제로 진행된다는 것을 기억하자. 신안산선은 1994년에 계획이 발표되었으나 30년이 지난 2024년에야 완공될 예정이다. 북부역세권 사업도 2008년에 곧바로 할 것처럼 보였지만 2022년 착공 예정이다. 이것도 1~2년 더 미뤄질 수도 있다. 이처럼 모든 공사는 실제로 삽을 떠봐야 아는 것이다.

중림동 398 재개발은 2011년 신문기사에도 나와 있다. 중림동 398 지역을 앞으로 10~15년을 예상하는 건 기존에 10~15년 숙성 과정을 거치면서 노후도도 높아졌고 무엇보다 서울역 주변 개발계획, 아현뉴타운 입주 등과 더불어서 이제는 서울시에서 이곳을 개발하겠구나 하는 판단이 서기 때문이다. 그럼에도 10~15년을 잡았다. 빨리 되면 좋은 일이지만 재개발은 쉬운 일이 아니다.

중림 사이버빌리지는 재건축을 노리는 아파트가 아니다. 그렇기에 집값 상승도 요즘 같은 상승장에 불타오르는 그런 단지는 아니다. 하지만 2001년 완공 이후 이명박 정부 시기의 집값 하락기에도 실거래 하락이 없었을 정도로 실수요가 탄탄한 안정적인 아파트 단지이다. 앞으로도 주변이 하나둘 개발되면서 과거처럼 천천히, 하지만 꾸준하게 상승하며 안정적인 집값을 유지할 것으로 생각된다. 지금은 여기도 많이 올라서 향후 집값 하락기가 오면 2008~2013년처럼 전혀 하락이 없는 그런 모습을 보여주지는 못하겠지만(상승기에 오름폭도 적었기에 하락이 전혀 없었다) 많은 실현 예정의 개발 호재로 빠르게 회복할 것이다.

내 집 마련을 꿈꾸기 시작한 청년들이라면, 이 책을 통해서 반드시 중림 사이버빌리지를 중심으로 직접 하루나 이틀 정도 날 잡아서 근처를 걸어다니면서 분석해보고 공부해보길 바란다. 두고두고 많은 도움이 될 것이다.

이제 한 단계 더 공부가 되었으니, 청년들에게 추천하는 6억 원 이하 수도권 아파트들을 알아보자.

서울 아파트 9억 이하, 수도권 아파트 6억 이하, 서울 빌라 4억 이하를 사라

모아둔 자산이나 수입이 많지 않으면, 예를 들어 신용대출로 전세 끼고 사두었다가 2~4년 돈을 모아 전세퇴거자금대출 40% 받아서 내 집에 들어갈 수 있는 게 아닌 이상, **서울 아파트 9억 원 이하, 수도권 아파트 6억 원 이하, 서울 빌라 4억 원 이하**의 집들을 구매하라는 것이 내 주장이다.

"아니 남쌤, 4장에서는 싸게 사느냐 비싸게 사느냐보다 장기적인 시간을 감안하면 어디를 샀느냐가 돈을 버는 데 훨씬 중요하다면서요? 영끌 해서라도 무조건 서울, 그중에서도 중심지로 비싸고 장기적으로 많이 오를 곳을 사야 하는 것 아닌가요?"

여러분은 이렇게 질문할지도 모른다. 그러나 하나만 기억하고 다른 하나를 잊었나 보다. 다시 가서 읽어보자. 얼마에 사느냐보다 어디를 사느냐가 장기적으로 훨씬 중요하다고 했지만 동시에 그 집값이 오를 지역을 장기적으로 보유할 수 있느냐가 더 중요하다고 했다. 4장의 용산 국제업무지구 '썩빌' 1번 투자 사례를 다시 보고 오자(215쪽 참조). 용산이라는 땅은 장기보유하면 무조건 성공하는 투자가 되는 지역이다. 하지만 내 능력을 벗어나서 돈이 없는데 무리하게 대출을 끌어쓰고 실거주할 돈이 안 되어 전세를 끼고 샀다가 못 버티고 50~60% 폭락한 가격에 팔지 않았나?

가진 돈, 감당할 수 있는 대출, 감당할 수 있는 실거주 만족도(주변환경, 집 크기, 연식 등), 라이프스타일(직장 위치, 만일 부모님 간병 중이라면 부모님댁 위치 등)을 모두 만족하는 가운데 내가 가진 돈으로 살 수 있는 지역 중 장기적으로 가장 전망이 밝은 곳을 사는 것이 중요하다. 그러나 개인이 처한 환경이나 사정, 특이점(지하철이 싫어 버스만 타는 사람, 작은방 3개 집 싫고 큰방 1개 있는 집을 선호하는 사람 등 취향이 다양하다) 등에 따라 여러 가지 여건과 모양새의 내 집을 마련하게 될 것이다. 지금 집을 안 사고 전세 살면서 돈을 모을 수도 있고 서울의 괜찮은 빌라를 살 수도 있다. 서울의 반지하 30년 넘은 노후 빌라를 살 수도 있고, 서울의 오래된 아파트 혹은 신축 대단지 새 아파트, 경기도의 오래된 아파트나 혹은 신축 아파트를 살 수도 있다. 단, 정말 특수한 경우를 제외하고는 서울이 아닌 곳의 빌라는 사면 안 된다. 경기도와 지방은 빌라가 아니고도 낡고 오래된 아파트 중에서 정말 저렴한 집들이 꽤 있다.

내가 서울 아파트 9억 원 이하, 빌라 4억 원 이하, 경기도 아파트 6억 원 이하라는 기준을 정한 이유는, 이미 상승장의 중후반기 시점이기 때문이다. 지금은 주택 공급이 망해서 앞으로 더 오를까 무섭고, 글로벌 인플레이션으로 실물자산이 하나도 없으면 돈이 녹아내리니 돈을 벌려는 목적이 아니라 돈을 지키기 위해서, 뭐 하나라도 실물자산을 갖고 있으려는 마음으로 내 집 마련을 해야 하는 상황이다.

최근 몇 년처럼 1주택 혹은 다주택으로 억 단위의 돈을 벌려면 추후 하락장을 거쳐서 모두가 "집 사면 안 된다. 더 떨어질 거다." 하면서 움츠러드는 그 시간 동안 공부를 해서 상승 시작을 예측하고 투자해야 한다. 하지만 그 시점은 이미 한참 전에 지나갔다. 지금은 일단 자산, 화폐 인플레이션, 불확실한 부동산 공급, 급등하게 될 전월세 시장에서 살아남기 위해 집을 사두는 것이다. 혹시 하락기가 오더라도 적게 떨어질 집, 실거주하면서 오를 때까지 버틸 만한 집, 주변에 확정된 개발이 있어서 덜 떨어지고 좀 더 많이 오를 집을 찾는다. 일단 살아남고 자본을 축적해야 2013~2018년만큼 상승할 다음 상승장이 올 때 공격적으로 투자할 수 있는 것이다. 지금 무리하게 대출받아서 내 집 마련을 했다가는 하락장을 버티지 못하고 파산해버리거나, 큰 손해를 보고 팔게 되면 당장 손해를 보는 것은 말할 것도 없고 다음 상승장에서 지금보다 훨씬 쉽게 거저먹기를 할 기회가 왔을 때 참여할 돈이 없어 또다시 구경만 하고 있을 것이다. 구경만 하면 다행이지, 파산해서 빚을 갚느라 허덕이고 있을 확률도 높다.

20~30대 사회초년생 흙수저 청년이 직업이 좋든 나쁘든 10년 이내에 기껏해야 모을 수 있는 자산의 크기는 뻔하다. 결혼해서 부부가 모은 돈을 합치지 않는 이상 5,000~2억 원 정도가 보통일 것이다. 하긴 워라밸이니 욜로*니 추구하며 돈을 마구 소비했으면 아예 없을 수도 있다.

---

* 현재 자신의 행복을 가장 중시하고 소비하는 태도.

최대 9억, 6억, 4억 원이라는 기준은, 개인이 감당할 수 있는 대출 수준이나 서울, 지방에서 살 만한 컨디션과 입지의 집, 시장상황에 맞춰 적절히 오르고 내려줄 수준의 주택가격 그리고 투자 안정성 등을 고려할 때 내가 나름대로 계산해본 것이다. 물론 개인의 상황에 따라 금액은 얼마든지 달라질 수 있다. 그러니 이 책을 읽는 청년들은 특별히 모아놓은 돈이 많거나 전문직업이 아닌 이상 그냥 외워두자. 서울 9억 원 이하, 수도권 6억 원 이하 아파트, 서울 빌라 4억 원 이하로 내 집을 마련하고 지방의 빌라는 사지 않는다.

살기 좋은 동탄 신도시 5억 원대 아파트 '동탄 퍼스트파크'

동탄 퍼스트파크, (구)성원 쌍떼빌
470세대, 전용 72m², 실평수 22평, 방3, 화2, 3BAY 구조
지상, 지하주차장 존재, 2003년식

경기도 화성의 동탄 신도시는 생활여건이 우수한 살기 좋은 곳이다. 하지만 경기도 남부 멀리에 위치해 있고 마땅한 지하철 교통수단이 없어서 가격이 저렴했는데, 동탄2의 입주 물량도 꾸준히 많아서 집값 상승이 늦었던 대표 지역이다. IT 사무직은 '판교'까지, 기술직은 '용인 기흥'까지가 서울에서 내려와서 사는 한계선이라는 우스갯소리인 '남방한계선'보다도 더 아래쪽이 동탄이다.

지금까지 동탄은 수원, 용인 등에 있는 연구소나 공단에 일자리를 가진 사람들과 판교에 있는 회사를 다니는 사람들 중 분당, 광교같이 분당선, 신분당선으로 서울 강남권 출퇴근도 가능하면서 성숙한 인프라와 학군, 새 아파트, 자연환경, 신도시라는 장점을 위해 비싼 집값을 지불할 능력이 안 되는 사람들이 주로 거주했던 곳이다. 서울 출퇴근은 정말 너무나 고통스러울 정도로 멀어서 참 쉽지 않은 지역이기도 했다.

하지만 동탄에 구원의 동아줄 GTX A가 내려왔고, 동탄은 운명이 바뀌었다. 물론 GTX A로 판교, 강남, 서울역 등의 출퇴근이 획기적으로 개선될 거라는 이야기도 중요하지만, 정말 중요한 것은 동탄이 인구감소 시대, 저출산 시대, 정부의 지출축소 시대, 살릴 도시 살리고 방치할 도시 방치해야 하는 수축의 시대에도 불구하고 국가, 경기도, 화성시에서 절대로 포기할 수 없는 지역이 되었다는 것이다.

동탄 1, 2 신도시는 지금도 크지만 앞으로 계속 더 크게 확장될 예정이다. 동탄 주변에 많은 일자리들이 이미 존재하고 오래 걸리겠고 불확실성이 있지만, 용인 플랫폼 시티라는 대형 일자리 개발도 존재하며(이것이 실패하더라도 동탄 주변에는 일자리가 많이 있는 편이다. 일산을 봐라. 일자리는 없고 아파트만 있다) 무엇보다 GTX A라는 최상급 교통망이 2024~2025년 완공 예정이다. 2027~2030년쯤 완공될 것으로 생각되는 동탄 도시철도라는 이름으로 동탄 신도시 내부를 연결하는 지상 노면전차도 만들어질 예정이다.

앞으로 지방 도시의 운명은 국가 입장에서 혹은 지자체 입장에서 여기가 슬럼화시켜도 되는 지역인지, 적당히 관리만 해주고 퉁칠 지역인지, 우리 지방의 미래를 위해 사활을 걸고 발전시킬 지역인지에 따라 크게 달라진다. 과거처럼 대충 만들어놓아도 인구가 넘쳐나서 밀려와 사는 시대는 지났다. 이제 지방은 핵심도시끼리 인구 뺏기, 일자리 뺏기, 국가 예산 타오기 전쟁을 벌여야 한다.

전기차, 수소차 시대가 되어서 전기차 충전시설을 쫙 깔아야 한다고 할 때, 서울은 아파트뿐 아니라 빌라촌에도 어떻게든 충전시설을 깔아놓을 것이다. 서울시는 돈도 많고 국가 입장에서도 서울은 버릴 수 없는 심장이기 때문이다. 반면에 할아버지, 할머니만 살고 절반이 빈집인 돈이 없는 지방 도시 시골에 충전시설을 깔아봤자 이용률이 안 나온다. 한정된 예산으로 큰 효과를 보려면 인구 밀집 지역에 깔아야 하는 것이다. 시골보다는 도시, 도시에서도 빌라촌 말고 대규모 아파트 신도시 지역에 깔아야 적은 예산으로 많은 효과를 볼 수 있다.

축소시대에는 서울과 수도권, 지방 핵심도시들만이 가치를 유지하고 살아남을 것이다. 핵심도시 중에서도 대표적으로 살아남을 곳들은 GTX역이 있는 도시들인데 그곳에 동탄이 포함된다. 2006년쯤 동탄 1지역을 2기 신도시로 만들어놓았다. 지금까지 15년간 주민들은 "불편해서 못 살겠다. 제발 지하철 좀 깔아달라"고 호소했고 선거 때만 되면 정치인들은 "만들겠습니다." 해놓고 시간만 보내다가 동탄 2지역에 입주가 시작되었다. 크기가 커지고 GTX A가 깔리면서 서울과 연결되자 지금까지 신도시를 만드는 데 쓴 돈과 앞으로 쓸 돈을 계산해보니 이대로 버릴 수 없다고 판단한 결과 동탄 도시철도 기본 계획이 통과되어 확정되었다. 한마디로 동탄은 살릴 도시라는 것이다.

이것이 정말 중요하다. 지금 당장 새 아파트와 공장, 지하철역이 생기고 집값이 오르는 것보다 더 중요한 것은 앞으로 국가가, 경기도가, 화성시가 돈을 계속 투자하면서 도시를 더 크게 발전시키고 교통망을 확충하고 인프라를 깔면서 확정적으로 개발해나갈 도시에 동탄이 있다는 것이다.

KBS에서 집값 폭락 다큐멘터리로 열심히 써먹는 신도시 중에 일본 '다마 신도시'라고 있다. 다마 신도시는 일본에서 만들어만 놓고 제대로 관리하지 못한 대표적인 신도시 중 하나로, 도쿄에 집이 모자라 수도권에 아파트 신도시를 만들었지만 교통과 인프라는 제대로 확충되지 못한 지역이다. 30년, 40년, 50년 낡아가는 주택을 재건축, 리모델링을 제때에 하지 못한 채 1990년대 이후로 일본경제는 붕괴되었고 다마 신도시는 갈수록 낙후되어 갔다. 그럼에도 여러분이 방송에서 보았을 '유령도시 다마 신도시' 이런 표현은 적절한 표현이 아니다. 다마 신도시는 완전 폭삭 망한 유령 신도시가 아니다. 뒤늦게라도 일부 재건축되었고 그 지역은 활기를 되찾았다.

다만, 다마 신도시는 크기가 엄청나게 크기 때문에 교통이 좋은 곳과 나쁜 곳, 주거환경이 좋은 곳과 나쁜 곳, 재건축되어서 청년들이 늘어난 곳과 인구가 줄어든 곳 등 신도시 내 지역마다 분위기가 다른 것뿐이다. 그런데 개발되지 않은 1960~1970년대 5층짜리 주공아파트를 보여주면서 '다마 신도시는 엘리베이터도 없고 낡아서 노인들만 사는 곳이다. 이곳처럼 신도시 아파트는 폭락한다. 집만으로 노후생활 안 된다'라는 식으로 다마 신도시 전체가 그런 것처럼 내보낸 방송내용은 사실과 다르다. 또 도시재생과 고령화를 제때에 관리하지 못했다는 방송내용처럼 다마 신도시는 절대로 막장도 아니다.

개발되지 않은 다마 신도시에는 동탄처럼 도쿄 중심부에 저렴하게 20분이면 가는 지하철 급행역이 있다. 이곳에도 만일 우리나라처럼 커뮤니티 시설이 있는 넓고 좋은 대단지 아파트가 들어선다면 아마도 사람들이 집을 사겠다고 몰려들 것이다. 참고로 일본은 버스나 철도 비용이 우리나라보다 2배 이상 비싸고, 환승할인도 회사마다 달라서 교통비가 매우 비싸다. 이곳 사람들은 보통 자전거나 버스로 전철역까지 오고 도쿄까지 전철을 탄다. 도쿄에서 또다시 전철을 환승하면 1시간 30분 정도 시간이 걸리는데, 교통비만 한 달에 40만 원 정도 든다(많은 회사에서 교통비를 지원하지만). 그러니 맞벌이 부부라면 교통비로만 80만 원이 나간다. 고속도로 톨게이트 비용도 엄청나게 비싸서 자차 출퇴근이 힘들 정도다. 일본에서 택시 한 번 타보면 그 비싼 요금에 기절할 것이다. 부자들만 택시를 탈 수 있는 나라가 일본이다. 생각해보라. 1970년대에 지어진 낡고 허름한 5층 주공아파트에 교통비 비싸고 출퇴근 시간 오래 걸리고 게다가 동네는 점점 낙후되어 가고 노인들만 늘어난다. 그러니 젊은 사람들은 시간도 아끼고 좀 더 살기 좋은 개발된 인근 도시나 도쿄로 떠날 수밖에 없을 것이다.

다시 주제로 돌아오자. 동탄은 다마 신도시와 같은 일이 발생할 확률이 거의 없는 지속적 관리 개발이 진행될 운명의 신도시다.

동탄 GTX, KTX역

실패하지 않는 내 집 마련에서 가장 중요한 요소인 '어디를 살 것인가?'에도 충족되는, 장기적으로 집값도 오르고, 인구도 늘고, 생활 여건도 개선되어 나갈 좋은 지역 중 하나이다.

　가격도 많이 오르긴 했지만, 절대적 가격을 보면 새 아파트라고 '묻지마' 폭등하는 다른 지방 아파트에 비해 저렴한 아파트들이 많이 있는 지역이기도 하다. 동탄 1지역도 그렇고 이번에 소개할 동탄 2지역의 동탄 '퍼스트파크' 또한 그렇다.

　동탄 신도시는 물리적 거리로 서울에서 많이 멀다. 수원, 용인, 성남 등이 일자리가 가까운 직장들이고, 조금 무리해서 강남 정도까지 다니는 사람들도 있다.

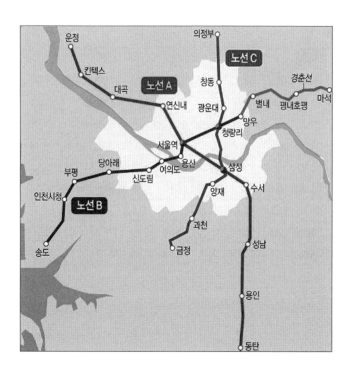

　동탄은 굉장히 큰 신도시다. 가운데 동탄역 KTX역, 향후 GTX A역을 기준으로 서쪽에 2006~2007년에 지어진 동탄1 신도시, 오른쪽에 3~4년차 신축 아파트가 즐비한 동탄2 신도시가 있다. 계획 신도시답게 도로도 격자형으로 시원시원하고, 대부분 평지에 녹지도 많아 살기 좋다.

　정부에서 2024~2025년쯤 완공된다고 밝힌 GTX A를 타면 IT 일자리가 많은 판교(성남역)까지 10분, 삼성역까지 20분, 서울역까지 25분이면 간다고 하니 정말 획기적인 교통수단이라고 할 수 있다. 그래서 현재 일산 킨텍스역 아파트처럼 동탄 GTX역을 10분 이내로 걸어서 갈 수 있는 새 아파트는 33평이 실거래가 15억 원을 넘

구분	시간(분: 초)									
	운정	03:19	07:32	12:43	17:34	22:59	26:27	31:53	37:28	43:00
	6.36	킨텍스	03:35	08:46	13:37	19:02	22:30	27:56	33:31	39:03
	13.32	6.96	대곡	04:33	09:24	14:49	18:17	23:43	29:18	34:50
	23.2	16.84	9.88	연신내	04:13	09:38	13:06	18:32	24:07	29:39
거리 (km)	32.12	25.76	18.8	8.92	서울역	04:47	08:15	13:41	19:16	24:48
	42.55	36.19	29.23	19.35	10.43	삼성	02:50	08:16	13:51	19:23
	48.28	40.92	33.96	24.08	15.16	4.73	수서	04:48	10:23	15:55
	57.95	51.59	44.63	34.75	25.83	15.4	10.67	성남	04:57	10:29
	68.98	62.62	55.66	45.78	36.86	26.43	21.7	11.03	용인	04:54
	80	73.64	66.68	56.8	47.88	37.45	32.72	22.05	11.02	동탄

고 호가는 17억 원을 넘는 상황이다.

집에서 역까지 5분, 지하철 타러 내려가고 타는 데 5분, 삼성역 (강남)까지 20분, 회사까지 또 10~20분 도보나 환승하면 지금은 1시간 30분에서 2시간 걸리는 출퇴근길이 40분 정도로 줄어든다. 살기도 좋고 출퇴근도 좋고 애들 키우기도 좋으니 경기도의 GTX역 인근 집값은 역을 걸어서 갈 만한 10분 내외인지, 버스를 타고 가야 하는지에 따라 집값이 크게 차이난다.

개인적으로 GTX A가 개통되더라도 동탄에서 서울역 인근 도심이나 삼성역 인근 강남을 출퇴근하는 수요보다는 수원, 용인, 판교의 일자리에서 일하는 사람들이 상대적으로 저렴하다. 그래서 주거환경이 좋아서 정착하는 분들이 더 많을 지역이라고 생각한다. 물론 경기도만 출퇴근이 가능한 신도시와 서울도 1시간 이내로 출퇴근할 수 있는 신도시는 큰 차이가 있다. 살다 보면 서울 갈 일도 많은데, 그럴 때 GTX로 빠르게 갈 수 있는 곳과 그렇지 않은 곳은 레

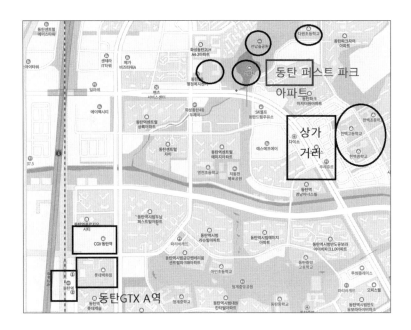

벨이 다르다. 그런 면에서 살기 좋은 동탄 신도시 내에서도 GTX A 동탄역 접근성에 따라 집값의 '서열'이 정해질 것이다.

그렇다면 자금이 적은 청년이 지금 선택할 수 있는 적절한 아파트는 무엇이 있을까? 신축만 즐비한 동탄2에서 14년 된 구축이고 동탄역에서 거리가 멀어 외면받아 왔지만, 가격에 비해 평수도 크고 주변 자연환경이 대단히 우수하며 생활 상권도 만들어지고 있는 그런 아파트가 있다. 무엇보다 6~10년 뒤에(경기도 발표로는 2023년 착공, 2027년 개통, 내 생각에는 2028~2030년 개통) 노면전차 두 정거장이면 GTX A 동탄역을 갈 수 있는 장점이 많은 아파트가 있다.

바로 빨간 네모에 있는 동탄 퍼스트파크다. 보는 것처럼 동탄역에서 1.8km 도보 25분 거리에 있는데다 신축이 아니라 더 싸다.

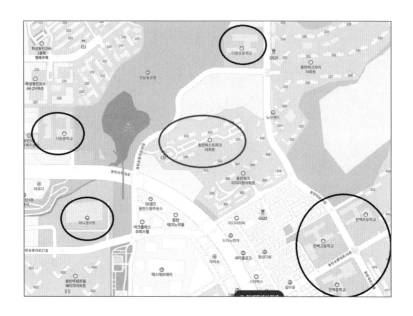

5억 5,000만 원 정도로 혼자 살기에는 아주 넉넉하고 신혼부부, 자녀 1~2명까지 충분히 키울 집 크기인 전용 72m²를 살 수 있다.

아파트 바로 앞에는 선납 숲공원과 저수지가 펼쳐져 있는데, 전망도 좋고 운동하기 좋으며 동탄 파크자이 신축 아파트가 들어오면서 집 근처에 부족했던 식당과 치킨집, 노브랜드 중형마트, 커피숍 등 생활 인프라가 생겼다. 길 건너편에는 하나로 마트가 있으며 한백 고등학교 인근으로 내려오면 상권이 발달해 있다.

또한 초중고가 인접해 있으며 초등학교 가는 길은 거의 차가 다니지 않아서 아이들이 아주 안전하게 등교할 수 있다.

멋진 전망과 아이들과 함께 운동하기 좋은 공원이 집 앞에 넓게 펼쳐져 있다. 이곳의 용적률은 146%로 낮은 편이고, 단지 내 평형도 1개 평형만 있어 추후 리모델링 사업 진행 시 주민들의 이해

관계가 일치하기에 빠르게 진행이 가능할 것이다. 평형수가 다양하고, 특히 작은 평형이 있으면 각자 입장이 달라져서 리모델링 진행이 쉽지 않기 때문이다. 이곳의 장점은 집값이 6억 원 이하이기 때문에 정부에서 운영하는 보금자리론 주택담보대출을 받을 수 있다는 것이다. LTV 60~70%까지 최대 3억 6,000만 원까지 40년 만기 주택담보대출을 받을 수 있다.

세전 연소득 3,200만 원 이상일 때 이 집을 2억 4,000만 원 내 돈과 3억 6,000만 원 대출받아서 구매할 수 있고, 40년 만기 3.2% 고정금리로 원리금 균등상환 월 130만 원의 원금 이자를 납부해야 한다. 30년 만기 3.25% 고정금리로 체증식 대출을 선택하면 월 100만 원씩 납부해야 하며, 1년에 매월 3만 원 정도씩 납부 금액이 늘어난다. 초기 부담이 적고 화폐가치 하락 때문에 대출자에게 체

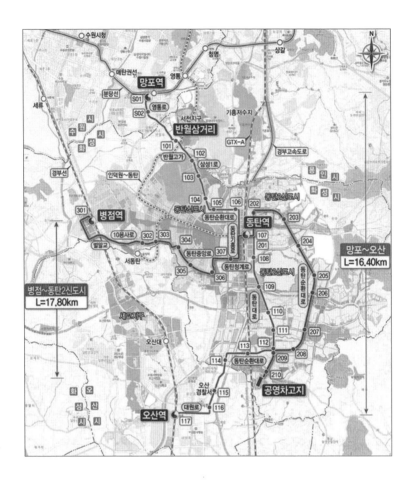

증식 대출은 큰 이득이 된다.

이 집의 가장 큰 장점은 무엇인가?

바로 국토부 대광위 기본계획 승인을 받은 2027년 완공 목표로 추진 중인 동탄 도시철도의 존재다.

지도처럼 GTX A역인 동탄역까지 빨간색, 파란색의 노면전차 트램을 설치할 예정이다.

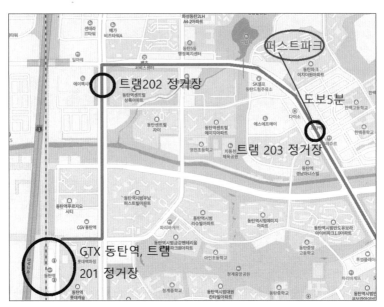

걸어서 5분 거리에 트램 역이 생기고, 두 정거장이면 GTX A 동탄역이다.

8분 단위로 250명이 탈 수 있는 '트램'이 동탄 대로를 따라 가운데 정류장에 도착해서 동탄역으로 사람을 실어나르겠다는 것이다. 여기서 중요한 것은 두 정거장이면 GTX A 동탄역에 도착하는 203 정거장의 위치가 세부적으로 조금 변경될 수 있으나 큰 틀에서 변경될 것 같지는 않다는 사실이다.

보수적인 관점에서 미래를 예상해보자. 집에서 정류장까지 8분(엘리베이터, 시간 등등), 트램 대기시간 4분, 두 정거장 이동 10분, 동탄역 GTX A 플랫폼까지 이동 및 열차 대기 10분, 삼성역까지 20분. 총 52분이면 강남까지 도착한다. 여기서 환승 10~20분을 감안하고 1시간에서 1시간 10분이면 회사까지 갈 수 있다. 판교까지는 40분 걸린다. 이 정도면 충분히 서울도 출퇴근할 만하다.

지금은 신축이고 중심지라 집값이 여기보다 더 비싼 아파트 중에 트램을 타고 5~6 정거장을 가야 하는 위치의 아파트라서 트램 시간이 늘어나거나, 정류장까지 10~20분을 걸어야 하는 아파트들은 막상 트램이 완공되고 나면 서울까지 1시간 30분쯤 걸리면 애매해진다. 물론 동탄이라는 전체 지역 내에서 집값 차이가 아주 크게 나지는 않겠지만 분명 집값에 영향이 온다는 것이다. 현재 GTX 동탄역 10분 도보 거리의 아파트가 15억 원이 넘는 이유처럼, 대장은 GTX 동탄역 역세권이고 그다음에는 트램 타고 동탄역을 몇 분 안에 가느냐로 서로 도토리 키재기 싸움을 할 것이라는 말이다.

동탄 퍼스트파크는 지금은 2003년식에 위치도 변방이라 주목받지 않고 있지만, 초중고 가깝고 자연환경 좋고 집 크기도 이 정도면 괜찮고 동탄 내에서 움직일 때나 GTX 탈 때나 교통 좋다면서 꾸준한 수요가 있을 아파트이다. 거기에 용적률도 낮고 평면도 통일되어 향후 투자성도 적절하다. 말 그대로 마음 놓고 깨끗한 신도시에서 부족함 없이 살다 보면 알아서 평가가 좋아질 아파트이다.

여기에 2023년 착공, 2028년 완공 예정인 지식기반 첨단산업, 상업 시설, 아파트를 만드는 용인 플랫폼시티 사업이 나름 의욕적으로 GTX 한 정거장 거리인 용인 기흥에서 이루어질 예정이다. 예정대로 잘 진행이 될지 또한 아파트 말고 제대로 된 일자리는 현실적으로 얼마나 늘어날 수 있을지는 불확실하지만, 잘만 되면 약간의 일자리도 늘어날 수 있으니 기대해보도록 하자.

내가 이 책에서 소개하는 모든 아파트와 빌라는 아내와 함께 발품을 팔아가며 알아본 곳들이다. 어디든 함께하면서 아내의 의견

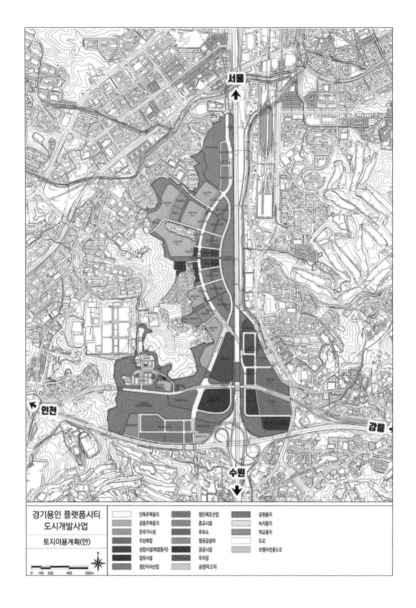

경기용인 플랫폼시티
도시개발사업

토지이용계획(안)

단독주택용지　　첨단제조산업　　공원용지
공동주택용지　　종교시설　　　　녹지용지
준주거시설　　　주유소　　　　　학교용지
주상복합　　　　열공급설비　　　도로
상업시설(복합용지)　공공시설　　　보행자전용도로
업무시설　　　　주차장
첨단지식산업　　공영차고지

0　100　200　400　600m

을 듣고, 여성 입장에서 무엇이 좋은지 무엇이 나쁜지에 대해 들을
수 있었다. 아내가 가장 마음에 들어 했던 곳이 바로 동탄 퍼스트
파크 아파트다. 부동산은 여자가 잘 본다. 남자들은 그냥 "오, 괜찮

네" 하는 곳도, 섬세한 여자들은 무엇이 아쉬운 부분인지, 살면서 무서운 요소는 없는지, 또 어떤 것들이 불편한지 잘 알아본다.

좋은 아파트도 가보고, 대낮에 길바닥에 앉아서 종이컵에 소주를 따라먹는 술 취한 주민들이 있는 영구임대아파트도 가보고, 평범한 곳도 가보고, 빌라도 함께 가보았다. 나와 함께 많이 돌아다녀서 아내는 5억 원대 아파트에서 이 정도 환경과 주거여건, 교통, 집 크기를 누릴 수 있다는 게 쉽지 않다는 것을 잘 아는 것이다. 여러분도 한번 탐방을 가보고 저녁시간까지 있다가 공원과 야경을 느껴보길 바란다.

위 사진은 동탄 퍼스트파크 뒤쪽 상가들의 모습이다. 이 지역 주변의 입주민들은 관할 지자체, 상가와 협의해서 지저분한 상가 간판과 촌스러운 스티커형 간판을 깔끔하게 정리하면 좋을 것 같다. 신도시는 깨끗하고 미래적인 느낌이 나야 하는데, 이곳 상가는 간판에서 구시대적 느낌이 나서 너무 아쉬웠다. 특히 파란색 통창 건물에 덕지덕지 붙은 스티커 광고 간판은 최악이다. 우리 동네 가치는 우리가 만드는 것이다. 열심히 노력해보자.

동탄1, 동탄2 신축급 5~6억 원대 추천 아파트

최근 몇 년간 동탄을 비롯한 수도권에서 각종 교통 호재와 신축 호재로 가격이 급등했던 지역들은, 2021년 11월경부터 가격 조정기를 거치고 있는 듯 보인다. 동탄만 보더라도 실거래가 5,000~2억 원 정도 뚝 떨어진 매물이 나오고 있지만 거래가 잘 되고 있지 않다. 그러니 지금이야말로 장기 실거주 겸 투자목적으로 내 집 마련하기 좋은 시기가 왔다고 볼 수 있다. 집값 상승기에는 내가 철저한 '을'이 되어 몇 안 되는 매물을 사려고 다퉈야 하고, 계약서 쓰는 자리에서 2,000~3,000만 원 우습게 올라가는 일도 벌어지곤 한다. 하지만 지금 같은 가격 조정기에는 내가 '갑'이 되어 동네 아파트 매물들을 충분히 둘러보고 비교해가며 가성비 좋은 아파트를 구매할 수 있다.

지금은 상승기 때처럼 매물을 내놓자마자 팔리는 시기가 아니다. 오히려 전세 낀 매물이나 세금 이슈로 급매해야 하는 집주인의 사정에 따라 1,000~2,000만 원 깎아서 살 수 있는 좋은 기회라고 생각한다.

동탄2에는 크게 세 가지 상권이 있다. 위에 소개한 퍼스트파크

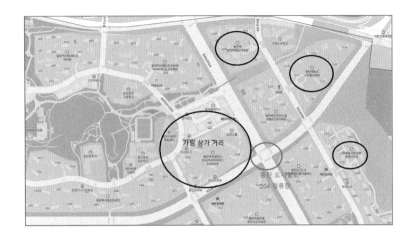

인근에 11자 상가 거리와 시범 반도유보라 아이비파크4.0 아파트
인근의 카림 상가 거리, 그리고 동탄 아래 호수공원 상권이다. 이
중 카림 상가 거리는 11자 상권과 더불어 자녀교육과 생활에 필요
한 각종 학원, 생활형 상가 시설, 맛집, 미용실, 병원, 카페, 은행
등이 잘 갖춰져 있다. 11자 상가는 다소 연식이 되어 보이는 반면에
카림 상가는 외관이 깔끔하게 정돈되어 있다는 것이 장점이다. 카
림 상가 좌측의 청계 중앙공원 인근의 아파트는 12억, 15억 원 할
만큼 비싸지만, 오른쪽 무보초등학교 인근 아파트는 7~9억 원대로
다소 저렴한 편이다.

이 중 동탄역 KCC 스위첸 33평, 동탄역 모아 미래도, 청계숲 사
랑으로 부영 아파트를 눈여겨보길 바란다. 청계숲 사랑으로 부영은
6억 원 이하, KCC 스위첸, 모아 미래도 아파트는 6억 원대로 매수할
수 있다면, 5~6년 된 신축급 아파트 33평을 저렴하게 매수해서 행
복하게 살면서 장기적인 실거주 겸 투자를 할 수 있을 것이다.

단기 예측이라는 게 힘들긴 하지만, 2022년 봄까지 이 아파트들은 지금보다 5,000만 원에서 최대 1억 원 정도 실거래가가 하락할 것으로 전망된다. 자금력이 된다면 이 물건들을 놓치지 말고 최대한 깎아서 사보도록 하자. 바로 입주하지 않아도 된다면 전세를 끼고 있는 물건도 좋다. 집을 내놨지만 잘 안 팔리고 있어 마음이 급한 집주인들에게 2,000~3,000만 원씩 깎아서 살 수 있도록 기회를 엿볼 수도 있다. 물론 동탄 퍼스트파크보다 동탄 도시철도로 한 정거장 더 가야 동탄역이니 서울 출근에 3~4분 정도 손해를 보겠지만, 카림 상권은 대표적인 동탄2의 상권이기에 생활환경이 우수하다는 것이 장점이다. 특히 무봉초등학교 인근의 모아 미래도, KCC 스위첸은 바로 위쪽으로 치동천이 흐르고 있어 자녀들과 자전거 타고 하천 운동하기에도 아주 좋다. 퍼스트파크와는 다르게 신축급이고 다양한 커뮤니티를 갖춘 33평의 넓은 평수를 저렴하게 구매할 수 있는 것이다. 이외에도 동탄1 지역에서 한화꿈에그린 우림필유 아파트 33평, 동탄 센트럴 포레스트 28평을 5억 원대로 구매할 수 있다면 이곳 역시 추천하는 바이다.

10년 투자할 각오가 되어 있다면 추천하는 원종 5억 재건축, 2~3억 원대 아파트

서울 양천구에 바로 맞닿아 있는 부천 원종동이 있다. 부천은 6억 원 정도 금액으로 자녀 키우기 좋고 생활 인프라가 모두 갖추어진 1기 신도시 중동, 상동역 주변이 살기 좋다. 이곳 아파트 중에는 여전히 가격이 저렴한 좋은 아파트도 많이 있고 1호선과 7호선이 있으며 있을 것 다 갖춰진 좋은 곳이다.

원종동은 지하철도 없고 위치도 김포공항 근처라서 살짝 시끄럽고 근처에 공단과 군부대까지 있는 낙후 지역이었다. 그런데 이곳에 변화의 바람이 불고 있다. 하지만 이곳은 당장 살기 좋은 동탄 아파트와 달리 약간의 고생을 각오해야 한다. 그리고 아주 큰 수익이 있을 곳도 아니다. 고생하고 큰 수익이 오는 곳은 이미 비싸다. 서울의 30년 이상 아파트를 몸테크* 하려고 해도 이제 좀 되겠구나 싶은 가능성이 보이는 곳은 10억~15억 원 한다.

서울 양천구에 붙어 있는 지역이 부천시 원종동이다. 주말에 서울역에서 차 타고 가보니 안 막히면 40분 거리에 불과하다. 물리적으로 서울에 상당히 가깝게 붙어 있는 곳인데, 지도에서 보는 것처럼 지하철도 없고 대규모 주거지로 개발된 적도 없어서 근처에 공장형 일자리들이 제법 있음에도 낮은 저층 아파트와 빌라들로 가득 찬 서민 동네이다.

지금 초등학교 이상 자녀를 키워야 하는 가정에서 "원종동이 좋아요? 중동, 상동이 좋아요?" 하고 묻는다면 "중동, 상동으로 가세요." 하고 대답할 것이다. 하지만 20~30대 청년이라면, 특히 앞으로 크게 돈 모으기 어려운 직장이거나 모은 돈이 적거나, 적은 금액으로 '시간'을 투자해서 적절한 '수익'과 '거주'를 모두 해결하고자 하는 청년이라면 괜찮은 선택이 될 수 있다. 원종은 3기 대장신

---

* '몸'과 '재테크'를 합성한 신조어로 불편함을 감수하더라도 노후 주택에서 재개발이나 재건축을 노리며 거주하는 재테크 방식이다.

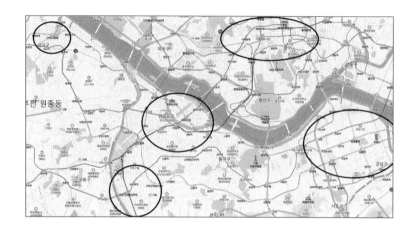

도시에 엮여서 부천 내에서 제법 전망이 밝기 때문이다.

원종은 서울 옆이긴 하지만 지금까지 서울 출퇴근하고는 별로 관련이 없는 땅이었다. 먼저 지하철이 없어서 한양도성과 강남 쪽은 출퇴근이 불가능하고 마곡, 여의도, 가산, 구로 디지털단지 정도는 가능하다. 하지만 마곡, 여의도의 직장에 다닐 사람이면 낙후된 원종에서 안 살 것이고, 직장은 좋지만 모은 돈이 부족한 경우에, 또 부천에 연고가 있다면 그래도 당장 실거주 만족도가 높고 교통편이 좋은 중동이나 상동에서 살 것이다.

가산, 구로 디지털단지에 직장이 있는 사람들 입장에서도 금천구에 가격이 저렴한 주택과 아파트가 많이 있으니 직장과 주거가 가까운 곳에 하고 말지 원종에 살 이유가 없다.

그래서 서울 바로 옆이지만 실제로는 인천과 부천의 공단에서 일하는 분들과 소상공인들이 많이 사는 지역이 원종이다. 동쪽의 구리, 북쪽의 덕양구, 남쪽의 광명, 성남(이쪽은 원종과 달리 서울 출

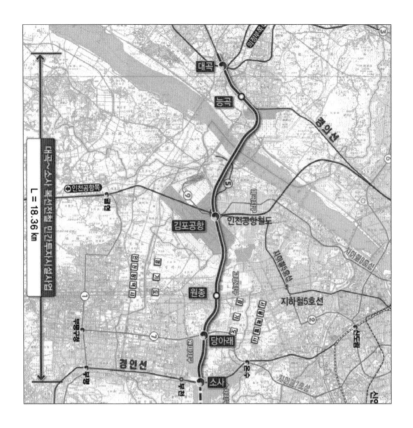

퇴근을 많이 한다) 등과 달리 서울과 가깝다는 이점은 하나도 살리지 못한 곳이었다. 그런데 2015년 이곳에 동탄의 GTX A급의 특급(?) 개발 호재가 하나 내려왔다.

바로 '대곡소사선'이라는 전철 사업이다.

한 정거장 아래로 가면 7호선 부천종합운동장, 두 정거장 아래로 가면 1호선 소사역이다. 또 한 정거장 위로 가면 5호선, 9호선 공항철도가 있는 김포공항역이다. 원종에서 홍대입구라는 언제 될지 모르는 지하철까지 보면 최고의 교통이라고 할 수 있다.

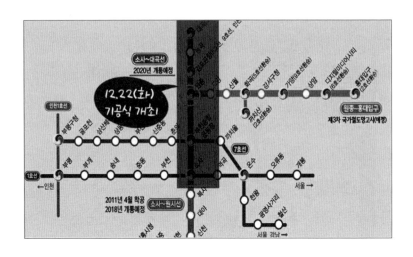

　　그림에 2020년 개통예정이라는 말은 틀렸다. 2021년 개통예정이었으나 다른 역은 공사가 순조로운데 김포공항역은 공사가 난항이라 2023년 1월로 개통이 연기되었다. 원래 지하철은 1~2년은 늘 밀리곤 한다.

　　출퇴근만 제외하면 실거주 만족도가 높은 김포한강신도시의 물리적 위치를 보니 원종보다 훨씬 서쪽에 있다(323쪽 참조).

　　역대 전직 김포 시장들의 삽질 콤보로 9호선, 5호선 연장을 걷어차고 김포골드라인이라는 경전철만을 만들게 되었는데, 보이는 것처럼 김포공항역까지만 20~30분이 걸린다. 집에서 역까지 10~15분 잡으면 김포공항까지 가는 데 30~40분이 걸리는 것이다.

　　반면에 한 정거장인 김포 고촌에서는 겨우 6분이면 간다(324쪽 그림 참조). 집에서 역까지 10~15분 잡아도 15~20분이면 김포공항역이다. 그래서 김포 고촌은 서울에서도 물리적 거리가 비교적 가

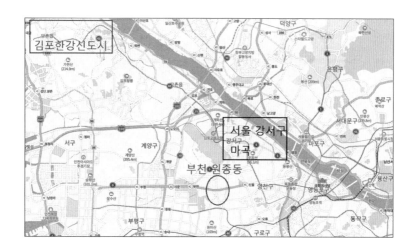

깝고 지하철도 가까워서 김포에서는 신축이 아님에도 집값이 높은 편이고 선호도가 높은 지역이다. 그런데 물리적 거리가 고촌보다 서울에 훨씬 가까운 곳이 부천 원종이고, 2023년 1월이면 김포공항 한 정거장, 7호선 한 정거장, 9호선 한 정거장이 된다.

또 2량짜리 경전철이라 출퇴근 시간에 너무나 혼잡하여 지옥철 소리 나오는 골드라인과 달리, 4량 일반 열차라 수송능력에서도 우월하다(325쪽 그림 참조). 원종, 소사 1호선 환승, 용산, 서울역까지 출퇴근이 1시간 이내로 들어오고 원종, 부천종합운동장 7호선 환승, 가산디지털단지 역까지 30~40분이면 된다. 원종, 김포공항 9호선 급행 환승, 마곡 출퇴근이 20~30분 정도면 되고 여의도 출퇴근이 30~40분이면 된다. 강남까지도 1시간 이내로 들어온다. 이것이 2023년 1월에 확정적으로 이루어질 일이다. 여기에 10~15년 정도 걸리지 않을까 생각되는 로또 GTX B도 있다.

2022년 말 착공 계획, 2027년 개통이라는데 현실적으로 어려

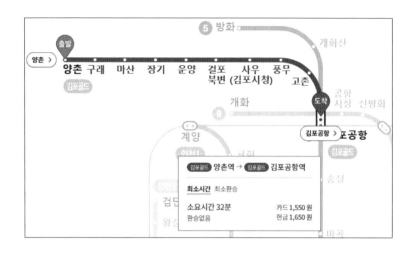

울 것 같고 빨라야 10년, 길면 15년 정도 걸리지 않을까 싶다. 그만큼 철도 착공은 쉽지 않은 일이다.

대곡, 소사 전철만으로도 서울 접근성이 직장인이 감당할 만한 1시간 이내로 3도심 접근이 가능해지는데, GTX B까지 완공되면 원종역에서 두 정거장이면 GTX B 부천종합운동장역이다(326쪽 참조). 여의도는 김포공항에서 9호선 이용이 더 나을 것 같지만 1호선으로 서울역, 시청 등을 갈 때 시간이 긴 편이다. 그런데 GTX B를 이용하면 용산, 서울역까지 순식간에 접근이 가능하다. 거기다 차량의 서울 접근성도 지금보다 향상될 예정이다. 차량을 많이 이용하는 분들은 알고 있겠지만 서울, 제물포길 지하화 사업이 최근 1차 종료되었다(327쪽 참조). 1차는 지하터널의 완공, 2차는 기존 지상 도로를 일반도로화하고 공원을 만드는 사업이다.

지하터널은 완공되었기에 이용해보니 정말 상습 정체 구간이던 신월동에서 여의도까지의 정체가 약간 풀린 걸 느낄 수 있었다.

일반 열차 4량의 대곡소사선과 경전철 2량의 김포 골드라인

동일한 형태로 경인고속도로 지하화 사업을 추진 중인데, 2028년 완공을 목표로 한다는데 2030~2032년쯤 되지 않을까 싶다. 무엇이든 목표대로 순조롭게 되지는 않는다.

원종은 서울 들어갈 때 경인고속도로를 아주 짧게 지나면 바로 서울이 나올 정도로 가깝다. 하지만 지하화가 이루어져서 교통 혼잡이 좀 더 해소된다면 자차로 서울 이동이 지금보다 원활해지는 것이니 좋은 일이다. 서울을 자차로 가는 건 큰맘 먹어야 하는 동탄

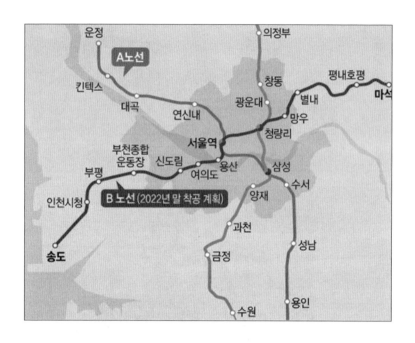

과 달리, 원종에서 서울에 가는 건 지금도 그다지 어려운 일이 아니다. 그만큼 가깝기 때문이다.

"남쌤, 지하철 생기고 고속도로 지하화되면 원종은 날아가는 건가요? 아니면 아무도 모르는 숨겨진 보석 같은 투자처인가요?" 아니, 전혀 그렇지 않다! 그런 곳은 10억, 20억 원이 필요하다. 먼저

제물포길 지하화 사업 조감도

지상도로
(무료, 편도 1~2차로)

지하도로
(무료, 4차로, 지하1층)

서울제물포터널
(유료, 4차로, 지하2층)

경인고속도로 연장 및 지하화
L=19.3km

서인천IC   부평IC   부천IC   신월IC

남청라IC   서운JCT   원종

잘 생각해보아야 할 것이 원종보다 주거환경이 좋고 이미 1호선과 7호선이 있어서 서울 출퇴근이 그럭저럭 할 만한 부천 상동, 중동 집값을 보길 바란다. 물론 여러분은 왜 이리 비싸냐고 하겠지만 서울에 비하면 비싼 가격도 아니다. 그리고 서울 안에 남구로, 대림 같은 곳은 원종보다 입지가 훨씬 더 좋지만 낙후된 주거시설과 조선족, 외국인 노동자 이슈 등으로 서울임에도 불구하고 집값이 높지 않다. 특히 대림의 대중교통은 정말 좋다(이쪽은 입지가 좋아서 결국 개발될 곳이다. 다만, 장기 투자자에겐 좋지만 청년들의 내 집 마련 조건으로는 좋지 못하다). 교통이 아무리 좋아져도 지역 자체가 살기 좋고 주거환경, 생활여건, 인적 인프라가 받쳐주지 못하면 크게 변화하기 어렵다는 것을 보여준다.

송도를 가보면 느낄 수 있다. 미래에 온 것 같은 계획 신도시, 높은 주거민 수준, 양질의 일자리가 늘어날 계획이 있기 때문에 GTX B가 실체화되지 않았음에도 송도는 높은 집값과 인천시민들이 선망하는 주거지가 되었다.

원종동은 앞으로 교통이 크게 좋아진다는 것을 알았다. 원종동이 '교통 좋고 살기 좋고 집값도 저렴한 편이네' 하면서 청년들이 하나둘 모여들어서 발전할 살기 좋은 동네가 될 수 있을지 알아보자.

직업적으로 수입이 크게 늘기 어려울 것 같은 청년 중에 부천, 서울 서부권에 직장을 다니고 있거나 이쪽에 정착할 청년들에게 추천하는 아파트와 빌라는 원종역 좌측 빨간 박스 안에 있는 곳들이다(329쪽 참조).

박스 북쪽에는 이곳의 대장 격인 원종 주공아파트가 있고 영화아파트, 굿모닝힐아파트 등의 낡고 엘리베이터 없는 5층짜리 저층 아파트들이 있다. 이들은 향후 재건축 가능성이 높은 아파트들로 10~15년 몸테크할 자신이 있다면 추천한다. 단 주공아파트 14평짜리는 아무리 내가 젊음이 있다고 해도 견디기 쉽지 않을 것이다. 또 주공은 재건축될 때까지 세월을 낚으려 해도 돈이 많이 든다. 2년 비과세 요건을 갖추고 전세를 준 다음 깨끗한 아파트나 오피스텔 등으로 이사를 가기에는 전세가가 너무 낮기 때문이다.

차라리 영화아파트 33평을 5억 원대로 사서 3,000만 원 정도 들

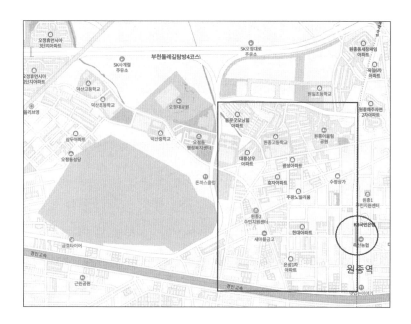

여 올 인테리어를 해서 겉은 낡았어도 집안은 넓고 깨끗하게 멋진 모양으로 꾸며놓고 사는 게 낫지 않을까 싶다. 전세도 3억 5,000만 원 정도는 받을 수 있으니, 갭으로 사두고 2~4년 뒤에 돈 모아 입주해도 되고 살다가 전세를 주고 다른 곳에서 살아도 된다. 개인적으로 몸테크 하려면 최소 24~33평 집은 되어야 한다고 생각한다. 아마도 요즘 청년들은 작고 낡은 집에서 2년만 살아도 노이로제 걸릴 것 같다.

저 5층짜리 5억 원 정도 하는 아파트들 아래에 성도아파트, 효자아파트, 은성아파트 등 사실상 빌라 같은 아파트들이 주르륵 있는 빌라촌이 이어지는데, 이곳은 2~3억 원 정도면 구매할 수 있다. 이곳 5층짜리 노후 아파트들은 직접 가보면 '경축 ○○ 가로주택

정비사업 승인' 이런 플래카드를 붙이고 있는데, 가로주택 정비사업 진행 열기가 이미 뜨겁다. 잘 알아보고 구매하면 3~4년이면 되는 가로주택 정비사업 특성상 빠르게, 나홀로 소규모 아파트 내지는 빌라트 신축을 얻을 수 있다.

가로주택 정비사업은 노후 빌라와 아파트끼리 뭉쳐서 7~15층까지 아파트를 만드는 소규모 재건축 사업이다.

가로주택 정비사업 사례로 서초구에 서리풀 프라젠이라는 곳이 있다. 30가구 연립주택에서 총 47가구 미니 아파트로 거듭난 이곳은 2017년 2월에 조합을 설립하고 2018년 10월에 사업 시행 인가, 2019년 2월에 착공, 2020년 5월에 완공 등 빠르게 진행되었다. 위치도 방배동이다 보니 2021년 5월에 전용 78m²가 14억 5,000만 원에 거래되기도 했다.

결론만 말하면, 가로주택 정비사업은 잘만 하면 소액으로 빠르게 소박, 중박을 낼 수 있는 재건축이다. 일반 재건축·재개발이 수억에서 10억 원 정도까지 버는 대박이라면 가로주택은 1억에서 3억 원 정도 버는 소박, 중박 사업인 대신 성공률과 기간이 짧다.

원종동 같은 지방이라도 전용 45~59m² 정도 되는 신축 빌라나 오피스텔 가격은 3억 원이 넘는다. 모은 돈이 5,000만 원에서 1억 원 정도인 상황에서 향후 월급이 크게 늘지 않거나 급여 자체가 높지 않은 청년이라면, 디딤돌이나 보금자리론 체증식 대출을 이용해서 2~3억 원 정도 하는 이런 5층 아파트를 구매하는 것도 좋은 방법이다. 살기는 불편하겠지만, 위에도 말했듯이 올 인테리어 하고 들어와서 젊음을 무기로 버텨보자. 살아보고 못 참겠으면 2년만 살고 전세를 주고 다른 곳에서 살아도 된다. 이때 올 인테리어를 하고 들어왔다면 시세보다 높은 금액으로 세입자를 구할 수 있을 것이다. 신축 빌라는 개발될 미래가 없고, 흙수저 청년들에게 오피스텔은 살 필요가 없는 상품이다. 보금자리론이나 디딤돌 체증식 대출 30년으로 1억 원 받으면 원금과 이자 합쳐서 한달에 겨우 20만 원이다. 그러니 전월세 살지 말고 반드시 내 집에서 살기 바란다.

원종역 서쪽과 북쪽의 노후된 5억 원대 5층 아파트들은 장기적으로 일반 재건축을 통해 아파트가 될 가능성이 높다. 용적률이나 대지지분 등을 볼 때 조건이 양호하다. 단, 최소 10년은 기다려야 한다. 절대로 금방 되지 않는다. 내가 볼 때 사업성이 나오려면 후술하게 될 인근 아파트 입주와 대장 신도시 입주가 시작되어야 한다. 재건축 후에 이들은 2011년 원종 금호어울림 아파트처럼 변하게 될 것이다. 5억 원대 5층 아파트들 밑에 2~3억 원대 5층 아파트 빌라촌의 경우 가로주택 정비사업이 성공하면 단시간 내에 살 만한 소규모 나홀로 새 아파트가 된다는 장점이 있다.

사이버빌리지를 설명할 때 했던 '집값이 오르는 힘에는 2가지 방식'이 있다는 내용을 다시 떠올려보자.

1. 내 집이 재개발·재건축, 리모델링되어 새것이 된다. (공간가치의 상승)
2. 내 집은 그대로인데 주변이 많이 좋아진다. (지역가치의 상승)

원종역 서쪽의 박스 친 곳의 집들은 1번 내 집이 재개발·재건

이렇게 낡은 빌라나 아파트를 소규모 아파트로 재건축한다.

축, 리모델링될 가능성이 제법 높다(329쪽 참조). 또 교통편이 좋아

지면서 지역가치도 상승할 것이다. 하지만 이것만으로는 아직 약하

다. 10년까지 몸테크 해보라고 권할 만큼 내가 확신을 얻은 포인트

는 어디에 있었을까? 1번 재개발·재건축, 리모델링, 가로주택정비

사업, 이것들이 잘 진행되기 위해서는 새 아파트가 되었을 때 비싸

게 집값이 형성된다는 보장이 있어야 사업성이 나온다.

인천에 5층짜리 저층 아파트가 널렸지만 재건축이 안 되는 곳이 많은 이유는 지어봐야 돈이 안 되기 때문이다. 주민들은 추가 분담금 2억, 3억 원씩 낼 돈이 없다.

지금 주거환경에서는 재건축을 해봐야 옆에 있는 원종 금호어울림(10년 된 신축급 아파트) 가격보다 조금 더 높은 정도일 테니 수익성이 높지 않다. 그래서 아직은 개발 압력이 약한 상태이다. 청년들도 와서 살고 싶은 동네가 되려면 새 아파트 되었을 때 집값이 지금보다 높아져야 한다. 여기서 딜레마가 생기는 거다.

낙후된 빌라촌과 아파트가 재개발·재건축할 만한 용적률과 대지지분, 노후도 등을 지니고 있으면 재건축하게 되어 있다. 그러나 재건축하고 새 아파트가 되었을 때 집값을 비싸게 받을 수 있다는 장점이 있어야 하고 그래야 조합원들의 추가 분담금도 적어진다. 이런 곳들은 보통 원주민보다 돈 있는 투자자들이 돈 냄새를 맡고 구매해서 '새 아파트 만듭시다' 하면서 분위기를 조성한다. 그런 다음 **실제로 재건축이 진행된다.**

새 아파트 되어서 주거환경이 좋아지니 당연히 집값도 올라간다. 아직 재건축이 안 된 아파트 주민들도 '야, 저기도 재건축해서 대박났다. 우리도 재건축하자.' 하며 조합을 만든다. 이런 식으로 낙후 아파트들이 모두 재건축되고 동네가 좋아지는 것이다. 또 동네가 좋아지니 상권도 발달하고 집값도 오르고 청년들도 살고 싶은 동네가 되는 것이다.

이것이 선순환 루트이다. 원종과 마찬가지로 부천과 인천의 대부분의 지역들은 낙후된 빌라들과 아파트들이 많이 있고 재개발·

재건축할 만한 용적률과 대지지분, 노후도도 충분하다. 문제는 근처 새 아파트 가격을 보니 재건축 해봐야 새 아파트 되었을 때 집값을 충분히 못 받는다는 데 있다. 집을 짓는 비용은 어차피 서울이나 인천이나 비슷한데, 팔 수 있는 가격이 낮으니 수익성이 낮은 것이다. 분양해서 팔아먹는 집들을 비싸게 팔 수 없으니 조합원들 분담금도 3~4억 원이나 된다. 돈이 없어서 저렴한 집에 살고 있는 원주민에게 그런 돈이 어디 있겠나? 돈 있는 투자자들도 재건축 10년, 20년 고생해서 되어봐야 돈이 안 되니 당연히 누구도 진행할 수 없는 것이다.

그러니 재건축도 안 되고 집들은 갈수록 노후화된다. 아파트는 낡고, 동네는 빨간벽돌 빌라촌으로 가득 차고, 돈 좀 있는 직업 좋은 사람들은 살기 좋은 동네로 떠나가고 갈수록 비선호 지역이 되면서 낡아져만 간다. 동네가 노후되고 경제력도 떨어지고 청년들도 별로 없으니 상권도 쇠퇴하고 집값도 적게 오른다. 도저히 이대로는 못 살겠다, 재건축 해보자 하다가도 새 아파트 되었을 때 수익을 낼 수 없으니 무한 반복이다.

이런 현상은 대부분의 지방 도시들이 겪는 악순환 루트이다. 서울이었으면 와 대박이다, 하면서 투자자들이 몰려들고 벌써 재건축되어 없어졌을 5층짜리 용적률 100%, 120% 아파트들이 재건축되지 못하는 경우는 단 한가지 이유 때문이다. '새 아파트 되었을 때 집값이 안 비쌀 것 같다'는 이유 때문이다. 이것을 깨뜨리는 것이 지금과 같은 집값 폭등, 뉴타운, 대규모 지역 개발사업이다.

서울에서 재개발·재건축이 안 되던 낙후 지역들은 신길뉴타운,

신정뉴타운, 장위뉴타운, 왕십리뉴타운 등이 들어서고부터 주변에 저렴한 5층 아파트들은 재건축 대상에서 제외되었다. 옆에 대규모 새 아파트 단지들이 들어서고 집값 폭등하니 사업성이 크게 좋아진 것이다. 즉 원종 같은 낙후 동네는 지자체나 국가에서 무언가 큰 것 하나 해주어야 새 아파트 되었을 때 집값이 어느 정도 수준은 될 것 같다. 이 정도면 남는 게 조금 있을 정도는 되고 그래야 재건축하자, 이렇게 되는 것이다. 원종의 경우 대곡 소사선 지하철 하나만 생긴다고 되는 게 아니다. 그럼 원종에는 앞으로 어떤 개발압력이 있을까?

이미 원종역 서부는 초중고가 도보로 갈 수 있고, 오정스포츠센터, 오정대공원이라는 직접 가보면 정말 잘 꾸며놓아서 애견인들

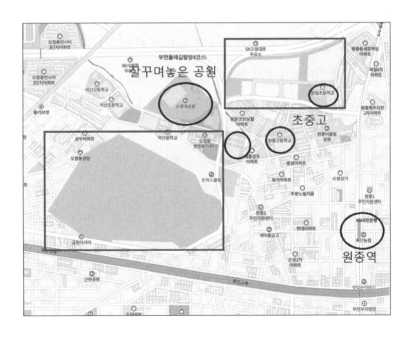

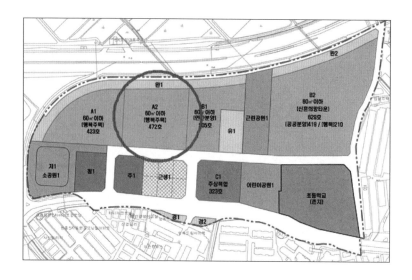

이 산책도 시키고 가족 단위로 운동과 나들이를 즐기는 좋은 공원
이 있다. 이 상황에서 오른쪽 초록 박스와 왼쪽의 초록 박스에 신
축 아파트가 들어선다.

공공분양 419가구, 민간분양 205가구, 신혼희망타운, 행복주
택 등 공공임대 1,428가구 등 총 2,100세대가 입주할 예정이다.
2024년 10월경 완공 예정으로 젊은 사람들 위주의 아파트가 건설
될 것이다. 일반분양보다 공공임대가 많아 집값에 안 좋은 영향을
미칠 것 같다고 생각할 수 있지만, 공공임대는 세부적으로 종류가
아주 많다. 특히 청년 위주의 임대는 나쁘지 않다. 그리고 임대주택
이 들어와서 집값 떨어진다고 싫어하는 건 서울에 비싼 지역의 경
우이다. 원종 같은 지역은 임대고 뭐고 대규모 개발 만세, 하면서
제발 좀 지어달라고 해야 하는 지역이다. 지속적인 개발과 주거환
경이 개선되면서 청년들이 들어와야 도시가 사는 것이다.

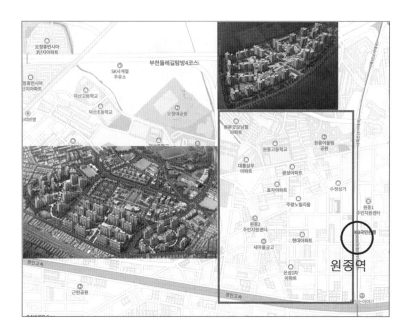

  또 왼쪽 초록 박스 지역은(335쪽 참조) 2013년부터 65년간 있었던 군부대 이전을 추진했던 곳으로 마침내 군부대가 다른 곳으로 떠나갔다. 2023년까지 토지 정화사업을 하고 2024년 분양, 2026년 완공을 목표로 한다고 한다. 현실적으로 2028년쯤 완공될 것 같다. 여기는 2026년까지 민간 분양 4,000세대 대규모 아파트 단지를 만든다고 한다.

  2년 뒤 원종역, 3년 뒤 2,000세대 공공아파트, 7~9년 뒤 4,000세대 일반분양 아파트가 확정적으로 개발된다. 저 빨간 박스 친 지역의 오른쪽은 지하철역이 생기면서 낙후 상권이 개발될 것이고, 북쪽과 서쪽은 신축 아파트가 들어서면서 늘어난 인구수에 맞게 상권이 발달할 것이다. 또 깨끗하고 넓은 신축 아파트 상가에 청

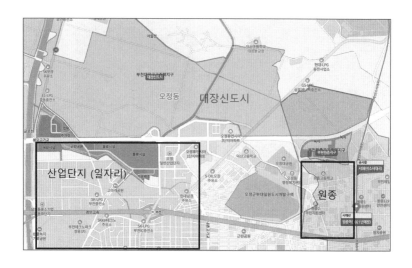

년들이 좋아하는 스타벅스 같은 상점도 들어올 것이다. 이렇게 되면 빨간 박스의 원종동은 옆에 새 아파트 4,000세대의 시세를 보았을 때 원종역에 더 가까운 낡은 아파트들을 재건축하면 대박은 아니더라도 중박은 가능하다고 보고 재건축 추진이 본격적으로 진행될 것이다.

원종에서 아래로 조금만 내려가면 부천 여월휴먼시아라고 LH 3,000~4,000세대 아파트가 있다. 사람들이 선호하지 않는 LH 주택이고 2010년식으로 이제 구축으로 접어들고 있는데 그곳 33평이 10억 원이 넘는다. 오정 군부대 지역에 일반분양까지 되면 원종역 서부는 강한 개발압력을 받게 된다. 하지만 여기서 끝이 아니다.

원종동 북쪽 공공분양 아파트에서 길 하나만 건너면 3기 신도시 대장신도시가 나온다.

2만 세대의 대장신도시는 2030~2032년경 입주가 시작될 것으로 예상된다. 원종 같은 낙후된 지역 입장에서 바로 맞닿아서 이런

대규모 신도시가 생긴다는 건 좋은 일이다. 집 근처에 대형마트, 쇼핑몰, 영화관, 상권이 제대로 만들어질 예정이다. 앞에서 말했듯이, 원종 같은 낙후 지역은 국가와 지자체에서 작정하고 개발해주면 뭐든지 아이고 감사합니다 하면서 받아먹어야 한다.

김포한강신도시는 차량기지와 건설폐기물처리장 이전을 대가로 5호선을 지어주겠다고 했음에도 혐오시설이 싫다고 시장들이 계속 삽질하면서 거부해 왔다. 김포 예산으로 9호선 추진하다가 불발, 4량 경전철 한다고 하다가 불발, 결국 2량짜리 경전철 골드라인을 만들어놓고 지금 고생하고 있는 것을 보라. 시장들의 무능함으로 16년을 허송세월하고, 골드라인에 국가예산도 한 푼 못 받고 한강신도시 입주민이 낸 교통 분담금과 김포 예산 찔끔 때려박았는데 폭망했다. 결국 5호선, 9호선 재연장, GTX D 건설을 추진 중인 상황이 되었다.

혐오시설 받는 것을 누가 좋아하나? 하지만 이상과 현실은 다르다. 혐오시설 안 받고 지하철 놔주면 최고지만 현실적으로 안 될 때는 장기적인 미래를 보고 지하철을 받고, 혐오시설은 최대한 주민들 불편을 최소화하는 방향으로 커버했어야 한다. 협상은 내가 가진 '패'가 있을 때 하는 것이다. 김포는 협상할 만한 '패'가 없었다.

지금이야 인구가 많이 늘어서 "김포한강신도시 주민들 다 죽는다! 이렇게 출퇴근하기 힘든데 계속 방치할 거야? 표로 심판하자!" 하면서 협상 가능한 '패'가 드디어 조금 생겼다. 하지만 이제 협상을 시작해서 언제 착공하고 언제 완공하나? 무능한 정치인들 때문에 지하철 만들어달라고 돈까지 낸 주민들만 고통이다. 애초에 혐오시설 받고 골드라인 만드는 데 들어간 1조 5,000억 원을 혐오시설 근처 주민들을 위한 대규모 개발을 해주는 데 쓰거나, 토지 보상을 후하게 해주고 한강신도시 아파트 입주권을 주면서 달래고 국비지원받아서 5호선을 받았으면 얼마나 좋았을까? 시장의 삽질로 황금노선 9호선 연장도 실패했으니 말이다.

아무튼 다시 원종으로 돌아오자. 고령화 인구감소 도시축소 시대에 국가와 지자체가 해주는 대규모 개발은 너무나 감사한 일이다. 입주 물량 과다로 한동안 집값에 악영향이 있겠지만 장기적으로는 원종 지역이 더 큰 생명력을 갖게 되는 일이다. 원종은 대장신도시가 만들어지기 전에 6,000세대 아파트가 들어설 예정이다. 아마도 대장신도시 입주에 발맞춰 혹은 그보다 늦게 재건축이 활발하게 이루어지지 않을까 싶다. 그리고 2030년경에 대장신도시가 입주하게 되면, 부천 대장 혹은 인천 계양에서 출발해서 원종을 거쳐, DMC, 홍대까지 연결되는 지하철이 본격 추진될 것으

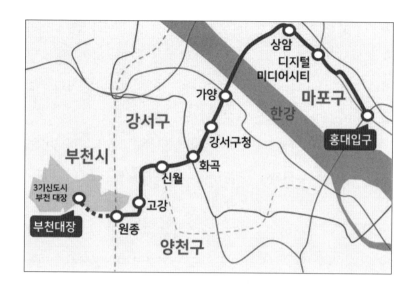

로 전망된다. 신도시는 지하철 없이는 답이 없기 때문이다. 신도시를 만들 때 지하철을 같이 만들지 않고 주민들이 5년, 10년 죽겠다고 아우성쳐야 지하철을 놔주는 무능한 정치인들의 역사로 볼 때 2035~2040년쯤 지하철이 생기지 않을까?

종합해보면, 원종은 부천과 인천권에 직장을 둔 청년, 소사대곡 지하철 개통으로 서울 출퇴근이 가능한 청년 중에 10년 동안 존버할 각오가 있다면 아주 좋은 1주택 내 집 마련의 지역이 될 거라고 생각한다. 월급이 많지 않은 직장이고 모은 돈이 부족하다면, 2~3억 원대 5층 아파트에서 10년 존버하면서 버텨보자. 좀 더 큰 꿈이 있다면 5억 원대 33평 영화아파트를 추천한다. 그리고 2년 살다가 전세 주고 다른 지역에서 전세 살면서 세월을 낚아도 된다. 원종역 서부는 시간의 문제이지 결국 대장신도시의 일부로서 개발될 것이다. 그리고 모든 호재가 **확정된** 호재이기에 위험부담이 적고 집값이 싸서 하락기가 오더라도 떨어질 것도 별로 없다. 단, 단기간에 집값이 오르는 걸 기대하고 팔아서 돈을 번다는 마인드는 곤란하다. 특히 이미 나이가 좀 있고 자녀가 커버린 경우에는 자녀의 교육 여건이 그다지 좋지 못하다는 단점도 있다.

공부 삼아서 원종역에 놀러가 빌라촌 구석구석을 돌아다니며 개발의 분위기를 느껴보라. 주공아파트 근처의 잘생긴 청년이 내려주는 커피숍도 가보고, 원종역 주변의 노브랜드 버거에서 햄버거도 사 먹어보고, 역 주변의 낡은 상권이 1년, 2년, 3년 지날 때마다 어떻게 변할지를 예상해보자. 오정 대공원도 꼭 가보고 대장신도시가 만들어질 허허벌판 논밭도 구경해보자. 나는 10년 뒤에는 원종역 서부가 청년들이 선호하는 부천의 좋은 주거지로 바뀌어 있을 것이라고 장담한다. 가성비 좋은 지금, 젊음을 무기로 존버 한번 해보자.

초기 투자금 2~3억, 최종 5~6억 원대로
2,600세대 새 아파트 '원당 1구역'

청년들을 상담하다 보면 많이 느끼는 것이, 우리나라의 주거공급 현실은 저 아래에 있는데 청년들이 원하는 눈높이의 집은 한참 위에 있다는 것이다.

흙수저 부모님 세대는 월세 단칸방에서 신혼을 시작했다. 내 자식은 그래도 깨끗한 빌라나 번듯한 아파트에서 키우고 대학도 꼭 보내야지! 하면서 열심히 노력한 부모님 덕분에 지금의 10~30대는 평생 빌라에 살아본 적이 없는 경우도 종종 있을 정도다. 특히 지방은 집값이 싸서 어릴 때 30~40평 넓은 아파트에서 자라왔는데, 대학교나 직장을 위해 서울에 와보니 20평 아파트 가격도 비싼 걸 보고 좌절하는 청년이 많다. 현실적으로 청년이 모은 돈, 급여 수준, 앞으로 예상되는 저축액 등으로 보았을 때 서울의 빌라나 나홀로 아파트, 경기도 20년 구축 아파트를 사야될 것 같지만 그런 곳에서 살기는 너무 싫은 것이다.

"남쌤, 우리 부모님 집에서 살던 곳보다 집값이 비싸고 집도 더 작고 낡았는데, 내가 왜 더 후진 곳에서 살아야 하나요? 세상이 잘못되었어요, 뭔가 잘못되었어요. 이런 후진 집에서는 살기 싫어요!" 하는 표정으로 내게 말하곤 한다.

내 직업이 어떻든, 얼마나 돈을 모았든 다들 서울 역세권 대단지 신축 새 아파트에 살고 싶은 건 물론이고, 신축이 안 되면 10년 이내 신축급 아파트에 살고 싶어한다. 나의 가장 큰 어려움은 흙수저 청년에게 현실적으로 구매를 고려해야 하는 주택 유형과 가격, 수준 등을 최대한 기분이 상하지 않는 범위에서 어떻게 인식시킬 것인가이다.

예를 들어 구일역은 객관적으로 서울에서 저렴하면서도 중간 이상 되는 삶의 퀄리티를 제공해주는 좋은 아파트 지역이다. 중간 이상의 학업 성취도와 대부분 아파트로 이루어진 균등한 생활 수준에 안전하고 정감이 넘치는 주민 수준, 30년간 자리 잡힌 인프라에 언덕도 없고 완전 평지다. 주공아파트의 경우 재건축이 가능하고 장기적으로 차량기지 개발 호재, 서부간선도로 지하화 및 공원화 사업 등등 중산층 정도의 청년들이 아이 키우면서 정착해서 살기 좋은 지역이다. 하지만 이곳 한번 동네 구경해보시라고 알려드리면 반응은 영 별로다.

일단 새 아파트도 없고 대부분 30년 정도 된 낡은 집들이기 때문이다. 비행기 소리도 살짝 들리고 외부도 낡았고 내부는 더 낡았다. 평면도 옛날 평면이다. 깨끗하게 싹 리모델링 해서 사는 집들은 드무니 집안 내부 느낌도 영 별로다. 동네 인프라가 형성되어 있지만 청년들이 원하는 깨끗한 상가에 분위기 있는 2층, 3층짜리 대형 커피숍 같은 것은 없다. 그런데 이곳도 이 책을 읽고 있을 대부분의 청년들은 비싸서 구매할 수 없는 가격이다.

구일 주공아파트 33평이 11억 원이고, 34년 된 중앙구로하이츠 아파트도 7억 5,000만 원이 넘는다. 서울 역세권 신축 중에 24평 10억, 33평 13억 원이 넘지 않는 신축이 얼마나 있을까? 경기도 오산도 10억 클럽이 나왔다고 하고, 평택 고덕 신도시 신축 가격도 거침없이 오르고 있다는데 그만큼 청년들이 원하는 신축 아파트는 당연히 비싸다.

서울에 직장을 가진 청년이면서 "나는 꼭 신축에서 살아야 합니다! 낡은 아파트 싫어요!" 하는 분들에게 추천하는 아파트는 바로 원당 1구역이다. 이곳은 '관리처분인가'를 받은 곳으로 앞으로 이주, 철거 후에 새 아파트 짓는 단계만 남은, 재개발이 거의 98% 이상 확실시되는 곳으로 토지거래 허가구역으로 묶여서 투자자의 유입도 상대적으로 적다. 위치도 살짝 변방이라서 개인적으로 저렴한 금액대의 프리미엄이 형성되어 있다고 생각한다. 이곳의 최대 장점은 24평 새 아파트를 총금액 5~6억 원대로 살 수 있다는 것이다. 28평, 33평 아파트는 총금액 6~7억 원대로 살 수 있을 것이다. 게다가 재개발 아파트이다 보니 지금 필요한 돈은 2~3억 원대면 된다. 나머지 3~4억 원은 중도금 잔금대출, 앞으로 4~5년간 저축할 내 돈으로 내면 내 집 마련이 가능하다. 즉 당장 모은 돈이 많지 않지만 앞으로 꾸준히 월급을 저축할 수 있는 청년들에게 적합하다.

예를 들어 결혼을 앞두고 있고 서로 모은 돈을 합치면 2억 5,000~3억 원 정도 있는 청년 부부라면, 이 돈으로 서울에 6~7억 원 하는 아파트를 대출 왕창 받아 산다고 해도 위치나 집상태가 마음에 들지 않을 가능성이 높다. 특히 6억 원 이하 아파트는 24평이라고 해도 거의 서울 외곽의 노후된 아파트나 나홀로 아파트밖에 남지 않았다. 그렇다고 빌라는 사기 싫고 신축 빌라는 저렴한 것도

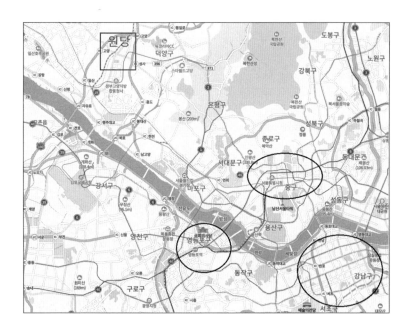

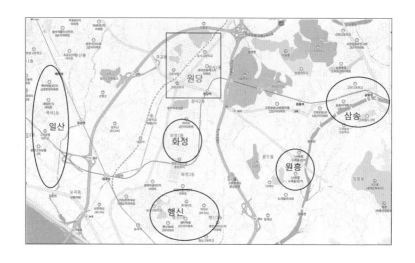

아니다. 마포 전용 59m² 신축 빌라 분양가가 5억 8,000만 원인 세
상이다. 경기도의 새 아파트 가격도 만만치 않다. 직장이 서울이라
멀리 갈 수도 없고, 전세로 2년 살아볼까? 집값 떨어지겠지? 아이
먼저 낳고 그때 혼인신고해서 신혼특공 청약에 운을 걸어볼까? 이
런저런 생각으로 머리가 복잡할 것이다.

　이런 분들이라면 원당 1구역에 관심을 가져보길 바란다.

　원당은 서울 은평구와 고양시 일산구 사이의 덕양구에 있다. 물
리적 거리는 서울에 나름 가까운 편이다. 대중교통 지하철 3호선
으로 서울 한양도성은 지금도 출퇴근할 만하다. 자차로 출퇴근 시
간에 도심이나 여의도까지는 그런대로 다니지만, 강남까지 가려면
1시간 30분이나 2시간은 생각해야 한다. 일산에서 몰려오는 차들
이 워낙 많아서 강변북로도 많이 막히고 쉽지 않은 지역이다(앞으로
10년 뒤 창릉 신도시가 생기면 더 막힐 것이다).

　세부적으로 보면, 고양 스타필드의 도시 삼송역 주변은 신축급

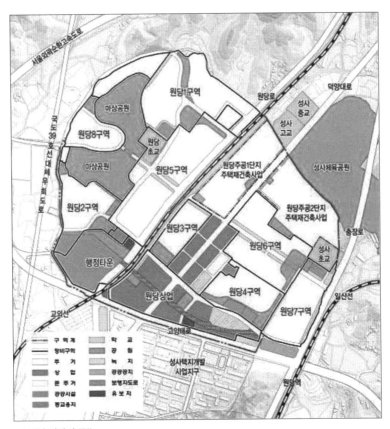

2007년 원당의 꿈!!

아파트이고 가격도 비싸다. 화정, 행신은 33평이 10억 원까지 올랐다. 1990년도 초반에 지어진 아파트들이 많은 옛 신도시로, 인프라와 녹지환경이 잘 갖추어져 있어 자녀 키우기에 좋은 아파트 주거지다. 집값도 서울보다 저렴하니 서울의 어중간한 빌라를 살 돈이면 이곳의 아파트를 사는 것도 좋은 선택이라고 생각한다.

원당은 고양 시청이 위치한 구도심으로 개발과는 거리가 먼 곳이었지만 2007년에 뉴타운으로 지정되면서 깨끗한 신도시로 개발

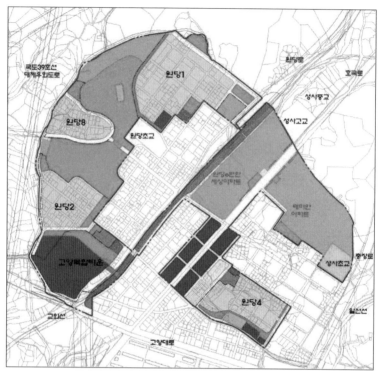

14년이 지난 원당의 현실, 다시 한번 말하지만 재개발·재건축은 쉽지 않다.

될 거라는 기대가 있었다. 그러나 부동산 경기가 꺾이고 이명박 정부 시기에 집값 하락기가 오자 이곳도 많은 구역이 해제되었다.

두 곳은 2009년에 원당 래미안 휴레스트, 원당 e편한세상으로 재건축되었다. 원당 4구역은 롯데캐슬에서 짓고 있고 2024년 완공 예정이다. 원당 1구역은 관리처분 인가를 받은 상태로 한화와 포스코 2,601세대로 2022~2023년 이주, 2026년 철거 완공 예정이다. 원당 2구역은 아직도 가야 할 길이 멀어서 어떻게 될지 알 수 없다.

원당 래미안은 2020년과 2021년 초까지 가격이 워낙 저렴해

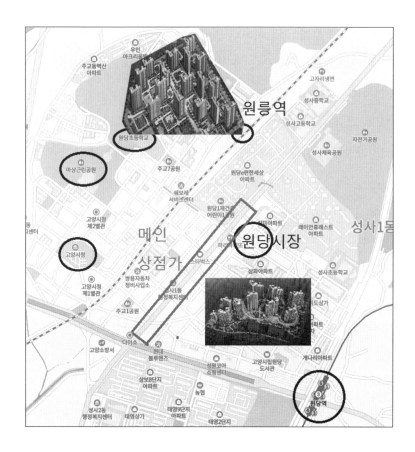

서 많이 추천했던 단지인데 지금은 그때에 비해 많이 올랐다. 현
재 24평이 6억 3,000~6억 5,000만 원, 33평이 8억 원 정도 한다.
2020년 5월에 24평이 3억 5,000만 원 정도였으니 서울 빌라값이면
살 수 있던 갓성비 아파트였는데 말이다. 원당 래미안은 평면의 아
파트에다 '초품아'에다 중고등학교와 산과 큰 공원을 끼고 있고 3호
선 원당역과도 도보권에 있는 것이 장점이다. 특히 당시 가격대에
맞지 않게 상당히 고급화해서 지었던 곳으로 커뮤니티 시설이 훌륭
하다. 다만 재개발구역이 해제된 낙후 빌라와 5층 아파트들이 이가

빠진 것처럼 구멍이 나 있어서 주변 여건이 좋다고는 할 수 없다.

원당은 사실 신도시로 잘 정비된 화정, 행신에 비하면 낙후된 지역이다. 동네에 대한 기대치가 높은 사람들은 원당역 주변은 좀, 할 것 같고 대부분의 사람들은 교외선 철도를 건너기 위해 성사주 교지하차도 건널목을 이용할 때 이건 좀, 할 것이다. 원당 1구역이 있는 교외선 기차역 위쪽은 빌라와 구멍가게밖에 없다고 말해도 과장이 아니다.

하지만 원당 1구역은 2,600세대 신축 대단지 아파트에 서울까지 빠르게 출퇴근하면서 바쁘게 사는 직장인에게는 좋은 내 집 마련이 되어줄 것이다. GTX A 개통, 창릉 신도시 입주, 원당 1, 4구역 아파트 입주 등의 여파로 고양선이라는 지하철도 생길 것이고, 해제된 구역들이 하나둘 아파트로 개발될 것이다. 중요한 것은 원당 1구역, 4구역은 낡은 아파트에 살면서 언제 될지 모르는 재건축을 기다리며 고통받을 필요 없이 2024년과 2026년에 곧바로 새 아파트를 받을 수 있다는 것이다. 원당 4구역은 가격이 1구역보다는 비싸니 별도로 알아보도록 하고, 책에서는 1구역만 다루도록 하겠다.

원당 1구역은 3호선 원당역에서 도보로 가기에는 조금 멀다. 빨리 걸어도 15~20분은 잡아야 하니 버스를 타야 한다. 이곳의 힘은 GTX A와 교외선에서 나온다. GTX의 중요성은 동탄 신도시를 설명할 때 이미 말했다. GTX A와 교외선 덕분에 원당은 서울 한양도성 일자리 정도만 출퇴근이 가능한 경기도 새 아파트로 끝나는 게 아니라, 몸테크 없이 신축 대단지 새 아파트에 살고, 기다림 없이 GTX 타고 한양도성과 강남 출퇴근이 빠르게 가능한 가성비 아파

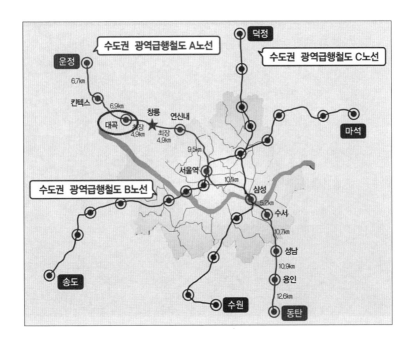

트가 될 것이다.

2024~2025년 완공 예정인 GTX A는 대곡에서 불과 세 정거장이면 서울역, 네 정거장이면 삼성역, 여섯 정거장이면 판교역이다. 대곡에서 서울역 15분, 삼성역 20분, 판교역 30분 정도면 간다고 한다.

앞에서 설명한 동탄 퍼스트파크와 원종역 일대 교통계획을 떠올려보자. 동탄 중에서도 GTX A 동탄역까지 걸어서 갈 수 있는 역세권 아파트는 무척 비싸다. 하지만 동탄 퍼스트파크는, 미래에 트램 타고 두 정거장이면 동탄역에 갈 수 있는 등 주거여건이 우수하다. 그럼에도 GTX A 역에서 멀고 신축이 아니라는 이유로 아직까지는 가격이 저렴하니 내 집 마련으로 좋다고 말했다. 그리고 원종

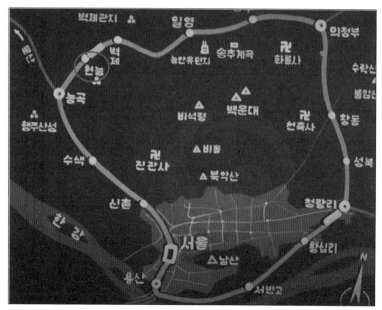

강남 같은 지역 없고, 서울이 한양도성 4대문과 성저십리 정도이던 정겨운 시절

역은 장기적으로는 주변부 개발, 단기적으로는 대곡, 소사선 지하철역 덕분에 한 정거장이면 황금노선 9호선인 김포공항역에 갈 수 있어서 좋다고 설명했다.

두 곳의 공통점은 GTX A 동탄역과 9호선 급행역인 김포공항역까지 빠르게 갈 수 있게 되었다는 것이다. 걸어서 지하철역까지 갈 수 있고 서울까지 짧은 시간에 출퇴근이 가능한 곳은 이미 비싸다. 하지만 잘 찾아보면 지하철 한두 정거장으로 급행역을 빠르게 갈 수 있는 곳 중에 저렴한 곳들이 있다.

원당 1구역도 마찬가지다. 대곡역까지 한 정거장이면 갈 수 있는 철도가 있다.

그림처럼 서울이 조그마하던 오리지널 서울 시절, 1963년에 서울에서 기차를 타고 교외로 나가 한 바퀴 돌면서 경기도 유람도 하고 여가시간을 보내라고 만들어진 것이 교외선이다. 지금으로 치면 KTX 타고 당일치기로 놀러 가는 그런 느낌이다. 그런데 수요 부족으로 2004년 폐선되었다가 2021년에 부활했다. 2024년부터는 옛날처럼 한 바퀴 도는 게 아니라 능곡에서 의정부 구간만 하루 34차례, 1시간에 1대씩 운행한다(능곡-**대곡**-**원릉**-일영-장흥-송추-의정부역).

열차가 너무 오래된 고물이라고, 수소연료 방식의 배터리로 가는 무가선 트램으로 하자는 의견도 있는 것 같은데, 당분간 디젤 전동차로 운행하지 않을까 싶다. 그리고 뭐든지 개통하는 게 먼저다. 일단 개통이 중요하다.

GTX A 대곡에 한 정거장으로 갈 수 있는 '원릉역'이 원당 1구역 도보 3분 거리에 있다는 것이 중요하다. 2026년 원당 1구역에 한화와 포스코 2,600세대 신축 아파트가 들어서면, 단지 규모가 크기 때문에 아파트 상가들도 많이 지어질 것이고 필수적인 기초 상권이 형성될 것이다. 주변이 공원과 산으로 둘러싸여 자연환경도 좋다. 그리고 원당초를 품은 초품아가 될 것이다.

집앞에서 교외선 기차를 타고 한 정거장 가서 대곡역에서 GTX A를 타고 서울역으로 가면 도심부 출퇴근, 삼성역으로 가면 강남권 출퇴근, 성남역(판교역)으로 가면 IT 일자리 출퇴근을 모두 1시간 이내로 할 수 있다. 거기에 몇 년간 버스타고 다니며 GTX A 언제 뚫리나 존버할 필요도 없다. 2026년에 아파트 완공될 때면 GTX A,

RDC 디젤 전동차

교외선도 개통되어 있을 것이다.

일산, 화정, 행신은 아직 재건축·리모델링 전이라 앞으로 5년
간 더 낡을 것이고, 대규모 신도시에 서울과 더 가까운 창릉신도시
는 2030년은 되어야 입주를 시작할 것이다. 그러므로 원당 1구역과
4구역은 한동안 교통 좋고 대단지 신축 아파트의 우위를 누릴 수
있다. 원당의 도시 규모는 고양 창릉, 일산, 화정, 행신에 비하면 훨
씬 작기 때문에 만일 일산, 화정, 행신이 재건축·리모델링 되면 원
당은 사이즈에서 밀릴 것이다. 하지만 그전까지는 신축 대단지라는
우위와 뛰어난 교통으로 앞서 나갈 시간이 충분히 있다. 일산, 화
정, 행신은 앞으로 재건축·리모델링이 된다고 해도 10년, 20년은
족히 걸릴 것이니 그전까지 잘 살다가(쭉 살아도 되고) 적절한 집값
상승기 때 10년 차 이내 신축급 프리미엄이 남아 있을 때 팔고, 모

은 돈으로 창릉 신축이나 서울로 이사를 가도 될 것이다.

교외선은 1시간에 한 대 오는데 대곡역까지 과연 출퇴근이 원활할까도 싶겠지만, 원래 정부와 관련된 일은 일단 시작해서 벌려놓고 그다음 협상을 통해 더 얻어 나가야지, 처음부터 100을 다 얻으려고 하면 협상이 깨질 수 있다. 일단 교외선은 무조건 개통하는 게 우선이다. 배차 간격은 앞으로 늘어날 원당의 주민들이 투쟁해서 늘리면 된다. 주민들 손에 달렸다. 출퇴근 시간이라도 10분 간격으로 늘려달라고 할 수도 있고, 고물 전동차 위험하다고 최신 배터리 트램으로 바꿔달라고 하면서 배차 간격을 늘려볼 수도 있다. 일단 개통시키고 나서 GTX A 생기면 고양시, 국토부, 철도청, 청와대 신문고 등 온갖 루트로 늘려달라고 투쟁해서 쟁취하면 된다. 그 외에 15년 정도 걸릴 것 같은 고양선도 추진되는데, 중요한 것은 GTX A와 교외선이니 별도로 알아보도록 하자.

고양 시청은 원당을 떠날까 말까 간을 보다가 떠나지 않고 지금보다 조금 아래에 시청사를 올려서 2025년까지 확장 이전한다고 한다. 나름대로 의미 있는 것이 먼저 공무원 일자리라는 좋은 일자리가 유지된다는 것과, 고양 시청을 새로 지은 동네이고 GTX 연결 동네이고 교외선까지 17년 만에 부활시킨 동네를 고양시가 향후 축소시대라고 해서 돈 없다고 포기하지는 않을 것이라는 점이다. 만약 원당에 별 관심이 없었다면 시청을 다른 곳으로 옮겨서 지었을 것이다. 요즘 고양시에 발전된 동네가 얼마나 많은가? 다시 말해 장기적인 개발압력이 상승한다는 이야기니, 새 아파트만 짓고 슬럼화될 가능성은 매우 낮다는 의미이다.

그런데 원당 1구역을 구매하기에는 재개발이기에 그냥 아파트를 사는 게 아니라서 좀 더 복잡하다. 조합원 입주권이라는 것을 공부해야 하고, 토지거래 허가구역이라는 것을 이해해야 한다.

1. 여러분은 원당 1구역에 있는 30년 된 빌라나 아파트를 산다.
2. 이 빌라나 아파트를 부수고 새 아파트를 지어서 여러분에게 주는 거다.
3. 기존 빌라나 아파트를 부수는 이주·철거 기간인 2022년 2월까지 여러분은 여기에 반드시 입주해서 살아야 한다. 전세를 주면 안 된다(투기 방지를 위해 토지거래 허가구역으로 지정했다).
4. 2022년 2~10월에(이주 기간) 다른 곳으로 이사해야 하고 2026년까지 새 아파트를 짓는 동안 전세를 살든 월세를 살든 다른 곳에 가서 살아야 한다.
5. 2023~2026년 사이에 새 아파트 조합원 분양가와 기존 빌라나 아파트 감정평가액을 뺀 차액을 중도금과 잔금으로 조금씩 납부해야 한다.
6. 중도금과 잔금은 상당 부분 대출이 가능하다.
7. 2026년 새 아파트가 완공되면 입주해서 행복하게 살면 된다.

지금 이곳에 있는 전용 50m² 방 3개 화장실 1개의 30년 된 빌라로 예를 들어보자.

- 분양 평형 : 24평(새 아파트가 되면 이 빌라의 집주인은 무조건 24평을 받기로 계약된 상태)
- 낡은 빌라의 감정가격 : 1억 1,000만 원
- 낡은 빌라의 프리미엄 : 2억 8,000만 원(곧 아파트가 될 것을 파는 거니 집값보다 2억 8,000만 원을 더 주어야 팔 것이다.)
- 지금 내가 내야 하는 매수금액 3억 9,000만 원

이 집을 살 때 6,000~7,000만 원 정도는 주택담보대출이 나올 것이니 내 돈은 3억 2,000만 원 정도 있으면 된다. 잘 찾아보면 주택담보대출이 1억 원 이상 많이 나오는 매물도 드물지만 있을 것이니, 당장 내 돈을 2억 5,000만 원 정도 가진 사람은 현지 공인중개사분께 문의해보자. 그리고 먼저 고양시에 "나는 무주택자인데 혹은 1주택자인데 집 팔고 여기로 올 겁니다. 이곳에 터전을 잡고 제대로 살아보려고 합니다." 하고 신고해서 승인을 받아야 살 수 있고 2년간 의무거주해야 한다.

만약 3억 9,000만 원에 집을 샀다면, 2022년 2월에서 10월쯤부터 이주·철거를 시작한다고 하니 2022년 2월까지 반드시 실거주해야 한다(3개월 살고 이주되었다면 향후 아파트 완공 후 1년 9개월을 더 실거주해야 한다. 자세한 사항은 고양시에 전화해서 물어보자). 조합원의 예상 분양가는 24평(전용 59㎡) 3억 2,000만 원, 28평(전용 74㎡) 3억 8,000만 원, 33평(전용 84㎡) 4억 3,000만 원이라고 한다.

이제 조금 복잡해진다. 나는 3억 9,000만 원을 주고 집을 산 상태로 빌라에 살고 있었다. 2022년 2월에 "이제 새 아파트 지어야 하

니 다른 곳에 가서 사세요." 하면서 약간의 이주비 대출이 나올 것이다. 나는 3억 9000만 원을 주고 샀지만, 내 빌라의 감정가액은 1억 1,000만 원이다. 이곳 비례율이 100% 정도라고 하니 그냥 간단하게 계산하면 되는데, 24평 조합원 분양가 3억 2,000만 원 − 내 빌라 감정가액 1억 1,000만 원 = 2억 1,000만 원이 추가 분담금이 된다. 즉 2023~2026년 사이에 2억 1,000만 원을 몇 개월 단위로 10% 정도씩 분할납부해야 완전히 내 집이 되는 것이다.

2억 1,000만 원 중 60~70%에 해당하는 1억 4,000~1억 6,000만 원 정도는 조합을 통해 은행대출이 될 것이다. 중도금 80%, 잔금 20% 이렇게 하는 곳도 있고, 어떤 곳은 중도금 없이 아파트 완공될 때 잔금 100% 하는 곳도 있다. 자세한 건 조합에 물어보자(원당1구역은 인터넷 홈페이지가 잘 되어 있다).

자, 다시 계산해보면 3억 9,000만 원에 빌라를 사서 2억 1,000만 원의 추가 분담금까지 총 6억 원에 2026년식 신축 새 아파트 24평을 산 것이다. 길건너 2009년식 원당 e편한세상 24평 현재 실거래가가 6억 4,500만 원이다. 입주할 때 최소 6억 원에 시세가 형성되면 3억~3억 6,000만 원 정도는 중도금과 잔금대출이 될 것이다(시세 기준으로 대출이 나오는 것이 지금까지의 규칙이었는데, 현재는 분양가 기준으로 잔금대출을 내주도록 압력을 넣고 있는 것 같다. 우리나라는 관치금융의 나라이니 위에서 말 한마디 하면, 죄 없는 사람들까지 소급적용해서 박살내니 참으로 살기 힘든 것 같다. 2026년 시점에 원래대로 시세 기준 LTV로 잔금대출이 나올지, 요즘 시도하는 것처럼 분양가 기준으로 잔금대출을 해줄지는 차기 정부가 되어봐야 알 수 있을 것 같다). 결국 내 돈

3억 원 정도로 24평 새 아파트를 살 수 있는 것이다. 참고로 27평, 33평을 분양받기로 한 빌라나 아파트는 프리미엄이 5,000만 원, 1억 원 정도 더 비싸다. 그리고 2023년 말에서 2026년에 추가 분담금을 납부하는 시기까지 아직 많은 시간이 남아 있다. 내 집을 안전하게 획득해놓고(청약 당첨 효과) 2~3년간 월급을 저축해서 돈을 더 모을 수 있는 것이다.

이미 설명했듯이, 원당 1구역의 미래는 매우 밝다. 이곳은 아파트 입주 후에도 지역 자체가 동탄처럼 깔끔하게 개발된 대형 신도시가 될 수는 없겠지만, 동탄에 비하면 서울과의 물리적 거리가 훨씬 더 가깝다. 사람들은 지하철만 타고 다니지 않는다. 자동차 타고 서울 갈 일이 왜 없겠나. 그때 원당 1구역의 힘이 나온다. 바로 서울과 가깝다는 것이다.

또한 창릉신도시 입주 완료 전 일산, 화정, 행신이 노후되고 재건축·리모델링 되기 전까지 신축 대단지로 희소성을 누릴 수 있다. 이때 운이 따라줘서 부동산 상승기를 맞이하게 된다면 적절한 시세차익도 가능하다. 특히 결혼을 앞둔 신혼 청년 중 신축 새 아파트를 살고 싶은 사람은 조합원 입주권, 원당 1구역을 잘 공부해서 기회를 잡아보자.

참고로 서울 신정 뉴타운에 목동 센트럴아이파크(일명 목센아)위브, 현대 아이파크 컨소시엄 3,500세대 아파트가 있다(거주 만족도가 상당히 높은 아파트이다). 원당 1구역이 완성되면 뒷산도 있고, 단지 규모도 크고, 정비되지 않은 인근 빌라들이 있는 것이 살짝 비슷한 느낌의 아파트 단지가 되지 않을까 싶다. 2,600세대의 신축 아파트가 어떤 느낌을 주는지 감이 전혀 없는 부린이 청년들은 한번 방문해서 구석구석 돌아다니며 어떤 식으로 단지가 만들어질지 직접 느껴보자.

지방 빌라를 사면 안 되는 이유, 빌라는 아파트의 열등 대체제다

"남쌤, 아파트 말고 빌라 이야기도 해주세요. 돈이 5,000만 원밖에 없는데 현실적으로 아파트는 무리에요."

빌라 이야기를 하려면 먼저 이해해야 할 것이 있다. 빌라는 아파트의 **열등 대체제**라는 것이다. 주택에는 크게 5가지 형태인 고급 단독주택, 고급 빌라, 대단지 아파트, 나홀로 아파트, 빌라(연립, 다세대주택)가 있다.

주택의 가격은 땅값이다. 건물은 15년만 지나도 가치가 '0'원으로 수렴한다. 집값이 오르는 게 아니라 땅값이 오르는 것이다. 집값은 시간이 지나면 오르는데, 왜 중고자동차는 가격이 떨어질까? 자동차는 차값이 전부지만, 집값은 건물값과 땅값인데 건물값은 매년 없어지지만 땅값이 오르기 때문에 결국 집값이 오르는 원리이다.

고급 단독주택은 재벌과 부자들이 사는 곳이다. 땅 60평, 100평 깔고 있는 고급 단독은 엄청 비싼 주택이다. 평당 5,000만 원으로 잡아도 100평 주택은 땅값만 50억 원인 셈이다. 고급 빌라도 부자들이 사는 곳이다. 아파트보다 높이가 낮고 아주 멋지게 잘 만들어져 있으며 대지지분이 훨씬 높다.

대단지 아파트는 사람들이 살기 원하는 가장 보편적인 주택이다. 관리사무소에서 조경, 보도블럭, 경비 등을 다 알아서 해주고 아파트 하자 문제도 잘 수리해준다. 주민들 수준도 비슷하고 자가 집주인들이 많아서 아끼고 잘 관리한다. 집값도 잘 오르고 단지가 크니 단지 내에서 아이들이 안전하게 놀 수도 있고, 아파트 상가에는 생활에 필요한 상점, 학원, 미용실 등이 있으니 살기도 편하다.

나홀로 아파트는 형태는 아파트지만 부족한 부분이 있는 주택이다. 단지가 없으니 아이들이 놀 수 있는 공간도 없고 외부인 침입 방지도 안 된다. 커뮤니티도 거의 안 되어 있고 아파트 상가도 없다. 세대수가 적어서 관리비도 상대적으로 비싸다. 그래도 어쨌든 관리사무소에서 아파트를 관리해주고 하자보수도 해주니 빌라보다는 신경 쓸 게 적다.

빌라는 아파트에 살고 싶은데 돈이 없는 사람들이 사는 아파트의 '열등 대체제'다. 정치적 올바름(PC)*을 따지는 사람들은 이 말을 싫어할지 모르겠지만 현실이 그렇다. 우리나라에서 빌라는 아파트를 살 돈이 부족한 사람들이 어쩔 수 없이 사는 집이다. 오해는 하지 말기 바란다. 열등하다는 표현은 빌라 사는 분들이 열등하다는 게 아니라, 아파트보다 빌라에서 누릴 수 있는 편의성이 부족하다는 뜻이다.

빌라는 관리가 잘 안 된다. 빌라의 장점인 관리비가 저렴하다는 말은 관리를 안 한다는 소리다. 빌라는 세대수가 부족해서 경비

---

* Political correctness, PC : 인종과 성별, 종교, 성적지향, 장애, 직업 등과 관련해 소수 약자에 대한 편견이 섞인 표현을 쓰지 말자는 정치적, 사회적 운동을 말한다.

원을 고용할 관리비를 낼 수도 없고, 아파트처럼 부서지거나 고장 난 시설을 관리사무소에서 고쳐주지도 않는다. 주민도 내 집 사는 사람보다 전월세 사는 사람이 많은데, 아무래도 내 집과 남의 집을 사용하는 태도는 차이가 클 수밖에 없다. 또한 빌라는 부동산 경기가 좋을 때 대충 지어서 후딱 팔아먹고 나몰라라 하려는 소규모 건설업자와 시행사들이 많기 때문에, 신축 빌라라도 겉모습만 그럴듯하고 하자투성이인 경우도 많다.

또한 세대수에 맞게 주차공간을 지어서 주차 스트레스가 없는 아파트에 비해 주차장이 부족한 경우가 많고 공간이 협소해서 다른 차가 긁는 사고도 많다. 일요일 아침에 늦잠 좀 자다 보면 이중 주차한 차를 빼달라고 전화가 온다. 아파트처럼 쓰레기 분리수거장, 음식물 쓰레기장이 잘 되어 있지 않으니, 집 앞 전봇대 앞에 냄새나는 음식물 쓰레기 봉투가 있는 경우도 흔하다. 요즘은 아파트 커뮤니티가 점점 중요시되면서 극장, 수영장, 헬스장, 사우나, 주민 전용 식당 등 많은 편의시설이 갖춰지고 있는데, 빌라는 커뮤니티 시설이 전무한 점도 감점 요소다. 반면에 빌라의 최대 장점은 일반적으로 대지지분이 아파트보다 크다는 점이다. 이것이 흙수저 청년에게 미래의 희망을 남겨주는 본질이다. 재개발·재건축할 때는 대지지분이 얼마나 있는지가 집값에 큰 영향을 주기 때문이다. 무엇보다 최고의 장점은 아파트보다 싸다는 점이다.

빌라의 장단점은 이쯤이면 된 것 같고, 청년들이 기억해야 할 포인트는 일반적인 빌라 가격은 그 동네의 아파트 가격을 절대로 뛰어넘을 수 없다는 점이다. 빌라 가격의 상한선은 그 동네 아파트 가격에 의해서 결정된다. 왜 그럴까? 빌라 가격이 일정 수준 이상 오르면 "이 돈 주고 빌라를 살 바에는 여기 20년 된 아파트를 사고 말지!" 하면서 안 사기 때문이다. "이 돈 주고 아반떼 풀옵 살 바에는 소나타 사고 말지! 이 돈 주고 소나타 풀옵 살 바에는 그랜저 사고 말지." 법칙이 아파트나 빌라에도 똑같이 적용된다. 이 말은 아파트 가격이 싼 동네는 빌라 가격도 높게 오를 수 없다는 것이다.

"서울의 낡은 아파트가 10억 원 하는데, 이 신축 빌라는 5억 원입니다." 하면 살 사람이 있다. 반면에 지방의 "낡은 아파트가 3억 원 하는데, 이 신축 빌라는 2억 원입니다." 하면 살 사람이 없다. "그 돈이면 1억 더 보태서 아파트 사고 말지." 이렇게 되는 것이다. 그리고 지방에는 외관은 빌라와 똑같은 5층인데 이름은 아파트인 소규모 5층 아파트 단지들이 제법 있다. 이 단지들은 최소한의 세대수가 나오기 때문에 관리사무소가 있고 경비아저씨도 있어서 보안과 위생, 수리, 관리 등이 편하다. 어차피 이 아파트나 빌라나 대지지분은 비슷하니 관리라도 편한 저층짜리 5층 아파트를 사는 것이다. 하지만 지방의 낡은 아파트가 5억 원으로 오르면 "이 신축 빌라는 2억 5,000만 원입니다." 하면 살 사람이 있다. 2억 5,000만 원은 더 보태서 사기에 너무 큰 금액이기 때문이다.

정리하자면, 빌라의 집값이 올라주려면 재개발 같은 로또가 터지지 않는 이상 내 빌라가 있는 동네의 아파트값이 많이 올라주어야 한다는 소리다. 아파트값은 시골보다는 지방이, 지방보다는 서울이 높고, 서울에서도 당연히 도봉구보다는 강남구가 높다. 그러니 지방(수도권 포함)의 빌라를 사면 돈 벌기가 대단히 어려운 것이다.

지방 빌라인데 대지지분이 넓다고 해도 큰 메리트는 없다. 대지 지분은 재개발할 때만 쓸모 있을 뿐이다. 그렇다면 지방의 재개발 아파트값을 올리는 건 쉬울까? 옆에 빈 논밭에 그냥 아파트만 올리면 되는데 말이다.

만약 지하철이 생기거나 공단이 생기거나 호재가 있는 신축 아파트라면 지방도 비싸지겠지만 20년 된 아파트라면 비교적 저렴하다. 이런 이유로 사람들은 신축이라도 빌라를 안 사고 조금만 더 보태면 되는 20년 된 아파트를 매입하는 것이고 그러니 지방의 빌라는 오름폭이 적을 수밖에 없다.

실거주용 빌라에 살면서 조금씩이라도 집값이 오르길 원한다면 반드시 서울에 사야 하며, 그중에서도 아파트값은 높지만 땅값은 저렴한 동네, 서울 외곽이 아닌 중심부와 가까운 곳에 사야 한다.

신축 빌라는 비싸다, 신축급 빌라는 적절하다

"남쌤, 요즘 뉴스에 빌라 가격이 엄청나게 올랐다고 하던데, 제 빌라는 겨우 3,000만 원밖에 안 올랐어요."

"집값이 엄청나게 올라서 3,000만 원이라도 오른 겁니다. 운 좋은 줄 아세요."

신축 빌라는 사면 안 된다. 한 4~5년 전까지는 이놈 저놈 돈을 떼먹는 구조 속에서 바가지 쓰고 집을 사도 워낙 저렴해서 괜찮았지만, 지금 신축 빌라의 분양가는 엄청나게 높다. 최저임금 상승에 따른 인건비 상승과 서울 땅값 폭등, 코로나로 원자재 가격 폭등 등으로 저렴한 신축 빌라가 만들어질 수 없는 구조이다. 그런데 신축 빌라로 바가지씌우는 업계의 관행까지 그대로니 더욱 비쌀 수밖에 없다.

보통 신축 빌라의 판매 시스템은 이렇게 된다. 건축주가 원가 1억 5,000만 원에 한 채를 지었다고 하자. 이윤 2,000만 원을 남기고 1억 7,000만 원이 적정 판매가라고 하면, 이 빌라를 팔아주는 분양대행사가 한 채당 2,000만 원을 추가로 먹는다. 그리고 분양대행사에 손님을 데려다준 공인중개사나 판매원 등이 1,000만 원을 먹는다. 그렇게 해서 신규 분양가는 2억 원이 된다.

문제는 같은 동네 4~6년차 빌라의 매매가가 1억 5,000만 원 정도라는 것이다. 신축이니 1억 7,000만 원 정도에 사는 건 적절한 가격인데, 이놈 저놈 떼먹고 2억 원에 사버렸으니 시세보다 20% 비싸게 사고 시작하는 것이다. 그러니 집값 상승기에 빌라 가격도 많이 올랐다고 하는데 3,000만 원밖에 안 올랐으니 2억 3,000만 원이 된 것이고 그래서 내가 운이 좋다고 하는 것이다. 집값 상승기가 아니었으면 2억 원에 빌라를 되팔 수는 없고, 시장에서 적절하다고 생각하는 1억 7,000만 원에 3,000만 원 손해를 보고 팔아야 하는데 빌라 가격이 많이 올라줘서 1억 7,000만 원에서 6,000만 원이나 올라 2억 3,000만 원이 된 것이다. 실제로는 집값이 약 40%나 오른 것이다. 투입 금액으로 보면 10억 원짜리 아파트 14억 원이 된 셈이다.

신축 빌라를 전세 끼고 갭으로 사는 청년들도 많다. 이때 중개업자는 전세를 아주 비싸게 맞춰준다. 심지어 집값은 2억 원인데 전세를 2억 1,000만 원에 맞춰주는 경우도 있다. 당연히 전세를 들어오는 순박한 청년은 아무것도 모른다. 이 집을 사게 되는 집주인은 집을 사고 전세를 맞추고 나면 1,000만 원이 내 손에 들어온다. 이것을 '플러스피투자'라고 한다.

이 집을 구매한 청년은 사실 전세금을 제대로 돌려줄 경제적 능력이 없다. 그런데도 중개업자는 아무런 검증도 없이 세상물정 모르는 청년에게 솔깃한 제안을 한다. 신축이니 시세보다 비싸게 돌려받을 돈이라며 비싸게 전세를 놓으면 1,000만 원 생기니까 이런 집 열 채를 사서 남의 돈으로 1억 만들라고, 그 돈으로 아파트 갭투자 하라면서 돈 없는 청년에게 빌라를 팔아먹고 이익을 챙겨서 사라진다.

2~4년 뒤 순박한 청년이 이사 간다고 전세금을 돌려달라고 하면 돌려줄 돈이 없는 집주인은 다음 전세입자가 들어오면 돌려주겠다고 한다. 문제는 다음 전세입자가 2억 1,000만 원에 절대로 안 들어온다는 것이다. "아니, 이 집이 2억 원인데 전세가 2억 1,000만 원이라니 말이 되나, 1억 7,000만 원이면 들어가겠다. 요 옆에 비슷한 연차의 빌라는 1억 7,000만 원인데 왜 2억 1,000만 원이나 주고 들어가냐." 당연히 이렇게 말할 것이다. 순박한 전세입자를 속여서 시세보다 비싸게 책정한 전세가는 당연히 시장가격으로 내려가게 된다. 저렇게 시장가보다 높은 가격에는 전세보증보험도 들 수 없다.

1억 7,000만 원에 전세를 놓고 4,000만 원을 돌려주면 되는데, 문제는 이 집을 산 집주인은 4,000만 원이 없다는 거다. 조금만 기다려주세요, 하면서 열 채 산 집들에서 전세금을 올려서 4,000만 원 만들어 또 남의 돈으로 돌려막기를 한다. 지금처럼 부동산 경기가 좋아서 빌라 가격이 올라가고 임대차 3법으로 전월세 가격이 폭등하니, 능력 없는 다주택 빌라 집주인들이 파산하지 않고 다른 집 전세금을 올려서 돌려막기 하고 있는 것이다.

여기서 중요한 것은, 빌라를 비싸게 파는 중간 유통 상인들이나 능력 없이 집을 사는 집주인들에 관한 이야기가 아니다. 우리는 전세가 4~6년 정도 두세 바퀴 돌고 나면 이 집의 전세가는 시장가격에 맞게 내려간다는 데 집중해야 한다. 즉 집을 비싸게 팔아먹을 수도 있고 전세가격을 무리하게 비싸게 맞춰서 팔아먹을 수도 있지만, 시간이 지나면 결국 그 집의 매매가와 전세가는 시장가격으로 내려간다는 것이다. 이 말은 무슨 뜻일까? 신축 빌라는 거품 가격이 끼어 있지만, 4~6년 정도 지난 신축급 빌라는 그 거품이 제거된 상태라는 것이다. 그러니 실거주 겸 투자용으로 차라리 이런 빌라를 사야 한다.

서울을 떠날 수 없는데 모은 돈이 적거나 직장의 월급이 많이 늘어나기 어려운 직업일 때 '경제적 안정'을 이루기 위한 내 집 마련으로 빌라를 사려는 청년들은, 신축 빌라를 사지 말고 깨끗하면서도 가격은 저렴한 4~10년차 신축급 빌라를 사는 게 좋다.

빌라 가격은 싸지만 아파트는 비싸질 동네를 찾아라
아파트가 비싼 동네의 빌라는 땅값이 워낙 많이 올랐기 때문에 신축급 빌라라고 해도 비싸다. 예를 들어 강남의 빌라는 가난한 청년들에게는 너무 비싸다. 반면에 동작구, 마포구, 중구, 광진구, 용산구와 같은 중상위권 동네와 노도강(노원구, 도봉구, 강동구) 금관구(금천구, 관악구, 구로구)로 불리는 서울 외곽 지역의 아파트 가격은, 상대적으로 저렴한 동네의 신축급 빌라 가격과 비교했을 때 생각보다 차이가 많지 않다. 그러므로 5,000~7,000만 원 정도 더 주고 중상위권 지역의 빌라를 사는 게 향후 빌라 가격 상승 때 유리하다. '이 돈 주고 빌라를 살 바에는 여기 20~30년 된 아파트를 사고 말지'의 법칙을 피하려면 그 동네 아파트 가격이 비싸야 한다.

빌라 가격은 싼데 아파트 가격은 장기적으로 다른 지역보다 조금 더 비싸질 동네를 찾을 수 있다면 그것도 괜찮은 선택이다. 지금은 아파트 가격이 저렴한 편이라 빌라 가격도 저렴한데, 앞으로 아파트 가격이 다른 지역보다 많이 올라갈 지역을 찾을 수 있다면 장기 보유했을 때 돈도 적절하게 벌 수 있고 무엇보다 지금 싸게 살 수 있을 것이다.

서울은 제대로 된 실거주 빌라 가격이 상승할 조건을 모두 갖추었다

아파트는 쉽다. 어떤 게 좋은지 나쁜지 구분이 쉽고 대단지 아파트뿐 아니라 주상복합, 나홀로 아파트라 할지라도 관리의 장점 덕분에 요즘 같은 집값 상승기에는 제법 많이 올라준다. 반면에 빌라는 잘 오르지 않는다. 오르는 빌라만 오른다. 왜 그럴까?

"우리 엄마가 빌라는 절대로 안 오른다고 사지 말라고 했어요."
"빌라 사면 인생 망합니다. 빌라를 사더라도 썩은 빨간벽돌 빌라 중에 아파트로 재개발될 것만 사야 됩니다. 아파트 안 되면 빌라는 돈만 날려요." 왜 이런 생각이 많을까? 이유는 다음과 같다.

1. 지방 빌라를 샀기 때문에
2. 서울에 빌라를 지을 단독주택이 많았기 때문에
3. 도시형 생활주택 때문에
4. 서울에서 **제대로** 된 실거주용 빌라를 안 샀기 때문에

지방은 아파트 가격도 싼 편인데 빌라를 사면 당연히 안 오른다. 빈 땅에 아파트 올리면 되니 아파트 5층짜리 재건축도 잘 안 된다. 빌라는 더 어렵다.

지난날에는 빈 땅에 단독주택을 짓고 살다가 주택이 많이 필요해지자 단독을 허물고 빌라나 아파트를 올렸다. 어린 시절을 서울의 단독주택에서 자라 온 사람들이 꽤 많을 거다. 아니면 구옥이라고 해서 1층은 집주인이 살고, 2층은 세입자가 사는 형태의 단독이든지. 서울에는 이런 곳들이 넘쳐났다. 지금도 수도권에 가면 이런 동네가 제법 남아 있다.

오리지널 서울인 강북에는 낙후된 주택가가 많다. 재개발·재건축 안 하고 서울을 확장하면서 빈 땅에 아파트만 올렸기 때문이다. 그 방법이 더 수익도 많이 나고 대량의 주택을 빠르게 공급할 수 있었으니 당연히 서울 빌라는 돈 벌기 힘든 상품으로 전락했다

(1960~2007년까지). 재개발도 잘 안 되고 옆에 빈 땅에 대규모 아파트를 지어서 아파트 가격상승을 잡아버리면, 빌라의 가격은 아파트 가격보다 무조건 낮게 형성되기에 절대로 오를 수가 없었다. 그리고 빈 땅에 아파트를 지었기에 땅값과 분양가도 저렴했다. 그린벨트를 풀어서 공급한 이명박식 보금자리 주택 분양가가 완전히 저렴했던 것처럼 저렴하게 아파트를 분양할 수 있었다. 그러니 '빌라를 사느니, 좀 더 보태서 저기 신도시 신축 아파트 사고 말지, 좀 더 보태서 차라리 20년 된 아파트 사고 말지.' 하는 법칙이 잘 통했다. 부모님 세대까지 서울 빌라는 그다지 돈 버는 것과는 상관이 없었다. 지금도 부모님들이 '빌라를 사면 집값 안 오른다'고 하는 이유다. 부모님 세대 때는 서울 빌라를 사면 똥을 산 거나 다름없었다. 돈 모아서 서울 구축 아파트를 사거나, 신도시 청약을 받았어야 하는 시대였다.

2008년 이명박 정부가 들어설 때쯤, 서울도 이제 빈 땅이 없어져서 단독주택과 빨간벽돌의 노후 빌라들이 즐비하게 되었다. 이때 이명박 정부는 두 가지를 시행했는데, 바로 **뉴타운**과 **도시형 생활주택**이었다. 뉴타운은 잘 아는 것처럼 단독주택과 빨간벽돌 노후 빌라를 싹다 밀고 대규모 아파트 단지를 만드는 것이다. 당시 노후 빌라를 사서 아파트를 분양받았던 사람들은 돈을 많이 벌었다. **이처럼 빌라는 무조건 재개발되어 아파트가 될 계획이 있는 낡은 빌라를 사야 돈이 된다.**

도시형 생활주택은 단독주택이나 낡은 빨간벽돌 빌라를 부수고 새 빌라를 만드는 것이다. 이때 주차장 등 여러 규제를 없애주고 같은 땅 크기에 더 많은 집을 지어서 팔 수 있도록 사업성을 높여주었다(개인적으로 잘못된 방향이었다고 본다). 이 때문에 뉴타운으로 선정되지 않았거나 주민 반대, 서울시의 직권해제 등으로 뉴타운이 무산된 경우, 빌라건설업자들이 노후 단독주택이나 빌라를 사들여서 도시형 생활주택 '원룸'을 엄청나게 지어댔다. 그러면서 서울의 역세권 단독주택과 노후 빌라들이 정말 많이 없어졌다.

그리고 빌라들의 공급이 미친 듯이 늘어났다. 이때 재개발되어서 아파트 되는 빌라도 아니고, 업자들이 시세보다 조금 더 주고 사서 신축 빌라 지으려고 덤비는 낡은 빌라도 아니고, 애매한 연식의 '실거주 빌라'들은 집값이 하나도 오르지 않았다. 이명박 정부 시기에 서울에 미친 듯이 빌라 공급이 되는데다 아파트값도 떨어지는데 누가 이런 빌라를 사겠나. 민간 아파트도 미분양에 반값 아파트 폭탄 투하하고 있는데 말이다.

투자자는 미래에 재개발될 빌라를 사고, 실거주자는 매일같이 쏟아지는 주차장 없는 도시형 생활주택 신축 빌라를 샀다. 그래서 애매한 연식의 기존 '실거주 빌라'들은 다른 사람에게 팔기도 어려웠다. 이때 빌라를 샀다가 하나도 오르지 않는 경험을 했던 지금의 40대들은 '빌라 사면 안 오른다'는 인식을 많이 가지게 되었다. 특히 주차장 없는 도시형 생활주택은 더욱 팔리지 않았다.

그런데 지금은 서울의 상황이 많이 달라졌다. 서울 역세권에서 10분 거리에 빌라를 올릴 만한 땅 크기를 가진 단독주택이나 노후 빌라를 모조리 신축 빌라로 바꿔 먹은 것이다. 이제 서울의 역세권에는 신축 빌라를 만들 단독주택이나 노후 빌라가 거의 없다. 자본주의의 1법칙은 수요와 공급법칙이다. 앞으로 서울 주요 역세권에 신축 빌라는 쉽게 공급되지 못한다. 이것이 가장 중요한 시장환경 변화이다.

그나마 빌라를 지을 만한 땅들이 있어도 땅값이 너무 올라서 빌라업자들이 쉽게 덤빌 수 없다. 단독주택이나 노후 빌라를 너무 비싸게 사서 신축 빌라를 지으면 실수요자들이 빌라를 안 사고 빌라업자는 파산할 것이다. 아파트 7억 원인 서울 지역에 5억 원짜리 빌라를 누가 사주겠나? 문재인 정부에서 집값 오른 것보다 더 무서운 사실은 바로 땅값이 폭등했다는 것이다.

'서울에 빈 땅이 없다. 그러니 3기 신도시를 짓자. 세금 규제로 집값 눌러서 버텨보자.' 문재인 정부의 입장이다. '집값 폭등, 전월세 폭등, 서울에 재개발·재건축해서 신축 아파트 공급하자.' 대중의 입장이다. 그러니 다음 정부는 진보든 보수든 서울 재개발·재건축을 지금보다 활발히 진행할 것이다. 이 말은 아파트든 빌라든 먼저 부서진다는 말이다. 내 집을 짓는 동안 전세든 월세든 임시로 살 집이 있어야 하고, 그러니 전월세 수요가 지금보다 증가할 것이다. 전세 수요자가 늘어나서 전세가격을 밀어올리면서 빌라의 매매가격도 밀어올릴 것이다. 여기에 임대차 3법까지 끼얹어져서 최악의 상황이다. 지금 서울은 특정 조건의 '제대로 된 실거주 빌라' 가격이 상승할 수 있는 상황들이 모두 갖춰져 있다.

아파트 가격의 폭등으로 서울에 살아야 하지만 아파트를 살 돈이 없는 서민들은 겨우 전세로 버텼는데, 청약은 가점제라 가능성이 없고 청약이 당첨되더라도 너무 높아져버린 분양가를 감당할 수 없다. 여기에 임대차 3법 폭탄을 맞고 전세도 너무 오른데다 은행에서는 전세대출도 안 해주려고 한다. 어쩔 수 없으니 더 오르기 전에 빌라라도 사기 위해 서울 빌라를 구매한다.

앞으로 서울 역세권에는 신축 빌라 공급이 어렵다. 땅값 상승과 신축 빌라를 지을 역세권 단독주택이나 노후 빌라가 없기 때문이다. 한편 아파트 공급을 위해 재개발·재건축이 활성화되고 있지만, 멸실 및 전월세 이주 수요의 증가로 빌라의 전월세 가격이 상승하고 있다.

이것이 현재 부동산의 현실이다. 그러니 마포에 전용 59m² 신축 빌라가 5억 8,000만 원에 분양이 완판되는 것이고, 관악구에 겨우 6평짜리 원룸 복층 빌라가 2억 원에 분양이 완판되는 것이다. 서울의 빌라 가격이 왜 오르고 있는지 이제 좀 이해되는가?

그런데 청년들이 꼭 알아야 할 것이 있다. 이 와중에도 안 오르는 빌라는 별로 안 오른다는 것이다. 집값이 오르는 빌라는 그 조건이 따로 있다. 바로 알아보도록 하자.

제대로 된 '실거주' 빌라를 사야 한다, 집값 오르는 빌라의 조건

노후된 빨간 벽돌 30년 된 빌라는 두 부류의 사람들이 구매한다.

1. 아파트로 재개발될 것을 노리고 전세 끼고 사는 투자자
2. 깨끗한 신축급 빌라를 살 돈이 없는 실수요자

이것 중에 재개발의 냄새가 풍기는 지역의 빌라들은 정말 많이 올랐다. 코딱지만 한 반지하 빌라가 8억 원이니 말이다. 그런데 나는 4장에서 청년들은 이런 재개발 빌라를 사면 안 된다고 열심히 설명했다. 용산 재개발 빌라 60% 가격 폭락 사례(216쪽 참조), 잠실 실거주 빌라 10년 살고 3억 원 오른 사례(220쪽 참조)를 복습하라. 당연히 거품 많이 낀 신축 빌라도 사면 안 된다고 했다. 여러분은 내가 제시한 다음의 조건들에 맞는 빌라를 사야 한다.

1. 1인 가구, 2인 가구, 3인 가구를 모두 커버할 수 있는 전용 45~59m²는 되어야 한다.
2. 방 3개 화장실 1~2개가 좋다.
3. 지은 지 15년 이내이다.
4. 엘리베이터가 있다.
5. 세대 당 주차 최소 0.8 이상(1이면 좋다), 이중주차는 안 된다.
6. 지하철 도보 10분 이내이다.
7. 3대 일자리 지역 중 두 군데 이상 1시간 이내 출근 가능 위치, 40분 정도면 더 좋다.
8. 빌라 근처에 초등학교가 있다.
9. 빌라 근처에 공원, 하천, 강이 있다.
10. 역에서 빌라 가는 길이 밤에도 여자 혼자 가기에 무섭지 않다.
11. 평지이거나, 약간의 언덕에 빌라가 있다.
12. 외국인노동자, 노숙인, 술 취한 사람들이 없다.
13. 빌라 근처에 기본적인 생활편의 상권이 형성되어 있다.

14. 불법 증축이 되지 않은 문제 없는 빌라다.

15. 누수, 결로, 곰팡이 등 하자가 없는 빌라다.

16. 공공 주도 재개발처럼 현금청산 당할 가능성이 없는 위치의 빌라다.

17. 집값이 최대 4억 원 이하다.

뭔가 조건이 많다. 아파트보다 빌라는 조건이 훨씬 많다. 여러분 생각에 저 조건을 만족시키는 '괜찮은 실거주 빌라'가 서울에 얼마나 있을 것 같은가?

서울에 수많은 빌라 중 상당수는 엘리베이터가 없고, 상당수는 높은 언덕에 있으며, 아직도 15년 이상 된 빨간벽돌 빌라가 꽤 많이 있다. 신축 빌라라도 주차장이 매우 부족하다(12세대 빌라인데 주차할 수 있는 자리는 3자리밖에 없다). 지하철역까지 걸어서 10분 이상 되는 곳이 많고, 초등학교도 저 멀리 대로 건너에 있으며 3대 일자리 지역으로 출퇴근이 쉽지 않은 빌라들이 수두룩하다. 공원은커녕 근처에 놀이터도 잘 없다. 또 밤에 여자 혼자 다니기 무서운 골목도 많고 마주치기 힘든 사람들이 있는 지역도 많단. 무엇보다 돈 벌려고 대충 짓는 빌라다 보니 누수, 결로, 곰팡이 같은 하자투성이다. 그나마 겨우 마음에 드는 곳을 찾으면 불법 베란다로 증축되어서 전세자금대출, 주택담보대출도 안 되고 매년 원상복구 벌금을 내야 하는 문제투성이 빌라들뿐이다.

다음의 사진처럼 가건물 같은 것으로 확장한 빌라는 구청에 적발되면(항공 촬영을 한다) 주택담보대출과 전세대출이 안 나오는 것

불법 증축된 빌라

은 물론이고 확장을 철거할 때까지 매년 벌금을 내야 한다. 불법 확장을 철거하면 집 크기가 줄어든다. 저런 불법 건축물을 1,000~2,000만 원 싸게 분양하면서 팔아먹는 게 일부(?) 비양심 빌라 분양업자들이다. 실제 면적은 1억 원짜리인데, 불법 확장으로 2억 5,000만 원에 팔아먹으면서 고맙다고 차비하라며 100만 원쯤 챙겨준다. 당연히 고맙지, 1억 5,000만 원을 꿀꺽 했는데.

불법은 건물을 지은 놈들이 저질렀는데 벌금은 그걸 속아서 산 청년이 내야 한다(우리나라 법은 뭔가 이상한 것 같다. 불법 증축한 사람한테 벌금을 받아야지, 왜 속아서 산 사람한테 벌금을 내라고 하느냐 말이다).

빌라를 살 때 "근린생활시설은 아니죠? 불법 증축은 아니죠?"라고 물어보지 않으면 말해주지 않는 공인중개사도 있으니 반드시 확인해야 한다. 그리고 등본과 건축물대장을 꼭 확인해야 한다. 특히 근린생활시설(주거용 시설이 아니다. 주방을 설치하면 불법이다, 또 보증보험 가입이 안 되어 전세를 제값에 못 준다)을 주거용 빌라로 파는 사람들이 많은데 여러분이 모르면 공인중개사가 구제해주지 않는다. 양심적인 분들도 있지만, 그렇지 않은 사람들도 많다. 공인중개사는 거래가 이루어져야 수수료를 받는다. 비즈니스 모델이 거래를 시켜야 내가 돈을 번단 말이다. 굳이 사는 사람이 안 물어보고 문제삼지 않으면, 법적인 문제가 되지 않는 한도 내에서 내가 생전 처음 본 저 청년을 위해 말해줄 필요가 없다. 계약이 안 되어 내가 돈을 못 버는 상황을 만들 필요가 없는 것이다. 보험사도 마찬가지다(약관을 잘 읽어보셨어야지).

그러니 불법 증축된 빌라는 절대로 사면 안 된다. 지금은 괜찮아도 나중에 걸리게 되면 끝없이 벌금을 물어야 하고 보증보험도 안 되고 전세대출도 안 나와서 시세대로 전세를 놓을 수도 없다. 팔려고 해도 사람들은 당연히 안 산다. 이런 식으로 따져보면 저 조건을 만족하는 빌라는 생각보다 별로 없다. 다시 말해 여러분이 '빌라는 집값 안 올라, 잘 안 팔려, 살기 너무 불편해.' 하는 빌라와 내가 말하는 '집값도 소소하게 오르고 그럭저럭 살 만한 괜찮은 실거주용 빌라'는 완전히 다른 상품이라는 거다.

사람들은 아파트에 살고 싶은데 돈이 없어서 열등 대체제로 빌라를 사는 것이다. 그러니 어떤 빌라에서 살고 싶겠나? 내가 빌라를 팔 때 그 집을 사줄 사람, 전세를 줄 때 전세를 들어올 사람의 입장에서 생각해보라. 1인 가구라고 해서 6평 원룸에서 살기는 싫다. 혼자라도 24평 아파트에 살면 적당하다는 사람들이 많다. 그러니 작은 빌라는 절대로 사지 마라. 전용 45m²에 방 3개 빌라는 1인, 2인 신혼부부, 초등학생이나 아기가 있는 3인 가구까지 모두 살 수 있다.

수요와 공급의 원칙을 떠올려보라. 안 그래도 빌라는 찾는 사람이 적은데 다수의 사람이 선호할 만한 크기를 사야 나중에 팔 때도 수월하다. 방 2개는 안 된다. 방 3개는 사야 한다. 아기 있는 3인 가구는 부부침실, 아이 방, 창고나 서재 등으로 방 3개가 필요하다.

"남쌤, 저는 방 3개 있는 전용 45m² 빌라는 방이 너무 작아서 답답하던데요. 방 2개는 거실도 넓고 방도 크니 차라리 낫지 않을까요?" 하고 궁금해할 수 있겠지만 빌라는 아파트보다 팔기가 어렵다. 다수의 사람이 원하는 수요가 많은 집을 사야 한다. 일반적으로 1~2인 가구는 방 2개를 선호하지만 3인 가구는 싫어한다.

주차는 세대 당 1대가 최고로 좋고, 0.8대 이하인 집은 사면 안 된다. 만약 10세대 빌라인데 주차 자리가 10개라면 정말 좋다. 10세대인데 주차 자리가 8개라면 다른 조건이 좋을 때 살 수도 있다. 주차장이 그 이하라면 무조건 사면 안 된다. 이중주차 되는 집도 사지 마라. 이중주차는 내 차 앞에 다른 차를 주차하는 걸 말한다. 즉 내 차가 빠져나가려면 전화해서 앞차를 빼달라고 해야 한다. 요즘 청년들은 그런 말을 해야 하는 것 자체를 극혐한다. 빌라 사는 것도 서러운데, 퇴근하고 집에 주차할 곳이 없어서 골목을 10분 돌다 보면 당장 팔고 나가고 싶다.

"남쌤, 저는 차가 없는데 주차 환경이 좀 부족해도 다른 조건이 괜찮으면 사도 되지 않을까요?"

하고 말하는 청년도 있겠지만 살 만한 실거주 빌라의 핵심은 '주차장'이다. 절대로 타협해서는 안 된다. 나중에 돈이 좀 모여서 빌라를 팔고 아파트를 사려고 할 때 집이 1년째 안 팔려서 헐값에 팔아야 할지도 모른다. 도시형 생활주택이 인기 없는 이유가 바로 '주차 공간이 적어서'라는 사실을 기억하라. 아파트를 살 때처럼 3대 일자리 교통 접근성, 차량 접근성, 지하철 역세권, 무섭지 않은 동네, 공원 유무, 기본적인 생활형 상권 등을 고려하고, 빌라는 최소 30채 이상은 직접 보고 난 다음 내가 '빌라'라는 상품을 판단할 능력을 갖춘 후에 사도록 하자.

빌라는 정말 날림으로 지은 빌라가 많다. 절대로 겉모습만 봐서는 안 되다. 물 수압은 괜찮은지, 겨울에 바람이 숭숭 새지는 않는지, 곰팡이는 없는지, 윗집과 아랫집에 층간소음을 유발하는 이상한 사람은 없는지, 비가 새지는 않는지, 환기는 잘되는지, 파이프 터져서 누수가 나지는 않는지 등 정말 잘 체크해야 한다.

아파트와 다르다. 그리고 공인중개사는 거래가 되어야 돈을 버는 사람들이기에 절대로 청년 입장에서 저런 것들을 일일이 체크하거나 미리 알려주지 않는다. 본인이 꼼꼼하게 따져봐야 하고, 세입자가 살고 있으면 잘 물어봐야 한다. 윗집이나 아랫집에 양해를 구하고 이 집에 이사오려고 생각 중인데 사는 데 불편하거나 안 좋은 점은 없는지 솔직히 알려달라고 물어보는 수고로움도 마다하지 않아야 한다.

만약 일일이 체크하고 알아보는 게 싫다면 돈을 많이 벌어서 아파트 사면 된다. 돈을 많이 벌 수 없고 자존심 상하는 일, 발품 팔고 안 해본 일을 하는 수고로움도 싫으면 공공임대 홈페이지나 로또 청약 홈페이지를 뒤져보길 바란다.

모든 조건이 다 좋아 보였는데 날림으로 집을 지어서 겨울에 바람 숭숭 들어오고 곰팡이 관리가 안 되는 수준의 집들도 있다. 사실 빌라는 정말 잘 지은 빌라가 아닌 이상 신축이라도 곰팡이 문제가 기본적으로 다 있다. 아파트에서는 상상도 못하는 곰팡이라는 게 빌라에서는 큰 골칫거리인 경우가 많다.

잘 지은 빌라라면, 집주인이나 세입자가 신경 쓰지 않아도 집에 곰팡이가 생기지 않는다. 보통 빌라라면, 집주인이나 세입자가 습한 여름에 환기도 시켜줘야 하고, 물먹는 하마 등을 일부 곰팡이가 생기는 특정 위치에 비치해둬야 한다. 몇 년 단위로 도배를 다시 하는 정도로 커버가 가능한 수준이다. 나쁜 빌라라면, 집주인이나 세입자가 관리를 해줘도 답이 없다. 곰팡이가 마구 증식해서 사람이 살기 힘들다. 건강에도 안 좋고 도배해봐야 그때뿐이고 바로 또 곰팡이가 생긴다(반지하 빌라에서 많이 나타나는 현상인데, 이런 게 2~3층 빌라에서도 나타난다).

그러니 잘 지은 빌라를 사도록 하고 다른 조건이 완벽한 경우에 한해서 정말 체크를 잘해서 곰팡이를 약간 관리할 수 있는 수준일 때는 보통 빌라까지는 사도 된다. 당연히 곰팡이가 조금도 없는 집이 최고다. 예산과 다른 조건들을 잘 비교해보고 나쁜 빌라, 곰팡이 문제가 심각한 집은 절대로 사면 안 된다.

말로 설명하면 어려우니 역시 실전 예시로 공부해보도록 하자.

서울 관악구 봉천동 2억 9,500만 원 '신축급' 빌라

2013년부터 오르기 시작한 집값은 2020년쯤 되면서 서울과 경기도 아파트 가격이 특히 많이 올랐다. 결혼 등으로 돈을 합치지 않는 이상 본인이 모은 돈이나 월수입만으로 아파트를 구매하기란 현실적으로 어렵게 되었다(사실 둘이 합쳐도 힘들다). 이때쯤부터 서울 빌라도 잘 사면 실거주 겸 투자로 나쁘지 않다는 상담을 드리기 시작했다. 어차피 청약이 당첨된다 해도 가난한 청년들이 감당할 수 없는 분양가에 대출을 받더라도 대출 원금이자 감당이 안 되고, 중도금과 잔금 낼 돈도 없어서 청약은 무의미해진다. 구축 아파트는 살 돈도 안 되지만 앞으로 더 오를 거라서 답이 없다. 이에 나는 모은 돈도 적고 직업적으로도 목돈 저축이 어려운 직업인데, 지금처럼 전월세 사느니 디딤돌대출 같은 것을 받아서 최대한 저렴하게 신축급 빌라를 구매하시는 게 어떻겠냐고 상담해드렸다.

그런데 사실 빌라는 다들 사기 싫어한다. 주변에서 빌라로 돈 벌었다는 사람도 적고 다들 빌라를 사면 망한다는 소리만 들었을 테니 그럴 수 있다. 임대차 3법으로 전월세 폭등이 예상되니 정말 형편이 어려운 분들은 서울 반지하 빌라라도 구입하시라고, 반전세나 월세를 사는 것보다 월 부담금이 적도록 지금 전세보증금에 대출받아서 내 집 마련해 주거 안정이라도 찾으시라고 커뮤니티에 글을 올렸을 때도 반응은 영 시원찮았다.

하지만 지금은 빌라도, 특히 저가 빌라들도 1~2년 사이에 정말 많이 올랐다. 작년에 나는 한가지 선택을 해야 했다. 2억 5,000만 원 정도의 순이익을 남기며 집을 한 채 팔은 뒤였는데, 내 집 아파트 한 채 이외에 어떤 투자를 할 것인지를 결정하는 것이었다.

부동산으로 더 많은 수익을 남기는 공격적인 투자를 할지, 수익은 적더라도 내가 망할 위험과 걱정이 없는 안정적인 투자를 할지 결정해야 했다. 사실 나는 중간 수준의 위험도로 중간 수준의 수익을 거두는 투자를 하는 게 최선이라고 생각했다. 2024년까지 집값 상승을 예상했기에 한 번 더 수익을 올릴 구간이 있다고 보았기 때문이었다.

일시적 1가구 2주택 전략도 할 수 있었고, 원당 1구역처럼 곧 아파트가 될 곳에 재개발·재건축 투자를 할 수도 있었다. 또는 안정적으로 빌라를 사되 장기적으로 재개발 가능성이 높은 빌라를 살 수도 있었다. 하지만 나의 최종 선택은 재개발될 일도 없고 팔아서 큰돈이 될 수도 없고, 아니면 공시지가 1억 원 이하라서 취득세라도 조금 나오는 그런 빌라도 아닌, 평범한 실거주용 신축급 빌라였다. 심지어 2억 9,500만 원의 빌라를 사는 데 2,500만 원 취득세까지 냈다. 아주 안정적이고 보수적인 투자이지만 사실 더 좋은 투자들이 있었는데 그다지 좋은 선택은 아니었다. 그렇다면 내가 왜 이런 선택을 했을까?

부동산 수익을 위한 투자는 더 좋은 게 있지만, 먼 미래에 내 사업을 위한 투자로는 더 좋다고 생각했기 때문이다. 나는 세상을 바꾸고 싶은 사람이다. 청년들에게 좀 더 희망이 있는 세상을 만들고 싶고 그 과정에서 내가 먹고살 사업 수익도 얻고 싶은 사람이다. 내 사업이 성공하기 위해서는 청년들에게 '신뢰'를 얻는 것이 무엇보다 중요하다. 그래서 흙수저 청년들에게 당당하게 이렇게 권하려고 산 것이다. "서울 실거주 빌라 사세요. 저도 샀습니다. 절대로 사면 안 되는 집이면 제가 미쳤다고 샀겠습니까? 내로남불 정치인처럼 너는 빌라에 살아라 하고 나는 아파트를 사거나, 아파트가 될 재개발 빨간벽돌 빌라를 사지 않습니다."

실제로 상담 중에 "선생님은 빌라를 사셨어요?"라고 물어본 분이 한 분 있었는데 그때도 나는 당당하게 말씀드렸다. "네, 저도 실거주용 빌라를 샀습니다. 재개발 없는 그냥 평범한 빌라를요."

2억 9,500만 원에 산 이 빌라는 현재 계약갱신청구권을 쓴 세입자가 2억 6,700만 원에 살고 있다. 내 자금 3,000만 원이 소요되었고 2,500만 원 취득세까지 5,500만 원이 투자된 상태이다. 이 집에 바라는 건 향후 5,000만 원에서 1억 원 정도 수익을 거두는 것이다.

시장상황에 따라 판매를 할 수도 있고, 전세금을 올리는 것으로 수익을 거둘 수도 있을 것이다. 나중에 집값 올랐다고 이 빌라를 팔아야 할 이유는 아직 없다. 많이 오르고 더 좋은 투자처가 있으면 팔 수도 있고, 아니면 전세금 시세에 맞춰 올리면서 5,500만 원을 회수하면 그 이후 전세보증금이든 월세든 순수익이 된다.

그렇게 나는 '신뢰'를 주는 사람이 되기 위해 더 돈을 벌 수 있는 투자를 하지 않고 아주 안정적이고 보수적인 방어적 투자를 했다. 대신 워낙 방어적인 투자이기 때문에 향후 예상과 달리 집값이 떨어진다고 해도 손해가 날 수 없는 투자이다. 어차피 안 팔 테니 집값은 내려가도 상관없고 사실 워낙 저렴해서 떨어질 집값도 없다. 전세가가 2,000~3,000만 원 떨어진다 해도 그 정도 돈은 돌려드릴 수 있으니까, 장기적으로 이곳이 개발될 때까지 가져가면 된다.

'아무리 그래도 그렇지, 정말 아무런 '투자성' 하나 없이 이 빌라를 샀을까?' 하는 의심이 들겠지만 당연히 아니다. 여러분이 서울

부동산(다세대주택) 매매 계약서

매도인과 매수인 쌍방은 아래 표시 부동산에 관하여 다음 계약 내용과 같이 매매계약을 체결한다

1. 부동산의 표시

소 재 지	서울특별시 관악구 봉천동 715-115 신후가				
토 지	지 목	대	면 적	463 ㎡ 대지권비율	대	대지권비율 463분의34.23
건 물	구 조	철근콘크리트구조	용 도	다세대주택	면 적	45.31 ㎡

2. 계약내용
제1조 [목적] 위 부동산의 매매에 대하여 매도인과 매수인은 합의에 의하여 매매대금을 아래와 같이 지불하기로 한다.

매매대금	금 이억구천오백만원정	(₩295,000,000)	
계 약 금	금 이천구백만원정	은 계약시에 지불하고 영수함 ※영수자	(인)
융자보증금	금 이억오천오백만원정	은 현 상태에서 매수인이 승계함	
잔 금	금 일천일백만원정	은 2020년 12월 11일에 지불한다	

에 실거주용 빌라를 살 때 단기, 중기 '투자성'이라는 것도 좀 챙겨 가면서 어떤 식으로 투자해야 하는지 함께 알아가보도록 하자.

나는 청년들에게 서울 빌라를 사라고 할 자격이 있다. 나는 컨 설팅비 1,000~2000만 원씩 받아가며 여기 무슨 재개발 된다, 아파 트 된다 하면서 본인 회사에서 보유한 빌라를 파는 '선생님'이 아니 다. 자신은 아파트가 될 재개발·재건축 투자만 하면서 너는 실거주 용 빌라를 사라고 '내로남불'하는 사람도 아니다. 무려 2,478만 원 의 불필요한 8% 취득세까지 내면서 내 진정성을 증명했으니 나에

취득세(부동산) 납부확인서

납금일자 : 2020-12-11

납세번호	기관	등	검	회계	과목	세목	년도	월	기분	과세번호	검
	620	525	6	10	101	501	2020	12	3	000022	8

전자납부번호 1162013020025222662

납세자 성명(법인명)   남덕현

주민(법인·외국인)등록번호 :

주소(영업소)   서울특별시 중구 중림로 10

등기(등록) 원인   유상취득(농지외)

등기(등록) 물건   봉천동 715-115 신후가

과세표준액   295,000,000   시가표준액   204,000,000 원

세 목	지방세	가산금	납 부 일
취득세	23,600,000	0	
지방교육세	1,180,000	0	2020.12.11
농특세	0	0	
계	24,780,000	0	24,780,000

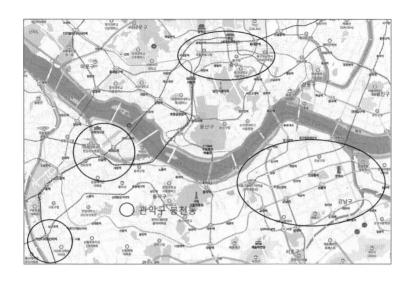

대한 믿음이 생길 것이다(일시적 2주택, 공시지가 1억 원 이하 주택 등을 샀으면 취득세는 150만 원 수준).

이 빌라는 관악구 봉천동에 있다. 관악구는 서울 내에서 개발이 많이 되지 못한 낙후 지역 중 하나인데 내게는 신림동 순대타운으로 기억되는 동네이다. 하지만 노도강(노원·도봉·강북), 금관구(금천·관악·구로) 등으로 묶이는 상대적으로 집값이 저렴하다는 서울의 '구'들 중에 관악구, 그중에서도 봉천동, 신림동 중 일부는 위치가 좋다는 것을 알 수 있다. 기본적으로 서울에서 2호선 라인 안쪽은 상당히 입지가 좋은 곳들이다. 3개 업무지구에 가깝기 때문이다.

그래서 보통 2호선 라인 안쪽은 집값이 비싸지만, 입지에 비해 집값이 저렴한 곳이 관악구 봉천동이다. 그런데 봉천역 아래 서울대입구역 e편한세상 신축 아파트 33평이 15억 원을 실거래로 찍는 걸 보면 이제는 이곳의 아파트도 싸다고 할 수 없을 것 같다.

하지만 빌라는 여전히 저렴한 편이다. 내가 왜 이곳에 실거주 빌라를 샀을까? 그 이유는 신축급 실거주 빌라 가격은 저렴한데 아파트 가격은 비싸지고 있고 앞으로도 비싸질 동네이기 때문이다. 지금 빨간색으로 동그라미 친 지역의 빌라는 실거주 입장에서 생활여건이 좋은 편이지만 교통이 불편해서 가격이 저렴한 편이다.

먼저 2호선, 7호선까지 도보로 15분 정도로 애매하게 멀다. 그리고 2호선, 7호선으로 강남, 구로디지털단지 등의 일자리는 빠르고 쉽게 갈 수 있지만 강남의 회사에 다니는 사람은 이곳의 빌라에 살지는 않을 것이다. 구로, 가산의 접근성은 좋지만 그쪽도 집값이 저렴한 동네라서 굳이 여기에 살아야 할 필요는 없다.

서울 도심은 가려고 하면 1시간 안으로 갈 수 있다. 하지만 15~20분을 걸어가서 2호선 타고 신도림에서 1호선으로 또 갈아타야 하고 영등포, 여의도도 자하철로 환승해야 하고 뭔가 불편하다. 지도상에 보이는 위치에 비해 대중교통이 애매한 곳이다. 그래서 저렴했던 거고, 내가 산 것이다.

내가 산 빌라는 107번 당곡역 5~7분 위치에 있다. 그런데 2023년 5월에 개통을 앞둔 신림선 경전철로 인해 앞으로 많은 불편함을 덜어낼 것 같다. 집앞에서 경전철을 타고 한 정거장이면 2호선 신림역이고, 세 정거장이면 7호선 보라매역, 다섯 정거장이면 1호선 대방역, 여섯 정거장이면 여의도 동쪽 9호선 샛강역이다. 정거장 수에 비해 거리가 상당히 짧아 15분 이내로 9호선 샛강역까지 간다. 특히 대방역에서 1호선을 갈아타고 용산, 시청, 종로 등을 빠

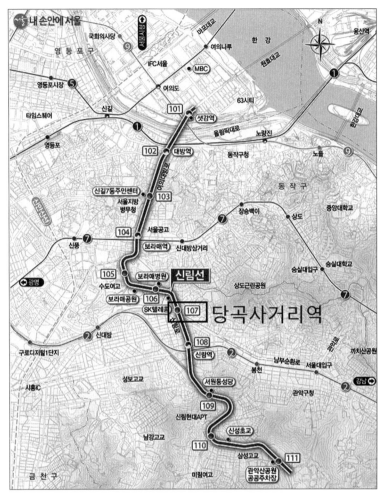

2022년 5월에 완공될 신림선 경전철이다.

르게 갈 수 있다. 지금은 2호선, 7호선 역까지 15~20분 정도 걸어서 가야 하는데 내년부터 지하철로 갈 수 있게 된 것이다. 날씨가 안 좋거나 술을 많이 먹었을 때 많이 걸으려면 아주 짜증난다. 특히 밤늦게 여자 혼자 골목길을 오래 걷는 건 유쾌하지 않은 경험이다. 이러한 불편함이 없어지고 애매하게 시간이 오래 걸리거나 불편했던 여의도나 한양도성 도심의 출퇴근도 훨씬 빨라진다. 3대 업무지구 접근성이 개선되는 것이다. 일자리 접근성은 언제나 좋은 일이다.

내년이면 개통인데 이처럼 교통이 개선된다는 것은, 그 지역의 주거만족도가 어느 정도 괜찮다면 전월세 상승압력으로 작용한다. 이때 집주인들은 '2022년이면 지하철역 생긴다, 교통이 좋아진다.' 이런 개발 호재에 관심이 많고 전세금을 높게 받으려고 한다. 하지만 세입자들은 "아니, 지하철 생기는 건 2022년이고 지금 내가 사는 데는 도움이 안 되잖아요. 그러니 전세금 못 올려줘요. 더 올려달라고 하면 그 돈이면 신림역 바로 앞에서 전세 살고 말지!" 하면서 반박할 것이다. 세입자 입장에서는 당장 달라지는 게 없으니 당연한 반응이라고 생각한다.

대부분의 사람들은 저곳에 지하철이 생기는 것도 잘 모른다. 그러다 지하철이 생기게 되고 네이버 지하철에 노선도가 보이기 시작한다. 마침 관악구에 전월셋집을 구하는 세입자들은 "어, 여기에도 지하철이 생겼네." 하면서 후보지로 넣고 교통은 좋은지, 살기는 좋은지, 전월세 가격은 적절한지 열심히 가성비를 비교할 것이다.

하지만 역 주변이라도 살기가 별로 좋지 않다면 집값에 큰 도움이 되지 못한다. 이런 곳들은 역 주변이 살기 좋게 개발될 때까지는 인기가 별로 없다. 그러므로 지하철이 생긴다는 데만 혹하지 말고 이 지역이 지금 살기가 좋은지를 살펴봐야 한다.

당곡역 주변에 당곡시장이라는 작은 시장 거리가 있다. 여기에서 생활에 필요한 것들을 모두 구매할 수 있다. 이 시장은 건물도 그렇고 특히 도로가 깨끗하게 잘 정비되어 있어서 젊은 청년들이 선호하는 깔끔한 느낌이 장점이다. 게다가 큰길을 건너지 않고 골목길로 초등학교를 갈 수 있고, 근처에 중고등학교도 있다. 당곡역 서쪽에는 롯데백화점, 위쪽으로는 보라매 병원 같은 큰 병원도 있고 서울에서 보기 드문 아주 넓은 보라매 공원도 있다. 내가 산 빌라에서 보라매 공원까지 도보로 15분이니 운동이나 산책하기에 아주 좋다. 그리고 좀 더 깔끔한 상권, 맛있는 식당은 롯데백화점이나 보라매 병원 근처에 많이 있고 생활형 상권은 시장에 있는 것도 좋은 점이다. 참고로 내가 산 빌라 바로 옆 5m 거리에 구립 어린이집도 있다. 다만 한가지 아쉬운 점은 내가 산 빌라는 살짝 언덕이 시작되는 곳에 있다는 것이다. 한 블록 전 15m 앞까지는 평지 수준인데, 15m 정도는 약간 언덕이 있다. 그리고 내 빌라 뒤로는 언덕이 좀 더 심해진다.

서울 3대 업무지구 접근성이 좋으면서 초중고 5분 거리, 시장, 백화점, 지하철역, 큰 병원, 큰 공원이 있는 방 3개, 화장실 2개, 주차장 세대 당 0.8대 정도에 일렬주차하는 2017년 신축급 45m² 빌라가 2억 9,500만 원이면 나쁘지 않다. 참고로 이 빌라는 2020년 감정가 3억 3,500만 원에 경매가 나왔다가 해결을 하신 건지 경매가 취소되었다.

동네의 다른 빌라들이 엄청 낡고 무서운 분위기는 아닌지 궁금할 수도 있겠지만 당곡역과 초등학교 근처에 신축이나 신축급 새 원룸들이 많다. 이곳에 제대로 된 실거주가 가능한 45m² 이상 방

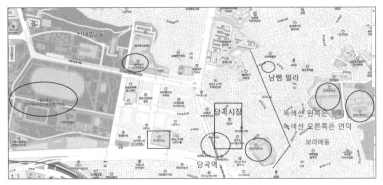

당곡역 주변은 서민주거지로 상당히 우수한 곳이다.

3개 빌라를 지었으면 많은 청년들이 선호했을 텐데, 모두 쪼개기로 6~9평짜리 원룸 아니면 주차장이 부족한 도시형 생활주택을 지어 놓은 것이 아쉬운 점이다. 낡은 빨간벽돌 빌라들도 더러 있지만, 오래되지 않은 빌라들이 더 많아서 동네 분위기는 무섭거나 어둡지 않다. 오히려 학교 주변은 등하교 시간에 아이들과 엄마들이 북적거릴 정도다.

구글에 '봉천동 신후가'라고 하면 빌라의 외부와 내부 사진을 볼 수 있다. 나름 깔끔하게 지어진 빌라지만 통풍이 다소 아쉽다. 주차장도 넓고 일렬주차를 할 수 있으니 차 빼달라고 전화받을 일이 없다는 게 중요한 포인트다.

이명박 정부 때 난립한 도시형 생활주택은 저 주차장을 안 만들고 집을 2~3개 더 만들어서 팔아먹도록 규제를 완화했다. 사람들은 빌라가 모두 같다고 생각하겠지만 그렇지 않다. 주차도 제대로 못하는 빌라와 주차를 편하게 할 수 있는 빌라로 나눠진다.

이 빌라의 아쉬운 점은 당곡역에는 거의 다 평지인데, 이렇게

무인택배 보관함은 생활편의를 높여준다.

약 20m 정도 빨간색 점이 있는 골목까지 살짝 언덕이 있다는 것이다. 거리가 짧아서 이 정도쯤 괜찮다고 생각하겠지만 겨울철 눈이라도 쌓인다면 어떨지 아쉬운 부분이다. 또 여성들이 힐을 신고 다닐 때 언덕은 아주 싫다. 눈 오고 빙판이 되었을 때 차로 골목을 지나가야 한다면 더욱 싫다.

녹색으로 표시된 당곡역에서 집으로 오는 두 가지 코스 길이
있는데, 여성 혼자 밤에도 걸어올 만하지만 어쨌든 빌라 골목길이
라 조금 아쉽다. 또 빨간색 부분이 평지가 아닌 언덕길인 것도 아
쉬운 점이다.

하지만 이런 부분들을 해결하고 집값 상승에 도움도 되는 호재
가 하나 있다. 내 빌라의 확정된 호재가 2022년 지하철역 당곡역
개통이라면 도움이 되는 변화는 봉천 1-1구역 재건축 사업이다.
1978년에 건축된 해바라기 아파트와 빌라들이 연합해서 2009년
정비구역 지정 후 2019년 '조합설립인가'까지 받아놓은 초기 재건축
사업으로, 일사천리로 진행될지 15년이 걸릴지 알 수 없다. 잘 진행
되어 아파트가 들어서게 되면 내 빌라까지 골목길을 통해서 가는

게 아니라 당곡역에서 대로로 올라온 후 안전하고 깨끗한 아파트 길을 통해 빌라로 갈 수 있다. 그리고 아파트에 생기는 깨끗한 생활형 상가들도 사는 데 도움이 될 것이다.

또한 언제 될지 기약이 없는 로또나 다름없는 개발 호재가 있다. 바로 서울시에서 2017년경부터 꾸준히 예산을 배정해 복원 계획을 세우며 연구용역 조사 중인 '봉천천 복원' 계획이다. 관악구를 좌우로 가로지르는 넓은 도로인 '봉천로'는 사실 하천을 도로로 덮은 복개도로이다. 쉽게 말하면 예전의 '청계천'이 도로로 쓰이던 것처럼 이곳도 복원하면 '봉천천'이 된다. 문제는 교통량이 워낙 많은 도로이다 보니 하천화시키고 도로 폭을 줄이면 교통량 감당이 쉽지 않을 거라는 점이다.

서울시에서 어떤 해결책을 찾을지는 모르겠지만, 이명박 대통령처럼 서울 시장님 중에 '대통령'을 하고 싶은 분이 있다면 또 모르는 것 아닐까. 낙후된 관악구를 살리고 자연을 복원한다는 명분으로 시원하게 하천화시켜주면 상당한 지역개발 및 상권 효과가 있을 것이다. 신후가 빌라에서 10분 거리이니 이것 또한 좋은 일이다. 2017년 봉천천 복원 타당성 조사에서 편익과 비용 비율이 1억 2,300만 원으로 경제성이 높다고 나왔으니 기다려보자.

참고로 2020년 12월, 복개하천 중심의 하천복원 종합계획 수립 연구용역을 통해 서울시 25개 복개하천 구간별 복원 타당성을 분석하고 우선순위를 결정했다고 한다. 그 결과 복원대상 하천을 녹번천(시범사업), 성북천, 성내천, 봉천천 순으로 정해졌다고 하니, 1순위는 아니더라도 4순위 사업이면 언젠가는 되지 않을까 싶다. 또 녹번천은 1순위라고 하니 관심을 가져보도록 하자.

마지막으로, 신후가 빌라가 전세가격 상승을 통한 매매가 밀어올리기를 통해 위험이 적은 안정적인 투자라고 보고 있는 외부적인 이유를 살펴보자.

파란색 네모 박스로 된 곳이 관악구 봉천동 일대이고, 검은색 동그라미 지역은 대규모 뉴타운 개발이 이제 막 시작되는 곳으로 노후 빌라 재개발이 자체적으로 활발히 이루어지는 곳이다. 빨간색 원은 집값이 비싼 지역이다. 노량진, 흑석, 신림뉴타운 지역은 한창 아파트를 올리고 있거나 이제 뉴타운이 지정되고 15년간 하자, 말자 열심히 싸우다가 드디어 조합설립도 하고 사업 시행 인가도 받고 철거하는 곳도 있고 입주하는 곳도 있고, 본격적으로 재개

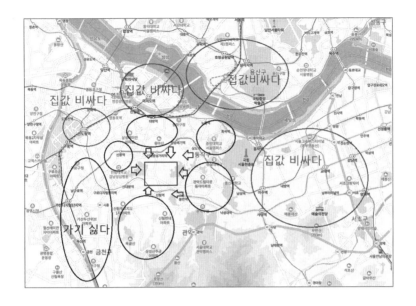

발 사업이 진행되는 곳이다.

신길뉴타운은 성공적으로 완공되었고 구역 해제된 낡은 빌라들과 기존의 용적률 낮은 아파트들을 재개발·재건축하려고 준비하고 있다. 신림역과 봉천역 주변의 빌라들도 은근슬쩍 한창 재개발 사업이 잘 진행되고 있다.

이렇게 큼직한 대형 재개발구역 3개가 오랜 세월 끝에 빌라 철거를 앞둔 상황으로 진행되었고, 뉴타운이 아니더라도 자체적으로 재개발하는 사업들도 활발히 진행되고 있다. 이 말은 앞으로 향후 10년간 순차적으로 낙후 빌라들을 없애고 아파트를 만든다는 이야기다. 흑석, 노량진, 신림, 봉천, 이런 곳에 살았던 '전세입자' 입장으로 생각해보자.

재개발 빌라라고 해서 전세가격이 조금 저렴하다고 잘살고 있었

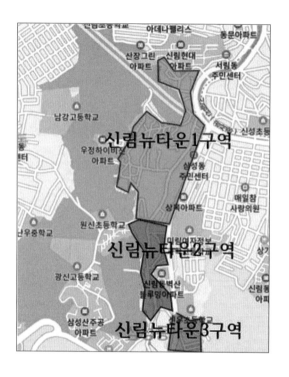

는데 아파트를 올린다고 나가라고 한다. 오른쪽 강남, 위쪽 여의도, 용산구 빌라로 이사갈 수 있겠는가? 먼저 거리도 거리지만 대부분의 사람들은 비싼 동네로 갈 돈이 없다. 안 그래도 2년 전보다 전세 가격이 많이 올랐는데, 기본 전세가격이 높은 상급지로 어떻게 가겠는가? 이들은 싸거나 비슷한 동네 중에 가깝고 주거환경이 좋은 곳으로 이사를 간다.

대림이나 남구로 쪽은 돈은 맞는데 가기가 싫다. 자녀가 있는 집이라면 외국인 노동자도 이슈지만 동네가 너무 낙후되어 있다. 사람 마음은 모두 똑같다. 기왕이면 좀 깨끗하고 살기 좋고 안전한 동네에서 자녀를 키우고 싶다(내가 외국인 노동자분들을 차별하거나 싫어하는 건 전혀 아니다. 단지 집값, 전셋값 부동산 측면에서 한국인들의 보편적 사고를 설명하는 것뿐이니 오해 없었으면 좋겠다).

그러면 남은 곳은 어디일까? 관악구 봉천동 쪽이 전세가격도 저렴한 편이면서 직장과 교통도 좋고 주거환경도 비교적 좋은 편이다. 재개발로 이주하는 전세입자와 3~4년간 아파트가 만들어질 때까지 임시로 전세를 살아야 하는 집주인들이 갈 만한 거리와 금액대, 주거환경을 가지고 있다는 말이다. 이렇게 앞으로 10년간 꾸준히 밀려들어올 전세 수요는 관악구 봉천동 빌라의 전세가격이 상승기든 하락기든 꾸준히 받쳐줄 가능성이 상당히 높다. 세입자들이 도망갈 곳이 없다. 전세가격이 너무 비싸거나, 다들 아파트 올리고 있는 공사판이다. 돈이 맞는 곳은 외국인이 많아서 싫다. 전세대출 5,000만 원이나 1억 원 더 받아서 월 이자 20만 원 더 내고 내 아이 안전하고 좋은 환경에서 키우고 싶은 게 부모 마음이다. 1인 청년들도 깨끗한 곳에서 살고 싶다고 월세 90~100만 원의 오피스텔에서 사는 판국이다.

또 전세입자들은 매매수요처럼 멀리 이사할 수도 없다. 자녀교육도 그렇지만 정규직 안정된 직장이라 경기도로 이사가서 차 타고 형편 좋게 출퇴근할 수 없는 경우가 많다. 그래서 경기도로 나갈 수도 없다. "아니 남쌤, 뭐 봉천동 쪽으로 이주해오는 세입자들이 늘어서 이주 수요가 늘어나니까 전세가격이 올라갈 가능성이 높다, 이 정도는 알겠는데 정말 많이 오를까요? 수요가 늘어나는 것 정도로요?"

두 가지가 동시에 일어난다. 봉천동 쪽으로 이주수요는 늘고,

봉천동 인근의 신규 중저가 빌라 공급이 안 되는 수준을 넘어서 멸실되어 중저가 빌라 총량이 영구적으로 없어진다는 것이다. 서울 봉천동 인접구까지 노후 빌라 전세가격 정도에 살아야 하는 사람들이 1만 가구라고 가정해보자.

- 기존 봉천동 인접구 포함 주변 노후 빌라 1만 채
- 재개발한다고 때려 부순 노후 빌라 3,000채
- 재개발 진행 후 봉천동 인접구 포함 주변 노후 빌라 7,000채

1만 가구가 7,000채로 30% 줄어든 집 총량으로 경쟁해야 한다. 수요와 공급 법칙에 의해 전세가격이 올라가는 것이다. 아파트가 지어져도 이분들은 아파트 전세로 들어갈 돈이 없다. 아파트 전세로 경쟁할 사람들은 또 다른 부류의 사람들이다. 이분들은 중저가 빌라 전세로 경쟁하는 입장인데 중저가 빌라가 계속 없어져 가는 것이다. 그뿐만 아니다. 노후 빌라를 밀고 아파트가 들어서면 아파트 근처의 빌라들은 전보다 살기가 좋아진다. 깨끗한 상가, 넓은 도로, 안전한 주거환경이 생긴다. 예전에는 나와 같이 힘든 사람만 살기 원하던 빌라였는데, 저 멀리서 의외로 이 동네 살만해졌네 하면서 전세로 살기 원하는 빌라가 된다는 것이다.

즉 이것도 경쟁이 늘어난다. 저소득층만 살기 원하는 노후 빌라였는데, 아파트 대단지가 옆에 생기면서 저소득층과 서민층도 전세로 살기 원하는 노후 빌라가 되는 것이다. 총 노후 빌라는 감소하는데 그 노후 빌라에 들어오길 원하는 사람들은 증가한다. 수요증

가, 공급감소가 동시에 일어나고 이것이 전세가격의 연쇄 상승을 일으킨다. 그래서 공급 물량이 부족한 상태에서 재건축 아파트가 들어서면 주변의 아파트 가격을 신규 공급으로 떨어뜨리는 게 아니라, 오히려 신규 아파트가 주변의 아파트 가격을 끌어올리는 것이다.

나 혼자 외롭게 빌라촌에 둘러싸인 거주여건이 뛰어나지 않던 아파트였는데, 옆에 재개발되어 아파트 단지들이 들어서니 중산층이 선호하는 안전한 아파트 군락이 되어 수요가 높아지는 것이다. 이것이 내가 청년들한테 '신뢰'를 얻고 '내로남불'이 되지 않게 실거주용 빌라를 구매한 이유이다. 이 방법으로도 '돈'을 안정적으로 벌 수 있다는 것을 보여주고 싶었고 전세가격이 매매가격을 밀어올릴 거라고 확신했다.

네이버 부동산을 켜보자. 왼쪽 상단에 빌라, 주택을 클릭하고 오른쪽 상단에 매물을 클릭해보라. 서울의 빌라 매물이 엄청나게 많이 나올 것이다. 상단에 거래방식을 매매로 클릭하여 매매가 최소부터 3억 원으로 설정한다. 면적은 20~30평, 방수 3개로 선택하고 사용승인일은 15년 이내로 선택한다.

서울 외곽이 아닌 중심부 '구'를 보자. 빌라 매물이 얼마나 남아 있나? 관악구 봉천동, 동작구, 상도동에 10개 정도 나올 것이다. 3대 업무지구에 붙어 있는 '구'에서는 거의 안 나올 것이고 외곽에는 조금 나올 것이다. 여기서 근린생활 건물을 제외하고 위반건물 제외하고, 주차장 0.8 이상 안 되는 집 제외하고 엘리베이터 없는 집을 제외하면 더 없어진다. 물론 여기저기 현장에는 네이버 부동산에 등록되지 않은 매물이 있지만 그다지 많지 않다.

내가 말하는 경제적 안정과 장기적 집값 상승이 이루어지는 빌라는 이렇게 적다. 이름은 같은 빌라지만, 빌라에서도 완전히 등급이 나누어진다는 것이다. 그러니 누구는 "빌라는 잘 팔리지도 않고 재개발되지 않으면 집값 하나도 안 오르는 것 아니에요?" 하는 것이고 다른 누구는 "남쌤, 디딤돌대출 30년, 고정금리로 체증식 대출을 생애 최초 신혼가구로 2억 원 받아서 모은 돈 5,000만 원과 신용대출을 합쳐서 방 3개, 화장실 2개 5년 된 빌라를 샀어요. 전에 오피스텔 월세를 살 때는 90만 원을 냈었는데, 지금은 제 집에서 한 달 원금과 이자 모두 합쳐서 40만 원을 내고 살아요. 이제 몇 년간 열심히 일해서 신용대출만 갚으면 될 것 같아요." 하는 것이다. 이분은 2~4년 뒤면 빌라 전세가가 집 살 때 매매가를 따라잡거나 넘어설 것이다.

청년 여러분도 내가 구매한 봉천동 빌라처럼, 서울 중심부 위주로 출퇴근 교통 좋고 주거환경 좋고 위에서 설명한 괜찮은 실거주 빌라 조건을 만족하는 것들 중 가격이 최고 4억(가능한 3억 5,000만 원 이하) 이하인 내 집 마련을 하기 바란다. '경제적 안정' 속에서 슬금슬금 오르는 집값도(아파트만큼은 못하지만) 여러분이 쉽게 저축할 수 없는 금액이 되어 올라 있을 것이다. 단, 빌라로 4억 원 넘는 건 사지 말고 특히 4억 원 이하의 신축 빌라라고 사서는 안 된다.

빌라는 네이버 부동산에 나와 있는 것보다 현장 동네 부동산에 나와 있는 것들이 더 많고, 경우에 따라 급매나 협상을 통해 가격을 깎을 수 있는 것들이 있다. 아파트보다 더 많이 노력해야 하고 발품을 팔아야 한다. 서울에 꼭 살아야 하는데 모은 돈이 부족하거나, 월급이 크게 늘지 않는 직업을 가진 분들은 주거 안정을 위해 빌라를 구매하도록 하자.

그리고 재개발 가능성이 거의 없는 빌라라도 조건이 잘 맞으면 '가로주택 정비사업' 소박, 중박이 있으니 이것도 공부해서 기왕이면 도로 모양으로 보았을 때 잘하면 가로주택 정비사업이 될 수도 있는 것을 산다면 더욱 좋을 것이다. 나중에는 이런 빌라도 노후화될 테니까 말이다.

2028~2040년
大 재개발·재건축·리모델링
시대가 온다

집값을 잡기 위해 서울을 포기할 수 있는가? 서울을 포기해서 집값을 잡고 나면 경기도 신도시를 포기해야 한다. 서울을 지키고 경기도 신도시를 지키려면 집값 잡는 것을 포기해야 한다. 여러분 이라면 어떻게 하겠는가?

남산 '회현 시민 아파트'에 답이 숨어 있다. 2028~2040년, 준비 된 청년들에게 큰 기회가 열릴 것이다.

부동산에서 수요는 신혼부부와 독립한 청년들이다

인구가 줄어드니 집값이 폭락한다. 출산율이 폭망하니 집 사줄 사람이 없다. 생산인구가 줄어서 집값이 떨어진다. 10년 전부터 이 야기해온 '인구론'인데 왜 집값은 폭락하기는커녕 폭등하고 있을까?

2017~2021년에 폭망한 출생아 수는 지금 '공무원 시험 경쟁률' 에 아무런 영향을 주지 않는다. 지금 공무원 시험은 25~35세 정도 청년들이 주로 볼 테니, 25~35년 전의 출생아 수가 영향을 줄 것이 다. 현재의 출생아 수는 유아용품 시장에 직접적인 영향을 줄 뿐 이다.

IMF 직후인 2000~2002년에 출생아 수가 급감하면서 저출산이 심화되었다. 이때 태어난 성인이 된 청년들은 오늘날 대학교 입학 정원에 직접적인 영향을 준다. 지방의 많은 시골 대학교가 정원을 채우지 못해 폐업하고, 망하고, 뉴스를 보면 심각한 수준이다.

부동산에서 '수요'는 부모님과 함께 살던 자녀가 취직하고 '나는 이제 혼자 따로 살겠습니다.' 하고 주거를 독립하거나 결혼해서 부부가 새로운 집에서 '가구'를 이루고 사는 것을 말한다. 간단한 원리다. 할아버지, 아빠, 엄마, 딸 이렇게 4명이 살던 집이 있다. 할아버지는 나이가 많으셔서 돌아가셨다. 가구원이 4명에서 3명으로 줄었다. 새로운 집이 필요한가? 아빠, 엄마 둘이 살다가 아들이 태어났다. 가구원이 2명에서 3명으로 늘었다. 갑자기 새로운 집이 필요한가? 새로운 방만 있으면 된다.

전세 살다가 내 집을 사든지, 내 집에서 살다가 사업이 어려워서 월세로 가든지, 24평에 살다가 33평으로 가든지 '가구'의 주택 점유유형, 크기가 변경되는 것이지 '가구'가 늘어나거나 줄어드는 것이 아니다. 신규 주택을 필요로 하는 '신규 수요'란 '가구'의 증가를 말한다. 그렇다면 언제 '가구'가 증가할까? 결혼하거나 독립할 때다. 어려운 개념이지만 이해할 수 있다면 부동산을 보는 시야가 확 넓어질 테니 이해해보도록 하자.

남쌤이 부모님 집에 살다가 결혼을 해서 신혼부부로 신규 '가구'로 독립하게 되었다. 내 집이나 전세, 월세 중 한 가지를 선택해 살아야 한다.

빌라를 한 채 샀다고 해보자. 집주인은 남쌤이고 점유유형은 내

	집주인	점유유형
빌라	남쌤	내집
아파트	다주택자	월세
대학교 기숙사	대학교	전세
회사 관사	회사	전세
공공임대(월세)	공공기관	월세
공공임대(전세)	공공기관	전세

집이다. 깨끗한 아파트에 살고 싶지만 돈이 없어서 월세를 들어갔다고 해보자. 집주인은 다주택자이고 점유유형은 월세이다. 회사에 사원용 관사가 있는데 전세로 빌려준다고 한다. 집주인은 회사이고, 점유유형은 전세다.

여기서 중요한 건 집주인이 누구건 점유유형이 어떻든 간에 '남쌤 부부'가 살아야 하는 '주택'이 반드시 있어야 한다는 거다. 이때 가구(수요) 대비 주택 총량(공급)이 부족하면 수요와 공급의 법칙에 따라 집값이 상승한다. 그러니 다주택자 때려잡는 게 소용없다는 소리다. 다주택자가 전월세 공급자인데 이들을 때려잡고 시장에 전월세를 공급하려면 공공임대나 기업형 임대 둘 중 하나를 택해서 회사가 주택의 집주인이 되든지, 아니면 전월세를 없애고 모두가 내 집 사는 세상을 만들든지 해야 한다.

나쁜 다주택자 남쌤이 있었다. 정부에서 세금으로 두들겨 패서 세입자 김쌤, 박쌤에게 울면서 집을 강제로 팔았다. 시장에서 전세 2개가 없어졌다. 이 상태에서 신혼부부가 된 '이쌤 부부'가 집을 찾고 있다고 해보자. 기존에 살던 사람들의 점유유형이 전세에서 내

	집주인	세입자	점유유형
빌라	남쌤	김쌤	전세
아파트	남쌤	박쌤	전세

	집주인	세입자	점유유형
빌라	김쌤	김쌤	내집
아파트	박쌤	박쌤	내집

집으로 바뀌는 것과, 집주인이 남쌤에서 김쌤, 박쌤으로 바뀌는 건 '이쌤 부부'에게 아무런 영향을 주지 않는다. 이쌤 부부가 살 집은 새로 지어야 한다. 신규 수요가 늘었으니 신규 공급이 있어야만 한다. 그게 없으면 3명이 2개의 집을 가지고 다투니 집값이 상승하는 것이다.

이해되는가? 집주인이 누구건 점유유형이 뭐든지 간에 신규 가구의 증가에 맞춰서 신규 주택의 증가를 적절하게 해주지 않으면 집값이 상승하는 것, 즉 수요에 비해 공급이 부족하게 되는 것이다. 이제 왜 다주택자를 박멸하고 집주인이 SH, LH 같은 공공임대 기관으로 바뀌어도 집값은 떨어지지 않고, 전세를 없애고 월세 시대를 만들어도 집값과는 상관없는지 알겠는가? 그래서 전세 없고 월세만 있는 해외 선진국도 집값이 비싼 거고, 개인이 아닌 임대주택 회사나 사회적 협동조합이 집주인이 많은 국가의 집값이 전혀 싸지 않은 것이다. 그런데 얼치기들은 '다주택자 박멸하면 집값 떨어진다, 전세 없애고 월세 시대 되면 집값 떨어진다'는 한심한 소리만 한다. 그리고 이런 사람들은 집값 잡으려면 검찰개혁, 언론개혁을 해야 한다고 말한다.

집값은 신규 수요대비 충분한 공급이 있을 때만 떨어진다. 이 책 초반부에서 나는 수요와 공급 이론을 부정하는 순간 음모론에 빠져 '가난'한 삶을 살게 된다고 말했다. 부동산과는 상관없는 어려운 개혁을 하지 말고 충분한 공급을 하면 된다고 말이다.

왜 **제대로** 된 부동산 전문가들은 '공급, 공급, 공급' 노래를 부를까? 왜 수요 억제 그런 거 안 먹힌다고 신규 공급이 중요하다고 말할까? 왜 얼치기들은 세금, 규제, 심리, 대출 등으로 수요를 억제해야 한다고 말할까? 신규 주택을 필요로 하는 '신규 수요' 즉 '가구'는 변화의 폭이 매년 적은 반면, 주택의 신규 공급량은 매년 변화의 폭이 훨씬 크기 때문이다. 그래서 부동산 시장에 영향을 미치는 파워는 '공급'이 훨씬 센 것이다.

- 작년 신규 가구는 100가구인데 올해 신규 가구는 95가구이다. 5가구의 수요량이 줄었다.
- 작년 주택 공급은 100채였는데 올해 주택 공급은 50채다. 50채의 공급이 줄었다.

수요와 공급의 법칙에서 어떤 것이 영향력이 더 큰가? 50채의 공급량 감소가 5명의 수요 감소보다 10배나 크니 집값이 상승압력을 받는 것이다. 보통 25~35세 사이에 결혼하거나 부모로부터 독립한다. 대충 30세에 신규 가구가 된다고 하자.

1983~1990년까지 출생아 수는 1년 단위로 큰 변화가 없다. 반면에 1991년, 1992년은 출생아 수가 5% 이상 늘어난다. 그 이후로 출생아 수는 5% 이내로 매년 조금씩 줄어들었다. 2020~2022년에 또 5% 이상 출생아 수가 크게 줄어들고, 그 이후로 2017년까지

전국 출생아 수

전국, 출생아수(명)

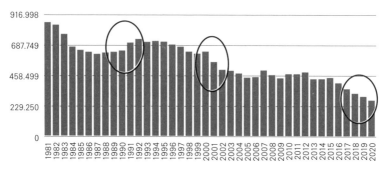

출처: 통계청

또 5% 이내에서 조금씩 늘고 줄고 하지만, 큰 변화가 없다. 그러다 2017~2020년에 또 5% 이상 크게 줄어든다.

부동산에 크게 영향을 주는 3가지 변곡점이 있다.

첫 번째 변곡점은 1991년, 1992년으로 출생아 수가 크게 늘어난 해이다. 물론 개인마다 다르지만 보통 30세에 결혼하거나 독립한다는 것을 전제로 했을 때 2021년이나 2022년, 혹은 2023년에는 가구들이 더 늘어나게 되어 있다. 정말 그럴까? 2021년 문재인 대통령은 신년 기자회견에서 이렇게 말했다.

"부동산 시장으로 자금이 몰리게 되어 있는 그런 상황에 더해서 작년 한 해 우리나라 인구가 감소했는데도 무려 61만 세대가 늘어났습니다. 예년에 없던 세대수의 증가입니다. 그 연유는 앞으로 좀 더 분석해봐야 합니다. 이렇게 세대 수가 급증하면서 우리가 예측했던 공급의 물량에 대한 수요가 더 초과하게 되고 그것으로 결국 공급 부족이 부동산 가격의 상승을 부추긴 측면도 있다고 생각합니다."

주택산업연구원 집계에 따르면, 30세 도달인구는 2020년 67만 7,000명에서 2021년 68만 2,000명으로 늘었으며 2022년 73만 8,000명, 2023년 74만 4,000명, 2024년 73만 1,000명 등으로 꾸준히 늘어날 것으로 전망된다. 2024년까지 2020년 대비 10% 이상의 신규 가구 수요가 발생한다는 것이다.

두 번째 변곡점은 2001, 2002년으로 2년 연속 큰폭으로 출생아 수가 줄어든 해다. 독립과 결혼 나이가 늦어지고 있어 어떻게 될지는 그때 가봐야 알겠지만 30세 정도라고 가정해보자. 대충 2030~2034년 정도가 의미 있는 수준의 '신규 가구' 감소로 신규 부동산 '수요'가 줄어드는 시기라고 생각해볼 수 있다.

세 번째 변곡점은 2047~2051년쯤 될 것 같다. 한참 남았으니 나중에 생각하자.

통계청 자료에서 보듯이, 신생아 수가 줄어드는 폭이 적기 때문에 매년 신규수요 감소는 크게 신경 쓰지 않고 저런 큰 폭의 변곡점 구간만 눈여겨 계산하는 것이다. 오히려 멸실대비 공급량, 주택 인허가 물량처럼 공급은 2배가 되기도 하고 2분의 1로 감소하는 등 변동폭이 크다. 공급은 크게 변하지만, 수요는 5% 이내로 변하기에 시장 영향은 공급이 큰 것이다. 복잡하게 생각하지 말고 이렇게 외우고 넘어가자.

2030~2034년에는 부동산 신규수요 감소가 집값 하락요인으로 작용할 것이다(이때 집값이 무조건 떨어진다는 말이 아니다. 하락

요인이 큰 게 하나 있다는 뜻이다). 저 시기를 제외하면 매년 신규 주택을 필요로 하는 신규 가구 수요는 거의 변화가 없다. 오히려 2024년까지 30세 신규 가구는 지금보다 증가한다. 그러니 별 신경 쓰지 말고 주택 '공급'에 포커스를 맞추면 된다.

노후 주택 대 멸실 재개발·재건축 시대 2028~2040년 대한민국

청년들이 주목해야 할 장기적 부동산 시장의 변화는 40년차 노후주택 멸실 및 재개발·재건축이다. 이 시기는 이번 상승장에 내 집 마련을 잘해서 자본을 축적한 청년에게는 '날개'를 달아줄 것이다. 그리고 이제 막 사회에 진출했거나 저축한 돈이 부족해서 전월세 살거나 부모님 집에서 직장을 다니거나, 대학생이라서 치솟는 집값에 상대적 박탈감을 느끼며 '벼락 거지'가 되었다고 느끼는 청년에게는 '마지막 내 집 마련'의 기회를 줄 것이다.

그래도 앞으로 10~15년 정도는 인구감소, 출산율 하락, 노인 인구 증가에 따른 세금과 4대 보험 폭탄이 무주택 청년을 박살낼 정도는 아닐 것이다. 부자는 망해도 3년은 간다고 인구증가 시대에 쌓아둔 적립금, OECD 선진국 중 낮은 GDP 대비 정부 부채 비율 등, 청년들 세금으로 박살내지 않고 10년 정도는 버틸 힘이 남아 있다. 서서히 계속해서 심해지겠지만, 이 정도 기간은 전세제도도 살아 있을 것이고 정말 심각하게 3분의 1은 월세로, 3분의 1은 세금으로 3분의 1은 생활비로 뜯기며 저축이 정말 어려운 시기가 본

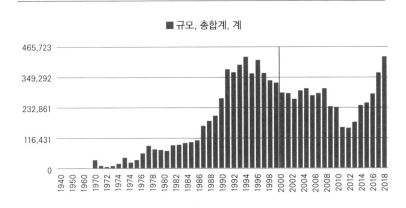

출처: 통계청

격화되지는 않았을 것이다. 이 기회를 잡아야 한다. 그러니 무주택 청년도 열심히 저축하도록 하자.

무려 1940년부터 데이터가 있는 전국 아파트 연도별 준공(완공) 통계자료를 살펴보자. 1988년을 기점으로 16만 채, 1990년 20만 채, 1991년 27만 채, 1992년 38만 채, 1995년 42만 채, 2000년 32만 채, 매년 완공된 전국 아파트가 미친듯이 증가한다.

아파트와 빌라의 재건축은 30년 이상부터 할 수 있지만, 아파트는 보통 40년까지는 주택으로 기능할 수 있다. 통계적으로도 30~35년 공실 없이 버틸 만하다. 당장 1990년대 초에 지어진 일산, 분당, 목동 아파트에서 사람들이 잘살고 있지 않은가. 하지만 40년 이상부터는 공실률이 크게 증가한다. 1970~1980년대 초에 지어진 아파트에 사는 사람들은 녹물 때문에 죽겠다, 주차난 때문에 못살겠다, 벽이 무너진다 하면서 아우성이다. 일부는 재건축 추

입주민들 대부분이 떠나 빈집으로 슬럼화된 회현 시민 아파트

진 중이고 전세가격도 상당히 낮고 지방은 공실도 많다. 서울, 수도권, 5대 광역시 등 지역에 따라 규모는 다르지만, 전국적으로 대규모 재건축과 재개발 수요가 발생한다는 말이다.

15년 전부터 재건축 소리가 나왔던 은마아파트는 1979년, 잠실주공 5단지는 1978년, 여의도 시범아파트는 1971년에 준공되었다. 튼튼한 시범아파트는 40년 가까이 혹은 50년까지 재건축시켜주지 않아도 되었다. 1970년대에 지은 아파트는 기껏해야 3~5만 채였고, 재건축시키면 집값이 오르니 안 시켜줘도 대세에 큰 지장이 없었다. 그런데 1988년에 준공한 아파트가 40년이 지나면 2028년이다. 이 기준으로 잡아보면 2028년부터 16만 채, 20만 채, 30만 채, 40만 채씩 '주택' 역할을 못하는 노후 아파트가 매년 폭발적으로 증가한다. 1988~2000년까지는 전국 알짜배기 땅에 아파트를 지었던 시기로 버릴 수 있는 입지가 아닌 곳들이다. 저 많은 곳들을 재건축하지 않으면 어떻게 될까?

서울 남산자락 아래에 1968년에 완공된 회현 시민아파트가 있다. 53년 된 이 아파트를 청년들은 꼭 직접 방문해서 두 눈으로 보

슬럼화된 아파트는 외부인 출입에 민감해지고, 단지 내에 비상벨이 설치되어야 할 만큼 치안에 빨간불이 켜진다,

제때 재건축·리모델링이 되지 못하면 이렇게 벽면이 부서지며 입주민의 안전에 위험이 생긴다.

면서 경험하길 바란다. 주택의 생명력을 넘겨서 재건축을 안 하면 어떻게 되는지 말이다.

초기 우리나라 아파트는 싸고 빠르게 짓다 보니 내진설계도 없고, 주차장도 부족하고, 바닷모래에 녹슨 파이프에 철근도 부족하게 넣는 등 대충 지은 보급형 아파트이다. 유럽처럼 100년 가는 그런 구조의 아파트가 아니다. 그러니 40년, 50년 넘게 재건축을 안 하면 저 수많은 아파트들이 '슬럼화'된다. 돈 많은 소수의 집주인은 새 아파트나 그럭저럭 살 만한 2000년대 이후 아파트로 떠나고, 사람 살기 어려운 슬럼화된 아파트는 가난한 사람들만이 힘겹게 살아가게 된다. 이런 아파트라도 수요 급증으로 인해 집값은 상승한다. 재건축이 되긴 될 것이니 전세가격이 크게 떨어질 뿐 집값은 많이 떨어지지 않는다.

대한민국이 그것을 감당할 수 있을까? 범죄율이 증가하고 살기에 꺼려지는 아파트가 1년에 30~40만 채씩 늘어난다. 한 가구당 2.5명만 잡아도 사람 살 곳이 못 되는 곳에서 사는 사람이 1년에 75~100만 명이 된다. 5년이 쌓이면 200만 채, 450만 명으로 우리나라 전체 인구의 10분의 1이나 된다. 이처럼 슬럼화된 지역이 많아질수록 깨끗하거나 살 만한 아파트가 있는 지역의 집값과 전셋값은 오를 수밖에 없다. 살 만한 집은 갈수록 줄어들고 좋은 집에서 살고 싶은 사람들은 그대로이니 소수의 살 만한 집들이 폭등하는 것이다.

지금도 서울의 낙후된 빌라들과 재개발 안 하고 썩어가는 노후 빌라촌, 외국인 노동자가 많은 지역, 학군이 안 좋은 지역, 지하철

노선 등 대중교통이 불편한 지역, 30년 된 아파트라서 낡아서 싫다는 지역 등 이것저것 다 떼고 나면 청년들이 살고 싶은 지역은 거의 없다. 이처럼 누구나 선호하고 살고 싶은 집은 지금도 많지 않은데, 저 노후된 아파트들을 재건축하지 않아서 미래에 서울과 1기 신도시, 수도권, 광역시 구도심이 전부 슬럼화되면 살고 싶은 지역은 더욱 줄어들 것이다. 사실상 그 유명했던 목동도 이제는 낡고 주차난이 심해서 살기 싫다는 중상층들이 많다.

재건축을 안 하면 미래에 대한민국의 국가 경쟁력은 약화되고 도시가 슬럼화되어 각종 사회문제가 발생하게 된다. 그러므로 일정 부분 용적률을 풀든, 토지임대부로 가든, 기업형으로 재건축한 다음 임대로 가든 도시재생은 필수적인 과제로 남아 있다. 하지만 재건축은 그렇게 간단한 문제가 아니다. 1년에 30~40만 채를 없애야 하는 재건축을 하게 되면 집값, 특히 전세가격이 엄청난 상승압력을 받게 된다. 이주하고 부수는 데 1.5년에서 2년, 짓는 데 3년, 기존 집에 살던 집주인이나 세입자들은 살 집이 없어지니 적어도 4~5년간은 다른 곳에 가서 살아야 한다. 이런 이유로 최근 몇 년 동안 재개발·재건축을 막아왔는데, 지금 신규 주택공급이 부족해서 집값이 오른다며 사람들은 난리다. **재건축도 하지 않은 상태에서 신규 공급량이 부족하다는 것이다.** 그러니 大재건축 시대인 2028~2040년에는 1년에 30만 채를 약 10년 동안 부수면서 신규 공급량도 맞춰야 한다는 숙제가 남아 있다.

집값 상승과 미친듯한 전월세 변동을 막으려면 재건축을 순차적으로 10년 동안 하는 게 아니라 15년, 20년으로 기간을 늘려서 매년 멸실해야 하는 물량을 15만 채, 10만 채 이렇게 충격을 줄여가며 진행해야 한다. 튼튼하게 잘 지어서 상태가 좋은 아파트들은 40년, 50년 살게 하고 대충 지어서 상태가 안 좋은 아파트들은 30년 되면 재건축하면서 1년 멸실 물량을 30만 채가 아니라 10만 채, 이런 식으로 낮춰버리면 감당해볼 만하다.

그러면 일찌감치 재개발·재건축을 시작해야 했던 박근혜, 문재인 정부는 어떻게 했는가? 박근혜 정부는 신도시를 세우지 못하도록 택지개발촉진법을 폐지해 차기 정부의 신도시 개발 시도를 막아놓았다. 저금리 시기에 빚내서 집을 사라며 집값 뽐뿌질하고, 뉴스테이로 기업형 임대시장에 기업을 끌어들여 수익성이 나오도록 틀을 짜놓고 끝났다. 박근혜 정부 때 더 빨리 시작하면 좋았겠지만, 그때는 그래도 심각한 정도는 아니었다.

문재인 정부는 이제 노후 재개발·재건축 시작을 미루지 말고 꼭 해야 하는 시점이었는데 규제만 하면서 시간 낭비하고 끝이 났다. 2028년이 아니라 2018년에 시작했어야 했다. 미리 당겨서 순차적으로 재건축하고, 버틸 만한 건 좀 뒤로 미루어 돌아가면서 재건축해야 하는데 벌써 2022년이 되었다.

예를 들면 잠실 주공아파트는 정부와 서울시에서 말도 안 되는 태클을 걸면서 분양가 상한제로 시간만 날리고 완공은커녕 아직 분양 및 착공도 하지 못했다. 내가 문재인 정부의 부동산 정책을 비판하는 이유는, 당장 집값이 오르고 내리고를 떠나서 장기적인 계획으로 보았을 때 이번 5년간 미리 해놓아야 하는 재개발·재건축을 하지 않았기에 차기 정부, 차차기 정부의 부담이 훨씬 커졌다는 데 있다. 정부 철학에 안 맞아서 민간 재개발·재건축을 하기 싫었으면 공공 재개발·재건축이라도 성공시켰어야 했는데, 숙제는 아무것도 하지 못하고 시간만 보냈다.

치솟는 집값을 잡기는커녕 전월세 가격을 잡지도 못했다. 집값 상승기를 이용해서 해야만 하는 노후 재개발·재건축은 시작도 못 했다. 그렇다고 공공 방식이라는 새로운 패러다임의 노후 재개발·재건축도 하지 못했다. 그저 각종 규제만 하면서 본인들은 다주택으로 부자 되고 "잘 먹고 갑니다." 하면서 끝이 나고 말았다.

그 시대에 반드시 해야 할 일, 해도 되고 안 해도 될 일, 나중에 해도 될 일들이 있다. 20~30대 초반에는 내 사업을 해보고 싶어서 도전했다가 실패하더라도 다시 취업하면 된다. 모아둔 돈이 있다면 30~40대라도 회사를 그만두고 사업했다가 실패하면 다시 취업하고 제기할 수 있다. 하지만 모아둔 돈도 없는 50대 아빠가 고3 자녀와 대학생 자녀가 있어서 한창 돈 들어가는 시기에 꿈을 찾아 사업했다가 실패하면 집안이 박살난다. 이때는 사업을 할 거면 반드시 성공해야 하고, 성공할 확신이 없으면 꾹 참고 회사에 다니는 것이 맞다. 마찬가지로 공공 재개발·재건축 주도로 시도해봤다가 '어 이거 국민 반대가 심해서 안 되네, 미안.' 하고 끝낼 수 있는 시기가 아니었다는 것이다. 자신 없으면 검증된 민간 재개발·재건축으로 가던지 공공으로 할 거면 반드시 성공시켰어야 했는데, 둘 다 못 했으니 남은 부작용은 청년세대와 무주택자들이 온통 뒤집어써야 한다.

재건축될 노후 아파트 집주인들이 재건축이 5년 더 미뤄진다고 망할 일은 없다. 전월세 가격이 폭등해도 집주인은 완공되고 돌아갈 새 아파트가 있다. 그때까지 힘들 뿐이다. 하지만 저기 청약하려고 그동안 집 안 사고 기다리다가 집값 폭등에 절망하는 사람들과, 공급 부족과 임대차 3법으로 인한 전월세 상승으로 밀려나는 서민들에게는 보통 고통스러운 상황이 아니다.

국민의힘은 뭘 했나? 최악의 악법 임대차 3법을 민주당에서 밀어붙일 때 진심으로 막아보려고 했냐는 말이다. 장외투쟁이라도 하고, 국회장 점거 농성이라도 했나? 삭발 투쟁이라도 하면서 뻔히 예상되는 서민의 고통을 막아보려고 했냐는 말이다. "야, 민주당이 자살골 넣는구나. 적당히 반대하면서 명분만 세우고 1~2년 뒤에 전월세 가격 폭등해서 지지율 떨어지면, 그거 주워 먹고 정권 교체하자." 이런 생각으로 방치한 것 아니냐는 말이다.

정치인들은 하나도 힘들지 않다. "참 아쉽다, 유감이다, 미안하다." 한마디 하면 끝난다. 이분들은 대부분 땅 부자, 다주택자들이라서 오히려 집값 올라서 신이 난다. 한마디로 돈은 내가 벌고, 고통은 네가 당한다는 심보다. 부동산으로 국회의원 당선이 안 될 정도로 지지율이 떨어지면 큰일이겠지만, 그게 아니라면 뭘 상관인가? 그냥 좀 미안한 척해주면 끝날 일이다. 내가 화가 나는 건 바로 이런 것이다. 손해는 가재, 붕어, 개구리가 보고 이익은 천룡인이, 책임은 국민이 특히 무주택 청년들이 져야 하는 이 상황이 화가 난다.

어쨌든 일찍이 재개발·재건축을 시작했어야 하는데 그걸 못했고 앞으로 재건축을 한다 해도 몰려서 해야 하니 집값, 전월세값 상승은 뻔한 일이다. 집값 오른다고 재건축을 안 하면 슬럼화되고 살 만한 아파트의 집값, 전월세값 상승이라는 부작용의 양자택일에 놓여버렸다. 이 수치는 아파트 물량이다. 노후 빌라는 들어가 있지도 않다. 전국 주요 도시의 노후 빌라도 재개발하려면 엄청난 멸실과 공급이 기다릴 것이다.

서울 헬리오 시티 9,000세대 입주 때 전세가격이 휘청거렸다. 겨우 9,000세대인데 말이다. 목동 신시가지가 겨우 2만 7,000가구 규모다. 그런데 1년에 30만 가구의 집을 재건축해야 하는 낡은 노후 주택이 된다는 말이다(아파트만 계산했을 때 그렇다). 보통의 양이 아니다. 재건축하든 재건축을 하지 않고 슬럼화를 시키든 집값과 전셋값은 요동칠 것이겠지만, 그때 오히려 청년들에게 큰 기회가 열릴 것이다. 그렇기에 내가 이 책에서 청년들에게 '경제적 자유'를 좇다가 파산하지 말고 '경제적 안정'을 이루고 내 집 마련을 해두면서 살아남으라고 강조하는 것이다. 지금은 돈을 지킬 때다. 다시 한번 강조하면, 화폐가치 하락 때문에 내 집 마련을 하라는 것이지, 투자로 돈을 벌라는 게 아니다. 지금은 돈을 지키고 자산을 축적했다가 2028~2040년대 재건축 시대에 시장이 요동칠 때 돈을 벌 기회가 올 것이다.

멸실 물량 때문에 집값 상승이 고통스럽더라도 지금부터 순차적으로 재건축하는 것이 결국은 미래를 위한 길이다. 아마도 정치인들은 '표' 때문이라도 더이상 미룰 수 없을 것이다. 1년에 40만 채면 100만 표다. 1년이 지날 때마다 50만 표, 80만 표, 100만 표가 누적되면서 5~6년만 누적되면 400~500만 표가 재건축시켜 달라는 이해당사자가 된다. 그뿐일까? 명절 때마다 이놈의 정부는 우리의 이모, 할아버지, 조카의 집을 왜 재건축해주지 않느냐고 물고 뜯고 할 것이다. 지금처럼 "야, 은마아파트 재건축하면 집값 오른다. 시켜주지 마." 했다가는 총선, 대선에서 엄청난 지지율 감소를 감수해야 할 것이다.

지금도 코로나 국민지원금 25만 원을 100% 안 주고 80% 줬다가 나는 왜 안 주냐고 아우성이다. 25만 원 손해봤다고 난리가 나는데, 재건축 못해서 2억 5,000만 원, 25억 원을 손해보게 만들면 국민들이 가만히 있을까 싶다. 재건축 아파트를 가진 사람들은 그래도 '먹고살 만한 사람들'이다. 사회적 지위, 권력, 돈으로 보았을 때 중간 이상 되는 사람들이 그만큼 많다는 것이다.

신문을 배달하던 고3 때, 수능이 끝난 겨울로 기억하는데 2주 정도 계속해서 폭설이 왔다. 3,500세대인 잠실 장미아파트는 송파구 제설차가 매일 오고 경비아저씨들이 열심히 눈을 치워서 도로에 눈과 얼음이 쌓이지 않았지만, 6,000세대인 바로 옆 시영아파트(현 잠실파크리오)에는 제설차가 한 대도 오지 않고 경비인력도 없다시피 해서 1주일이 지났을 때는 도로와 보도가 모두 얼음으로 변했다. 심한 곳은 도로에 얼음이 두꺼워져서 보도블럭 높이에 가까울 만큼 얼은 곳도 있었다. 나도 그렇고 주민들이 마구 넘어졌지만, 송파구에서 해준 건 하나도 없었다. 날씨가 풀리고 햇빛에 녹을 때까지 한 달 가까이 그 상태로 살아야 했다. 천천히 오던 차가 15m 앞에서 브레이크를 잡았음에도, 도로가 두꺼운 빙판이라 차가 눈썰매처럼 미끄러져서 내 옆을 아슬아슬하게 스쳐 지나갔던 경험이 아직도 생생하다. 세상은 그런 것이다. 힘과 권력, 목소리 높은 쪽으로 기울어지게 되어 있다.

먼저 서울, 경기 수도권 재건축에 대해 2000년 이전과 이후를 나누어 이야기해보자. 서울은 1980년 이전 아파트들의 재건축 시기와 88서울올림픽 때 왕창 지었던 1988년 아파트들의 재건축 시기가 가장 중요한 포인트가 될 것이다. 서울의 아파트 준공은 생각보다 고르게 이루어진 편이라서 순차적으로 끊임없이 재건축한다면 상대적으로 특정 지역이 완전히 슬럼화될 가능성은 적다. 혹시 재건축·리모델링이 순조롭게 진행되지 못한다고 해도 여기저기 슬럼화가 이루어지겠지만, 서울 전체가 광역으로 망가지는 일은 없을 것으로 보인다. 반면에 경기도는 1기 신도시로 대표되는 1990~1996년 시기의 재건축 물량이 압도적이다. 때문에 준공 연도가 비슷한 1기 신도시의 재건축·리모델링이 제때 이루어지지 않

서울, 경기 아파트 준공 연도별 규모

출처: 통계청

는다면 지역 전체가 급격히 슬럼화될 위험성이 있다.

한편 이번 상승기 때 무리하지 않고 '경제적 안정'을 이루어냈거나 전월세를 살고 있지만 2030년 전후까지 열심히 살면서 저축을 통해 종잣돈을 마련한 청년에게는 어떤 기회가 있을까?

2025년 이후 내부적인 공급이든 외부적인 심각한 경제위기든, 집값이 하락하는 시기가 온다면(2010~2013년 정도처럼) 큰 기회가 열릴 것으로 보인다. '집 사면 망한다. 이제 집으로 돈 버는 시대는 끝났다. 인구가 진짜로 감소하기 시작해서 대한민국은 멸망한다.' 이런 비관론이 판을 칠 때 기존의 집을 팔고 '투자성'이 좋아서 하락폭도 큰 서울의 재건축 아파트나, 경기도 좋은 입지의 재건축 아파트를 감당할 만큼의 대출로 구매해두는 것이다. 그러면 2028~2040년 시기에 재건축되는 신축 대단지 새 아파트를 획득할 수 있다.

1970년, 1980년, 1990년에 지어진 수도권 아파트 입지는 우리가 버릴 수 있는 지역이 아니다. 반드시 집값 상승기가 다시 오고 재건축될 것이다. 만약 금리가 비싸거나 집값 상승기가 오지 않는다거나 추가 분담금이 부족해서 지지부진하다면 정부가 나서서 당근책을 내밀 것이다.

집값 하락기가 제대로 오지 않는다면 상대적으로 청년에게 기회는 적어진다. 그때는 목표를 낮춰서 서울은 리모델링이 될 수 있는 좋은 입지의 아파트를, 경기도는 1급지 옆의 주변부 재건축 등을 노리면 된다.

용적률이 높고 대지지분이 적은 아파트들을 슬럼화시킬 수는 없을 것이라고 나는 생각한다. 우리는 현재의 용적률 제한 규칙과 각종 법규로 세상을 바라본다. 하지만 정부에서 250~300% 정도로 50% 정도만 용적률을 높여주면 재건축이 가능한 아파트는 크게 늘 것이다. 기업형 임대와 결합해서 기업이 은행에서 빌린 돈으로 재건축하고 집주인한테 새집 한 채 주고 나머지는 기업 소유가 되는 형태로 길을 열어주거나, 집값이 많이 올라서 사업성이 개선되거나 방법은 많다. 이렇게 해도 재건축이 어려운 소규모 나홀로 아파트나 용적률 250~300%인 아파트들은 내력벽 이동 수직 증축 리모델링 등으로 살길을 찾아줄 것이다.

2000년 이후 아파트들은 지하주차장과 내진설계도 잘 되어 있고 배관도 PVC라서 녹물도 안 나오고 날림으로 지은 것이 아니다. 그러니 몽땅 재건축할 필요가 없다. 이런 아파트들은 리모델링으로 노후화를 해결하도록 진행될 것으로 보인다.

집값 하락기가 제대로 오지 않아서 재건축 사업성이 지금도 충분한 아파트를 예로 들면, 용적률 150~180% 이하이면서 대지지분이 넓은 아파트, 용적률 규제가 조금 풀리면 재건축 사업성이 나오는 아파트들이다. 틈새로 서울의 리모델링 요건이 좋은 아파트(역세권, 내진설계, 지하주차장 풍부, 500세대 이상, 교통과 주거환경이 좋고, 단일 평형 혹은 중대형 위주의 평형 구성) 중에 위치가 좋은 아파트를 구매하는 것이 상대적으로 적은 돈으로 내 집 마련을 하는 방법이 될 것이다.

경기도로 눈을 넓혀 보면 1기 신도시에서도 변방 지역의 재건축을 고려해볼 수 있다. 하지만 이제 막 돈을 모으기 시작해서 서울

리모델링 아파트나 경기도 변방 재건축을 살 돈도 없는 청년들은 어떤 선택이 있을까? 경기도에 재건축이 어려운 아파트 중에 리모델링이 될 수 있을 만한 아파트들이 상대적으로 저렴할 것이다. 특히 3기 신도시까지 입주하면서 경기도 입주 물량이 풍부해지면, 낡고 재건축이 안 되는 아파트의 인기는 점점 더 떨어질 것이니 그때 잘 잡으면 된다.

정리하면, 2030년 전에 집값 하락기가 크게 와줄수록 가진 돈이 적은 청년들에게는 기회가 많이 온다는 이야기다. 난세가 영웅을 만들듯이, 위기가 기회라는 말은 사업에서만 통하는 말이 아니다. 투자의 세계도 동일하다.

지금 시점에서 2028~2040년 대 재개발·재건축 시대 이야기는 자세히 알 수 없다. 시간이 더 지나고 나서야 구체적인 예상이 가능할 것이니 이 정도의 커다란 틀만 알고 넘어가도록 하자. 어차피 차기 정부 부동산 정책, 세계 경제상황, 국내 경제상황, 외부변수, 3기 신도시 진행상황, 서울, 수도권 재개발·재건축상황 등에 따라 변화할 게 너무 많다. 미래는 큰 틀에서만 예측하고 가까운 미래에 '대응'하는 것이다. 점쟁이가 되어서 맞추는 게 아니다.

서울과 알짜배기 경기도 땅과는 다른 지방 광역시의 경우, 인구 감소 시대에 슬럼화를 감수할 수도 있다. 그러니 슬럼화시킬 구도심과 적극적으로 재생시킬 구도심이 어디일지 면밀히 분석해보자. 평소에 내가 사는 지역에 관심을 가지고 시, 군, 구에서 어디를 개발하려고 하는지 낡고 오래된 동네를 살리기 위해 어떤 계획을 가지고 있는지를 살펴보자. 구도심 재생에 이름만 걸어놓고 있는지

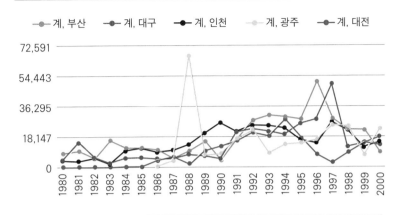

계, 부산   계, 대구   계, 인천   계, 광주   계, 대전

광주의 경우 1988년, 그 외 광역시는 1990년대 중반에 입주한 아파트가 많은 편이다

출처: 통계청

진짜 살려보려고 하는지는 예산이 얼마나 할당되는지를 잘 찾아보면 힌트가 될 수 있다. 내가 사는 동네의 미래를 적극적으로 공부해보자.

용적률 200~300%의 애매한 아파트는 똥일까?

여러분이 부동산을 좀 더 공부해보면 용적률과 대지지분, 세대수, 주변 분양가 등을 취합해서 재건축이 가능한 아파트와 재건축이 가능할 수도 있는 아파트, 리모델링이 될 것 같은 아파트와 리모델링도 어려워 보이는 아파트 등으로 나눌 수 있을 것이다.

사람들이 궁금해하는 생각은 재건축이 어려울 것 같은 대지지분, 세대수, 용적률을 가진 1990년대와 2000년대 아파트들은 과연 어떻게 될까이다. 답은 간단하다. 현재 기준에서는 재건축이 가능

제6장 2028~2040년 大 재개발·재건축·리모델링 시대가 온다   427

한 아파트보다 사업성이 안 나오는 아파트가 더 많다. 이런 아파트들을 남산 회현 시민아파트처럼 썩어가도록 놔두면 어떻게 될까?

한마디로 표로 심판받고 국회의원은 쫓겨날 것이다. 수많은 국민은 사업성이 안 나오는 아파트에 산다. 40년, 50년 되어서 주택으로서의 기능을 잃고 슬럼화되는데, 정치권에서 재건축 규제를 풀어주든지 리모델링으로 대안을 주든지 하는 해결책을 내놓지 않으면 모르긴 해도 그 즉시 리모델링을 적극적으로 추진하는 당을 찍을 것이다. 이념이고 뭐고 내 전재산이 주택에 달렸는데, 내 재산 가치를 보전해주는 당을 찍게 되어 있다.

이런 애매한 노후 아파트의 위치가 서울인지 수도권인지 지방 광역인지 시골인지에 따라 운명은 다를 것이다. 사업성이 완전히 다르기 때문이다. 넓은 서울에서도 위치가 중요하다. 지금은 집값이 오르는 시기이고 재건축·재개발 문제부터 처리해야 하기 때문에 최대한 미루고 있지만, 재건축되지 않은 아파트들을 위한 리모델링 해법도 시간의 문제일 뿐 언젠가는 제시될 것이다.

사실 재건축 문제는 머릿수에 의한 해결이라고 볼 수 있다. 반면에 정부가 무시해도 될 만한 머릿수의 재건축이 안 되는 아파트 유형은 변수가 많다. 예를 들면 주상복합이 대표적이다. 주상복합은 용적률이 200~300% 수준이 아니고 600~800% 수준이다. 역사가 짧아서 지은 지 30년이 지나 노후화된 주상복합은 그다지 많지 않기 때문에 이들을 위한 정치적 해법은 나올 수도 안 나올 수도 있다. 오히려 이처럼 변수가 큰 점이 기회가 될 수도 있겠지만, 아직은 잘 모르겠다.

대 재개발·재건축 시대에 재건축은 활발하게 진행되는데 리모델링 해법은 지지부진한 상태라면, 이런 애매한 용적률의 노후 아파트들은 입지에 비해 가격평가가 좋지 못할 것이다. 하지만 오히려 이런 아파트들이 청년들에게는 기회가 될 수 있다. 나쁜 입지의 재건축 아파트를 살 돈으로 좋은 입지의 애매한 노후 아파트를 살 수 있기 때문이다. 그러다가 유권자의 머릿수 때문에 애매한 노후 아파트들을 모두 슬럼화시킬 수 없으니 리모델링 해법이 제시될 것이고 그동안 가격평가가 좋지 못했던 애매한 노후 아파트들이 입지의 위력으로 여러분에게 이득을 안겨줄 것이다. 나쁜 입지의 재건축 신축과 좋은 입지의 리모델링 신축 중에서 시장은 좋은 입지의 손을 들어준다. 부동산은 결국 '땅'이기 때문이다.

서울 슬럼화, 수도권 변방 신도시 슬럼화, 집값 상승의 장기화, 무엇을 선택할까?

2025년 이후의 서울과 주요 수도권 집값을 전망해보자.

핵심은 재개발·재건축으로 공급할 것인지, 택지개발 방식으로 경기도에 자잘한 크기의 신도시를 지을 것인지, 그리고 그린벨트 풀어서 아파트를 공급할 것인지에 달려 있다.

이번 장의 앞 단락에서 2030~2034년쯤에 2001년, 2002년 출생아 수가 대폭 감소한 구간의 영향으로 '신규 가구' 수요가 큰 폭으로 줄어든다고 말했다. 이때 전국적으로 대규모 멸실, 재개발·재건축 중이라면 집값에 큰 영향을 주지는 않겠지만, 신규수요 감소보다 대규모 멸실 영향이 더 클 것이기 때문에 장기적으로 보았을 때는 이야기가 다르다.

우리나라의 신규 가구수는 분명 계속 줄어나갈 것이고, 신규 주택의 필요도 줄어들 것이다. 인구감소 고령화 시대가 본격적으로 시작되면 서울은 몰라도 경기도를 포함한 지방은 빈집이 계속 늘어날 것이다. 지금도 이미 시골에는 70%가 빈집인 동네도 있다. 할머니, 할아버지만 사시다가 돌아가시면 다 빈집이 된다.

'집값이 너무 많이 오른다. 10년 걸리는 재개발·재건축을 언제 하고 있냐, 속도전으로 서울 주변 경기도에 신도시 팍팍 만들고 기존 수도권 도시 옆의 빈 땅에 아파트 올리고, 그린벨트 풀어서 반값 아파트를 빠르게 만들어서 5년 만에 완공물량 만들어내도록 공급을 늘려라!'

만일 이렇게 가버리면 빠르게 공급된 물량과 앞으로 쏟아질 공급 물량에 대한 부담으로 집값은 충분히 하락할 수 있다. 특히 금리 인상과 외부 경제위기까지 온다면 더욱 그럴 수 있다. 문제는 이렇게 되면 집값은 잡겠지만 서울, 수도권 재개발·재건축이 미뤄진다는 점이다. 정부의 부동산정책 중심이 신도시에 가 있기 때문이다. 재개발·재건축은 집값이 상승하고 부동산 경기가 좋을 때 추진이 잘되는 사업이다. 언제나 그렇듯이 집값이 꺾이고 추운 계절이 오면 재개발·재건축은 순식간에 열기가 식고 잘 추진되지 않는다.

그러면 어떻게 될까? 재개발·재건축은 하지 않은 채 집값 잡고 공급을 늘리려고 경기도에 신도시를 잔뜩 만들었다고 하자. 사람들은 서울과 1기 신도시 아파트 말고 살기 좋은 경기도 2, 3기 신도시와 다른 신도시들에 가서 많이 살게 될 것이다. 그런데 서울과 1기 신도시는 오랜 시간 슬럼화시킬 수 있는 입지가 아니다. 우리나라 국가 경쟁력이 달린 일이니 결국 서울과 1기 신도시를 재건축할 것인데 문제는 이때 터져나온다. 서울과 1급지 수도권 재건축도 완료되고 2기, 3기 신도시와 자잘하게 잔뜩 늘린 신도시까지 아파트가 깔린 상황이 되면, 가구수가 부족해서 이 아파트들을 다 채울 수 없다. 인구가 없다는 말이다. 지금 시골 지방에서 일어나는 지역 공동화, 빈집 현상은 수도권의 자잘한 신도시들과 입지가 떨어지는 신도시들에서도 나타날 것이며 위기를 넘기기 위해 급하게 건설한 이들 신도시들이 슬럼화될 수 있다.

어릴 적 나는 파주 문산에 사는 이모댁에 자주 놀러갔었다. 이곳에도 아파트들이 꽤 있는 편인데 평당 600만 원, 800만 원 하는 노후 아파트들이 많다. 1억짜리 아파트도 있고, 신축급 33평이 2억 원대인 아파트도 있다. 인구감소 시대에 문산까지 와서 살려는 사람들이 적기 때문에 수요와 공급의 원칙에 의해 가격이 안 오르는 것이다. 문산은 산업단지가 있는 동네인데도 이런 실정이다.

급하게 건설한 자잘한 경기도 신도시와 2기, 3기 신도시 중 변방 지역, 철도가 제대로 들어오지 않은 신도시 등은 젊은 사람들은 살기 좋고 일자리 많은 곳으로 떠나고 노인들만 남으며 집값이 하락하는 슬럼화가 될 가능성이 높다. 이처럼 슬럼화될 곳에 철도나 도로를 만드는 데 민간 자본이 쓰였으니, 인구감소 시대에 국가는 더더욱 돈이 없다. 도로 유지보수, 철도 유지보수, 지하철 운행 등은 공짜가 아니다. 전부 유지보수비가 들어간다. 낙후되어 가는 지역이라고 하수관 보수 안 하고 도로 보수 안 하고, 지하철이나 기차 운행 안 할 수 있나? 이 모든 것들이 다 세금이다.

그렇다면 미래를 보자. 혹자는 이렇게 말한다. '신규 가구수는 지속적으로 줄어든다. 지금은 집값이 너무 올라서 힘들지만 미래를 바라보고 과잉 공급하지 말자. 수도권에 자잘한 신도시는 최대한 짓지 말고 3기 신도시로 버티고 서울 수도권 재개발·재건축을 순차적으로 하자.'

장기적으로는 분명 맞는 방향이다. 하지만 2030년 정도까지 신규 가구의 감소폭은 크지 않고 신규 주택공급이 부족한 상태에 부동산 심리까지 불이 붙었다. 적절한 공급 물량을 만들지 못한다면 집값을 잡기가 너무 어렵다.

재개발·재건축은 만들어지기 전에 먼저 부수어야 하는 치명적인 문제가 있다. 공급이 부족한데 그나마 있는 걸 부수어야 한단 말이다. 때문에 3~4년간 멸실까지 겹쳐서 수요와 공급에 더욱 문제가 생긴다. 이 힘든 시기를 잘 이겨내고 2030년부터 3기 신도시가 입주를 시작하고 서울, 수도권 전국 광역시 재개발·재건축이 순차적으로 이루어지면서 신규 주택공급이 되기 시작하면 집값 불안을 잡아나갈 수 있을 것이다. 특히 2030~2034년 사이 2001~2002년 출생아 수 저하의 영향이 크게 오면서 신규 가구수가 대폭 줄어드는 구간이 오면 더욱 그럴 것이다.

경기도에 재정을 낭비하며 자잘한 신도시를 많이 만들지 않았기에, 미래 신규 가구수와 줄어드는 인구수를 고려해서 과잉 주택공급을 하지 않았기에 경기도 신도시의 슬럼화는 없을 것이다. 그러나 멸실과정 없이 순수한 주택공급이 이루어지는 신도시를 적게 지었기 때문에, 집값을 하향 안정화시키기에는 훨씬 더 어려워 보인다. 이런 이유로 장기적으로는 재개발·재건축이 맞는데, 단기적으로는 훨씬 고통스럽다.

정치적으로는 어떨까? 민주당이 두 번 해먹으니 집값은 계속 올랐다. 일부러 올린 거다. 국민의힘으로 정권교체를 한다 해도 집값은 못 잡는다. 그놈이 그놈이다. 난리가 날 것이다. 5년 내내 전 정권 탓, 전임시장 탓, 현 정권 탓 온갖 책임론으로 허구한 날 싸움박질을 할 게 뻔하다. 각종 정치 자영업자는 어용 교수들, 시민단체장들을 섭외해서 통계와 설득 논리를 만들어 저놈 때문에 이렇게된 거라고 악마화하며, 총선을 위해 갈등만 일으키며 표팔이 할 게벌써부터 보인다. 청년의 삶과 주거의 안정은 안중에도 없고 권력다툼만 하고 있을 것이다.

정치권이 과연 미래를 위해 지지율을 포기할 수 있을까? 미래를 보고 재개발·재건축을 해보려고 하다가도 여론에 굴복해서 경기도 신도시 정책으로 전환하지는 않을까? 아직은 알 수 없지만 충분히 가능한 일이다. 당장 문재인 정부도 공급이 충분하다면서 투기꾼 때려잡자, 세금으로 때려잡자, 대출 규제로 때려잡자 하다가집값 폭등하고 지지율 떨어지니 갑자기 3기 신도시를 들고나오는것만 봐도 알 수 있다. 3기 신도시를 할 거면 2017년에 발표하고 빨리 시작했으면 훨씬 상황이 좋았을 것이다. 언제는 공급이 충분하다고 하다가 갑작스럽게 아파트를 공급해야 한다면서 육군사관학교도 옮기고 교도소, 공원 만들기로 한 공공용지도 아파트 만든다고 밀어붙이는 걸 보면 정치권은 백년대계, 미래를 보는 것과는 거리가 멀다.

재개발·재건축은 2018년부터 벌써 시작했어야 했다. 박원순 서울시장이 2018년에 여의도, 용산 개발계획을 괜히 발표하려고 했던 게 아니다. 해야 할 때니까 발표하고 추진한 건데 재개발·재건축 발표하면 집값 오른다고 극딜 맞고 "알았어요. 전면 보류할게요." 하고 쏙 들어가서 결국 2022년인 지금도 용산, 여의도에 아무것도 된 것이 없다. 언제 다시 계획하고 협의하고 개발할 것인지 모를 일이다.

'야, 내년이면 올림픽선수촌, 은마아파트 2만 세대 완공된다. 6월에는 여의도 재건축 물량 쏟아진다. 용산 낙후 빌라에 3만 세대 뉴타운 만든단다. 내년에는 목동 재건축 청약받는다. 겨울에 잠실 주공 5단지 청약받는다. 무리하게 대출받아서 갭투자 하지 말고, 청약을 노리자!' 이런 미래를 만들었어야 하는데, 참으로 아쉬운 시간이다.

제7장

청년들에게
해주고 싶은 이야기

남들이 해보지 못한 다양한 실패의 경험, 인간관계의 갈등, 제도 변화로 인한 불이익, 인구가 줄어 노인만 남는 낙후되어 가는 지방 소도시를 지켜본 경험, 낡은 노후 주택가가 신도시 아파트로 바뀌며 천지개벽하는 모습을 지켜본 경험 등은 청년을 부자로 만들어주는 매우 값진 경험들이다.

여러분은 아직 '레벨업' 버튼을 누르지 못했을 뿐 충분한 '경험치'를 쌓고 있는 상태이다. 그러니 본인의 잠재력을 과소평가하지 마라. 10년 전만 해도 공중파 방송에 입성한 아나운서는 인생 성공의 보증수표였다. 이들은 좋은 대학을 나와 아나운서 학원에 다니면서 외모를 가꾸고, 정확한 발음과 미세한 맞춤법을 배우고 시사, 정치, 사회 현안에 대한 견문을 넓혔다. 그 후 당당한 자신감으로 언론고시로 불리는 공중파 시험을 치열한 경쟁을 뚫고 합격했다.

그러나 지금은 세상이 많이 바뀌었다. 재정구조가 좋은 SBS마저 정규직 아나운서의 희망퇴직을 받고 있는 현실이다. 지금은 시대 변화와 미래를 읽고 자신만의 '끼'를 키워서 연예인화된 아나운서와 유튜버, 각종 행사와 예능 등으로 영역을 넓힌 아나운서들의 성공률이 훨씬 높다. 학벌과 기수, 연공서열의 스펙 시대는 갈수록 저물어 가고 있는 분위기다. 흙수저 청년들에게 유례없는 기회가 열리고 있으니 끝까지 포기하지 말자.

종잣돈은 투자하는 게 아니라 모으는 것이다

정부 대출로 2~3억 원대 실거주 집을 살 수 있는 최소한의 자기자본금은 3,000~5,000만 원이다. 이것을 종잣돈이라고 하는데, 청년들이 내 집 마련에 실패하는 이유 중 하나는 이 종잣돈을 좀 더 빠르고 쉽게 소액 투자로 불려보려고 하기 때문이다.

청년들의 지식수준에서 하는 소액투자는 뻔하다. 주식, 코인, P2P나 다단계 사기, 부동산 종류 중에 규제를 피한 것들을 전매로 프리미엄 받고 팔기(요즘은 대표적으로 100세대 미만 오피스텔), 이런 것들이 대표적이다. 아예 관심도 가지지 말고 하지 말기 바란다. 이런 것들 중 대부분은 돈을 벌지 못한다. 돈을 번다고 해도 문제가 되는데, 만약 큰 리스크를 감수해서 쉽게 2,000~3,000만 원 돈 버는 경험을 하면 그다음부터는 200~300만 원 월급은 돈으로 보이지 않는다. 계속해서 리스크가 큰 투자를 하면서 쉽게 돈을 벌려고 하다가 결국은 크게 파산하게 된다.

종잣돈은 투자하는 게 아니라 저축으로 모으는 것이다. 1년 단위 적금으로 다달이 아껴가며 모으는 것이다. 빠르게 가려는 청년들은 어렵게 모은 돈 1,000~2,000만 원을 사기로 날리거나 투자로 반 토막나고 또 1,000~2,000만 원 모아서 투자하는 악순환을 겪는다. 우직하게 종잣돈을 저축하라.

목돈 주면 높은 이자 줄게, 다 사기다

순진한 청년들은 사기를 잘 당한다. 특히 흙수저 청년은 더 잘 당한다. 대부분의 사기는 "큰돈을 먼저 주면 우리가 아주 좋은 조건으로 이자를 주거나 어떤 물건을 줄게." 하면서 미끼를 던진다. 브이글로벌 같은 코인 거래소 사기가 대표적이다. 듣자 하니 요즘은 '꿈 더하기'라는 곳에서 1,000만 원을 투자하면 6개월 동안 원금 이자로 18% 정도를 불려준다고 한다. 유명 걸그룹 가수가 홍보하는 '동물 코인'이라는 것도 있다. 이처럼 별별 사기들이 다 있는데, 핵심은 먼저 '청년의 목돈을 우리에게 주면 우리가 불려줄게'라는 공통점이 있다. 처음 몇 개월 혹은 2년 정도까지는 남의 돈으로 돌려막으며 약속한 높은 이자를 잘 주다가 먹튀하는 게 공통점이다. 그러니 애초에 관심을 주지 않는 것이 사기를 당하지 않는 길이다.

'너나 쉽게 돈 벌어. 나는 그냥 아무것도 안 하고 무조건 저축으로 종잣돈 모을래. 그리고 모은 종잣돈으로 내 집 마련할래. 그전까지 어떤 투자도 하지 않고, 남에게 돈도 빌려주지 않을래.' 하고 마음먹으면 사기를 예방할 수 있다. 아예 귀 기울이지 않으면 솔깃할 일 자체가 없다.

공인중개사를 분별하자

나는 한두 명이 하는 공인중개업소를 좋아한다. 아줌마, 아저씨가 하는 그 지역에서 오래된 동네의 공인중개사 말이다. 가장 싫어하는 형태는 기업형 공인중개사다. 큰 사무실에 많은 숫자의 중개사들이 있고, 특히 청년들로 구성된 곳이다.

아줌마, 아저씨가 하는 평범한 부동산이라고 해서 특별히 신뢰하는 게 아니라 선입견 없이 이야기하기 때문이다. 청년들이 알아야 할 것은 대부분의 공인중개사는 앞으로 집값이 오를지 내릴지 잘 맞추지 못한다는 것이다. 그리고 이분들이 청년들의 이익을 위해 적극적으로 무언가 해줄 것이라는 기대는 버리는 것이 좋다. 물론 그런 중개사도 있긴 하다. 특히 인간적 유대를 잘 쌓을수록 정말 잘 도와주려는 분들도 있다. 하지만 기본적으로 중개사들은 계약을 체결시켜야 돈을 벌고 먹고산다. 나쁜 중개사는 불법적으로까지 청년을 등쳐먹고, 보통의 공인중개사는 합법적인 선에서 청년을 등쳐먹는다.

그들은 법적으로 필요한 설명만 하고 더이상 구제해주지 않는다. 그 집에 대해서 안 좋은 이야기를 하면 계약이 깨질 수 있고 중개수수료를 못 받기 때문에, 나쁜 건 감추거나 최소화하고 좋은 건 과장한다. 여러분이 어리숙해 보이고 잘 모르는 것 같으면 신축 빌라를 어떻게 팔아먹어볼까 궁리하는 중개사들이 많다.

"불법 건축물, 그거 시간 지나면 다 양성화해줘요. 벌금내면서 버티다가 양성화되면 이득이에요."라고 말하기도 한다. 물론 그 불법 건축물 빌라에서 주택담보대출이 안 나오고 전세를 주려고 하면 보증보험 가입이 안 되어 시세보다 전세금을 못 받는다는 사실을 굳이 말해주지 않는다. 불법 건축물이라는 사실을 고지했고 청년이 싸서 좋다고 동의해서 샀으니 중개사는 합법적으로 중개한 것이다.

빌라 윗집에 미친 사람이 살고 있어 밤마다 뛰어다니고 층간소음을 일으켜서 세입자가 노이로제 걸려 이사를 가는 집이라는 사실은 절대로 말해주지 않는다. 빌라 옆에 신축 빌라 건설현장이 있어서 앞으로 1년간 매일같이 소음에 시달려야 하지만, 저녁에 집을 보러 와서 건설현장이 쉬고 있을 때는 청년이 눈여겨보지 않으면 알 수 없다. 당연히 중개사는 말해주지 않는다. 시끄러울 것 같다고 계약을 안 하면 손해니까 집에 대한 것만 말해주면 되고, 아니면 슬쩍 "빌라촌이다 보니 가끔 신축 공사한다고 소음은 조금 있을 수 있어요." 하면서 다른 이야기를 하다가 살짝 말하고 재빨리 다른 주제로 돌려버릴 수도 있다.

물론 좋은 중개사도 있다. 집주인에게 '세입자가 집에서 살 수 있는 상태를 만들고 전월세를 주는 게 기본이지, 이런 다 뜯어진 벽지와 망가진 수전이 있는 화장실에서 어떻게 사나, 최소한 도배장판은 새로 하고 수전은 고쳐줘야 한다. 안 그러면 나는 이 물건 못 맡는다. 다른 부동산에 가서 거래하라'고 본인의 이득을 포기하면서까지 세입자의 입장을 고려해주는 분들도 정말 있다.

부동산 계약은 청년들의 인생에서 정말 큰 계약이고(전세, 월세 포함) 가장 큰돈을 거래하는 계약이다. 정말 중요하게 생각해야 하고 문구 하나하나 매우 신중하게 봐야 한다. 그러니 중개사한테만 의존하지 말고 스스로 공부가 되어 있어야 한다. 내가 잘 알고 있어야 등쳐먹으려는 중개사를 걸러낼 수 있다. 결국 계약은 여러분이 하는 것이다.

전세보증금 법인 먹튀는 수년 안에 크게 터질 수 있다

- 전월셋집을 구할 때 집주인이 법인이다. **계약하지 마라**
- 집주인이 개인이 아니라 무슨 신탁인데 법률 대리를 한다고 한다. **계약하지 마라**
- 집주인이 집이 한두 채가 아니라 10채, 20채, 수백 채가 있다고 한다. **계약하지 마라**
- 전세보증보험 가입이 안 된다. **계약하지 마라. 무조건 전세금 반환 보증보험이 가입되는 집만 계약하라.**

지금 짤짤이 투기꾼들은 법인을 만들어서 주식, 코인 단타 치듯이 부동산 상승기에 단타 수익을 얻고 있다. 6월 1일 기준으로 부과되는 재산세, 종부세 기준일만 피해 1년 내 단타로 집을 사고 팔고 전세금 높이면서 수익을 버는 것이다. 수십, 수백 채씩 이런 일을 하고 있는데, 특히 지방에서 더 많이 한다. 정부에서 법인에 양도세 중과를 하려고 준비 중이지만 복잡하니 거두절미하고, 법인 투기꾼들이 뭔가 실수하거나 부동산 하락기를 맞아서 집을 못 팔게 되면 종부세를 두들겨 맞는다. 법인에 세금이 많이 나오면(집이 수백 채니 세금이 엄청나다) 법인은 그 세금을 낼 능력이 없어 파산하고 나몰라라 할 것이고 죄없는 전세입자들은 전세금을 떼먹히는 것이다.

세입자가 1순위로 모든 대항력을 갖춰 놓았어도 세금이 최우선이니 전세금 보호가 되지 않는다. 만약 법인에 부과된 세금이 전세금보다 많으면 전세금을 몽땅 국가에 떼어먹힌다. 이는 앞으로 발생할 가능성이 매우 높은 시나리오다.

심지어 개인인 집주인이 집값을 시세보다 더 쳐준다는 법인에 집을 팔았는데, 법인이 저 꼴 나면 잘살던 전세입자는 날벼락을 맞으며 하루아침에 전재산을 날리게 된다. 세입자는 집주인끼리 집을 사고파는 것에 어떤 관여를 할 수 없으니 만약 법인이 집도 안 보고 샀으면 집이 팔렸는지 알 수도 없다. 그러니 무조건 전세보증보험 들고, 무조건 개인인 집주인 집에만 들어가야 한다. 법인이 세놓은 집에는 절대로 들어가면 안 된다.

전세보증보험이 핵심이다. 지금 제도에 커다란 허점이 있어서 컨설팅 회사의 기획 파산과 전세가격 상승의 원인으로 이용당하고 있긴 하지만, 그것과 별개로 청년 개개인의 전세금을 지키려면 무조건 '전세반환보증보험'을 들어놓아야 한다.

상환보증보험과 반환보증보험은 다르다.
주택도시보증공사(HUG)의 전세자금안심대출을 들어라.

상환보증보험은 전세자금대출 받은 돈을 집주인이 떼먹었을 때, 은행에 전세금 상환을 대신 해주는 것, 즉 은행 돈만 보증해주는 것이다. 반환보증보험은 집주인이 떼먹은 은행 전세대출액과 내 돈 전액을 보증해주는 것이다.

예를 들어 내 돈 1억과 전세자금대출 1억, 이렇게 2억 원 전세를 들어갔는데 집주인이 파산했다. 이때 반환보증보험은 은행 돈

1억 원과 내 돈 1억 원을 모두 HUG가 대신 돌려준다. 즉 내 돈 1억 원을 떼어먹힐 위험이 없다. 하지만 상환보증보험은 은행대출 1억 원만 은행에 주고, 내 돈 1억 원은 경매에 넘어가서 낙찰자가 주는 것인데, 여러 요인에 의해서 못 받을 확률이 높다. 즉 내 돈 1억 원 보장이 안 된다. HUG의 전세자금안심대출은 반환보증보험이니 반드시 이쪽으로 가입해야 한다.

황금같은 시간을 금융투자에 쏟아붓지 마라

주식과 코인을 제대로 하려면 많은 시간을 투자해야 한다. 다주택이 아닌 1주택은 공부할 게 별로 없다. 그리고 외부적 요인의 영향이 훨씬 적다. 내일 국내 주가 영향을 알아보려고 새벽에 미국 주식 상황을 알아볼 필요도 없고, 금리 0.25% 올린다고 주가가 떨어지지도 않는다. 물론 영국이 브렉시트* 한다는 것과 주식은 관계가 크지만 부동산은 관련이 없다.

아프간에서 미군이 철수한다고 왜 내 주식이 떨어지는지 분석할 필요도 없다. 환율이 어떻게 되고, 10년 만기 국채 금리 이런 것 매일 체크할 필요도 전혀 없다. 내가 산 회사의 영업실적과 CEO가 바뀌는 것을 몰라도 되고 분식회계 같은 사건, 유상증자니 공매도니 이런 것 몰라도 된다.

주식은 매일의 가격 변동성이 부동산보다 훨씬 크고 코인은 매

---

* Brexit, 영국의 유럽 연합 탈퇴를 뜻하는 단어.

초 가격 변동성이 주식보다 훨씬 크다. 하루 종일 주식, 코인에 관심을 가져야 한다는 말이다. 시간 투자를 안 하려면 내가 급하지 않아야 한다. 내가 급하지 않으려면 남는 돈, 즉 수익을 단기간에 얻지 않아도 되는 돈으로 투자해야 한다. 내 집 마련이 끝나고 2,000~3,000만 원 재미로 주식, 코인을 하는 사람들은 시간을 쏟아붓지 않는다. 그냥 사두고 기다린다. 그런데 주식, 코인으로 내 집 마련할 돈을 마련해야 하는 사람들은 2년, 3년 장기투자는커녕 6개월도 못 참는다. 계속 확인해야 하고 변동에 대응해야 한다. 투자한 돈이 전재산이고 절대로 잃으면 안 되는 돈이기 때문이다.

주식과 코인은 '자유시간'이라는 자산을 많이 소모해야 하는 특성을 지닌 투자 상품이다. 퇴근하고 집에 와서 모니터 3개, 4개 켜놓고 각종 차트와 세계경제동향을 살펴보고 있는가? 혹은 유튜브에서 주식, 코인 전문가의 이슈 해설이나 경제뉴스, 신문의 예측들, 미국 연방준비은행 담화문, FOMC 회의록, 국내 주가, 미국 주가, 일본 주가, 환율, 금리, 채권금리, 이런 것들을 하루 2시간 이상 들여다보고 있다면 여러분의 미래에 먹구름이 몰려오고 있다는 증거다. 소중한 **자유시간**을 낭비하고 있다는 소리다. 이런 사람들은 집에서 하는 데 그치지 않고 회사에서도 수시로 들락거린다. 일은 대충하고 투자 공부나 상황을 보는 데 근무시간을 쓰고 있다.

여러분은 경제, 부동산, 주식, 코인 같은 자본소득을 위한 공부 등에 **너무 많은 시간을 쓰지 않기를 바란다.** 물론 내 집을 마련하기 전이라면 기본적인 경제, 부동산, 제도, 규제, 자본주의에 대한 공부를 해야 할 필요가 있다. 하지만 거기까지다. 지금은 나를 알아가고 다양한 경험을 쌓고 직무능력을 키우는 데 더 시간을 많이 쏟아야 하는 시기이다.

3년 전 나는 1억 원의 시드머니로 주식에 투자해서 15% 이상의 수익을 거두었다. 내게는 고마운 은인 중 한 분인 '분당 형님'의 조언과 평소에 쌓아둔 지식과 판단으로 인한 결과였다. 최근에는 4,000만 원의 시드머니로 국내 주식 20%, 미국 주식 100% 이상 수익을 거두고 절반 이상 수익실현도 했다. 그럼에도 나는 아직 경제와 주식을 잘 모른다고, 어렵다고 사람들에게 말한다. 내 지인 중한 분 역시 코인으로 돈을 많이 벌었다. 나와 그분의 공통점은 내집 마련이 끝나서 남는 돈으로 장기투자를 했다는 점이다. 그리고 가끔 이슈나 확인하고 공부하지, 자주 확인하지 않고 오르고 떨어지는 데 민감하게 굴지 않는다. 비트코인도 남는 돈으로 사놓고 1~2년 방치하는 사람들이 크게 벌었다. 매일 잡코인 사고팔고 하는 청년들은 대부분 돈을 잃었다.

찐 부자들은 위험을 분산하기 위해 부동산, 채권, 예금, 주식, 해외주식, 코인, 금, 원자재 등 다양한 투자에 돈을 분산한다. 심지어 지구온난화로 해수면이 상승할 것에 대비해서 수면 50m 상승했을 때도 물에 잠기지 않을 강원도 산에 땅을 사두기도 한다. 돈이 많아질수록 꾸준히 적은 수익률을 거두더라도 시드머니가 커서 돈이 많이 벌리니, 안정적으로 분산해서 위험에 대비하는 게 현명한 투자자가 되는 길이다.

그러나 흙수저 청년들은 애초에 위험을 분산할 시드머니가 안된다. 체력, 공격력, 방어력, 물리방어력, 마법방어력, MP, 치명타 확률, 치명타피해, 상태 이상 공격 성공률, 상태 이상 방어율, 이런 식으로 스탯*을 저렙**때 분산하면 '망캐(망한 캐릭터)' 되는 게 게임의 기본 공식이다. 레벨이 낮을 때는 적은 스탯을 몰빵해야 한다. 보통 체력이나 공격력 몰빵이 유리한데, 이 몰빵이 내 집 마련이다. 내 집 마련 전에 주식하지 말고 코인하지 말고, 여러분의 삶에 집중하라. 그것이 성공의 지름길이다.

다시 한번 강조하지만, 다양한 경험이 중요하다. 게임을 많이 해본 청년들은 이런 식의 설명이 확 와닿을 것이다. "맞아, 쪼렙(쪼다 레벨, 실력없음) 때는 몹***을 잡을 수 있는 물리 공격력을 올리는 게 중요해, 확실히 레벨업 스탯을 여기저기 공평하게 분산해서 찍으면 몹을 잡기에는 공격력이 약하고, 맷집으로 버티기에는 방어력이 약하고, 마법을 쓰기에는 MP가 부족한 뭐 이런 망캐가 되어서 다시 키워야 해." 이처럼 체득으로 알고 있다.

반면 게임을 제대로 즐겨보지 않거나 캐주얼 게임만 해왔다면 도대체 뭔 소린지 와닿지 않을 것이다. 다르게 이야기해보자.

백종원 아저씨가 골목 식당에서 늘 하는 이야기가 있다. 메뉴를 줄이고 가격 경쟁력을 갖추라는 소리다. 그 이유는 한정된 크기의 소상공인들의 가게에서는 다양한 메뉴를 모두 맛있고 경쟁력 있게 만들 수 없으므로 가장 자신 있는 메뉴에 집중하라는 것이다.

이처럼 청년들도 돈과 시간이 적은 지금 이 시기를 정신 바짝

---

* 몇몇 RPG 게임에서 레벨이 올랐을 때 주는 특정한 보너스 수치.
** 낮을 저(低)와 렙(레벨의 줄임말)의 합성어. 주로 온라인 게임에서 '렙이 낮다'라는 뜻으로 사용된다.
*** 게임 안에서 캐릭터가 제거해야 할 '움직이는 대상'

차리고 집중해서 보내야 한다. 내 집 마련, 직업, 직무능력 개발, 다양한 인생 경험, 행복하다고 생각하는 것들을 하면서 보내는 시간만 해도 할 일이 엄청 많다. 시간을 많이 잡아먹는 다른 투자들은 최소한 내 집 마련을 하고 나서 해도 늦지 않다.

│ 저축 월 50만 원, 연봉 600만 원 인상, 5억 원 벌기

네이버 카페에 재테크 커뮤니티 '텐인텐(Ten in ten)'이라는 곳이 있다. '10년 안에 10억을 만든다'는 뜻으로, 인터넷 신조어 사전에 실렸을 정도로 인기 있는 카페다. 15~20년 전에 10억 원이라는 돈은 경제적 자유를 이룰 수 있는 돈의 크기였다. 집 한 채 사고 나머지 돈으로 건물을 사서 월세 받아먹으면서 자본수입만으로 편하게 하고 싶은 일을 하면서 살 수 있었다. 2007~2008년에는 10억 원 건물이면 수익률이 7~8% 정도가 나왔다. 세금과 관리비, 공실 등을 떼어도 월 550~600만 원 정도는 내 손에 들어왔다.

그런데 2022년인 지금은 10억 건물이면 수익률이 2~3% 정도에 불과하다. 이것저것 떼고 나면 월 200~250만 원 정도 내 손에 들어올 뿐이다. 이 돈으로 경제적 자유는 어림도 없다.

"남쌤, 수익률이 4~5% 되는 곳도 있던데요?" 그런 건물은 10억 원 원금 보장이 되지 않는 건물이다. 서울이 아닌 수도권, 수도권이 아닌 지방, 지방에서도 소도시 시골로 갈수록 수익률이 좋다. 건물 가격이 오르지 않거나 떨어질 우려가 있기 때문이다. 서울 빌딩은 10억 원짜리가 10년, 20년 지나면 20억, 30억 원으로 오르지만, 시골 건물은 10억 원짜리가 시간이 지나도 그대로이거나 인구, 일자리 폭망 지역은 5억 원으로 떨어진다. 건물 가격이 적게 오르거나 떨어질 우려가 있기에 수익률이 좋은 것이다.

20년 전에는 잘나가던 지방의 몰락한 지역에 한번 가보라, 빈집과 상가가 수두룩하다. 상가는 안심일까? 코로나 터지고 명동 상권은 초토화되었다. 재택근무의 확산과 IT 기업의 증가로 기업 사무실의 공실도 엄청나다.

원룸 통건물, 다세대 통건물 같은 주거용 부동산은 종부세, 재산세, 양도세 폭탄이 떨어진다. 출산율 감소와 노령화로 앞으로 자산에 대한 세금증가는 피할 수 없다. 정권의 성향에 따라 오르락내리락하겠지만, 점점 재산세가 증가하는 방향으로 갈 수밖에 없다. 이미 10년 전과 비교해 저금리, 재산세, 종부세, 자산에 따른 의료보험료 증가 등으로 10억 원이라는 돈이 만들어내는 월 수익은 3분의 1 수준으로 크게 줄어들었다.

15년 전에 경제적 자유를 이룰 수 있었던 10억 원이라는 돈은 지금 서울 신축 아파트도 못 사는 돈이 되어버렸다. 집값, 땅값, 건물값이 2~3배 오른 만큼, 돈이 돈을 벌어주는 것도 3분의 1 수준으로 떨어졌다는 것이다. 이는 역설적이게도 노동소득의 가치는 계속 올라가고 있다는 것이기도 하다.

월급 200만 원을 버는 청년 A와 월급 400만 원을 받는 청년 B가 있다면, 청년 B는 10억 원의 자산이 만들어내는 월소득 200만 원을 낼 능력으로 이미 만들어내고 있는 셈이다.

흙수저 청년들이 5,000만 원에서 3억 원 정도 모은 종잣돈을 투자해서 단기간에 10억 원을 벌려면 파산을 각오하는 공격적인 투자를 해야 한다. 그렇게 10억 원을 벌어봐야 월 200~250만 원 수익에 불과하다는 것이다. 게다가 실패하면 모든 돈을 날린다.

하지만 내 능력을 개발해서 연봉을 높이거나 자투리 시간에 아르바이트 해서 부수입으로 월 50만 원 더 벌고, 불필요한 보험이나 과시성 지출, 술값을 없애고 다달이 사라지는 월세를 절약하기 위해 전세로 이동해서 50만 원을 더 아끼는 것이다. 그렇게 한 달에 100만 원 더 사용 가능한 자금을 만들게 되면, 5억 원 투자로 만들어내는 월수익 100만 원을 만든 것이다. 그것도 투자와 달리 아무런 파산 위험도 없고, 사람들에게는 알뜰하고 직업 능력이 좋은 사람으로 인정받으면서 말이다.

노동소득의 가치가 떨어졌다고 느끼는 것은 여러분이 집이 없어서다. 화폐가치 하락을 방어할 수 있는 제대로 된 지역에 내 집을 마련했다면, 남들 오를 때 비슷하게 오르고 떨어질 때 비슷하게 떨어지기 때문에 노동소득으로 버는 수입으로 경쟁하게 된다. 1주택, 다주택자의 리그에 올라서게 되면 월수입으로 그다음을 해볼 수 있는 것이 결정된다. 그러니 흔들리지 말고, 아끼고 저축하고, 능력을 키우도록 하자. 여러분의 땀과 정신으로 버는 노동소득은 결코 헛된 것이 아니다.

20~30대 청년이 무주택자인 건 당연하다

20~30대 청년이 나는 왜 대출받아서 집을 안 샀을까, 하고 자

책하는 건 바보 같은 짓이다. 그것이 당연하기 때문이다. 20~30대에는 학업과 미래 직업에 대한 고민이나 본인 삶의 가치관을 정립하기도 바쁜 시기다. 특히 군대까지 다녀와야 하는 남자들이라면 더욱 그렇다. 삶의 경험이 부족하기에 부모님 세대의 성공방정식을 따라 할 수밖에 없고, 공부 열심히 해서 좋은 직업을 얻고 열심히 저축하다가 청약에 당첨되어 내 집 마련하는 것을 당연하게 받아들일 수밖에 없다. 또 그 나이 때는 결혼이 아닌 이상 집에 관심을 가지는 것 자체가 평범하지는 않다.

나에게 상담받은 청년과 중년 세대 모두 포함해서 내 집 마련까지 이어지는 경우가 대부분일까? 그렇지 않다. 적지 않은 수가, 특히 나이 어린 20대 청년들은 내 집 마련을 하지 못한다. 잘 상담받아서 머리로는 이해해도 무서워서 못하고, 부모님이 반대해서 못하고, 사기꾼 같아서 못하고, 대출받는 게 무서워서 못하고, 사고나서 떨어질까봐 못한다. 이 모든 것들은 삶의 다양한 경험이 부족하기 때문이다. 부동산 지식, 경제 지식은 '직접경험'이다. 자영업을 해봤다거나 여러 정부를 겪으면서 지키지 않는 공약에 피해를 봤다거나, 부자들을 과외하면서 그들의 사고방식을 체험했다거나, 지지리 못살던 동네가 재개발로 대박나는 걸 지켜본 적이 있다거나 하는 것들은 '간접경험'이다.

직접경험이 없으면 간접경험이라도 있어야 무언가 판단할 수 있다. 정확히는 모르겠지만, 지금까지 세상사 돌아가는 걸 보니 이게 맞는 것 같아, 하는 확신을 줄 근거가 있어야 한다. 그런데 대부분의 20~30대 청년들은 간접경험이 부족하다. 나이도 어리고 부모님께 돈벌이에 도움되는 경험만 하도록 배웠기 때문이다.

20~30대 청년 중에 나와의 상담 이후 성공적으로 내 집 마련까지 가는 경우는 대부분 과거의 경험에서 힘을 얻는다. 특히 '실패의 경험'으로 신혼부부들에게 많이 나타난다. 2년, 4년, 6년 전쯤 집을 살까 말까 하다가 대출 1억 원을 받는 것도 무섭고, 다들 집 사면 망한다고 하고, 당시는 전세로 시작하는 게 당연했기에 전세를 살다 보니 그때 잠깐 대출받아서 살까 고민했던 집값이 지금은 2배가 되었다. 게다가 집주인은 계속 전세를 올려달라고 한다. 나와 같은 시기에 결혼해서 결단하고 집을 샀던 동기는 이제 나와는 엄청난 격차가 생겨버린, 그런 실패의 경험 말이다. 실패의 경험은 굉장히 소중하다. 그런데 우리 사회에서는 이 실패의 경험을 개똥 취급한다. 결과만 보고 판단하기 때문이다.

내 집 마련에 대해 아무런 생각 없이 그냥 일만 하고 사는 청년과, 내 집 마련을 할까 말까 고민해보고 지역별로 집값이 얼마나 하는지 알아보고, 부동산 카페에 가입해서 글도 읽어보고 대출도 이것저것 알아본 다음 여러 가지 이유와 본인의 판단으로 내 집 마련을 하지 않은 청년이 있다. 이 둘은 사회적 시선으로 보면 둘 다 무주택인 청년들이지만 내게는 완전히 다른 청년들이다.

첫 번째 청년은 부동산 지식 LV1 경험치 0 / 0

두 번째 청년은 부동산 지식 LV1 경험치 300 / 0

두 번째 청년은 아직 레벨업 버튼을 눌러줄 멘토나 계기를 만나지 못했을 뿐, 기회가 되어 레벨업 버튼이 눌리는 순간 LV3 정도로 쌓아둔 300의 경험치를 써서 바로 레벨업 할 수 있다. 2015년에 결혼할 때 4억 원이면 살 수 있던 청량리의 신축 아파트에 2억 원을 대출받는 게 무서워서 안 샀더니 그 아파트가 9억 원까지 오른 걸 지켜보면서 후회하고 속상해했다. 그 실패의 경험이 있었기에 2019년에 주택담보대출 4억 원을 내서 내 집 마련을 할 수 있었던 것이다. 내가 아무리 상담해봐야 저런 실패의 경험이 없다면 내 집 마련을 위해 대출을 받는 건 어려운 일이다. 지금이야 집값과 전셋값이 폭등해 집주인이 들어온다면서 쫓아내는 걸 직접 겪으면서 강제로 경험치를 쌓고 있기에 부동산에 관심을 가지는 것이지, 몇 년 전만 해도 20~30대는 부동산에 별 관심이 없었다.

여러분이 이번 상승장에 어떤 이유에서든지 내 집을 마련하지 못했다고 자책할 필요는 없다. 이미 여러분은 '경험치'를 쌓았기 때문이다. 특히 이 책을 읽고 있는 청년들은 '이론적 경험치'를 정말 많이 쌓게 되었다. 지금 쌓고 있는 경험치는 여러분이 내 집 마련을 고민해볼 수 있을 만큼 종잣돈이 모였을 때, 여러분의 '행동'을 이끌어낼 것이다. 이론으로만 경험치를 쌓는 데 그치는 것이 아니라, 내가 책에 추천한 지역들을 데이트 삼아 둘러보고 근처 맛집에서 맛있는 것도 사먹으면서 공부해보라. 현재의 모습과 몇 년 뒤 완공되었을 때의 모습을 눈으로 직접 확인하면서 추가로 '경험치'를 쌓는다면 여러분에게 기회가 왔을 때 '행동'으로 실천하는 데 결정적인 도움을 줄 것이다.

나에게 상담받은 청년 중에 내 집 마련을 하지 않은 청년들은 '금전적'으로만 보면 몇 억을 벌 기회를 날린 것이 맞다. 하지만 그 실패의 경험이 그 청년들에게 다음 기회 때는 올바른 판단을 할 수 있는 좋은 경험이 될 것이다. 그러니 내 집 마련을 했느냐 못했느냐, 다주택 투자로 많은 돈을 벌었느냐 못 벌었느냐를 너무 아쉬워하지 말자. 앞으로 해나가면 된다.

나는 부동산 투자 기회가 앞으로 15년 정도밖에 없을 것 같다고 말했지만, 이것은 나의 예측이고 지금 시점의 예측일 뿐이다. 미래는 모르는 것이다. 대부분의 사람들이 서울 투자가 정답이라고 생각하게 되면 서울은 과도하게 상승하고, 반대로 지방은 과도하게 하락한다. 나는 동의하지 않지만 비트코인이 제도권에 안착해서 새로운 투자상품이 될 수도 있다. 또는 AI 기술의 발달로 직장과 집과의 거리적 이점이 크게 떨어져서 업무지구와의 거리가 가깝다고 집값이 비싼 것이 아니라, 다른 기반시설과 자연과의 조화가 큰 평가요소로 취급될 수도 있다.

만약 주 2일 출근하고 나머지는 재택근무하는 게 대세인 미래가 온다면, 서울에는 아빠만 전월세로 원룸 같은 곳에서 2일 있고, 5일은 경기도 신도시에서 가족과 시간을 보내며 재택근무하는 것이 가성비 좋은 주거형태가 될 수도 있다. 이렇게 된다면 서울의 아파트 가격 상승압력은 크게 줄어들지 않을까 싶다. 또 전기차 시대, 무인 자동차 시대가 빠르게 온다면, 이주 공간 활용성이 높은 캠핑카를 저렴한 집으로 삼는 서민들이 늘어날 수도 있다. 무인 자동차가 출퇴근을 알아서 시켜주고 차에서 게임도 하고 영화도 보고 잠도 자면서 출근하고, 퇴근 후에는 경기도에 널린 논밭에 만들어진 큰 주차장 형태의 시설에서 전기차를 충전하고, 커뮤니티 시설을 이용하는 주거형태가 될 수도 있다.

혹은 일은 로봇이 하고 사람은 기본소득으로 소비만 하는 세상이 빠르게 올 수도 있다. 인공 자궁으로 여성의 임신 부담이 줄어들면서 출산율이 크게 늘어날 수도 있고, AI 로봇의 역습으로 인간의 생존이 위협받아 남자 여자 죽어라 싸우다가 인간 대 로봇으로 싸울 수도 있는 일이다.

이처럼 미래는 알 수 없다. 그렇기에 미래에는 또 다른 어떤 기회들이 여러분 앞에 있을지 알 수 없는 것이다. 확실한 사실은 종잣돈과 다양한 분야의 경험치를 쌓고, 적절한 직업을 가진 청년이 그 기회를 잡는다는 것이다. 포기하지 말고 미래의 기회를 잡기 위해 노력하도록 하자.

문재인 정부의 부동산 정책에 대한 변명

욕하고 비판하고 문제를 제기하는 건 쉽다. "이래서 망했어요. 이래서 잘 안 되었어요." 하고 원망하는 건 쉽다. 하지만 실제로 내부에서 맞닥뜨려야 하는 여러 가지 현실적인 문제와 정치적 이해관계, 구조적 문제점 등을 고려하면서 제대로 된 해결책을 내놓는 것은 정말 어려운 일이다.

지금은 가구수가 늘어나고 신규 주택 수요는 높아져서 신규 공급이 많이 필요한 상황이다. 그런데 10년만 지나면 갑자기 신규 가구가 확 줄면서 필요 공급량이 줄고, 그 이후에는 점차 인구수가 줄어들면서 축소사회를 맞이하는 상황이 올 수도 있다. 거기에 산업화 시대에 막 지어놓은 노후 주택을 재개발·재건축해야 하면서도 인구감소 시대를 대비해서 재정 긴축도 해야 한다. 슬럼화를 막기 위해 되도록 신도시를 건설하지 않아야 하는 상황이 올 수도 있다. 다시 말해 지금은 빠르게 압축성장해서 풍요를 누린 만큼 또다시 압축해서 대가를 치러야 하는 어려운 시기이기도 하다.

물론 이 어려운 시기를 최선의 선택과 이념, 정치적 이해를 초월해서 정말 국가와 국민을 위하는 정책으로 진행했다면 최고였겠지만, 역사적으로 그런 경우는 많지 않았다. 이순신 장군처럼 언제나 최선의 판단, 최선의 과정, 최선의 결과로 구국의 영웅이 되었으면 좋았겠지만, 그런 위대한 장군이 몇 명이나 있었느냐 말이다. 대부분 평범한 사람들은 해낼 수 없었던 업적이었기에 오늘날까지도 영웅으로 추앙받는 것이다. 이렇게 중요한 시기에 왜 이것밖에 못했는지 비난해봤자 남는 게 없다. 분노만 쌓일 뿐이다.

문재인 정부는 진보 인사 최상의 인재들이라고 내세우며 정책을 추진했으나 결과는 참담하다. 이들 역시 기득권 세대의 능력의 한계를 여실히 드러낸 것이다. 나도 정치인을 많이 비난하지만, 그들을 비난하기 전에 우리의 모습을 뒤돌아보자. 우리 국민의 잘못은 정말 하나도 없는가? 모두 웃대가리 잘못이고 그들이 부패한 거고 그들이 무능한 걸까?

우리 국민과 이 책에서 계속해서 약자로 묘사하고 있는 청년세대 모두에게도 책임이 있다. 그 책임은 국민 한명 한명이 주거문제에 대해 문제의식과 관심을 가지고 공부하면서 의견표명과 문제 제기를 강하게 하지 않은 것에 있다.

과거 1970~1980년대 민주화 투쟁을 통해 자유와 민주주의를 쟁취한 것은 군사정권에서 거저 준 것도 아니고, 그렇다고 민주화 투사로 불리는 사람들만이 투쟁했기 때문도 아니다. 국민 개개인이 '자유'에 대한 갈망과 보편적인 인권의식, 노동자 처우에 대한 생각을 깊이 있게 하기 시작하면서 지식을 쌓고 불만을 행동으로 표출했기 때문이었다.

부동산이라는 주택문제에 대해서도 과연 우리 국민과 청년들은 얼마만큼 지식을 가지고 있고 관심을 보이며 문제 제기를 하고 행동으로 의견을 표출하고 있는가?

아무것도 하지 않았다. 참여정부 때 실패한 규제정책을 그대로 들고 나왔을 때 국민들은 항의하기는커녕 오히려 환호했다. 2017년에 'MLBPARK'에 내가 쓴 '이것은 잘못된 정책이다. 집값 상승으로 서민들의 고통이 더욱 커질 것이다.'라는 내 글에는 쌍욕이 난무했었다. 똥인지 된장인지 몸으로 때워봐야 그때서야 불만이 생기는 것이다. 왜? 너무 모르니까. 관심도 없고 주택문제는 내가 어떻게 할 수 없는 문제라고 생각하니까 말이다. 그저 선전선동 당해서 다주택자와 부자를 때려잡자는 말에만 좋다고 박수치며 좋아할 정도로 판단능력이 부족하니까 이용당하는 것이다.

이 책을 읽는 여러분은 청약제도가 정말 공정하고 기회의 평등이 있다고 생각하는가? 아니면 가점제로 바꿔서 공정성을 버리더라도 집값을 잡는 효과라도 있다고 생각하는가?

금수저 청약에 온갖 소수의 로또 당첨을 낳고, 무리해서 갭투자와 대출로 내 집 마련으로 내몰고 있는 원흉이 지금의 기형적인 청약제도다. 공공주택을 분양받으려면 재산이 없어야 하는데, 당첨된 사람은 재산이 없어서 대출을 받으려니 중도금과 잔금대출을 막아서 계약금을 포기하도록 만들고, 10년간 청약 금지 패널티를 먹이는 게 지금 문재인 정부의 청약과 대출 규제 수준이다.

법에서 보장하는 규칙 내에서 다주택자가 되었음에도 적폐 취급을 하며 양도세 중과, 재산세, 취득세 상승 등의 법률을 소급적용하고, 초법적인 15억 원 이상 대출 금지, 임대사업자 혜택 폐지, LTV(주택담보대출비율) 40%, 중도금과 잔금대출을 갑자기 중단하고 특별법으로 집주인의 동의 없이 헐값에 땅을 빼앗아 개발하려는 모습을 보여줄 때 여러분은 뭘 했는가? 내 일이 아니고 남의 일이라고 나한테는 피해 안 온다고 그냥 구경만 하지 않았나? 그러니 점점 더 대상을 넓혀서 무주택자에게까지 규제의 부작용 파도가 온 것이다.

조국 사태를 보라. 지지율 10~20% 폭락하니까 지명 철회했다. LH 사태를 보라. 지지율 폭락하니까 사과하고 재발 방지를 약속했다. 정치인에게 청년의 의사를 표명할 수 있는 유일한 무기는 '표'밖에 없다. 여러분이나 나나 아무런 힘이 없다. 우리가 돈이 많나, 권력이 있나, 직함이 있나, 아무것도 없다. **우리가 가진 무기는 오직 머릿수와 '표'밖에 없다.**

NC 소프트라는 게임회사가 있다. 10년 넘게 뽑기에 의한 아이템 획득에 수억 원씩 쓰도록 만드는 과도한 현질 유도와 확률에 기반한 게임 방식에 대해 사회적 문제가 될 정도였다. 이에 유저들이 전화도 하고 게시판에 글도 쓰는 등 불만을 표출해왔지만 들은 척도 안 하고 오히려 더 극악한 BM으로 유저를 이용해 매출을 올려왔다.

NC 소프트의 주가는 20만 원대에서 100만 원까지 가며 굴지의 대기업이 되어 NC 야구단까지 창단할 정도로 잘나갔다. 당연히 유저들의 목소리는 계속해서 무시했다. 그런데 게임 유저들이 각성하며 들고 일어나 NC 게임을 하지 않고 유일한 무기인 '돈'을 게임에 쓰지 않자, NC 소프트 주가는 순식간에 30% 이상 폭락하며 50만 원대로 추락했다. 이에 김택진 회장이 NC 소프트의 변화와 유저의 목소리에 귀 기울이겠다는 편지를 발송하고 새로운 리니지 게임에서 현금 과금 요소를 대폭 축소했다. 그리고 착한 게임이 되겠다는 선언을 하며 변화를 시도하고 있다(실제 변화 여부는 알 수 없으나 중요한 건 이전에는 변하는 척이라도 한 적이 없다는 것이다).

왜 변했을까? NC 게임에 40억 원이라는 돈을 쓴 유저가 자신에게 불리하게 업데이트된 게임 시스템에 대한 항의 차원에서 설명을 듣고 싶다고 전화하고 찾아가도 문전박대하며 만나주지 않았다. 유저가 주차장을 차로 막아버리자 고소까지 했던 NC가 왜 변했을까?

주가가 떨어져서 변한 거다. "백날 떠들어봐라, 돈은 잘 벌린다." 하다가 유저의 목소리가 모여서 여론이 되고 여론이 행동으로 옮겨지면서 진짜 게임 매출이 떨어졌다. 갈수록 동접 유저가 떨어지고 급기야 주가도 떨어지니 실질적인 위협이 되었다. 그러니까 변한 거다.

부동산정책, 주택정책, 4대보험, 연금문제도 그렇다. 청년들이 똘똘 뭉쳐서 지지율 폭락하고 '표'로 심판하자는 행동이 나왔으면 이렇게 진행되지는 않았을 것이다. '야, 어차피 이렇게 해도 당선될 거야, 파란 잠바냐 빨간 잠바냐 노란 잠바냐 색깔만 보고 투표하는 사람들이 있고, 어느 지역 출신이냐에 따라 투표하니까 괜찮다'라고 말하면서 말이다. 남녀 갈등으로 갈라치기하고, '20대 개새끼론'으로 갈라치기하고, 부자와 가난한 자 갈라치기하고, '이렇게 저렇게 해서 51%만 먹으면 당선이야.' 하면서 말이다.

가점제로 모두 바꿔버리면 우리 같은 청년들은 당첨 확률이 아예 없어지는데, 우린 죽으라는 거냐 하나로 똘똘 뭉쳐 저항했으면 의미 있는 수준으로 추첨제가 부활했을 것이고 비율도 높아졌을 것이다. 그런데 어떻게 했나? 어떻게든 청년들은 뭉치지 못하고 최대한 잘게 갈라쳐서 싸우게 하려는 것에 말려들었다. 남자, 여자, 전라도, 경상도, 다주택자, 1주택자, 무주택자, 전세입자, 월세입자, 종부세 대상자, 20~30대, 40대, 50~60대, 정규직, 비정규직, 무기계약직, 전환 정규직, 친미, 반미, 친중, 반중, 친일, 반일, 진보, 보수, 중소기업, 대기업, 공기업, 전문직, 의사, 간호사 등등 온갖 것으로 갈라져서 청년끼리 치고받고 싸우고 증오하고 에너지를 낭비하며 여론을 모으지 못했다. 기득권은 너무 좋지, 자기들끼리 싸워야 우리한테 못 덤비니까. 그래서 이렇게 된 거다.

정치인만 욕해서는 발전이 없다. 우리도 책임이 있고, 우리가 바꾸어야 한다.

청년들이여, 제발 좀 뭉치자

건실한 청년이 전셋집을 구한다. 그는 공인중개사를 통해 등기부등본상 아무런 대출도 없다는 것을 확인하고 집주인을 직접 만나 유튜브에 나온 대로 꼼꼼하게 살펴본다. 그리고 전입신고 확정일자까지 제대로 받아놓았다. 그런데 잔금 당일에 집주인이 은행 대출을 받아버렸다. 이때 확정일자, 전입신고에 의한 효력은 그다음 날부터 발휘되어 전세금을 날리게 되는 것이다. 청년이 잘못한 게 하나도 없는데 왜 이런 피해를 입어야 할까?

나쁜 집주인이 사기치는 걸 청년은 막을 방법이 없다. 그런데 왜 정치인들은 보호장치를 만들지 않을까? 왜 확정일자, 전입신고에 의한 효력이 당일에 발휘되도록 바뀌는 법안이 본회의를 통과하지 못할까? 왜 어떤 방식이든 청년의 소중한 전세금이 사기꾼에게 당하지 않도록 보완해주지 못할까? 왜 안 바뀌는 걸까? 청년들이 뭉쳐서 요구하지 않기 때문이다. 10만, 20만, 30만 명 모여서 광화문에서 촛불 시위하면 바뀌지 않겠는가? 가족까지 100만 표 지지율로 심판하면 장담하건대 정치권에서는 즉각 보완할 것이다.

전월세 계약 때 공인중개사가 집주인에게 국세완납 증명서를 제출하도록 왜 법으로 강제하지 못할까? 혹은 전산상으로 국세완납 여부를 확인하도록 개선하지 못할까? 국가에 세금을 체납한 상태로 전세 계약을 맺으면 국가세금이 전세금보다 우선순위로 돌려받게 되어 있어서 경매에 넘어가면 청년들은 전세금을 날리게 된다. 왜 이런 것들을 개선하지 못하는 것일까? 당사자는 인생이 망하고 피눈물을 흘리며 쓰러지는데 왜 안 바뀌는 것일까?

자기 돈도 없고, 전세가격이 1,000~2,000만 원만 떨어져도 돌려줄 능력조차 없는 사람이 집주인이다. 그런데 이 집주인은 '레버리지 투자' 한다고 빌라를 100채, 200채, 300채씩 사서 전세를 주면서 전세금으로 또 집을 사고, 전세 올린 돈으로 또 집을 사고 하면서 남의 돈으로 감당할 수 없는 투자를 한다. 집값이 오르면 무능력한 이 집주인이 모든 투자 수익을 얻고, 집값이 떨어지고 전세 가격 떨어지면 돌려줄 돈 없다고 배째라 식이다. 전세입자 너가 경매에서 낙찰받아라, 하면서 책임은 죄 없는 전세입자가 뒤집어쓰는 말도 안 되는 일을 왜 법적으로 막지 못할까?

열심히 공부하고 회사에 다니면서 한푼 두푼 저축해서 힘들게 전셋집 들어간 청년이 저런 사기꾼 집주인의 전세 사기에 고통받는 것이 '공정'한 세상인가? 집값 오르면 빌라왕들이 돈을 벌고 집값 떨어지면 청년들이 경매로 울며 겨자 먹기로 빌라를 낙찰받아가며 빌라왕들 목숨 연장해주는 게 정의로운 세상인가?

이유는 단 하나다. 청년들이 본인들에게 치명적인 영향을 미치는 주거 문제에 대해서 지식이 부족하고 똘똘 뭉치지 못하고 뿔뿔이 흩어져 있기에, 각개격파(各個擊破)* 당하며, 우리 사회의 오래되고 잘못된 관행과 기득권 기성세대에게 이용만 당하는 것이다.

'시대정신' '엘리트 의식' '선민 의식' '사회지도층 의식'이라는 것이 있었다. 2000~2010년대 초반까지는 내가 좀 먹고살 만하거나, 내가 좀 많이 배워서 학벌이 있거나, 내가 좀 성공해서 권력이 생긴 사람들은 내가 뭔가 해야 한다는 의식이 있었다. 그것이 순수한 선의에 의한 것이든 우월감에서 비롯된 것이든 이득과 선의와 결합된 것이든 결과적으로는 공동체에 이득이 되는 형태로, 특히 서민

---

* 강한 적을 분산시켜 약한 적부터 격파하는 전술.

들에게 도움이 되는 형태로 작동했었다.

1960~1970년대 부모님들은 우리 자식들에게 발전된 세상을 물려주어야 한다. 밥 굶지 않고 잘사는 세상을 내가 만들어야 한다는 **의식이 있었다.** 해외에서 충분히 잘살 수 있는 박사들도 고국을 발전시켜야 한다며 귀국해서 적은 월급을 받고 일하기도 했고, 미국이나 일본에 이민간 동포들도 한국에 돈을 보내고 기부하기도 했다. 그렇게 산업화를 이루었다. 그리고 이때의 청년들은 민주화 운동을 했다. 그래도 내가 배운 대학생인데, 하루에 16시간씩 공장에서 일하다가 피 토하며 쓰러지는 노동 현실을 바꿔야 한다. 군사정권에 끌려가서 개처럼 두들겨 맞고 죽는 사람이 있어서는 안 된다며 목숨 걸고 투쟁을 했다. 그렇게 민주화를 이루어냈다.

1990년대에는 인권운동이 시작되었다. 장애인은 사람대접 받지 못하고 병신 소리 들으며 장애시설에 격리되어 평생을 살다 죽었다. 사회 정화 명목으로 장애인, 노숙자, 정신질환자들을 잡아다가 병원과 시설에 집어넣어서 때리고 학대하면서 방치했다. 그것을 바꾼 게 사회복지 운동가들이다. 2010년대에는 여성운동의 시대이다. 레디컬 페미니즘의 부작용이 나와서 요즘 골치 아프긴 하지만, 보편적인 여성의 권리가 정말 많이 향상되었다. 이들 여성 운동가들의 공이 크다. 2000년대 초반의 '거침없이 하이킥' 등의 드라마를 보면, 불과 20년 전인데 '아니, 저런 말을 하다니' 하는 내용이 심심찮게 나온다. "미스 김, 커피 좀 타와. 여자는 말이지, 어딜 여자가" 이런 대사가 자연스럽던 시절이었다.

그런데 2010년대 초반 이후부터 엘리트들, 혹은 먹고살 만한 사람들의 어떤 '의식'이라는 것이 없어진 것 같다. 돈이 많든 적든 배움이 많든 적든, 어떤 일을 하든 이들의 목표는 오직 '돈'이다. '다 필요 없어, 나만 잘살면 돼. 나만, 내 가족만 잘살면 돼. 법을 어기지 않는 한도 내에서 혹은 법을 어겨도 들키지 않는 한도 내에서 최대한 내 이익을 챙겨서 나만 잘살면 돼.'라는 생각으로 통일이 된 것 같다.

먹고살기 힘든 계층은 현실적으로 사회 구조적인 변화를 일으키기 어렵다. 먹고살기도 바쁜데 남을 돌아보고 사회를 돌아보고 시간을 쓸 여유가 없다. 세상을 좀 더 공정하고 올바르게 이끄는 것은 먹고살 만한 사람들이 개인 시간을 투자하면서 주축이 되어야 할 수 있는 것이다. 그 사람들이 공동체를 위해 무언가를 해야 한다는 '의식'이 사라져버렸다는 것이다.

오늘날 서연고 나온 학벌 좋은 청년, 메이저 공기업, 대기업 다니는 직업 좋은 청년, 의사, 변호사, 회계사 같은 전문직 청년, 부동산 투자로 돈을 많이 번 청년, 교사, 공무원같이 직업적 안정을 얻은 청년들도 많이 있다. 그렇지만 이렇게 성공한 청년 중 공정한 기회 자체를 부여받지 못한 흙수저 청년들을 위해서 아주 조금의 시간이나 자금, 재능 등을 기부하거나 나누면서 사회 구조적인 문제를 바꿔보려고 노력하는 사람들이 몇이나 있을까?

물론 가끔 있긴 하다. 무슨 청년 주택조합이라서 "오~ 청년 주거 문제를 해결해보려는 단체인가보다." 하고 보면 정치권에서 한자리 하고 싶어서 안달이 난 사람이 대표로 앉아 있다. 무슨 청년 여성 모임이라서 "오~ 젊은 여성들의 불평등을 개선해보려는 단체인

가보다." 하고 보면 극페미 단체로 인지도 알리고 정치권에 진출하려는 전형적인 정치권 어용단체다.

배우고, 능력 있고, 여유 있는 사람들이 기성세대 기득권의 한계를 극복하고 지금 시대가 요구하는 새로운 기회의 '공정' 결과의 평등이 아닌 기회의 '평등', 우리만의 '정의'가 아닌 사회 보편적인 '정의', 사회 양극화와 물질만능주의를 조금이라도 대체할 수 있는 어떤 가치관의 정립 같은 변화를 이끌 생각은 요만큼도 없다. 단지 기득권에 영합해서 기성세대의 성공 루트를 그대로 따라 하고 있을 뿐이다. '나도 어떻게든 '내로남불' 산성에 들어가서 떵떵거리며 고급정보 받아 날로 돈 벌고 예우받으며 잘 먹고 잘살아야지, 남들이야 어떻게 되든 말든 나만 잘살면 되지.' 이렇게 살고 있단 말이다.

"야, LH 그리고 정치인 니들이 정보 짜고치면서 내부정보로 돈 벌고 집 사는 거 잘못되었어. 썩어빠진 세상, 내가 바꿀 거야!" 이렇게 하지 않는다.

"아, 나는 왜 LH에 못 들어가서 저렇게 한탕 해먹지 못했나. 어떻게든 정치권에 연줄을 대서 나도 크게 한 방 해먹어야 되는데, 성공해서 나도 저 자리에 꼭 끼어야지. 세상은 원래 그런 거야. 못 먹는 놈이 등신이지." 이러고 있으니 이 사회가 뭐가 되는가 말이다.

정치개혁, 언론개혁, 검찰개혁의 거대담론을 말하면서 자기를 국회의원으로 뽑아주면 세상을 바꾸겠다는 사람은 많다. 그런데 진짜 흙수저 청년에게 필요한 전세금 사기를 막을 수 있도록 법을 보완하거나 금수저 청약제도를 현실성 있게 고쳐줄 사람은 없다.

고위 여성 정치인 할당제로 국회의원을 시켜주는 것 말고, 국가가 검증한 자격증이 있는 사람들로 믿을 수 있고 저렴하게 육아를 보조해주어 일하는 엄마들에게 도움을 주겠다는 사람은 없다. 이혼 후 상대방이 양육비를 지급하지 않을 때 국가에서 먼저 지급하고 대상자에게 구상권 청구로 양육비를 받아내는, 선진국들이 다하고 있는 한부모 가정을 위한 제도를 만들 사람은 없다.

청년들에게 정말 실질적으로 필요한 법과 제도, 불합리한 관행 같은 작지만 현실적으로 효과가 큰 것들을 바꾸겠다는 사람이 그 누구도 없다. 하나같이 "나를 국회의원으로 뽑아주면 세상을 바꾸겠다"라는 소리만 해대는 사람들뿐이다. "내 돈으로 세상을 바꾸겠다, 내가 가진 능력과 재능으로 세상을 바꾸겠다, 우리가 뭉쳐서 이것 좀 바꿔보자, 우리가 뭉쳐서 이 힘든 사람들 좀 도와주자." 이렇게 말하는 사람은 없다.

뜻이 있는 소수의 사람은 돈이 없고, 돈이 있는 소수의 사람은 뜻이 없다. 오직 권력욕만 있을 뿐이다.

선출직(대통령, 국회의원, 시의원, 구의원)이 핵심이다. 임명직(장관, 어디 공기업장, 협회장 등등)은 선출직 측근들, 즉 교수나 어디 시민단체에서 한자리 하던 사람들이 임명된다. 오직 선출직에 의해서 임명되기에 선출직이 이들의 운명을 좌우한다. 그러므로 **청년들은 선출직과 이해관계가 일치해야 한다.**

이번에는 청년들 입장이 아닌, 선출직 입장을 생각해보자.

내가 당선되는 데 중요한 건 전체 지지율이다. 51% 지지율을 받으면 아주 좋은 직장이 생기거나 유지된다. 청년들을 위한 활동과 법안을 열심히 만든 국회의원이 다음 선거에서 낙선하면 국회의원 입장에서는 직장을 잃는 것이다. 그것도 아주 막강한 권력을 가진 좋은 직장을 말이다. 그 꼴을 본 다른 국회의원들은 열심히 청년들을 생각해봐야 선거에서 진다는 걸 안다. 그래서 청년들은 적당히 말로 구슬리고, 행동은 표를 줄 머릿수 많은 사람들을 위해서 한다. 지금은 중년, 미래는 노인유권자. 이렇게 될 수밖에 없다. 여러분은 선출직을 비난하겠지만 반대로 생각해보자. 여러분이라면 어떤 선택을 하겠는가?

A 선택 : 합법적이고 아무 문제 없는 선택이지만, 이 선택으로 청년들이 피해를 입거나 혹은 제대로 혜택을 못 받을 것으로 예상된다. 하지만 **나는 회사를 잘 다닐 수 있다.**

B 선택 : 합법적인 선택이고 청년들에게 실질적으로 큰 도움이 되는 선택이다. 하지만 **나는 회사를 잘릴 가능성이 높다.**

현실세계에서 수많은 시민, 국민, 청년, 대중, 직장인, 소상공인들은 A 선택을 한다. 다른 사람이 혜택받는 게 중요한 게 아니라 내가 회사에 잘 다니는 게 중요하기 때문이다. 물건을 파는 판매원이 이 제품 안 좋다고 다른 매장에 가서 다른 제품 사라고 말하는 것 봤나? 시장에 가서 이 수박 맛있나요? 하고 물어보면 맛없으니까 사지 말라고 하는 것 봤나?

돈도 안 되고 나에게 아무런 이득이 안 되면 나서는 사람이 대폭 줄어든다. 그때부터 봉사가 되고 그 봉사를 하면 내가 손해를 보게 된다. 정말 숭고한 신념이 있는 사람이 아니면 할 수 없다. 이처럼 사람들은 내가 직장을 잃을 큰 위험을 감수하면서까지 다른 사람을 돕지 않는다. 선출직 정치인도 마찬가지다.

총선 때 국민은 민주당에 180석을 주었다. 총선 때 민주당 후보가 "지금의 문재인 정부 부동산 정책은 잘못되었습니다. 이렇게 되면 청년들이 더 힘들어집니다. 제가 바꿔보겠습니다." 하면 당선시켜줄까? 내부 총질한다고 박살나고 낙선하거나 공천도 못 받는다.

선출직 정치인에게 '가르쳐주어야 한다.' 실질적으로 청년을 위한 법안을 만들고 신경 쓰고 행동하면 국회의원, 시의원, 구의원, 대통령에 '당선'된다는 걸 보여주어야 한다. 반대로 청년을 갈라치고 힘들게 하고 말만 하고 행동은 반대로 하면 선거에서 반드시 '낙선'한다는 사실을 보여주어야 한다. 그래야 사실상 청년에게 조금의 관심도 없지만, 내가 당선되기 위해서라도 관심을 쏟고 10~30대의 고민과 어려움을 파악하려고 앞다투어 나설 것이다.

부동산 정책이 나올 때마다 이들의 지지율이 폭락했어야 한다. 청년들이 모여서 청년을 위한 청약제도, 청년분양, 임대주택, 1주택 실수요자를 위한 대출제도를 내달라고 시위했어야 한다. 또 공급은 충분하다고 말할 때 헛소리하지 말고 공급하라고 목소리를 냈어야 한단 말이다. 선거 때 하나로 뭉쳐서 실질적인 청년대책을 내놓으라고 무엇 하나 한 게 있는가? 그러니 선출직은 청년들을 위한 정책을 할 필요가 없는 것이다.

뇌물 하나 안 받고, 사람 좋고, 품성 좋고, 청년을 위해 행동하는 정치인이 있어도 이런 사람은 윗자리로 못 올라간다. 뇌물 잘 받고, 품성 개판이고, 능력도 없고, 청년에게 별 관심 없는 정치인이 이미지만 잘 관리하면 당선되어 올라간다. 왜? 10~30대 청년들은 하나로 뭉쳐서 본인들 이득을 얻으려고 행동하지 않기 때문이다.

각종 이념, 성별, 지역, 정규직 유무, 소득, 자산, 주택, 결혼유무 등 별의별 요소로 갈라쳐서 청년세대를 쪼개버리면 일부는 민주당, 일부는 국민의힘, 일부는 정의당을 지지할 것이고, 대다수 무당층은 이미지나 정치인의 말만 믿고 투표할 것이다. 나머지는 투표조차 안 하고 놀러갈 것이다. '20대 개새끼론'으로 교육을 못 받아서 저 모양이라고 무시해도 아무것도 못 하고, 고생을 안 하고 노력을 안 해서 저렇다고 무시해도 인터넷 커뮤니티에서만 찌질하게 정치인 욕하고 실질적으로 행동하는 게 없기 때문이다.

그래서 이렇게 된 거다. 대부분의 청년들은 이념과 각종 이슈로 갈갈이 찢어지고, 주거문제에 대한 지식도 문제의식도 고민도 없이 그냥 현실에 닥친 공부와 취업에만 집중했다. 그나마 생각과 행동할 여유가 있는 먹고살 만한 청년들은 나만 잘살면 되고 사회문제는 어차피 남의 일이고 나와 내 주변만 신경 쓰며 '각자도생'하면서 높은 사람들이 잘해주겠지 하며 방치했다. 그리고 정치인들은 본인의 '이득'을 챙겼을 뿐이다. 여러분이 여러분의 '이득'을 방임했기에 이렇게 된 것이다. 이것을 바꾸지 못한다면 정권이 바뀌어 진보든 보수든 새로운 누군가가 해먹든 흙수저 청년들의 삶은 크게 나아지지 않을 것이다. 누가 하든 청년들은 나를 당선시켜주는 사람들이 아닌 '쩌리' 세력으로 남을 테니까 말이다.

"남쌤, 무슨 감상적인 소리가 이리도 깁니까? 흙수저 청년이야 어차피 힘들게 살다가 가는 거고, 저는 열심히 공부해서 직업도 좋고 투자도 잘해서 '경제적 안정'을 이루었습니다. 각자도생 아닙니까? 나만 잘살고 내 가족만 잘살면 되지, 남 챙겨서 뭐합니까? 어차피 나는 먹고살 만하잖아요."

지금 당장은 맞는 말이다. 하지만 20년 뒤에는 죽창 들고 머릿수로 들고 일어나는 흙수저 청년들로부터 재산을 강탈당하는 게 무엇인지 보게 될 것이다. 수천 년의 동서양 역사 속에서 언제나 사회가 용인할 수 없는 수준의 불평등, 양극화, 사회적 불만이 쌓이면 혁명이 일어나고 폭동이 일어났다. 과거에는 폭력으로 돈 있는 놈들을 죽이고 새로운 나라를 세우기도 했지만, 민주화시대인 지금은 '표'로 심판할 것이다. 우리 사회가 이대로 계속 간다면 초양극화 사회로 가게 된다. 부자보다는 가난한 사람이 머릿수가 훨씬 많다. 그리고 정치인은 '표'에 움직인다.

부자 재산 뺏어다가 복지로 분배하자는 사람이 압도적인 여론을 차지하면 그렇게 할 수밖에 없다. 헌법? 헌법은 개정하면 그만이다. 독일에서 임대료가 폭등하자 임대기업회사 주택을 강제로 몰수하는 주민투표가 통과된 것을 봐라. 성공한 여러분의 재산을 노년까지 지키고 자식에게 물려주려면 여러분이 싫더라도 사회 양극화를 늦추는 데 동참해야 한다. 흙수저 청년에게 작으나마 경쟁의 기회를 제공하는 사회를 만들어야 하며, 경쟁에서 탈락한 약자들을 방치하는 게 아니라 다시 일어설 수 있는 기회 혹은 인간답게 살 수 있는 복지를 제공해야만 여러분의 '부'를 강탈당하지 않고 지킬 수 있다.

그리고 자녀까지 풍족하게 살 수 있는 '부'를 못 만들었다면 어떻

470

게 할 것인가? 나만 잘살면 되나? 내 자식은 죽도록 고생하며 세금만 내면서 살아가도 되나? 내 자식이 사업하다 실패하거나 사기당해서 내가 준 재산 다 까먹고 무너지면 어떻게 하나? 다시는 재기할 수 없는 구조의 사회 속에서 그대로 끝나는 것이다.

내가 경제적 안정을 이루었고 내가 돈도 좀 있고 권력도 좀 있는 사람이라고 흙수저 청년을 돌보지 않는다면, 머릿수에 밀려서 빼앗길 거라는 말이다. 그러니 어떤 고귀한 마음이나 시대정신 같은 게 없더라도, 이기적인 생각으로 내 재산을 지키기 위해서라도 흙수저 청년을 돕는 데 조금이라도 동참해야 한다.

이번에 문재인 정부 때 못 봤나? 아무런 법적 근거 없이 국민 여론을 업고, 15억 원 이상 주택담보대출 금지를 때려버렸다. 헌법에서 금지한 소급적용을 마구 해버렸다. 하루아침에 취득세를 8배, 12배나 올려버렸다. 약속한 임대사업자 혜택을 폐기하고 뒤통수를 쳐버렸다. 집을 판다고 82.5% 세금으로 내라고 한다. 신용이 높은 사람은 대출이자를 더 비싸게 하라는 갑작스러운 말도 안 되는 규제가 시행되고 있다. 종부세로 부자세라고 뜯어가며 집을 팔라고 협박하고 있다.

고소득 대기업 부부가 전세를 끼고 내 집을 마련해두었다. 부부는 세입자의 전세 만기 때 내 집에 들어가서 살 수 있도록 정부에서 요구하는 LTV, DSR[*], DTI[**] 모든 대출 조건을 만족시키고 내

---

[*] 총부채원리금상환비율. 개인이 받은 모든 대출의 연간 원리금을 연소득으로 나눈 비율을 말한다.

[**] 총부채상환비율. 금융부채 상환능력을 소득으로 따져서 대출한도를 정하는 계산비율을 말한다.

집에 들어가서 살 준비를 끝내놓았다. 그런데 2022년 7월, 2023년 7월에 시행한다고 발표한 차주별 DSR 규제를 하루아침에 앞당겨서 2022년 1월부터 즉시 시행했다. 각종 DSR을 오늘부터 규제 강화하고 신용대출을 DSR 계산방식으로 안 빌려주는 방향으로 바꾸었다.

"가계대출이 심각한데 뭔 말이 그렇게 많냐, 돈 벌어서 신용대출 갚고 한 6년 뒤에 들어가 살아라. 니들은 수입이 좋으니까 어디 가서 월세 살면 되잖아. 무주택자도 많은데 돈 있는 1주택자 걱정할 여유까지 없다. 그러니 진작에 주택담보대출 신용대출 영끌 해서 들어가 살았어야지, 누가 정부의 말만 믿고 내년 7월까지 지금 수준의 규제로 대출해준다고 믿으래? 믿은 네가 잘못이지, 인생은 실전이야! 대출을 갚는 몇 년 사이 집값이 15억 넘어서 주택담보대출이 아예 안 되면 한 10년 뒤에 입주하시던가. 다음 정부가 알아서 하겠지."

드러내놓고 말하지 않았을 뿐 그들의 속내가 보이는 것 같다. 양극화는 이제 막 시작되었을 뿐인데 말이다.